全国农业推广专业学位研究生教育指导委员会推荐教材

普通高等教育“十二五”规划建设教材

科学技术与农村发展政策

Science & Technology and Rural Development Policy

李建军 周津春 编著

U0823442

中国农业大学出版社
CHINA AGRICULTURAL UNIVERSITY PRESS
·北京·

图书在版编目(CIP)数据

科学技术与农村发展政策/李建军,周津春编著.—北京:中国农业大学出版社,2012.9

ISBN 978-7-5655-0583-6

Ⅰ.①科… Ⅱ.①李…②周… Ⅲ.①农业政策-科学政策-中国 Ⅳ.①F320 ②G322.0

中国版本图书馆 CIP 数据核字(2012)第 173975 号

书　　名　科学技术与农村发展政策

作　　者　李建军　周津春　编著

责任编辑　张秀环　　　　**责任校对**　陈　莹　王晓凤

封面设计　郑　川

出版发行　中国农业大学出版社

社　　址　北京市海淀区圆明园西路 2 号　　　　**邮政编码**　100193

电　　话　发行部 010-62818525,8625　　　　读者服务部 010-62732336

编辑部 010-62732617,2618　　　　出　版　部 010-62733440

网　　址　http://www.cau.edu.cn/caup　　　　**e-mail** cbsszs @ cau.edu.cn

经　　销　新华书店

印　　刷　北京鑫丰华彩印有限公司

版　　次　2012 年 9 月第 1 版　　2016 年 3 月第 2 次印刷

规　　格　787×980　　16 开本　　18 印张　　330 千字

定　　价　28.00 元

图书如有质量问题本社发行部负责调换

内容简介

本书系统阐述以科学技术求解农业、农村和农民问题（“三农问题”）的理论观点、政策实践和国际经验，科学总结现代农业科学技术发展的规律和国家农业创新体系建设的总体框架与运行机制，多角度探索现代农业发展的基本路径和实现形式，促进农民增产增收、分享现代科学和技术成果、改善生产生活条件的国家战略和政策思路以及中国新农村建设的总体目标和推进举措。

前 言

2012年2月2日，中央政府颁布了21世纪以来指导“三农”工作的第9个中央“一号文件”《关于加快推进农业科技创新、持续增强农产品供给保障能力的若干意见》。文件明确指出，做好农业农村工作，实现农业持续稳定发展、长期确保农产品有效供给的根本出路在于科学技术。农业科学技术是确保国家粮食安全的基础支撑，是突破资源环境约束的必然选择，是加快现代农业建设的决定力量，具有显著的公共性、基础性、社会性。我国必须紧紧抓住世界科技革命方兴未艾的历史机遇，坚持科教兴农战略，下决心突破体制机制障碍，大幅度增加农业科技投入，推动农业科技跨越发展，为农业增产、农民增收、农村繁荣注入强劲动力。

以科学技术推进现代农业发展、实现农民增产增收和带动农村变革是中央政府长期坚持的战略意志和政策取向，也是我国在20世纪90年代末成功实现以占世界7%的耕地养活占世界22%的人口，实现农产品“从长期短期到总量基本平衡、丰年有余的历史转变”，并保持在大灾之年持续稳定增产的重要历史经验。考虑到科学技术在解决“三农”问题中基础性作用和农业推广专业学位研究生教育的现实需求，全国农业推广专业学位研究生教育指导委员会邀请我们编写这本用于“科学技术和‘三农’政策”专业学位课程的教材。在与农业推广专业学位研究生教育指导委员会专家们多次沟通的基础上，我们逐步确定了本教材编写的基本思想，即系统阐述以现代科学技术求解“三农”问题，促进农业、农村发展的理论观点、政策思路和国际经验；总结现代农业科学技术发展的规律、特点，探讨国家农业创新体系的总体框架和运行机制；概括现代农业发展的基本特征和具体模式，研究中国以科学技术推进现代农业发展的政策思路；概述以科学技术促进农民增产增收、分享现代科学和技术成果、改善乡村生产生活和生态条件的国家战略和政策选项；引导学生树立以科学技术促进现代农业发展、农民增产增收和新农村建设的创新意识，提高学生应用相关理论和政策工具解决农村、农业和农民问题的综合能力。

为保证教材内容的系统性、前沿性和适用性，我们在编写过程中一方面重视对国内外学者有关以科学技术促进农业、农村发展的理论成果并进行认真梳理和系统分析；另一方面结合当前我国农村发展的重大问题和现实需求，重点对各主要国家农业创新系统和以科学技术促进农业、农村发展的经验和政策进行概括和总结。我们的目标是在系统梳理以科学技术促农村发展的理论成果和国际经验的基础上，整体构建出以科学技术求解“三农”问题为导向的理论体系和政策框架。

整个教材共分为 7 章。第 1 章为概论部分，主要对历史上的科学技术与农业革命进行回顾性评述，并结合现代科学技术前沿进展和新农业革命的发展趋势对中国农业、农村发展面临的问题和挑战进行分析和探讨；第 2 章概括和总结当前农业科学技术活动的类型和农业研究与开发的特点，在介绍以色列、美国、法国和澳大利亚等主要国家的农业研究与开发体系和功能定位的基础上，对中国农业研究与开发体系建设的总体情况和存在问题进行分析和讨论；第 3 章主要阐述国家农业创新体系建设的理论框架和政策选择，介绍美国、荷兰、日本和印度等主要国家的国家农业创新体系建设的经验，讨论中国国家农业创新体系建设的经验、存在的问题和政策走向；第 4 章主要讨论与现代农业创新密切相关的农业知识产权、技术贸易壁垒、食品与生物安全问题，提出中国应对国际农业竞争的对策和思路；第 5 章对农业现代化的理论成果进行综述，对现代农业的主要类型进行概括，并分析美国、以色列和荷兰等主要国家以科学技术促进现代农业发展的经验和政策，讨论中国以科学技术促进现代农业发展的主要成就和政策框架；第 6 章简要阐述有关农民增产增收的理论，概括日本、美国和欧洲各国以科学技术促进农民增产增收的经验和政策，探讨中国以科学技术促进农民增产增收的成功经验和政策选项；第 7 章介绍农村发展的相关理论和政策思路，概括总结韩国、英国、德国、欧盟和中国台湾地区以科学技术促新农村建设的经验，讨论中国以科学技术促进新农村建设的模式选择和政策思路。

农业和农村发展是所有国家都必须面对的首要的战略问题，这不仅是因为农业在国家安全和总体产业发展中具有不可替代的基础地位，而且因为农村发展对实现全社会的可持续性的包容性发展具有决定性影响。以科学技术促进农业、农村发展既是人类文明进步的宝贵经验，也是中国解决“三农”问题的战略方向和政策思路。在全球气候异常变化、人口急剧增长、自然资源日益短缺和城市化、工业化和现代化不断推进的今天，各国农村发展研究者、决策者和众多基层工作者都更为清醒地意识到这一战略和政策实现的紧迫性和挑战性。我们这里提供的仅仅是框架性的成果，所能做的只是将我们看到的、想到的并认为最有价值的发展经验和理论成果加以展示和总结，其中自然有许多深层问题值得进一步分析探讨，有许多富有成效的现实经验需要提炼推介。我们真诚地希望本教材能具有抛砖引玉之效,能够引导更多的研究者和实践家在"科学技术创新促进农业、农村发展"的宏大事业中创造出更多的"中国模式"、"中国经验"和"中国奇迹",从而为中国和世界的粮食安全、农业和农村的可持续发展作出卓越的贡献。

教材编写是一桩艰辛而费力的工作,需要对与之相关的诸多国内外文献加以细致地搜寻、研读和思考,从中去粗取精,去伪存真,进行一系列甄别和提炼的工作,力争将众多研究者提出的观点、理论和问题以系统的、逻辑上合理的方式表达出来。这一过程同时也是一种充满惊奇的探险过程,会让我们在不经意间发现很多过去研究中很少注意的问题、观点和富有启发性的发展案例与经验,从而拓展自己的研究兴趣和领域,丰富自己的教学和研究资料。在近乎两年的编写苦旅中,有许多朋友给予我们最大的鼓励和指导。中国农业大学资源与环境学院的院长吴文良教授、中国人民大学农村发展学院的孔祥智教授、中国科学院管理科学与科技政策研究所的刘海波研究员、农业部科技发展中心的刘平副主任、科技部科技评估中心的叶向东副主任以及中国农业大学人文与发展学院的高启杰教授等都为本教材的编写贡献了知识和思路,中国农业大学研究生院的王雯处长、朱文珊教授对教材的编写给予更多的期望和关怀,中国农业大学出版社的张秀环副编审为本教材的最终出版付出了心血,在此一并表示感谢。

本教材总体框架设计、第 1 章到第 4 章由李建军教授编写,第 5 章到第 7 章由周津春副教授提供初稿,全书最后由李建军教授统一修订完成。由于教材涉及主题广泛,不当之处在所难免,敬请各位读者多多指正。

李建军

2012. 5. 22

目录

第1章 科学技术与农业革命导论

人类文明进步的历史，在一定意义上讲就是通过科学技术进步不断促进农业和农村发展的历史。现代生物技术革命和信息技术革命等正在以前所未有的强大力量改写着人类有史以来的农业文明传统。中国正处在工业反哺农业、城市支持农村的社会转型期，同时遭遇现代农业向生态农业、可持续农业转型期和转基因农业革命蓬勃发展的战略机遇期，如何发挥现代科学技术的积极作用，推进中国现代农业发展和新农村建设，实现社会经济的包容性增长和可持续发展就成为当前中国社会亟需探讨的重要战略和政策问题。

一、历史上的科学技术与农业革命

农业革命的每一步推进，都取决于重要科学知识的突破和重大技术工具的发明。原始农业发祥于人类对动植物的驯化和石制农具的发明。传统农具的发明与推广、耕作技术的创新和动物饲养技术的积累等大大提高了传统农业生产力，促进了农业经济的繁荣。近代科学和技术在农业上的广泛应用，使人类"大规模地把自然生态系统转换为可控生态系统来扩张耕地"，传统农业被大规模地改造成高投入、高产出和高耗能的"化学农业"或"石油农业"。

1. 原始科学技术与农业的兴起

原始农业发祥于人类对动植物的驯化和石制农具的发明。在漫长的历史演化过程中，早期人类通过采集、渔猎活动逐渐掌握了一些野生植物的生长规律，熟悉了一些动物的生活习性，开始了人工栽培和"拘兽以为畜"的尝试。与之同时，砍伐树木、开荒种地和狩猎活动的切实需要驱使人类发明创造出各种适于农业耕作和狩猎的工具，如耒耜、弓箭、网罟、陷阱、栅栏等。《易·系辞》中描述说"神农氏作，斫木为耜，揉木为耒，耒耜之利，以教天下"，以神话传说中人物故事来记述史前时期农业文明时代的重大技术发明和传承活动。

大约在距今12 000年前，中国在新石器时代早期阶段就出现了原始农业的雏形，其重大技术突破是驯化野生植物和动物，标志是稻谷和陶器的出现。考古资料证明，远在七八千年前，中国的黄河、长江流域已有一定水平的原始农业和畜牧业。在一些属于新石器时代早期和中期的遗址中，除发现有大量原始农业工具外，还有农作物种子和家畜骨骼。到距今四五千年前，中国原始农业和畜牧业已因各地自然条件和资源的不同形成各具特色的农业经济布局：黄河、长江以至珠江流域等地的氏族部落形成以农业为主、兼营畜牧和采集渔猎的综合经济；草原地区的氏族部落则形成以畜牧业为主、兼营农业和渔猎采集的经济；一些靠近湖海或河流的氏族部落虽有原始农业和畜牧业发生，但仍经营着以采集、渔猎为主的经济[1]。

“从生态学的角度看，新石器时期发生的农业革命就是使人类比起采集和狩猎而言，能够通过光合作用的产品从每公顷的土地中获取更多的太阳能和更多的植物从土壤中吸取的矿物质”[2]。农业带来的粮食产量增加使人口大幅度增加，并将人类社会的生存和维系紧紧地与农业联系在一起。

2. 古代中国的科学技术和传统农业发展

中国是世界上发明农业最早的国家之一，也是世界农作物起源中心地之一。在漫长的农业文明时期，中国不同区域的人们已根据各自地区的不同气候、土壤特点和植物资源培育不同的农作物，依照不同的技术路径发展农业生产，如黄河流域地区以种植耐干旱的粟为主，长江流域和华南各地主要栽培农作物水稻，并形成各具特色的农业生产和工具体系。

早在夏、商、西周时期，由于青铜农具的逐步推广和采用青铜工具加工出来的大量质量较好的木制农具的使用，农业生产得到很大发展，并成为社会最重要的生产部门。许多荒地被开辟，剩余粮食逐渐增多。相比之下，畜牧业在社会经济中的比重下降，采集狩猎活动已完全成为农业经济的补充[3]。夏王朝的中心活动地区主要在黄河中下游伊、洛、汾、济等河流冲积的黄土地带和河、济平原等适合于农业生产的地方。《管子·轻重戊》记载，商的祖先“立皂牢，服牛马，以为利”，他们的生活已经过渡到农牧结合的定居阶段[4]。周人最初生活在适于种稷的黄土高原，很早就是一个经营农业的部落。周代使用的生产工具虽然多为木、石、骨、蚌所制，但金属农具日渐增多。《诗经·周颂·臣工》记载到：“命我众人，庤乃钱镈，奄观铚艾”。钱属铲类、镈为锄类，铚艾是收割工具，这些工具都从金字旁，表明它们都属于金属农具一类。这一时期，中国人在耕作技术、园圃经营、栽桑养蚕、畜牧兽医、农作物选种和田间管理等方面已积累一定经验和知识，只是缺乏专门和较系统的

---

〔1〕 杜石然，范楚玉，陈美东，等. 中国科学技术史稿(上). 北京：科学出版社，1985:10-11

〔2〕 约翰·H·帕金斯. 地缘政治与绿色革命：小麦、基因与冷战[M]. 王兆飞、郭晓兵等译. 北京：华夏出版社，2001:37

〔3〕 杜石然，范楚玉，陈美东，等. 中国科学技术史稿(上). 北京：科学出版社，1985:50

〔4〕 其中“皂”是喂牛、马用的槽，“牢”是养牛、马等的圈

记载。《夏小正》中已有"攻驹"即给马去势的描述，表明中国人当时已认识到牲畜经过阉割后能膘肥肉壮、性情温顺，便于饲养又能提高经济价值。

春秋战国时期，奖励耕战成为各诸侯国争霸天下的重要策略之一。战国初期的李悝在魏国实行"尽地力之教"，以增加土地的单位面积产量，强国富民。《管子》一书反复论证"务五谷"、"养桑麻，育六畜"的重要性，并提出"民之能明于农事者"、"能蕃育六畜者"等均"置之黄金一斤、直食八石"的政策主张。铁制农具的广泛使用、牛耕的推广、精耕细作传统的形成、大规模水利工程如都江堰和郑国渠的兴建以及大量记载农业生产经验的文献的出现，迅速推进了农业经济的繁荣和科学、技术知识的积累。《吕氏春秋》中的《上农》、《任地》、《辨土》和《审时》四篇相对系统地记述了这一时期的农业科学和技术发展水平。《上农》篇论述了农业理论和政策，其他各篇讲解了从耕地、整地、播种、定苗、中耕除草、收获以及农事等一整套具体的农业生产技术和原则，其中一些原则和方法对后来中国传统农业的发展有重要的指导意义。如《辨土》中提出根据土壤结构和墒情安排耕地先后次序的原则，以及充分利用土地和合理密植的思想与技术措施；《任地》中提出的耕地深度以见墒为度才能"大草不生，又无螟域"的经验，针对土质坚硬或松软、使用多寡和肥力强弱等提出耕作原则和实现土质改良、轮作制度、施肥保墒等技术思路；《审时》对及时耕种和收获等农事重要性的论述，提出的"凡农指导，侯之为宝"的科学结论等等[1]。此外，《尔雅》第一次明确地把植物分为草、木两大类，把动物分为虫、鱼、鸟、兽四大类，对各类动植物作分门别类地、比较精细地描述，为进一步认识和开发动植物资源、发展农业经济奠定了科学基础。

秦汉时期，中国在农业生产工具的发明推广、耕作和作物栽培技术创新、大规模农田水利建设等方面都取得了突出成就。这一时期，农具已完全铁器化，并先后出现了许多新兴农具，特别是铁犁和牛耕法的推广创新，使农业生产力得到极大地推进和提高。汉武帝重视农业生产和水利灌溉，在全国造成"用事者争言水利"的社会氛围，任用熟悉农业生产的赵过为搜粟都尉以推广耦犁和耧车，在西北部分干旱地区施行较先进的"代田法"和"区种法"[2]，命令全国郡守派遣所属县令、三老、力田、乡里老农到京师学习新田器和耕种养苗法。这一时期留存下来的《氾胜之书》主要记载和总结了陕西关中地区农民提高单位面积产量的经验和发明创造，反

---

〔1〕 杜石然，范楚玉，陈美东，等. 中国科学技术史稿(上). 北京：科学出版社，1985：95-101

〔2〕 "代田法"是对大面积土地的利用并使之增产的方法，"区种法"是在小面积土地上夺高产的方法。后者在《氾胜之书》中有较为详细的记载，其基本原理是"深挖作区(在特定的土地上深耕)、密植、集中而有效地利用水和肥料，加强田间管理"

映了当时农业科学和技术的最新进展。该书把整个农作物栽培过程当作一个有机整体加以研究，提出“趣时（及时耕作）、和土（利用和改良土地）、务粪（施肥）、保泽（保墒灌溉）、早锄（及时中耕除草）和早获（及时收获）”六个实现丰产丰收的基本环节，对其中的技术问题作了具体的讨论，并总结了禾、黍、麦、稻、豆、麻（大麻）和桑等10多种农作物的栽培法。

特别需要提到的是，汉代在园艺栽培和水利工程等方面有几项突出的创造发明，至今对中国农业生产有重要的参照价值。其一是创造“温室栽培”蔬菜的方法。《汉书·召信臣传》中明确记载当时的太官园冬天能种植“葱韭菜茹”，办法是“覆以屋庑，昼夜燃蕴火，待温气乃生”。其二是发明套作种植法。《氾胜之书》记载说，在瓜田里可间种韭或小豆（采其嫩叶当蔬菜）。其三是发明嫁接法。《氾胜之书》提到的种瓠法说，用十株瓠接在一起成一条蔓，蔓上只留三个果实，使十株根系共同滋养一条蔓上的三个果实以结出特大瓠来。其四是发明移苗技术。汉武帝曾屡次令人把生长于热带或亚热带的果树，如荔枝、龙眼、橄榄和柑橘等移栽到气候寒冷的长安，可见当时育苗、起苗、护苗、装运以至定植、护养、防寒等整套操作技术的整合水平[1]。还有就是“井渠法”的发明，这是汉代在开凿大型水利工程龙首渠时完成的一项技术创举。由于该法可以减少渠水蒸发，很快被推广到甘肃、新疆等水分易蒸发的干旱地区，至今在新疆农业生产上发挥重要作用的坎儿井就采用的是井渠法原理。

魏晋南北朝时，中国长期处于南北分裂和战争纷扰之中，致使中原地区的沃野良田大面积荒芜，农业生产遭到严重破坏。这一时期农业科学和技术成就除了民族迁移带来的优质动植物品种交换和相关的科学与技术知识外，大多记述在贾思勰北魏末年撰写的农学名著《齐民要术》之中。该书系统地总结了中国公元六世纪前北方农业生产和科学技术状况，内容涉及作物栽培、耕作技术和农具、畜牧兽医、食物加工等各个方面，对后世农业影响很大，备受海外农学家和史学家的重视。《齐民要术》在继承中国农学注重天时、地利和人力三要素思想的基础上，强调农业生产的基本原则是“顺天时，量地利”，要求在掌握天时和农作物生长关系的同时能动地利用“地利”，创造农作物最佳生长环境，采取各种促进农作物生长的经营管理措施以取得更好的收成。该书概括提炼了北方旱作地区耕—耙—耱一整套保墒防旱措施，强调种子优劣、播种时间迟早与作物的产量、品质及病虫害防治有密切关系，提出选优汰劣，适时播种的农业生产要则，详细论述了种子的选择、收藏和种前的处理技术等，并对无性繁殖的嫁接法、马驴杂交所生出的骡的生物优势、禽畜去

---

〔1〕 杜石然，范楚玉，陈美东，等. 中国科学技术史稿（上）. 北京：科学出版社，1985：161-164

势催肥和利用微生物发酵来加工豆类、酿酒和制奶酪等技术作了详细的记载，描述了南方蚕农发明的人工低温催青制取生种方法等蚕桑生产技术成就〔1〕。

隋唐两代，中国顺利实现了长江、黄河两大经济区域的社会整合，这使中国社会的政治经济轴心由东西关系转向南北关系，由此促进了南方水田整地技术、圩田制度、水车技术与茶树栽培、茶叶生产方法和加工技术的创新，以及《四时纂要》、《茶经》、《耒耜经》等重要农书的出现。塘浦圩田系统的建成使太湖低洼地区逐渐成为"苏湖熟、天下足"的最重要的粮仓之一。唐代茶树种植已遍及50多个州郡，出现了官营茶园。据不完全统计，当时就有20多种名茶。饮茶成为一种时尚，茶叶的生产和加工成为重要的农业和农产品加工部门。茶叶在5世纪时开始输入亚洲邻国，在17世纪后输入欧美，从此饮茶风尚逐渐遍及全球〔2〕。

宋元时期，随着江南地区人口的增加，地狭人稠，粮食供应问题凸显。与水争田、变山为田成为主要的应对策略。圩田、淤田、沙田、架田、湖田等都出现在滨江海湖泊之地，这些措施在一定程度上既可扩大耕地面积，又可实现自流灌溉和避免水土流失，但后来出现的各类滥围湖田行为，却使自然生态破坏严重，给下游农田耕种造成很大损失。这一时期，全国农业生产和技术创新的重心转移到南方地区，水稻生产开始上升到粮食作物的第一位，不仅在南方广为种植，而且向北方推广。为了满足水稻种植的需要，宋代还从国外引进水稻优良品种，如从越南引进成熟早、抗旱力强、对土壤肥力要求不高的"占城稻"；从朝鲜引进籽粒饱满的"黄粒稻"。宋末元初也是中国植棉业发展的一个转折点。据历史文献记载，中国海南岛黎族和云南西部的傣族在汉代或之前就已植棉织布，西北部维吾尔族也在新疆吐鲁番种植棉花，但产量较少。南宋时期，棉花被成功移栽推广到长江和淮河流域。陈敷在宋代完成的《农书》是现存最早论述南方水稻区域的农业技术和经营类著作，反映了当时水田耕作栽培的技术水平。元代王祯曾在安徽旌德、江西永丰任县官时提倡农桑，注意公益，并撰写《农书》22卷，对黄河流域旱田耕作和江南水田耕作技术进行系统总结，其中既讲述耕、肥、种、锄、粪、灌、收等各个生产环节技术要点，也论及林、牧、纺等有关技术和经验，并对当时农具创制技术制作了包括306幅附图的"农器图谱"，展示了中国古代农业生产器具方面的卓越成就。此外，动植物志和谱录的大量出现，充分反映了当时园艺业发展的盛况，不少著作对各种园艺植物的历史沿革、性状特征、品种和分类、栽培法，以及品种的形成和演化过程作了详细的记述，初步认识到自然选择和人工选择对野生种进化的

〔1〕 杜石然，范楚玉，陈美东，等.中国科学技术史稿(上).北京：科学出版社，1985：235-242

〔2〕 杜石然，范楚玉，陈美东，等.中国科学技术史稿(上).北京：科学出版社，1985：294-300

影响和作用[1]。

明清时期，由于围湖造田，农业自然生态严重破坏，各地水旱虫害等频繁出现。为了应对2亿多人口的粮食供给问题，明代在改造盐碱洼地、治理黄河、改进耕作技术和引进国外作物品种如玉米、甘薯和烟草等方面取得了重要的技术探索，其中"一岁数收"技术的发明是耕作技术方面的重大的集成创新，不仅解决了粮食增产问题，还带动相关农业技术进步。它是人们在对农作物相互关系认识的基础上，综合运用各项生产要素，即通过间作、套作、混作、轮作等技术措施，合理安排种植，充分利用天时、地利，使一年内的收获次数由一次增加到二三次，乃至多次。"一岁数收"技术的应用需要多施肥，这也促进了肥料蓄积和施肥技术的发展。除就地取材以扩充肥源外，还强调肥料的"酿造"，同时讲究高肥效，重视因时、因地、因物制宜施肥[2]。明末科学家徐光启集几十年心血编著的《农政全书》，是一部集中国古代农业科学之大成的学术著作，共60卷，包括农本、田制、农事、水利、农器、树艺、蚕桑、蚕桑广类、种植、牧养、制造和荒政12项，其中转录很多古代和同时代的农业文献，并有自己亲自试验和观察的记录和评述。

李文华院士：传统农业技术需要进一步挖掘[3]

李文华院士是我国著名的生态学家，曾任中国生态学会理事长。目前担任联合国粮农组织"全球重要农业文化遗产"项目指导委员会主席。近年来，他一直倡导对农业文化遗产的研究，重视对农业技术，特别是传统农业技术的挖掘、提升与推广。他说，发展农业，离不开科技。这里的科技包括三方面内涵：第一是现代高新技术。国家投入了大量的资金用于农业高新技术研究，许多单位也从国外引进了不少高新技术。这对我国农业的发展极为重要。第二是现有成果的推广。那些已经研究或发明出来的但还没有推广的技术和知识非常重要。把这一部分科技普及到农业生产中去，应用到农业生态建设里去，会使我们的农业得到一个大发展。第三是传统技术的挖掘与提升。传统农业中所蕴含的生态农业理念和技术是祖先留给我们的重要农业文化遗产。其中有些是我们已经认识到的，还有更多的则是我们目前依然没有认识到的。就传统农业技术而言，最大的威胁是随着农村劳动力的转移、现代农业技术的大规模应用以及农村城镇化发展而出现的农业传统丢

---

[1] 杜石然，范楚玉，陈美东，等. 中国科学技术史稿(下). 北京：科学出版社，1985：32-38

[2] 杜石然，范楚玉，陈美东，等. 中国科学技术史稿(下). 北京：科学出版社，1985：138-143

[3] 李大庆. 李文华院士：传统农业技术需要进一步挖掘[N]. http：//www.cas.cn/xw/zjsd/201201/t20120109_3425101.shtml

失，许多优秀的、有效的农业生态观念和技术正在逐渐消失。

他强调，传统生态农业观念和传统农业技术是农业文化遗产的一部分。目前许多国家越来越重视包括传统农业技术在内的农业文化遗产。我国是传统农业大国，有着丰富的农业文化遗产，我们要把它们挖掘出来，为农业现代化服务。我国已有16个“全球重要农业文化遗产”保护试点，在全球是最多的。

3. 近代西方的科学技术和“绿色革命”

国际应用系统分析学会的 Arnulf Grubler 在《技术与全球性变化》分析说：“近200年来的农业历史是一部生产猛烈增长以供养日益增长的人口的历史，也是一部优先为全球1/3人口提供更丰富食物的历史”。科学和技术在农业上的广泛应用，使人类“大规模地把自然生态系统转换为可控生态系统来扩张耕地[1]”，这直接影响到土地面积的变化、劳动生产率的提高和农业劳动力的需求变化，促使越来越多的农民从事农业以外的经济活动，并从农村迁移到城市，并使许多工业化地区开始把农业用地重新恢复为林地和绿地。

为了解释近代西方科学、技术和农业革命的相互作用关系，他以19世纪以来农业技术变革出现的3个技术创新群为基点，将农业革命划分三个时期，即所谓的“农业创新(19世纪早期到19世纪中叶)”、“商业化农业(19世纪中叶到20世纪30年代)”和“工业化农业”时期。其中在“农业创新”时期，欧洲国家通过从其他地区如美洲引入马铃薯和玉米等作物品种并广泛推广，采用综合农业轮作模式等新技术和影响各种操作实践的机构创新，使农业生产率显著提高，由此带来农业输出和劳动力转移，使得在工业起飞的核心区英国等保持了人口的增长和迅速的城市化；“商业化农业”时期，由于农业机械的发明、磷酸盐矿物肥料的引入，以及工业革命带来的全球交通基础设施的改善和世界贸易的扩大，全球农业生产的结构出现了革命性的变化，其最显著的标志是热带地区国家的农业开始转向大规模出口的种植业，如种植谷物、棉花、橡胶、蔗糖、咖啡和茶叶等，成为发达国家的初级农产品的供应商，国际农业生产的空间分工格局开始成型；在“工业化农业”时期，农业借助系列工业创新在农业领域中的广泛应用而出现革命性的变革，机械化、以肥料和杀虫剂为形式的化学品以及通过系统的农业研发而培育的新型高产作物品种，推动了农业生产率的大幅度提高和农业贸易的全球化[2]。

---

[1] Arnulf Grubler. 技术与全球性变化[M]. 吴晓东，赵宏生和翁端译. 北京：清华大学出版社，2003：139-140

[2] Arnulf Grubler. 技术与全球性变化[M]. 吴晓东，赵宏生和翁端译. 北京：清华大学出版社，2003：142-143

科学技术是农业革命和农村社会变革重要支撑力量,科学技术对农业现代化、乡村城镇化以及农村劳动力转移等诸多方面发挥着引领、激活和驱动的作用。这里,我们主要依据诸多科学史家、经济学家、农业科学家和政策研究者的研究成果,对近代西方育种科学、农业化学和农业机械技术的发展等历史过程做些简要回顾和历史评述。

近代育种科学的发展来源于以达尔文和孟德尔的研究成果为基础的遗传变异理论。美国史学家约翰·H·帕金斯在其所著的《地缘政治与绿色革命:小麦、基因与冷战》中分析说,达尔文在19世纪30年代提出植物杂交优势理论,孟德尔则在60年代后期总结出遗传理论,但达尔文的思想在1859年之后被广泛讨论,而孟德尔的成果只是在1900年之后才受到科学界的重视。19世纪的小麦改良者虽然培育出某些高产的小麦品种,但直到1859年至1868年达尔文的理论广泛传播之后,人们才开始把变异看做是动植物新品种产生的根源,尽管当时还无法搞清楚变异的机理和可遗传性[1]。

19世纪,为了获取适合当地生产条件的最佳农作物品种,各国之间交换了大量的植物种子,并在基础通过杂交获得新品种。1892年,加拿大科学家由本土的主要小麦Red Fife和印度小麦Hard Red Calcutta杂交而成Marquis小麦。1889年,法勒(William Farrer)在澳大利亚开始小麦的杂交培育工作,从事培育特种性状小麦,如适应澳大利亚气候的早熟小麦。帕金斯在回顾19世纪育种科学发展的历史时说,"整个19世纪都有一批研究者热心而成功地研究通过杂交培养作物新品种的问题,还有研究用更老的办法来育种的,即从农田里混杂在一起的作物植株中优选出较好的品种。那时的作物育种者还积极地把不同的作物种子带到世界各地,看哪一种在新环境下生长得好。"一个虽小但不可忽视的、富有特殊历史使命的科学家群体已经形成。尽管这些作物育种人员敏于观察,也有一些解释理论,但他们却很少能预测杂交实验的结果,只能对作物的基因资源进行微小的控制[2]。

1900年是一个重要的里程碑。这一年,欧洲的三位生物学家卡尔·科伦斯(Karl Correns)、雨果·德费里斯(Hugo de Vries)和艾里奇·冯·切尔马克(Erich von Tschermak)各自独立发表了有关文章,对30多年前孟德尔对豆类杂交的实验研究成果进行了挖掘和再发现。其中卡尔·科伦斯是植物学教授,对植

---

[1] 约翰·H·帕金斯.地缘政治与绿色革命:小麦、基因和冷战[A].王兆飞,郭晓兵,等译.北京:华夏出版社,2001:53-54

[2] 约翰·H·帕金斯.地缘政治与绿色革命:小麦、基因和冷战[A].王兆飞,郭晓兵,等译.北京:华夏出版社,2001:42

物生理更感兴趣，德费里斯是荷兰的植物学家，以其变种进化理论闻名。三人之中只有切尔马克对作物育种实践感兴趣。孟德尔遗传学规律的再发现，为作物育种者更好地预测和控制杂交培育品种的结果提供了科学基础。美国的育种学家利伯蒂·海德·贝利(Liberty Hyde Bailey)是将达尔文关于变异的思想引入应用农业科学和作物育种学发展的主要人物。1885 年，他担任密歇根州立农学院园艺学教授后，坚持将园艺学的实践与深受达尔文理论影响的新植物学相结合。贝利可能不是第一个试图将变异理论应用于作物育种并研究如何用之生产高产作物品种的人，但肯定是第一批对这一领域进行系统综合的人之一。他发明了“作物育种”一词，并先后发表了《作物杂交原理》(1891)和《交叉育种与杂交》(1892)等重要论著。贝利不仅将达尔文的理论应用到对变异的研究中来，而且与其他人一起将孟德尔的思想引入到作物育种领域。1903 年，美国西奥多·罗斯福总统设立“农村生活委员会”并任命贝利为委员长。在担任委员长期间，贝利极力主张通过巩固美国农业科学技术革命成果来改善农村生活，并通过系列的政策报告促成了 1914 年“史密斯·利弗法案”的颁布实施，该法案要求每个州立的赠地农学院要建立相应的农业试验推广站为农业提供服务[1]。

1899 年，英国的罗兰·哈里·比芬(R. H. Biffen)在担任剑桥大学新建的农业系植物学讲师时，就开始认识到孟德尔遗传学可能会对英国土地使用、农业经济发展和粮食安全供应等产生重大影响。比芬曾经在他的研究报告中回顾说：“我们(英国)的小麦平均每英亩产量可以超过 30 蒲式耳，而美国为 14 蒲式耳，俄国为 10 蒲式耳，阿根廷为 7 蒲式耳。但是我国的小麦种植面积却从 1876 年的 350 万英亩减少到 1903 年的 150 万英亩，我们现在吃的小麦中只有 1/5 是我们自己种的。不仅如此，还有证据表明现在的小麦质量比不上 20 年前。我们只顾了提高产量，结果一些优质的小麦品种多多少少地被新品种的小麦挤出了农田，只是因为后者可以产出更多的麦子和麦秸。而这些品质低劣的小麦又不得不面临着同加拿大、美国、俄国和其他国家进口的小麦竞争。情势的严重性从小麦的售价上就可窥见一斑：英国小麦每夸脱 28 先令零 6 分，而尼托巴·哈德公司的小麦则每夸脱 35 先令。”理由是英国的小麦不“劲道”，单用英国小麦磨出来的面粉造不出市场上卖的面包。孟德尔的理论可能为英国的小麦品质改良带来转机。在比芬看来，孟德尔理论推动了作物杂交育种结果预测工作的准确性，使之从一项完全靠运气的猜测发展到一种有章可循的操作实践。帕金斯评价说，“比芬的工作其实是为了扭转

〔1〕 约翰·H·帕金斯. 地缘政治与绿色革命：小麦、基因和冷战[A]. 王兆飞，郭晓兵，等译. 北京：华夏出版社，2001：66-70

自 1846 年《谷物法》废除的半个世纪以来英国农业经济衰退、没落的局面。他认为英国绝对可以生产出质量好且产量高的小麦，绝对应该实现小麦自给自足，而不必依靠进口。[1]”比芬是一位将工业革命带入农业领域的先知。到 1910 年，他繁育出第一例小麦新品种——“小乔斯”(Little Jos)，该品种可抗御黄锈病。1912 年，比芬成为剑桥大学与政府合作出资创建的“作物育种研究所”的第一任会长。比芬重振英国农业的思想成为后来英国农业科学研究的指导思想。

20 世纪初，前苏联科学家瓦维洛夫(N. I. Vavilov)到阿富汗、中国和中美洲等地从事植物收集工作，意在寻找各地有重大经济价值的栽培植物及其近缘的野生品种。他希望研究这些植物在世界各地的变异，以便育种者在育种计划中利用这些变异。瓦维洛夫在列宁格勒附近种质资源库中收集保存的小麦品种达 30 000 种。他的工作鼓舞和影响了很多国家的育种者，但却在本国受到怀疑和批判。

1900 年之后的十几年中，借力于各国政府为推广农业科学技术成果而建立的科研机构和农业实验站，旨在培育出尽可能多的有商业价值的新品种的作物育种学作为一门应用科学开始蓬勃发展。随后发生的一系列偶然事件，为农作物新品种的研发提供了足够的推力，并使政府、商业机构、科学家携手合作，共同推动了席卷全球的“绿色革命”。

1916 年，美国爆发具有灾难性的小麦锈秆病，科学家、农场主、工业巨头和政治领袖因此结成战略同盟，以维护国家安全和促进工业繁荣的名义呼吁加强高产小麦新品种研发。1917 年初，明尼苏达大学植物病理学副教授斯泰克曼(Elvin Charles Stakman)、北达科他大学的亨利·保利以及美国发展委员会植物产业局的马克·卡尔顿在农牧民锈秆病防治大会上极力倡导通过应用植物病理学、培养抗锈病的小麦良种来提高粮食产量。为了有效地遏制锈秆病的蔓延，斯泰克曼在美国植物产业局等机构的支持下，领导了全国性的清除带刺浆果类植物运动。1918 年后，斯泰克曼搜集到的证据表明，锈秆病是经由墨西哥传播到美国南部各州的。23 年后，斯泰克曼被美国洛克菲勒基金会任命为墨西哥农业考察委员会的领导，该委员会的主要使命是以现代科学技术改造传统农业，帮助墨西哥摆脱灾荒和饥饿。1944 年，在斯泰克曼教授的举荐和鼓励下，诺曼·布劳格博士前往墨西哥参与一项农业研究计划——小麦合作研究和生产计划(the Cooperative Wheat Research and Production Program)，由育种学家、土壤学家、植物病理学家和昆虫学家组织研发团队，全力解决影响墨西哥小麦增产的所有问题。该计划由时任美

[1] 约翰·H·帕金斯. 地缘政治与绿色革命：小麦、基因和冷战[A]. 王兆飞，郭晓兵，等译. 北京：华夏出版社，2001：74-75

国副总统亨利·华莱士针对墨西哥政府的粮食援助请求而倡议，洛克菲勒基金会与墨西哥政府联合资助和实施，旨在通过对墨西哥等发展中国家的农业技术援助来加强美国的经济和军事影响力[1]。墨西哥实验的成功，使得这项计划后来转变为致力于为发展中国家穷人提供玉米和小麦创新服务的"国际玉米和小麦改良中心"(International Maize and Wheat Improvement Center，其西班牙名称简写为CIMMYT)。

1950 年，布劳格及其团队在研制 6 000 种小麦杂交品种[2]的基础上培育出抗秆锈病小麦品种 Yaqui 50[3]，该品种在施用化肥后产量猛增，但因麦穗太重易出现倒伏，造成粮食减产。为了解决这一技术难题，布劳格和他的研究团队从 1953 年尝试将日本的矮化小麦品种 Norin 10 与适宜在墨西哥北部高热、干燥气候条件下耕种的品种杂交，以培育能够抗倒伏的高产小麦新品种。整个育种研究过程充满了艰辛和曲折。起初，布劳格的试验主要集中在锈病蔓延、土壤贫瘠的中部高原特斯科科附近的查平哥(Chapingo)。为了加速小麦新品种的繁育进程，缩短新品种的研发周期，布劳格提出"穿梭繁育"(shuttle breeding)的育种策略，即夏季集中在中部高原进行育种试验，收获之后立即将种子送至雅基山谷的研究基地，再在冬季索诺兰沙漠的奥布雷岗试验基地繁育试验。借助于这种"穿梭育种"的创新策略，布劳格团队很快培育出所谓的墨西哥矮秆小麦品系，其大面积推广后，在不到 7 年的时间内就使墨西哥农业完成了一场"寂静的革命(the quiet revolution)"，实现了粮食自给(self-sufficiency)。他们在 1962 年开发的高产、抗锈病的半矮化小麦品种 Pintic 62 和 Penjamo 62，在施用化肥的情况下，产量潜力可提高到 5 870 千克/公顷，且其粗壮的秆茎足以支撑硕大的麦穗，防止小麦倒伏。采用 Penjamo 62 的姊妹系和澳大利亚品种 Gabo 杂交，布劳格还育成后来称之为绿色革命的组合，代号 II8156，该组合的 33 个选系(有红、白粒两类，包括 Siete Cerros 66、Kalyanson 和 Mexipak 65 等)作为主栽品种在印度、巴基斯坦等 13 个国家得到大面积推广。

布劳格等采用这种双季节繁育方法培育的品种还具有显著的推广优势，即新品种对光照时间不敏感，可以在多种不同的气候条件下培育生长。这无疑是小麦

[1] Murray H. Milford and E. C. A. Runge. Beachell and Borlaug, Two Giants of the American Society of Agronomy's First Century [J]. Agronomy Journal2007, vo199: 595-598. http://agron.scijournals.org/cgi/content/full/agrojnl;99/3/595

[2] University of Minnesota. 2005. Borlaug's Work in Mexico [N]. http://www.agbioworld.org/biotech-info/topics/borlaug/mexico.html

[3] 何忠虎，彭居俐. 悼念绿色革命之父布劳格博士[J]. 麦类作物学报，2009，29(6)：1134-1136

育种领域具有革命意义的重大原创性创新成果，其中蕴藏着未来绿色革命蓬勃兴起的巨大技术潜力。如今，布劳格创立的穿梭育种方法已为世界各国作物育种家广泛采用，这也是他获得“绿色革命之父”美誉的最重要业绩之一。中国农业科学院的何忠虎研究员和国际玉米小麦改良中心的彭居俐在谈到布劳格对小麦育种创新的重要贡献时，首先强调的就是其首次育成的半矮秆春小麦品种和创立的“穿梭育种”方法[1]。

在育种技术取得突破性进展的同时，农业化学也应运而生。1828年，德国著名化学家维勒在世界上首次人工合成尿素，但那时人们并没有认识到尿素的增产效用。1840年，德国化学家李比希在《有机化学在农业和生理学上的应用》一书提出的“植物矿质营养学说”，认为矿质元素（无机盐类）是植物的主要营养物质，土壤是这些营养物质的主要给源；但土壤中矿质养分的含量是有限的，必将随着耕种时间的推移而日益减少，因此必须增施矿质肥料予以补充，否则土壤肥力水平将日趋衰竭，作物产量将逐渐下降。李比希学说否定了“腐殖质”和“生活力”学说，引起了农业理论的一场革命，开辟了植物增产的另类技术路线，促进了土壤施肥、田间试验、温室试验和实验室化学分析的兴起以及化肥工业的发展。李比希曾尝试农用化肥的开发研究，但屡遭失败。1850年，他在英国农业化学家的启发下把制作肥料的不溶性钾盐改为水溶性钾盐，获得成功。当时德国北部多为沙地，被视为植物无法种植之地。李比希将自己研制的钾肥撒进沙土地并种上大麦、马铃薯等。起初很多人认为李比希在发疯，但在看到沙地上长满绿油油的大麦、马铃薯禾苗之后心生敬意。几乎与之同时，英国人J·B·劳斯在1841年用硫酸分解磷矿制成过磷酸钙，并在1842年取得磷肥专利后创建了世界上第一个化肥厂，使过磷酸钙成为19世纪对农作物增产有重要贡献的化学肥料。1850年前后，劳斯与吉尔伯特在罗森斯特实验站的研究实验中，曾用提取煤气时所产生的氨制成硫酸铵，发明出最早的氮肥，但这种化肥迟迟未能投入生产和使用。1908年，德国化学家哈柏找到了用氮气和氢气直接化合成氨的方法，也就是现在合成氨工业中的“哈柏法”。这种方法必须在高温高压下，才能把氮气和氢气经过催化而合成氨。1909—1912年，哈伯与C·博施合作创立哈伯-博施氨合成法，解决了合成氨大规模生产的技术问题，完成了合成氨的生产工艺流程设计。1913年，世界上第一个大规模合成氨工厂在德国投产。哈伯由于对合成氨的发明与工业化生产以及对世界范围内急需解决的氮肥问题作出重大贡献，荣获1918年度诺贝尔化学奖。1931年，德国科

〔1〕 李建军，滕菲，黄晓行．“绿色革命之父”诺曼·布劳格[J]．自然辩证法通讯，2011(3)：111-117

学家成功地找到工业固氮方法。但直到 1945 年以后，由工业固氮所制造的氮肥才获得广泛应用。与之同时，磷肥和钾肥的使用量也日益增加。大量地使用肥料可以提高产量，各国优先增加肥料的生产。到 1965 年，有 33 个国家对肥料实行的补贴率最高达到其成本的 50%。

农药技术的进步也是绿色革命发生的重要因素之一。1925 年，英国人法拉第(M. Faraday)合成了有机氯杀虫剂是六六六。该杀虫剂以其杀虫谱广、持效期长(稳定)、成本低而备受赞誉，在防治蝗虫、水稻螟虫等农业害虫方面效果显著。1939 年，缪勒(P. Müller)人工合成了有机氯杀虫剂滴滴涕。滴滴涕不仅可用于杀灭农田里的害虫，还可以杀灭体虱和蚊蝇，滴滴涕在控制 1944 年那不勒斯伤寒(通过杀灭传播此种伤寒病毒的体虱来实现)的流行及后来防治疟疾(蚊虫传播疫病)方面立下了不朽的功绩，是有机合成农药出现的一个重要标志，预示着大规模使用有机广谱杀虫剂的开端。1943 年，另一类重要的杀虫剂——有机磷杀虫剂特普(TEPP)，主要是由德国拜耳(Bayer)公司施拉德(G. Schrader)领导的研究小组开发成功并投放市场，主要用于农业害虫防治。伴随有机化学合成技术和测试技术的发展，各种结构新颖的有机化合物分子不断被合成出来，用于农业病虫草害防治的农药品种越来越多，防治范围也越来越广，不仅前述的杀虫剂和杀菌剂、除草剂等原来已有的农药类型可供选用的品种越来越多，而且植物生长调节剂、杀啮齿动物(如杀鼠剂)、动物驱避剂等新的农药类型也相继问世。1960—1990 年 30 年间，全世界的农药销售额由 8.5 亿美元增加到 234 亿美元(农业化学)；新的技术的应用，给 20 世纪的农业生产带来非常巨大的变化，使粮食单产的年均增长量增加了 30 倍。

高产作物品种的繁育，钾肥、磷肥和尿素生产技术的突破，以及各类高效的有机氯和有机磷制剂等农药的发明和推广应用，使农业土地生产率大幅度提高，并使绿色革命发生条件逐步成熟。20 世纪 60 年代，美国农业学家诺曼·布拉格所领导的杂交育种研究计划使全球稻米与小麦产量大幅增加，有效地缓解了印度等国的饥荒问题。他们通过采用大规模灌溉和施用化肥、杀虫剂和通过杂交技术改良的高产水稻和小麦品种，使印度的粮食产量从 1960 年的 8 200 万吨增加到 1990 年的 1.76 亿吨。绿色革命在拉丁美洲、中国和东南亚、印度和南亚、英国等四个截然不同的广大地区大获成功，不仅能增加产量，而且能减少潜在的营养不良。

农业机械化是近代科学技术促使农业变革的另一项重要成就。19 世纪中后期，北美等大量新农业区域对劳动力的需求刺激了系列固定式应用的农业机械器具的发明，如 1831 年的机械收割机、1850 年的移动式脱粒机和挤奶机的发明等。其中“机械收割机的引入与农业领域的其他进步同步发展，也与铁路系统的延伸相伴随。铁路对中西部和西部的农业发展至关重要。通过铁路把余粮运往人口密集的中心城市，工业品和木材成品运往农村地区[1]”。1902年，第一台带自走式的，带内燃机的拖拉机在美国出现。使用新机械和新型动力，尤其是以内燃机为动力的拖拉机，是20世纪前半期农业生产的主要特征。20世纪30年代，北美、西欧和澳大利亚很多地方的农场都逐渐以拖拉机代替耕畜。日本也在第二次世界大战后发明了小型的手扶耕作机，这种机器有4～10匹马力，很适合于小农户耕作的需要。澳大利亚的谷物联合收割机和美国的联合收割机实现了收割和脱粒功能的结合，而之后出现的自动收割机则是对拖拉机和收割机进行集成创新。1900—1940年，欧美各国的农民也已开始采用抽水机、电子家禽饲养设备等动力机器，以优化农业生产环节、节省农业劳动力。以矿物能源为燃料的农业机械具有更高的终端使用效率，通常一匹马将饲料中的物化能转换成有用功的效率是3%，而一台拖拉机的能源效率是30%。农业生产机械化，通过以机械替代牲畜和人类，有效地缓解了劳动力资源稀缺对北美和欧洲各国农业生产造成的不利影响，提高了农业耕作效率，也在客观上促成了农业工业化、农村城镇化的转型，促成了农业劳动力向工业、服务业等非农产业的转移。

科学和技术进步也对动物农业领域带来了革命性的影响。1890年，巴布科克(S. M. Babcock)对牛奶乳脂含量的可靠测定方法进行了创新，使奶牛产奶量和牛奶脂肪含量的测定成为一件简便的事情。19世纪90年代，黄油企业在许多国家的乳制品产区建立起来，并以“公司＋农户”的方式与当地农民合作经营。当奶油被送进公司时，要依据脂肪含量的测定来评质论价，这就促使农民对其牧群的可测量的生产特征产生了兴趣。20世纪初，欧美国家的农业部门也对乳制品工业给予很多关注，并鼓励和支持农民团体或育种协会建立牛奶记录系统，其目标是在奶牛的整个泌乳期或标准哺乳期抽样检验牛奶的产量和脂肪含量，以便根据这些信息来评价和选育种畜。1899年，荷兰第一个奶牛记录协会成立。

人工授精(artificial inseminations)是动物产业领域的重要技术变革之一。20世纪20年代和30年代，前苏联科学家对数以万计的绵羊和牛进行人工授精的事件。1936年，丹麦成立第一个人工授精协会。战争的因素仅使这项技术在美国得到迅速应用，美国通过人工授精繁育的奶牛总数由1939年的7 539头增加到1947年的1 184 000头。1949年，由于长期储存冷冻精液方法和精液稀释方法的发现与不断完善，家畜繁育技术得到广泛推广和应用，低成本饲养优质奶牛和肉牛就为众多饲养户带来丰厚的经济回报。

---

[1] 乔治·巴萨拉.技术发展简史[M].周光发译.上海：复旦大学出版社，2002：167

概括起来讲,19世纪以来的科学和技术对农业产生了三大影响,首先是对农业生产率的影响,不仅借助于化学和生物技术提高了土地生产率,而且依靠机械技术创新提高了劳动生产率;其次是对土地利用形式的全球性变化的影响,让工业化国家将大量的农业用地回复为草地和湿地;再者是解放了农业生产力,大多数农业劳动力转移到工业、服务业等非农产业领域;还有是对农村社区发展的影响,虽然促进农村的城市,但也对农村区域的自然生态环境,如对水资源、土壤营养物循环和人居环境造成一定影响。

绿色革命成功的主要因素〔1〕

2004年,美国的智库兰德公司在其报告《转基因作物的未来》中分析说,绿色革命的成功主要得益于以下要素的结合:

1)创新植物的育种方法。能带来高产的主粮品种的植物育种研究是粮食增产最重要的因素。通过选择遗传特性,科学家实现了稻谷、小麦和玉米的高产、稳产及广泛适应性。

2)技术结合或整合。灌溉系统、化肥、杀虫剂与高产品种的综合应用是粮食产量提高的关键。当高产作物品种的种子在这些要素投入适当的情况下生长时,其产量就会大幅提高。

3)当地受过培训的当地科学家的参与。只有当地科学家接受了自行培育作物所必要的培训,他们才可能在国外中断指导的情况下推进本国的农业革命。

4)确保农民知情并保护其生产积极性的计划和政策。其关键是让农民掌握相关技术,使其得以在当地持续发展下去。

二、现代科学技术和新农业革命

农业生物技术与信息技术革命正孕育着一场彻底改变农业育种和产业形态的农业革命。由于农业生物技术革命可能存在的非预期的风险和不确定性,国际社会对这场新农业革命既抱以期待又充满担心。期待是因为这场技术革命可能为世界粮食问题、营养不良问题、自然资源短缺和生态问题等解决提供"精准"高效的解决办法,担心是由于这场革命对自然生态的空前影响可能会引起各种非预期的、灾难性的健康和生态危害,进而危及人类社会文明的可持续发展。

---

〔1〕 姜桂兴.转基因作物:在挑战与机遇中发展——美国兰德公司《转基因作物的未来》报告述评[J].中国软科学,2005(8):158

1. 现代科学技术革命及其在农业中的应用

1953年,沃森、克里克发现遗传物质DNA的双螺旋结构,这一基础科学的重大突破,开启了研究生命奥秘的全新领域,宣告了分子生物学革命时代的来临。20世纪70年代以来,随着生物科学基础研究领域重大突破的不断积累,一系列重要的生物技术发明成果脱颖而出。1968年,沃纳·阿尔伯发现限制性内切酶。1973年,斯坦福大学的斯坦利·科恩与赫伯特·博耶完成将外部有机体的基因植入主基因的实证实验,他们发明的基因剪拼或重组技术打开了基因工程研究领域的大门。1975年,西泽·米尔斯坦和乔治·科勒发明的杂种细胞融合技术,可使不同细胞的细胞核与细胞质结合形成具有理想的供体细胞特征的杂种细胞。1983年,美国穆里斯(K. B. Mullis)等发明聚合酶链式反应技术(PCR),该技术能在很短时间内精确复制成百万的同一DNA片段,极大地扩展了遗传物质鉴定和操作的可能性。1992年,荷兰培育出世界上第一头转基因牛,该牛植入了人促红细胞生成素基因,其蛋白质能刺激红细胞生成,是治疗贫血的良药。1997年,英国罗斯林研究所的科学家威尔穆特(Wilmut)等宣布获得世界上第一只克隆羊"多莉"。所有这些技术发明的出现,催生了以转基因技术和克隆技术为核心的基因工程技术革命,并在医学、农业等众多产业领域引发革命性变革。

1987年,美国农业委员会主席帕特立克在国会发表题为《美国未来的生物技术竞争力》的演讲词中说,美国正处在一场变革的前沿,这场变革将决定美国经济前途和命运。这是一场由生物技术引起的科学革命。生物技术也许会对世界的重大问题——饥饿、疾病、能源及污染等提供解决的办法。

1998年,杰里米·里夫金在《生物技术世纪:用基因重塑世界》一书概括说,生物技术世纪已现端倪,构建这种技术革命的现实基础包括:①科学家开始在基因水平上重建生命。新的生物学工具在终止有数千年进化史的自然选择的同时,也为重塑地球上的生命提高了前所未有的机会。②分布于世界各地的大学、政府机构和公司中的数以千计的生物技术实验室正在利用各种可能的工具改造和设计新的生命体,为获取人类、植物、动物的细胞、器官和组织的专利而竞争。少数几家大型的跨国公司、研究机构和政府将凭借其前所未有的研发优势和专利影响力,支配或左右我们以及子孙后代的生活方式。③全球农业正经历巨大转变。用组织培养的方法在大型细菌培养槽内种植粮食、棉麻等重要作物已成为现实。这种向室内农业转变的趋势预示着从几万年前的新石器时代绵延至20世纪下半叶的农业经济时代彻底终结。④出于从"生物修饰"到生产制造替代燃料的商业需要,数以万计的转基因细菌、病毒、植物和动物将被释放到地球生态系统,其中某些可能会对地球的生物界造成灾难性破坏,在世界范围内散布不稳定甚至致死性的遗产污染。

⑤经遗传改造和批量生产的动物克隆将被用作化学工厂，通过动物血液和乳汁的分泌来大量生产人类需要的价格低廉的化学物品和药物；人和动物的杂合体将被广泛用作医学研究的实验对象和外源性器官移植的器官来源；人工制造和繁殖克隆的、杂交的或者转基因的动物，可能意味着野生动物世界的结束，而以生物工业世界取而代，克隆羊多莉的诞生，表明人类可以在实验室中培养有利于肉类食品生产的动物品种。经遗传改造和批量生产的动物克隆产品，人兽杂合体，以及通过动物血液和乳汁的分泌来大量生产的价格低廉的药物等开始陆续进入市场。⑥信息科学和生命科学正逐渐融合成为一体化的技术和经济力量。计算机正在越来越多地用来破译、管理和组织大量的遗传信息，这些遗传信息是崭露头角的生物技术经济的原始资源。在生物信息学的新领域中，科学家一开始收集进化了几百万年的遗传信息，建立新的庞大的"生物数据库"，以被用来重建自然界；计算机和基因的密切结合，将从根本上改变人类的生产生活方式，改变人类文明的进程[1]。

2002 年，理查德·W·奥利弗在《即将到来的生物科技时代》中描述说，化学、物理是推动 20 世纪科技与经济发展的科学，它们创造并提升了工业和信息科学技术，支撑了全球经济的突飞猛进，促进了政治、社会与文化的变革。21 世纪将是生物物质工业时代。生物科学与材料科学正在创造新的经济引擎——生物物质(bioterials)科学技术，将极大地推动 21 世纪的经济发展，彻底改变现代农业生产方式和效率。他说，生物物质时代的新法则表明，其经济力量将比工业科学技术或信息科学技术更重要。这些新法则主要是生物科学技术知识，特别是发明专利和新发现应用在商业上的方法每日倍增；生物物质科学技术成果商业应用的广泛性与其研究对象的规模成反比；生物物质科学技术应用开发的商业潜力和经济回报呈现指数性递增。围绕着对环境、贸易和公共福利的全球分歧，生物物质将带来错综复杂的问题，某些技术或经济问题可能会演变成为相当敏感的政治问题。生物物质科技将挑战我们对生命的根本定义，每一个人都将被要求为本身的基因作决定，每家公司都会变成生物物质公司或者成为生物科学技术研发或应用的环节，或直接依赖其生存并取得成功。尤其值得关注的是，生命科学产业基本上由美国、欧洲与墨西哥的几家大企业所独占。这些企业原本是传统的化学公司，正在迅速转型为生命科学与制药公司[2]。

---

[1] 杰里米·里夫金. 生物技术世纪：用基因重塑世界[M]. 付立杰，陈克勤，昌增益译. 上海：上海科技教育出版社，2000：1-4

[2] 理查德·W·奥利弗. 即将到来的生物科技时代：全面揭示生物物质时代的新经济法则[M]. 曹国维译. 北京：中国人民大学出版社、北京大学出版社，2003：1-18

2009年，麻省理工学院院长苏珊霍克菲尔德女士在美国科学促进会(AAAS)举行的科学和技术政策论坛上演讲说，沃森和克里克于1953年发现的脱氧核糖核酸(DNA)结构为生命科学的两次革命奠定了基石。这两次革命分别是分子生物学和基因组学，前者揭示了编码在DNA内的信息是如何通过核糖核酸(RNA)解译给完成生命功能的蛋白质的，后者揭示了基因组所携带的信息。她预言生命科学与物理学和工程学融合将带来的第三次生物革命。在过去数十年中，生命科学知识的加速扩展是建立在生命科学和工程学两者合作之上的。无论是对DNA、RNA及其蛋白质产品的结构和功能的认识，还是医药开发和临床诊断，均借助了物理学和工程学开发的新手段和工具，如电子显微镜、断层扫描仪和核磁共振成像仪等。在人类基因组破译项目中，数学和计算机科学以及强大的新型基因测序技术成为生物学家依靠的重要工具。表面上看，生命科学和工程学之间的这种合作更像是工程师在为生物学家提供服务，然而正是它们之间的合作联动才孕育了生命科学再次革命的来临。如果我们要加速生物农业科学技术革命的进程，就必须重视对农业科学家、工程师等专业人才的多学科培养[1]。

就生物科学技术和信息科学技术对农业的现实影响而言，生物农业(agribio)和精准农业(precision farming)已逐步成为现代农场发展高效益农业和可持续农业的重要选项。按照理查德·W·奥利弗的界定，生物农业包括基因改良技术，和应用动植物作为食品改良，旨在生产更便宜更好的工业品、消费品和卫生保健品，如种植抗虫棉、转基因番茄、转基因玉米和大豆，以提高产量，改变植物的消费效用和营养结构，提高消费者的抗病能力和健康水平等；或借助于转基因技术改变动物的遗传特性，让动物更大、更瘦、更会泌乳，以减少饲料成本、影响环境的排泄物，制造价值高昂的医疗或工业材料，或开发能够抵抗疾病的多用途疫苗。精准农业则应用全球卫星定位系统(GPS)绘出农田收成数量地图，精准地计划栽种与肥料用量，以实现产量的极大化与肥料和能源消耗的最小化，帮助农户遵守含毒肥料与杀虫剂用量法规。这些全新的科学技术应用预示着农业生产方式的根本性变革。

石元春院士在谈到现代农业科学技术革命时分析说：动植物品种是农业生产的原材料，始终处在农业技术体系的中心位置。几乎所有的农事活动，都是为了对品种的加工和再生产；施肥、灌溉或者防疫等最后都是为了加工品种，使这个品种在其繁殖过程中取得更好的产品、获取更大价值。从原始农业到近代农业，品种的选育始终处在农业技术基础体系的中心位置。原始农业时期的动植物驯化、近代

[1] 雷凌湘，李建军.现代生物技术革命的方法论特征[J].科学对社会的影响，2010(1)：29-32

农业时期的杂交育种，现代生物技术也首先带来育种技术上的革命。常规育种技术主要依靠育种家的经验对农用动植物作表型选择，只能利用有限的杂交优势。现代生物技术则可以对生物遗传信息进行实验室操作，可以在动物、植物、微生物，也就是在所有物种间进行基因的转移和重组，可以进行遗传改良的工程设计和施工，极大地扩展生物资源和杂交优势的利用，创造更加适合人类需要的新品种。这是生物科学和技术的一次伟大革命；信息技术的发展，可以使以前经验量化的东西定性化，不精确的东西精准化，可大大改善农业的分散性、区域性、时空多边性、经验性，以及稳定性和可控程度低的行业弱势，将农业融入到信息化产业之中，有助于农业的资源和生态环境的调查、气象和生物灾害的测报、水土资源管理、农作物的种植状况以及估产等。借助于3S(遥感、地理信息和GPS)技术，水稻估产的准确度已经达到90%以上。精准农业技术(PA)使农业由粗放走向精准[1]。

基于对现代科学技术革命及其对农业影响的判断，美国、日本、德国等发达国家主要选择以生物技术和信息技术作为提升农业产业竞争力的制高点，全力推动农业向优质、高效、无污染方向发展，并通过计算机信息技术、遥感技术、地理信息技术和全球定位技术等在农业生产中的应用来最大程度地提高农业生产过程的可控性。一些发展中国家则借助于国际农业研究磋商小组及其他国际农业研究中心的帮助，选择以主要作物的高产品种和高产技术为突破口，发展灌溉技术和旱作技术以解决大片半干旱、干旱和沙漠地区的农业生产问题。国际农业研究磋商小组及其他18个国际农业研究中心正在加紧“超级水稻”、“超级木薯”、“超级玉米”、“专用小麦”等的研究与开发，并将生物技术的研究应用、农田节水灌溉技术、精良施肥施药技术与环境保护等作为这次农业科学技术革命的主导领域。

2. 生物科学技术与“第二次绿色革命”

1999年4月《商业周刊》中的文章指出，90年代出现的生物农业代表着“第二次绿色革命”，其涉及产业既包括了植物，也涵盖了基因改良的动物。该文将生物农业划分为两大领域，即土生与水生植物的基因工程研究，以及对动物、鱼类、昆虫和其他生物的基因控制。其中植物基因工程旨在改善植物已有的基因特性以提高其生长速度或减少对土壤和空气有负面影响的副产品，使食用植物的动物与人类更健康，或使其含有抵抗疾病的物质等；动物基因工程在通过改良已有动物的基因性质以产生更好或更有生长效率的动物与相关产品，或改变动物特征使其生产新材料供医疗与工业使用。

农业生物技术是生物技术在农业中的应用。一般而言，农业生物技术是为生

[1] 石元春. 现代农业和农业科技[N]. 中国农业科技，2004(1)：6-8

产或改进农业产品和过程而对生物组织或其他部分的应用。植物品种的驯化、农业品种的目标特征的选择，都属于农业生物技术。狭义地讲，生物技术今天指DNA复制、剪贴和修复等自然过程的知识，它使对细胞生物机制及其遗传过程的深度理解成为可能。尽管生物技术在农业上已经与DNA层次的基因修饰或基因工程相关联，它或许指许多技术和产品。比如，包括在遗传改良中的分子标记和基因组信息的一般应用。类似的，在酿酒和制造奶酪中用作发酵的酶，是广义食品生物技术的早期例子；用来改进烘焙工艺的基因工程酵母将是最近的食品生物技术例子[1]。一些研究报告指出，生物技术在农业中的运用，特别是基因工程技术，打破了传统动物、植物、微生物之间的遗传界限，扩大了遗传资源的利用面，提高了育种目标的准确性，其直接培育出的抗虫、抗病、抗除草剂的转基因棉花、玉米、大豆、油菜、马铃薯等作物已有较大面积的推广。动物细胞和胚胎人工育种技术的日趋成熟，使动物性别控制、体外受精、胚胎分割、动物克隆等已实现商业化运作。

1983年，世界第一例转基因植物——转基因烟草问世。1986年，全世界有5例转基因作物首次获准进入田间试验。1994年，首例转基因作物(转基因耐储藏番茄)在美国进入市场。1996年，转基因作物开始实现产业化种植且发展迅猛，其作物特性也已从第一代的输出特性经过第二代的输出特性发展到药用、工业用以及向具有复合性状的方向转变[2]。一些研究者乐观地预言，借助于转基因生物技术，可以培育具有某些新功能特性的农作物，如富含不饱和脂肪酸的油料、抗癌蛋白的大豆、可食性疫苗等，从而未来农业和食品产业走向功能性农业。

据农业生物技术应用国际服务组织(ISAAA)提供的统计数据，1996年，全球转基因作物的种植面积为170万公顷，2006年底，全球转基因作物种植面积已增至1.02亿公顷，1996—2006年的增长幅度达到了空前的60倍，居所有作物技术推广速度之首；2011年已达到1.6亿公顷，增长94倍，这一增长使得转基因技术成为现代农业史上应用最为迅速的作物技术[3]；全球转基因作物的市场价值成倍增长，1995年仅为7 500万美元，1996年增加了3倍，达到2.35亿美元。2002年已达到42.5亿美元。2005年，仅4种主要的转基因作物(转基因大豆、玉米、棉花

---

[1] Agricultural Biotechnology Intellectual Property: Technology Classification [N]. http://www.ers.usda.gov/Data/AgBiotechIP/classification.htm

[2] 张斌，杜志雄. 转基因农产品：争端及各方观点[J]. 调研世界，2001(6)：36-38

[3] Clive James. 2011年全球生物技术/转基因作物商业化发展态势[J]. 中国生物工程杂志，2012(1)：1-2

和油菜)的总市值就已达到52.5亿美元[1]。2011年转基因作物的全球市场价值为132亿美元,有1 670万农民种植了转基因作物,其中有1 500万是发展中国家的资源匮乏的小农户。

Clive James在ISAAA发表的2006年转基因技术产业发展报告中分析说:"去年种植生物技术作物的农民中有90%(930万)以上是发展中国家的资源短缺的小农场主,这使得生物技术在一定程度上缓和了他们的贫困状况。数百万资源短缺的小农场主在未来10年里将求助于具有潜力的生物技术作物的贡献[2]。"2011年,中国有700万小农户种植了390万公顷的Bt棉花,占棉花种植面积的71.5%。2009年通过安全审批的转基因植酸酶玉米和Bt水稻正在进行品种审定。为了满足国内对生产转基因玉米作为动物饲料的日益增长的需求,中国已考虑优先推进植酸酶玉米的商业化,用有较高生产率的植酸酶玉米抵消进口玉米的增量[3]。

许多科学家和决策者对转基因农作物给予厚望,认为它将带动一场以"分子耕作"为基础的新型农业革命,为解决全世界的温饱问题和粮食安全问题带来曙光[4]。1999年4月,英国政府首席科学顾问罗伯特·梅爵士对下议院环境调查选择委员会分析说,转基因作物将是未来50年内满足粮食需求的关键[5]。世界卫生组织(WHO)2005年发布的一份关于转基因食品的最新总结报告《现代食品生物技术、人类健康和发展》认为,转基因作物能够提高农作物的产量、食品质量以及在一个特定地区生长的食物的多样性。这有助于人们增进健康和营养,解决粮食和食品安全问题[6]。英国科学家Nigel Halford预计到2015年,利用转基因作物能最大限度地减轻贫穷、饥饿、营养问题[7]。

---

[1] Clive James,Global Review of Commercialized Transgenic Crops:2005,ISAAA Briefs

[2] Clive James. ISAAA Brief 35-2006: Executive Summary Global Status of Commercialized Biotech/GM Crops: 2006 [EB],http://www.isaaa.org

[3] Clive James. 2011年全球生物技术/转基因作物商业化发展态势[J].中国生物工程杂志,2012(1):4

[4] 严加伟,李建军.转基因作物的多种价值及其产业化风险[N].科学对社会的影响,2008(1):28-32

[5] 赵洪文.转基因农产品是否真的不安全[J].瞭望,2000(Z1):75-76

[6] Current GM foods can bring benefits but safety assessments must continue [EB]. http://www.who.int/mediacentre/news/releases/2005/pr20/cn/

[7] Nigel Halford. Plant Biotechnology. Current and Future Applications of Genetically Modified Crops. Crop Performance and Improvement, Rothamsted Reseach UK

转基因技术可以培育高产、优质、抗病毒、抗虫、抗旱、抗寒等特性的作物新品种，减少农业对农药、化肥和水的依赖，降低农业成本，提高产量、改善农产品质量，解决由于过量施用农药和化肥带来的后遗症和造成的污染。据统计，2005 年，中国转基因抗虫棉种植面积已超过 3 600 万亩，推广累计种植面积 1.27 亿亩，减少农药使用 65 万吨，农田环境污染指数降低 21%，创造社会经济效益超过 221 亿元[1]。转基因技术的使用还减少了农药对土壤的侵蚀，增加了土壤湿度的保持时间，同时也减少了农药对人身健康的损害，具有显著的生态保护效益[2]。2005 年，罗伯特·E·埃文森分析说，转基因棉花具有明显的成本和利润优势，其不仅能够减少杀虫剂的使用量，还能增加产出。美国和中国的农业报告显示，谷物产出增加的 4%～8%和棉花产出增加的 6%～12%都得益于使用苏门金杆菌的转基因作物。如果考虑到生产力的变化，转基因作物的早期收益就相当显著了。就被讨论的农产品而言，即使就通过该领域 5%～10%的成本节省而带来的一般收益而言，它也显著地增加了农业的全要素生产收益[3]。转基因作物的产业化还可为各类资源稀缺的发展中国家的小农户带来增产增收。据一些专家预测，未来的转基因水稻可平均增产 6.8%～10.8%，每公顷可为农民增加 676 元的收入[4]。美国科学家表示，转基因作物的产业化将通过培育高产能源作物，提高生物能源的生产率、降低生物能源生产成本来缓解目前存在的能源危机[5]。联合国粮农组织(FAO)曾预计，21 世纪农业生产品种的 90%将通过生物技术改良，生物技术对农业生产的贡献率将高于 70%。而生物肥料、生物农业、新型饲料添加剂的应用将大幅度地减少化学农药、化学肥料对农田和环境的污染，将推动新一轮农业绿色革命[6]。

借助于工程技术手段，科学家和技术专家开始超越动物种的界限来设计满足

---

〔1〕 科学认识转基因食品[EB]. http://www.csh.gov.cn/article.asp? id=14497，2006-6-27

〔2〕 并不比普通食品更危险——中国农业大学教授罗云波谈转基因食品[EB]. http://www.foodqs.com/news/gnspzs01/200732715450.htm，2007-3-27

〔3〕 罗伯特·E·埃文森.农业生物技术[A]//本·斯泰尔，戴维·维克托，理查德·内尔森编.技术创新与经济绩效[C].上海：上海人民出版社，2006：504-505

〔4〕 “转基因”决不是洪水猛兽[EB]. http://www.agri.gov.cn/xfpd/zxdt/t20060804_662296.htm，2006-8-4

〔5〕 美专家称：解决能源危机需要转基因技术进步[EB]. http://www.stdaily.com./gb/stdaily/2007-02/13/content_634666.htm

〔6〕 官春云.农业概论[C].北京：中国农业出版社，2007：204

人类生产需要或表现某种特定功能效应的转基因动物，如通过基因敲除（knock-out）技术让自然动物所拥有的特定基因“沉默”，或通过基因重组技术向自然动物的基因组中插入（insertion）某种基因以增加动物的农业生产效率、降低农业生产经营和管理成本和改进人类营养和健康。美籍华裔学者杨向中教授曾经分析说，转基因动物尤其是转基因小鼠是基础生物学和医学科学必不可少的研究模型。利用转基因大动物（如牛、羊、猪）作为生物反应器在乳腺或者其他外泌性器官中表达药用蛋白如人凝血因子-8 等，提供了用于人类治疗的药物蛋白的新的更有效的生产方式，有数百种药物蛋白可以使用这个方法生产。粗略估计，全球每年对转基因药物蛋白的需求超过 250 亿美元，但这些药物蛋白使用传统方法很难生产或者成本太高。体细胞克隆动物的成功推翻了传统的细胞分化不可逆转的理论，提供了基础研究的新模型。克隆技术可于复制优秀或者有特殊意义的动物个体（比如顶尖种公牛和宠物），拯救濒危灭绝的物种（比如正在进行的克隆大熊猫计划）。克隆技术和转基因、基因标靶技术结合，即使用转基因或者靶基因修正后的细胞系生产转基因克隆动物群，解决了以往显微注射方法不可预测和成功率低的问题，将转基因技术效率提高数十倍，并使除小鼠外对其他动物进行基因标靶操作成为可能。克隆技术和胚胎干细胞生物技术在农业和医学方面有着广阔的应用前景，拥有巨大的商业价值，这些相关研究不仅推动中国科研进步，还将产生大量的专利、知识产权、学术论文，技术和产品，在治病救人造福人类的同时给中国带来可观的商业回报，使中国成为这项技术及其成果的创造国和输出国（而不是被动的引进和模仿），促进中国的经济发展，形成科研和经济互相促进的良性循环模式[1]。

动物克隆技术孕育着一场畜牧业革命。中国工程院李宁院士预言说，将来很多人可能都离不开与克隆技术相关的产品、与克隆技术联系起来的治疗方法和技术，它给人类文明带来的进步是不可低估的，从现在来讲是无法估量的。可以想象，克隆技术的成功率提高后，如果你需要高品质的动物产品，用克隆技术就可以把它复制出来，谁都能吃得到；治疗性克隆技术在临床的广泛应用，也将极大地提高人类的健康水平。他说，2006 年 8 月 2 日，美国批准通过克隆技术得到的转基因动物——山羊-生产药物上市。这是一个重要的里程碑，打破了畜牧业和制药业之间的界限，打破了农业生产和工业生产之间的界限，把农业生产变成工业工程，把制药这种高难度的技术变成了一个畜牧业过程，而且其成本降低到原有方式的 1/100。美国在奶牛和种公牛方面实现了克隆的产业化。连续两年，奶牛拍卖会

〔1〕 杨向中. 21 世纪中国的机遇和挑战：治疗性克隆、人类胚胎干细胞和相关胚胎生物技术的研究与开发[J]. 世界科学，2004(2)：1-4

上，前十名中风头最劲的都是克隆牛。2006 年 10 月，美国宣布要在 2007 年2 月让克隆动物的肉、皮毛、奶等产品进入市场[1]。

微生物基因重组技术的出现，正在掀起农用生物制剂产业的一场革命。新一代的生物农药、动物疫苗、生物肥料、动植物生长调节剂，为环境的保护和可持续发展带来福音。1992 年，巴西的里约热内卢召开了非常有名的环境与发展大会，要求在 20 世纪末，农药里边用生物农药用到 60%来替代有机农药，以减少对环境的污染。可在 20 世纪末，美国才 15%，中国还不到 1%，还是有合成农药。有些关键技术没解决。用基因工程菌来进行生产农药和疫苗。20 世纪 80 年代的中期，发达国家已经开始用基因工程疫苗。据估计，生产 1 百亿只鸡的疫苗，用常规的方法生产需要 5 000 万个鸡胚，要 5 000 万个鸡蛋才能完成疫苗的生产。用生物反应器技术，两头牛够了，耗能上可以少 5 000 倍，成本可以减 8 000 倍。

农业生物技术对未来农业的发展至关重要[2]

2009 年 7 月 9 日，在中国科学院、中国农业科学院和美国农业公司孟山都的科研人员举行研讨会上，中国农业科学院生物技术研究所所长林敏指出，农业生物技术在农业现代化的进程中非常重要，其中的转基因技术在经历了技术成熟期和产业发展期两个阶段之后，目前已进入抢占技术制高点与经济增长点的战略机遇期，将在更广阔的领域改变传统农业的面貌。中国是一个人口数量庞大的国家，土壤的条件也不是很好，呈南咸、北碱、东西部寒冷、近半领土干旱的状况，这对中国的农业发展提出了极大的挑战，但也为农业技术的应用提供了广阔的空间，比如利用转基因技术培育新品种等。

目前中国生物技术总体研发水平在发展中国家居领先地位，部分领域已跻身世界前列，农业生物技术在中国也取得了长足的进步。自 20 世纪 90 年代中期成功培育转基因抗虫棉，转基因抗虫棉的种植面积在 2006 年已占中国棉田总面积的 75%。

3. 转基因农业持续推进可能面临的巨大挑战

美国众议院农业委员会农村发展、研究、生物技术和国外农业小组委员会主席 Timothy V. Johnson 在一次讨论农业生物技术对农民、环境、粮食和能源安全以及国际市场竞争力的机遇和利益的公众听证会说："全球人口的增长给我们提出了紧

[1] 科学时报. 克隆技术：十年探路[N]. 2007-2-28. http://www.bioon.com/biology/cell/286362.shtml

[2] http://www.agri.gov.cn/jjps/t20090710_1308621.htm

迫的人道主义挑战。我们可以选择开发贫瘠土地和那些土质、水质较差的土地来种植粮食，然而我们也可以更为明智地通过增加植物和动物的生产能力来提高产量。因此农业科学技术的创新显得极为重要。"哈佛大学 Calestous Juma 教授说："农业生物技术能够让人类用可持续的方法提高蛋白产量。美国应该保持农业领先地位，为可持续农业发展提供有效的支持。[1]"然而，转基因农业革命在一开始就伴随着各种激烈的社会争辩。社会公众高度关注转基因作物及其食品对人类和动物健康的安全性，生态学家担心转基因作物替代传统作物品种可能打破已有的生态平衡，破坏生物多样性，社会科学家和管理者等更多考虑转基因商业化可能引发的社会风险，如少数跨国公司通过专利或种子控制全球农业和食品产业等。

农业生物技术不同于其他技术创新之处在于其具有一定的外部效应，且其影响范围超出了这种技术的最初使用者，使对农业生物技术的潜在收益、潜在成本乃至成功与否的判断复杂化。概括起来讲，转基因农业持续推进可能面临的挑战如下。

1）转基因农业对社会经济影响的不确定性。转基因作物商业化可能在提高产量、改善作物品质、减少农药和杀虫剂使用、提高作物抗逆性方面具有传统作物无法比较的优势，但这并不能保证其商业化带来只是福祉和红利。有研究者指出，大多数转基因作物的商业化都是由孟山都那样的跨国公司主导的，因此难以抑制其逐利的内在冲动；转基因作物商业化的技术创新战略意图是控制，研发者及其商业化公司目的在于通过知识产权和技术手段控制全球的种子产业、农资市场，乃至全球的农业和食品产业。1992 年，孟山都就已开始有意识地将转基因作物的研发和产业化导向商业利益最大化的技术轨道上，即从开发那种适合发展中国家需要的耐贫瘠、耐盐碱和抗虫害的转基因作物导向抗除草剂转基因作物的开发，以延伸其化学农业的价值链，如通过开发抗以草甘膦为基质的除草剂的转基因作物，孟山都为其持有专利的这种化学制剂扩大市场份额，结果导致使用该公司除草剂的农民为了获益不得不同时购买该公司的种子和除草剂。1995 年，有美国 20％的耕地使用草甘膦除草剂，但在孟山都研发的耐草甘膦转基因作物商业化后的 1999 年，其施用耕地上升到 62％。目前全世界转基因作物种植面积中，耐除草剂转基因作物占近 80％[2]。1998 年，美国德尔塔与派兰德公司和美国农业部联合获得一项可

---

〔1〕 美国强调靠生物技术应对人口增长带来的粮食问题[N]. http://www.bioon.com/bioindustry/agriculture/500600.shtml

〔2〕 丹尼尔·李·克莱曼. 科学技术在社会中——从生物技术到互联网[M]. 北京：商务印书馆，2009：38-41

阻止收获的种子发芽的生物技术专利，这项技术对农业生产毫无益处，对新环境和人类健康甚至是一种冒险，但旨在控制全球农业和食品产业的孟山都却对其情有独钟，试图获得这项技术的全部权利，其目的只有一个，那就是通过阻止收获种子的发芽来强迫农户每年重复从该公司旗下的种子公司购买新种子[1]。一些发展中国家禁止转基因作物种植和进口，主要考虑当然不是经济利益和技术进步，而是其可能引出的社会后果，目的在于保护地区农业和食品文化不受冲击，避免当地农户沦落为跨国农商公司所控制的廉价转基因作物的生产者。转基因作物商业化可能存在的对小农户的冲击很快升级成包括反全球化、反 WTO、反世界银行和反国际货币基金组织等一系列问题的一部分。这一运动可能与大多数运动一样包含许多非理性的争辩、对经济学的误解和相当激进的行动，但它却是吸引了许多社会组织的联合行动，并掀起了世界范围内针对转基因产品的抵制行动[2]。

2)转基因农业对环境影响的不确定性。有关转基因作物商业化可能引发的环境公害问题，生物科学家和生态学家之间一直进行着激烈的争辩。生物科学家强调转基因作物商业化在减少杀虫剂使用量、降低水土污染、农业对水肥的依赖性等正向作用，并断言说转基因作物进入环境释放后不会产生生态后果，但生态学家却高度关注转基因作物在长期性、大规模的环境释放后可能出现的“基因污染”、“基因漂移”等过程，担心可能出现的生物链变化、作物种质资源多样性的减少，以及非预期的、不可逆转的生态灾难[3]，造成农作物生态环境的急剧变化。由于这两类专家所能提供的科学证据至少在目前看来是不完全的、甚至是模棱两可的，欧洲各国和某些国际公约建议采取预警原则(precautionary principle)来规制转基因作物的商业化，以降低其可能对自然生态和农业可持续发展造成的巨大危害。这不是杞人忧天，而是推进人类农业文明可持续发展的明智策略。在回应公众质疑时，一些生物学家说，转基因作物自 20 世纪 90 年代问世以来已有 10 多年的商业化历史，迄今未出现值得关注的环境公害或生态灾难，他们声称可通过技术措施防止转基因生物体传播到野生环境，遏制各种非预期的生态危害的发生。或许这些技术专家讲的是事实，但这只是在其有限的知识视域中所看到的事实，无法证明或推断其

〔1〕 R·A·B·皮埃尔，法兰克·苏瑞特.美丽的种子——转基因作物对农民的威胁[M].北京：商务印书馆，2005：31-33

〔2〕 罗伯特·E·埃文森.农业生物技术[A]//本·斯泰尔、戴维·维克托、理查德·内尔森编.技术创新与经济绩效[C].上海：上海人民出版社，2006：505-506

〔3〕 严加伟，李建军.转基因作物的多重价值及其产业化风险[J].科学对社会的影响，2008(1)：29-30

在未来或更大尺度内依然可靠。许多生态专家指出，转基因作物商业化可能产生的生态效应需要在大尺度规模上做长期评估，一旦某种转基因作物释放到田间地头在未来某一时刻被发现存在一种危害，它几乎是难以召回和修复的。在对转基因作物商业化进行环境风险或危害评估时，生物科学家也迫切需要生态学家的素养和眼界，不然单向度的技术“精准”信念不仅会坏了转基因作物商业化的大计，而且会毁了公众对科学和政府的公信力。只要出现某些生态危害或安全风险，都可能导致全国乃至全球范围的反转基因作物商业化的政治运动。

3)转基因农业对食品安全和健康的影响也具有不确定性。关于转基因作物及其相关食品进入餐桌后可能引发的食品安全问题也充满着不确定性。苏格兰的普斯陶教授进行的“转基因马铃薯喂养老鼠”的实验、康奈尔大学副教授约翰·罗西用转基因玉米的花粉进行的“斑蝶实验”、纽卡斯尔研究人员对转基因食品进入人体肠道中的药性反应的实验等系列研究尽管存在一些不确定性，但所有这些都引发消费者对转基因作物及其食品健康影响的高度关注，其直接效果是消费者对转基因作物及其相关食品的拒斥，引发转基因作物商业化在市场推广方面的不确定性。在有关转基因水稻的公众辩论中，一些技术专家援引美国提出的“实质等同性”(substantial equivalence)原则、用所谓的科学依据和美国人十多年消费转基因食品的事实等强调说吃转基因水稻比喝饮用水更安全，可社会公众却因担心其潜在的健康影响而声言拒绝充当新颖的转基因作物及其食品的“小白鼠”。这里的问题在于“安全性”不仅是一个科学评价风险的概念，而是任何存在的风险是否都是“可接受的”的价值判断。转基因作物及其食品是否具有食用安全性不是技术专家知识和经验所能最终确定的，真正具有发言权的是消费者在信息公开基础上的自主选择。农业和食品产业不同于其他，涉及作物种植、运输、加工、批发和零售等多个环节，产业链长，缺乏透明度，消费者自身很难判断是否他们购买或吃掉的食物会让自己生病或过敏，其中某个环节发生的安全事故很容易持续传递，进而引发整个行业的信任危机和重新洗牌。

4)转基因农业可能面临市场拓展方面的不确定性。欧洲消费者对转基因作物及其相关食品的抵制使主要的食品连锁店，如 Sainsbury 和其他连锁店都宣布不销售含转基因的食品，几家食品制造商也做出类似承诺，结果导致美国对欧洲农产品出口的大幅度下挫，种植转基因作物的农场主遭受严重的经济损失。由于欧洲市场大量从其他国家进口非转基因谷物以替代美国的农产品，美国对欧洲市场的谷物出口额从 1997 年每年大约 2.11 亿美元下降到 2005 年的 20 万美元，大豆出口也从 1997 年每年 23 亿美元下降到 2005 年的 5.11 亿美元。市场对转基因作物及食品的接受不是科学问题，而是一个社会接受和文化心理问题，技术专家基于所谓的科学证据而对转基因食品做出的任何安全承诺都难以化解这方面的不确定性。

5)转基因农业在管理规制方面将面临更大的挑战。目前,北美国家主要依据"实质等同性"原则来规制转基因作物的商业化,意在于促进农业生物技术创新,实现商业利益的最大化;欧洲国家选择"预警原则",要求对转基因生物产品提供标识制度和建立可追溯系统。目的在于回应公众对转基因作物及其食品安全性的关注,规避各类未知的或非预期的安全风险。由于美欧两大经济体在转基因农业管理规制方面存在的显著差异,世界其他国家正面临艰难的规制选择。由于美国等少数国家的农业生物技术产业界反对强制性的标识等严格规制措施,其理由是转基因作物和食品与其他作物和食品具有"实质等同性",不需要特殊的规制和市场准入措施;对转基因产品与非转基因产品检测标识的成本太高,且针对转基因产品与非转基因产品建立细分市场的成本太高。美国产业界的反对结果给整个转基因农业产业带来灾难性的打击。首先是欧洲几家主要的食品连锁店,Sainsbury 及其他连锁店都宣称不会出售转基因产品,至少是尽可能不出售。几家食品制造商也做出类似的承诺,因为多数消费者出于对转基因产品的健康和环境风险的担忧表达出其对非转基因产品的偏好。这种反应在许多国家已转变为对转基因产品的进口禁令。美国国家科学院抗虫转基因作物委员会主席 Perry Adkisson 强调说"这些生物技术食品的公众接受最终有赖于测试和规制过程的可信度"。克林顿时期的美国农业部长 Dan Glickman 说,"如果生物技术提供的一切不被接受的话,那就什么都没有。那取决于信任——对规制过程中的科学的信任……对规制过程的信任"[1]。中国推进转基因作物商业化最迫切需要解决的问题是如何通过顶层设计和透明运行来提升公众对现行规制系统的信任度,进而减低各种不确定性。

美国的智库兰德公司在其《转基因作物的未来》的研究报告中总结说,由于绿色革命正在临近其发展极限并带来一系列问题,世界农业更需要先进的农业技术,转基因农业可能成为一种具有现实价值的替代物,对世界农业的发展蕴含着巨大的意义。但转基因作物要转换成农业革命,必须解决如下问题。

1)农业生物技术必须让发展中国家的农民买得起。否则尽管转基因作物具有显著的增产增收效果,蕴含着巨大的商业利益,发展中国家的小农户可能因看不到利用这些作物的利益而拒绝种植。

2)公共部门需要对转基因技术研究进行更大的投资。转基因作物的生产和销

---

〔1〕 Noah Zerk. Risking Regulalion, Regulating Risk: Lessons from the Transalantis Biotech Dispute[J], Review of Pdicy Research, Volume 24, Number 5(2007):407

售主要是在生物技术产业范围进行，知识产权问题对于转基因种子的开发很关键。目前的知识产权制度保护了转基因种子开发商的利益，但却不利于把必要的知识和技术传播给那些最需要它们的国家和地区。如果转基因作物运动要呈现出革命性规模，公共部门的研究就必不可少。公私部门的合作伙伴关系有助于推进对发展中国家和地区有利的转基因作物的有效开发，且能让发展中国家和地区更好地利用这些作物及其相关技术。

3)公共政策必须大力支持转基因作物的商业化。公共政策的支持将有利于基因革命中利益相关者，包括政府、研究机构、私营公司、非营利组织、农户和消费者等之间的合作。然而世界各国的转基因政策和相应的规制措施差异很大，远未形成一种推进转基因商业化的合力。

4)发展中国家的规制体系建设。发展中国家的规制设置必须既要考虑转基因作物及其食品和生态风险的规制，也要考虑所有相关者的权利和利益，以保持商业利益和公共利益的某种平衡，促成各利益相关者之间的合作和转基因农业的可持续发展。

5)各利益相关者的协调合作。发达国家应该对出于困境中的发展中国家的农业和粮食政策给予更多的关注和支持；公共机构，包括基金会、大学的农业科学研究院系和其他国立和国际农业研究机构在规划其议程和研究重点时必须把持续的饥荒和营养不良问题作为一个重要的公共福利问题加以考虑；私营公司应把其技术诀窍主要用于满足发展中国家和地区农民的需要，并与公共机构合作，通过资源共享来获益；非政府组织应力争在转基因作物问题上保持客观公正的立场[1]。

三、现代科学技术与中国农业、农村发展

中国在20世纪90年代成功实现农产品从“长期短缺到总量基本平衡、丰年有余的历史性转变”，并在近年来实现粮食生产“八连增”，科学和技术发挥了关键性的作用。随着中国社会经济快速进入“工业反哺农业、城市支持乡村”发展的新阶段，中国农业、农村发展依然面临新的挑战和压力。实现中国现代农业发展、新农村建设和科学技术创新协同联动是中国农业、农村科学技术政策创新的根本目标和战略取向。

1. 现代中国农业科学技术的主要成就

自1949年以来，特别是改革开放以来，中国农业取得了举世瞩目的成就：到

---

〔1〕 姜桂兴.转基因作物:在挑战与机遇中发展——美国兰德公司《转基因作物的未来》报告述评[J].中国软科学,2005(8):160

20世纪80年代中后期，通过联产承包责任制和新农业科学技术的推广应用，已基本上解决了长期困扰社会经济发展的粮食供应不足问题，畜牧、水产、园艺和工业原料作物的生产得到快速增长。到20世纪90年代末，中国以占世界7%的耕地养活了占世界22%的人口，成功实现农产品从"长期短缺到总量基本平衡、丰年有余的历史性转变"。中国粮食生产的显著成就主要来源于农业技术的进步，农业科学技术进步对农业增长的贡献率超过55%[1]。

经过60年的发展，中国农业科学技术的整体实力和研发能力显著增强，尤其是在农业生物技术、常规育种、荒漠化防治、畜禽疾病疫苗研制、特产资源开发等领域，农业科学技术在推动农业和食品产业结构调整、农户增产增收和可持续发展方面作出了巨大的贡献。前任农业部长孙政才曾在国务院新闻办公室举行的新闻发布会总结中国建国60年农业发展成就时说，60年来，中国农作物的新品种更新了5～6代，一大批新品种培育成功，每次新品种的应用都使我们粮食生产上一个新台阶；涌现了一大批有突出贡献的专家，如杂交水稻专家的袁隆平、玉米专家李登海、小麦专家李振声等；有一大批农业科技人员长期工作在基层，为农民服务，为发展农业作出很大贡献[2]。据不完全统计，自改革开放以来的30年间，培育主要农作物新品种1 500个，实现农作物品种2～3次大规模更新换代，推动粮食亩产从1978年的135千克提高到目前的315千克，总产量先后达到4 000亿千克、4 500亿千克和5 000亿千克；选育出40多个优良畜禽和50多个水产新品种，奶牛良种覆盖率提高到44%。此外，科学家还查清了小麦条锈病、稻瘟病、棉铃虫等30多种重大病虫害的发生流行规律、迁飞规律，提出中长期预测预报技术，准确率达到70%以上；成功研制出高致病性禽流感的H5N2灭活疫苗、禽流感-新城疫二联活疫苗、高致病性猪蓝耳病疫苗等。重大动植物疫病防控，降低了农作物病虫害损失率和畜禽死亡率，有效地保障了农产品生产供给。

近年来，中国取得了一系列重要的农业科技创新成果。首先是生物育种产业蓄势待发。培育36个抗虫转基因棉花品种，累计推广1.67亿亩，实现经济效益160亿元。转基因抗虫水稻、转植酸酶基因玉米获得安全证书，已具备产业化条件。新型抗虫、抗草甘膦水稻，抗虫、抗旱玉米，抗虫、抗除草剂大豆逐步展现出巨大的市场潜力。在国际上首次获得转人α-乳清白蛋白、人乳铁蛋白基因高品质奶

---

[1] 冯华.中国现代农业发展规划发布，科技进步贡献率超55%[N]. http://www.stdaily.com/stdaily/content/2012－02/14/content_426430.htm

[2] 孙政才.解决中国农业问题的根本出路在科技[N]. http://nc.people.com.cn/GB/10088521.html

牛,牛奶蛋白率提高10%以上。二是自主创新能力显著增强。获得营养品质、抗旱、耐盐碱、耐热、养分高效利用等重要经济性状基因300多个,筛选出具有自主知识产权和重要应用价值的功能基因17个,打破了发达国家长期以来的专利壁垒。三是生物安全保障能力持续提升。系统开展转基因生物安全评价和检测监测技术、方法与标准体系研究,研制高通量精准检测新技术30余项,制订转基因生物安全评价技术标准6项和检测技术标准18项,开发检测试剂盒25种等,大幅度地提高了我国转基因生物安全保障能力。此外,行业(农业)公益性专项成效显著。具体表现在筛选培育了一批新品种,推进了良种良法配套,提升了粮食持续增产能力;研发了一批轻简高效种养技术,推进了农机农艺结合,提高了粮食和农业生产效率;强化了重大动植物病虫害防控技术体系,提升了农业防灾减灾技术水平;创新农业资源高效利用模式,提高了土地和农业投入品利用效率[1]。此外,设施农业技术快速发展,突破了农业生产的区域和季节限制,为"菜篮子"供应发挥了作用。农业机械和农产品加工技术研发和推动,使农业劳动生产率和农产品附加值不断提高。完善并拓展了主要作物的全程机械化技术,解决了一批生产上的技术难题;攻克了一批农产品深加工关键技术难题,提高了农产品加工业技术水平和发展效益。还有,农业农村经济发展规律和经营机制创新研究促进农业生产区域布局优化、组织化程度的提高以及农业科技、信息等社会服务能力的改善等。2002年以来,中国科学家在一系列国家重点研究课题支持下,以建设高产稳产农田为目的,在滨海盐土上创建了"盐土农业"高效循环利用、产业集群合理布局的现代农业模式[2]。

2. 现代农业发展的生态化转向

1962年,美国海洋学家R·卡逊在《寂静的春天》中将滥用DDT等长效有机杀虫剂造成环境污染、生态破坏的大量触目惊心的事实揭示于美国公众面前。该书的出版曾引起美国朝野的震动,并推动全世界公众对环境污染问题的深切关注。卡逊在其中写道:"当人类向着他所宣告的征服大自然的目标前进时,已写下了一部令人痛心的破坏大自然的纪录"。随着化学技术武装起来的农业现代化进程的大规模推进,"由水、土壤和植物构成的大地的绿色斗篷"已被严重污染。人类应该全面权衡和评价使用农药的利弊,正视化学技术在创造巨大的农业成就的同时已

---

[1] 白峰哲.科技支撑我国粮食"七连增"[N]. http://farmer.com.cn/zt/hyzt/2010nb/201012/t20101220_603379.htm

[2] 赵其国.农业生产方式需要一场改变[N]. http://www.cas.cn/xw/zjsd/201108/t20110826_3328087.shtml

经造成的环境公害。

1972年，“罗马俱乐部”的科学家米都斯在《增长的极限》中指出，人口、粮食生产、工业化、污染和不可再生的自然资源的消耗每年都在按指数增长。当许多不同的因素在一个系统里同时增长时，在一个较长的时期中，每一个因素的增长都最终反馈影响到自身，形成恶性循环，如此将继续产生更多的人口和更高的人均资源需求，从而增加资源的消耗、加剧环境污染，致使粮食产量下降、人口减少……其极端是地球上的不可再生资源枯竭、环境污染无法消除，粮食生产增长终止、工业基础崩溃。为此，人类社会应该限制自身的过度膨胀的生产扩张行为。

1972年6月，联合国在瑞典斯德哥尔摩召开人类环境会议，发表了题为《只有一个地球》的人类环境宣言，其中强调“保护和改善人类环境是关系到全世界各国人民幸福和经济发展的重要问题，也是全世界各国人民的迫切希望和各国政府的责任”，呼吁全人类要对自身的生存环境进行保护和改善，因为保护自然环境就是保护人类自己。

1974年，著名生态学家巴里·康芒纳在《封闭的循环——自然、人和技术》中分析说，农业机械的发明、新作物品种、饲养场、无机肥料（特别是氮肥）以及合成杀虫剂等在促进农业企业成功的同时，也使农业企业成为环境危机的主要肇事者之一。比如，杀虫剂的使用。随着像DDT一类的新合成杀虫剂的投入使用，美国每个农业生产单位所使用的杀虫剂的数量在1950—1967年增长了168%。由于杀虫剂同时杀死了害虫的天敌，并使害虫子代产生抗药性，结果只能使用越来越多的杀虫剂量或发明更高效的杀虫剂来保持收获量，结果由于造成日渐增多的杀虫剂释放到环境中造成过度的环境冲突，对生活在其中的野生动植物和人类构成威胁。显然，这种基于化学技术的农业生产是难以良性循环、可持续发展。否则，人类将在收获大量动植物产品的同时也将自毁人类生存的家园。许多有识之士在批判这种农业文明内在缺陷的同时开始思考和探索农业可持续发展的新思路和新理念。

1981年，美国经济学家莱斯特·R·布朗出版《建立一个可持续发展的社会》，首次提出可持续发展问题。1987年，挪威首相布伦特兰夫人主持的世界环境与发展委员会在《我们共同的未来》中第一次明确提出可持续发展的理念，即发展必须既满足当代人的需要，又不损害后代人满足需要的能力的发展。

1991年4月，联合粮农组织在荷兰召开的农业与环境国际会议发表的《登博斯宣言》将持续农业（SAD）和农村发展（SRD）有机结合，明确提出可持续农业与农村发展（SARD）的概念，要求各国管理和维护自然资源基础，并实行技术变革和制度创新，以确保当代人和后代人对农产品的需求不断得到满足；这种发展能保护土地、水资源、植物和动物遗传资源，同时技术上适当、经济上可行，能被社会所接受。

1992年6月，全世界183个国家的首脑、各界人士和环境工作者在里约热内卢举行联合国环境与发展大会，就世界环境与发展问题共商对策，探求协调今后环境与人类社会发展的方法，以实现“可持续的发展”。会议形成的《21世纪议程》等文件，否定了工业革命以来那种“高生产、高消费、高污染”的传统发展模式及“先污染、后治理”的工业现代化之路，主张要为保护地球生态环境、实现可持续发展建立“新的全球伙伴关系”。

2002年，在约翰内斯堡召开的可持续发展世界首脑会议围绕水、农业、健康、能源和生物多样性五大专题，重点探讨了通过全球行动解决贫困和保护环境问题。会议明确将经济发展、社会进步和环境保护共同构成可持续发展的3大支柱。

20世纪60年代在发展中国家广泛推广的“绿色革命”(green revolution)，可以看作是农业现代化一个典型案例。该计划由福特基金会和洛克菲勒基金会资助，旨在通过将高产谷物品种(如“墨西哥小麦”和“菲律宾水稻”等)和农业技术推广到亚洲、非洲和南美洲的部分地区，实施系统的、大规模的种植改良计划以促使其粮食增产，带动农业全面发展。借助于投资少见效快的新品种与化肥、农药等技术优势，作为农业增产计划“绿色革命”很快在亚洲、拉丁美洲取得了积极的效果，在很短的时间内使这些发展中国家的粮食产量显著增加，实现了来年粮食自给，农业生产迅速发展，被誉为解决世界农业难题的一场革命，即“绿色革命”。据一些资料介绍，墨西哥从1960年推广矮秆小麦，短短三年间粮食总产就接近200万吨，比1944年提高5倍，并部分出口；印度1966年从墨西哥引进高产小麦品种，至1989年促使粮食总产量35万吨增至15 237万吨，由粮食进口变为出口。在推广绿色革命的11个国家中，水稻每亩产量由20世纪70年代初的135千克提高到80年代末的221千克，增长63%。但此后不久，“绿色革命”的局限性就逐渐暴露。“绿色革命”实现粮食增产需要特定的条件：不断地使用化肥、保证充足的人工灌溉，因此又被称为“肥水农业”。加上片面追求产量，农民大面积种植单一的高产农作物品种，普遍大量使用化肥、农药和灌溉水，结果导致农业的生物多样性降低、作物抗虫害和气候变化的能力变弱、土壤肥力的下降、环境的恶化和水资源的短缺等。20世纪90年代初，科学家又发现其高产谷物中矿物质和维生素含量很低，用作粮食常因维生素和矿物质营养不良而削弱了人们抵御传染病和从事体力劳动的能力，最终使一个国家的劳动生产率降低，经济的持续发展受阻。

2007年1月，《纽约时报》发表一则消息称，美国许多养蜂农场也出现过大量蜂群不明原因地消失和死亡，专家猜测可能与美国大量种植转基因作物有关。在美国西海岸，已经损失了30%到60%的蜜蜂，在美国东海岸和德克萨斯州，已经损失了超过70%的蜜蜂。康奈尔大学的专家称，蜂群消失将会给美国农业带来巨大损失，美国的养蜂业以及与蜜蜂授粉有关的水果、坚果和蔬菜种植业年产值高达140亿美元。

总之，类似"绿色革命"之类的，建立在高投入、高产出、高能耗的工业化模式之上的农业现代化，在创造粮食增产奇迹的同时也逐渐显露出其不可持续性的内在缺陷：它采取控制和掠夺的方式，以惊人的速度消耗全球自然资源，排放大量自然界无法吸纳的废弃物，结果打破了全球生态系统的自然循环和自我平衡，加速了人与自然关系的恶化，造成了日益严重的环境灾难和人道危机。一些专家分析说，对农民来说，长期采用化学方法治理害虫是一种不经济的策略。一方面杀虫剂的成本抵消了产量的增加，同时，长时间使用会使害虫产生抗药性。早在20世纪60年代，逐渐上升抗药性使墨西哥北部的农民使用30～40倍的药量去防治棉花害虫。由于这个原因，最终使这个地区放弃了种植棉花[1]。由于化肥、除草剂等化学品"大行其道"，造成农田土壤的毒化、沙化和盐碱化等，进而危害食品安全和人们的身体健康。农民向农作物过量喷洒催长素，使用化肥、农药等造成土壤板结，又利用河水、井水，甚至抽取深层地下水进行冲刷、稀释，结果严重污染了浅层地下水，而深层地下水的大量采集又造成了土壤的沙化、盐碱化。即使以生物技术为核心的所谓的"第二次绿色革命"也存在类似植物多样性破坏、基因漂移等可能造成更大的生态危机的环境问题。人类不可能将自己未来的食品安全和生态安全问题全部依托于这种工业化基础之上的农业现代化。

恩格斯曾在考察古代文明衰落的原因时指出，"美索不达米亚、希腊，小亚细亚以及其他各地的居民，为了想得到耕地，把森林都砍完了，但他们梦想不到，这些地方今天竟因此成为荒芜不毛之地，因为他们使这些地方失去了森林，也失去了积聚和贮存水分的中心。阿尔卑斯山的意大利人，在山南坡砍光了在北坡被细心保护的松林，他们没有预料到，这样一来，他们把他们区域内的高山畜牧业的基础给摧毁了，他们更没有料想到，他们这样做，连自己生存的家园也被摧毁了[2]。"同样，农业现代化在资本追求利润的内在冲动的刺激下正在无情地毁灭着未来农业赖以发展的基础。一些研究者分析说，20世纪60～90年代，美国对汉堡消费的日益增长，使中美洲的森林遭到大肆砍伐成为养牛牧场；为了提供制造汉堡所需要的牛肉，原来用于种粮的土地也变成养牛牧场，农民因此失业和丧失土地。这种基于效率和利润索取价值选项的、工业化的农业现代化在一定意义上正在沦为商业资本

---

〔1〕 Roger D. Norton. 农业发展政策——概念与经验. 梅方权，王振江，等译. 北京：中国农业科学技术出版社，2006：357-359

〔2〕 马克思，恩格斯. 马克思恩格斯全集：第20卷[M]. 北京：人民出版社，1971：519

掠夺地球公共资源的一种工具，人类必须尽快采取适当的应对策略使其回到人类文明可持续发展的轨道上来，否则，人类未来的命运将不堪设想。

可持续发展理念的提出和各类环保风潮的兴起，不仅影响着各国农业政策法规的修订，而且在推动着农业现代化向生态化转型，即现代农业的发展必须以系统学、生态学的理论为指导，实现生态、经济和社会效益整体优化和协调发展。近20多年来，有机农业、生物农业、自然农业、生态农业和可持续农业等一系列旨在替代常规现代化农业的理论和实践层出不穷，尽管其概念和内涵不尽相同，但都表现出显著的农业现代化向生态化转型的强烈诉求。

1990年，美国联邦政府在其修订的《农业法》中明确提出，要通过实施农地、水资源的保护及水质改善、湿地的生态环境系统维护等策略来保障农业生产力的持续提高和向消费者提供“绿色”的农产品。2003年5月，美国出台的《2002农业安全和农村投资法》，其中涉及的自然保护技术项目具体有“自然保护区计划”、“湿地保护区计划”、“草原保护区计划”、“农田保护区计划”、“野生动物栖息地激励计划”、“环境质量激励计划”、“水资源保持计划”、“自然保护计划”、“小流域复原计划”等。不仅如此，美国还颁布了有机食品生产法案，对只生产和销售有机产品的农户免征销售税、建立有机产品认证和标签发放制度，并对有机产品的研究和推广进行资金支持。日本对农业、农村生态环境问题的关注始于20世纪70年代，其重点是减少农田盐碱化、农业面源污染（农药、化肥）、提高农产品质量安全。日本政府出台的《可持续农业法》明确规定农业生产要使用堆肥和其他有机质生产资料，使用农林水产省规定的高效减量的农药、化肥。日本还在有机农产品方面制定了特别栽培农产品标示指南，确立了有机农产品和特别栽培农产品的技术规范，建立了有机食品的检查认证制度和资金项目配套措施。从1992年起，欧盟就开始支持尊重环境和生物多样性的农业生产方式，并在新的农业农村发展计划中，将农业—环境措施视为成员国唯一的义务内容。欧盟在处理农业与环境关系方面的两大成就是对杀虫剂使用的控制和有机农业的推动。1999年欧盟委员会通过的《欧盟2000年议程》注重农业在农村发展中的多功能作用，强调要保护生态环境，使农业、农村发展和环境保护协调一致。2004年欧盟各国通过的《2007—2013年农村发展政策》，目标是支持农村地区的经济增长，创造更多的农村地区就业计划，保护农村地区的自然环境，以推进农村经济的多样化和改善农村地区的生活条件。印度“绿色革命之父”斯瓦米纳坦正在敦促其领导人实施“常绿革命”，其目标是修正“第一次绿色革命”带来的环境损害，采取新措施，比如不用化学农药，改用害虫天敌来消除虫灾，使用有机肥料和效率更高的滴灌等。

张新时院士:农业现代化必须实现畜牧业两大转变〔1〕

2010年8月6日,中国科学院院士、北京师范大学中国生态资产评估研究中心主任张新时在内蒙古农牧业科学院成立100周年院士报告会上指出,要想实现农业现代化,必须推进畜牧业两方面的转变,即建立人工饲草基地,代替天然草地放牧的传统草地畜牧业;在农田里发展草基农业,把畜牧业和牧草的因素放入农田农业中。他的观点主要是:

1)我国草地畜牧业主要以天然草地放牧为主,这种生产方式在人口与牲畜甚少的原始农业时期,尚能与自然界和谐相处,不会造成草地衰退和环境恶化。但是随着人口增加,天然草地的生产力已经不能满足人类需求,过度放牧和开垦草地已使我国90%以上的草地发生了不同程度的退化,甚至沦为不可持续和不能自我维持的系统。

2)我国的农田农业结构基本上是以粮食作物和经济作物为主的二元结构,畜牧业比重刚刚超过30%,而草地畜牧业只占农业总量的5%左右,传统的农业结构既不利于农田的良好土壤结构和腐殖质的形成,也不利于水土保持,从而使农田有机质和肥力下降,导致农田生产力降低。为解决农田和天然草地生产力低、生态服务功能弱的问题,我国的草地畜牧业生产方式和农田农业结构急需调整。其具体思路是:逐步停止天然草地放牧,建立大规模高产、优质的人工饲草基地,积极发展集约、先进、高生产力、生态友好的舍饲畜牧业。把天然草地的功能由支撑落后放牧业为主的生产功能,逐渐转变为生态服务功能,在生物多样性保育、水土保持、水源涵养等方面发挥作用;在农田农业结构方面要实施重大调整,实行粮食作物、经济作物、优良牧草"三三制"分配原则,推行草田轮作、间作或混作制度,使畜牧业成为农田农业的龙头产业,这是推进我国农业现代化的重要途径。

赵其国院士:农业生产方式需要一场革命〔2〕

据中国科学院预测,未来40年,即到2050年,我国人口将超过15亿,粮食产量至少要增加1.2亿吨才能满足人口需求。除了大米、小麦等主粮的需求在今后10年会出现先缓慢增长、然后下降的趋势外,其他农产品需求都将出现不同幅度

〔1〕 于嘉.张新时院士:农业现代化必须实现畜牧业两大转变[N].http://www.cas.cn/xw/zjsd/201008/t20100810_2919169.shtml

〔2〕 赵其国.农业生产方式需要一场改变[N].http://www.cas.cn/xw/zjsd/201108/t201108263328087.shtml

增加，如奶制品需求将增长近3倍，畜产品、饲料粮、水果、食油和纤维总量需求将增长1.5倍多，蔬菜和食糖需求将分别增长75%和100%。除了数量需求增强外，民众对农产品的质量要求也日益提高，民众已不再满足“吃得饱”，而强调要“吃得好”、“吃得健康”，粮食安全问题已经成为有关农业生产、经济发展、社会进步及人民安居乐业的根本问题。现有耕地数量和农业生产方式显然无法满足民众对粮食安全的日益增长的需求。因此，中国必须进行一场农业生产方式的革命，那就是借助于科学技术推进“扩量、提质、增效、持续增产”的“生态高值农业”战略。其具体思路是，在今后10～15年内，首先通过科技研发攻克耕地“扩量、提质”的关键技术问题，包括耕地扩垦数量的精细规划、空间布局，时间安排与种植结构调整等，提高农业生产的无害化、标准化、精细化、规模化，实现耕地和农产品生产数量和质量的稳步提升；其次将高科技农业科技与工程技术相结合，实现农业的规模化、批量化生产，以充分利用耕地资源，提高水肥利用效率和降低不必要的能耗。根据赵其国院士设计，中国通过对土壤的改性、耕地的“提质”等科学技术战略行动，可在今后15年左右在全国增加2.25亿亩耕地，实现粮食年产量增加1亿～1.5亿吨；获得80～100个具有特定高营养组分或对人体健康具有可靠功效的功能性动植物新品种，并使农业生产和加工环节污染得到完全控制。到2050年，中国将通过“生态高值农业”建设，建成农业高值转化的产业体系，形成生态系统持续良性循环、景观优美、功能多样、城乡一体化的耕地保护与可持续利用体系。

3. 中国以科学技术促进农业、农村发展的战略选择

1994年初，美国世界观察研究所所长赖斯特·布朗在《世界观察》杂志上发表题为“谁来养活中国”的报告，其观点主要是：随着工业化和农业环境的恶化，中国在未来30年的粮食产品将不是增长而是下降，到人口顶峰时将比现在下降约20%。换言之，届时中国只能产出3亿多吨粮食，缺口部分必须向世界购买。他由此断言“将来没有人能养活中国”。布朗问题有些危言耸听，对此中国学者进行多方面的批评，甚至有学者将其与欧美国家不是抛出的所谓“中国威胁论相联系”。布朗观察的一个明显误区是强调了人口增长和自然资源环境恶化对农业生产和粮食安全的负面影响，而没有看到科学和技术对农业生产力的重要贡献。

2010年7月29日出版的《自然》杂志分析说：“现在我们需要的是一场绿色变革——英国皇家学会将其描述为‘全球农业的可持续集约化’。这种变革需要我们对农业研究重心进行一次大规模的重新调整。目前我们急需新的农作物品种——具有高产低耗、节省种植成本的特点，或者改良农作物使其能更好地抗旱、抗涝、抗虫害。同样重要的还有像植物轮作、小农场的动植物共养、土地管理和减少浪费这

样无需高科技含量的基础研究”[1]，其理由是到2050年，全球人口将从现在的68亿增长到91亿。

新中国成立60多年来，中国农业以占世界7%的耕地、6.5%的水资源养活了占世界22%的人口，实现了农产品从“长期短缺到总量基本平衡、丰年有余的历史性转变”，同时解决了6亿～7亿绝对贫困人口的基本温饱问题。这是一个举世瞩目的成就。但我们应该清醒地认识到，这种巨大成就背后隐藏着的巨大的生态环境危机，诸如由于大量开垦耕地或不正当使用土地而造成的土地退化，大量使用化肥、农药等化学品而造成的土壤污染和水质污染，超采地下水和低效率灌溉而引起的水资源短缺以及毁林开荒、烧荒造成的生物多样性减少、温室气体增加等。2002年，国家环保局在结束为期2年、对全国23个省市的调查之后正式宣布，就固体废弃物量、COD负荷等而言，以集约化养殖场排放物和废水为主的农业有机废弃物已超过工业和生活污染，成为当今中国农业面源污染的主要污染物[2]。中国已经是世界上化肥生产和化肥使用量最多的国家。2002年的施用总量相当于美国的1.77倍，印度的2.11倍。和工业污染不同，土壤污染和水质污染虽不明显可见，但这种潜在的、巨大的、隐藏的生态环境风险却可能给我们当代农村社会经济发展和子孙后代的生存安全造成极大的危害。因此，在庆幸于现代科学技术大规模地把自然生态系统转换为可控的生态系统以扩张耕地、大幅度增加粮食产量和农业经济效益、满足日益增长的人口和飞速发展的工业体系对农产品的巨量需求的同时，我们千万不能忘却建设生态文明和可持续发展的重大的历史使命。否则，我们的所作所为很可能会走向现代农业、农村发展和人类文明进步的反面，给我们的子孙后代造成难以弥合的巨大的伤害。

随着我国社会经济快速持续的发展、城镇化进程的加快以及工业化的不断推进，人口数量的增加以及生产建设规模的扩大，水资源短缺、耕地减少、环境污染严重以及农村社区的边缘化等使中国现代农业的发展、新农村建设面临严峻的压力和巨大挑战。一方面，随着工业化、城镇化的快速推进，农产品总量需求刚性增长，尽管几年来粮食和主要农产品产量大幅增加，但生产能力仍不稳固，供求关系仍然偏紧，农业稍有闪失就会影响经济发展和社会稳定大局。同时农业劳动力成本迅速上涨，种子、化肥、农药等农业生产资料价格增长明显，土地流转成本不断提高。

---

[1] 解决世界粮食问题仍赖科技进步[N]. http://news.sciencenet.cn/htmlnews/2010/7/235295.shtm

[2] 程序.中国生态农业:中国实施可持续的集约化农业独特途径//左天觉，何康.真知灼见:透视中国农业2050[D].北京:中国农业大学出版社，2004:378-379

另一方面，随着农村青壮年劳动力大规模向城镇和非农产业转移，农村劳动力数量不断减少，总体素质呈现下降。随着农业生产规模化、集约化程度的提高，新兴的种养殖大户、农民专业合作社和农业企业等逐步成为农业生产经营新主体，对关键生产环节的技术服务产生巨大需求。更主要的，与发达国家相比，与建设现代农业的要求相比，我国农业科技发展还存在不小差距，创新能力明显不足，基层农技推广服务能力薄弱，普遍存在农业科技人才、实用技术人才、基层推广人才缺乏的现象。在农机推广中，除了整体机械化水平有待提高，农机研发能力不足、农机农艺配套不够等问题较为普遍。更重要的，中国农业和食品产业总体依然处在粗放经营、小农户规模和技术手段落后阶段，农业和食品安全生产的监控成本高居不下，效率低下，致使小农户、消费者和正规农业生产经营者都对农业和食品产业市场的混乱局面表示不满。农业和食品产业亟需建立起利益关联的从"田间到餐桌"的产业链，以保证从种子开始对产业链上的每一个环节都实施严格监控，整个农业和食品生产的安全性得到保障。

总体而言，中国农业、农村发展同时面临工业化、城镇化、现代化和生态化的多重压力。为了确保国家的粮食安全和农民增收，我们首先需要尽快地完成从传统的小农户式、自然经济的农业生产方式向集约化、商品化的农业生产方式转型，实现农业的产业化和现代化，但同时我们必须解决农业产业化、现代化的"高投入、高产出和大开发"可能带来的生态环境问题，必须选择可持续性、生态化的农业发展模式，实现农业产业化、商业化、工业化和生态化的有机整合。可喜的是，我国政府已明确提出"优质、高产、高效、生态、安全"现代农业发展目标和"生产发展、生活宽裕、乡风文明、村容整洁、管理民主"的社会主义新农村建设的总体标准，强调农业和农村发展战略要从注重农产品数量增长转向注重农产品质量和农业整体效益的提高，从为农业生产服务为主转向为生产、加工与生态协调发展服务，从以资源开发技术为主，转向资源开发技术、市场开拓技术和资源节约技术相结合，以实现农业生产、农民生活和农村生态的整体协调。这充分体现了可持续发展的内在要求和政府建设产业化、生态化农业及社会主义新农村的战略意志。这样的战略定位和道路选择无疑会增加农业产业化成本和新农村建设的难度，尤其是在目前农业、农村发展的生态目标最易受到经济冲动和利润指标冲击的现实环境中，极具有挑战性和风险性。但也能为中国的农业科技进步、现代农业发展和新农村建设探索出一条新的发展模式和经验，并使中国农业现代化成为中国实现创新型国家战略目标重要引擎之一。中国农业农村的发展需要同时借力于产业化、生态化两种资源及其提供历史机遇实现跨越性发展。困难是有的，也是艰巨的，但中国迅速增长的国家实力和创新能力正在通过反哺和整合的机制向农业、农村积聚。只要我们有足够的勇气和胆识把生态化作为现代农业发展的核心要素和战略目标来推进，并通过各种政策工具的协调驱动和服务创新，中国一定会通过自身的努力来解决好粮食安全、食品安全和农业的可持续发展问题，并为世界农业现代化、生态化和农业发展创立模式、提供经验和样板，为人类文明的进步作出切实的贡献。

李宁院士：动物农业应超过作物农业[1]

农业GDP主要包括动物、农作物、蔬菜、林业等的产值。发达国家动物农业的产值约占整个农业GDP的55%，荷兰、以色列等国家则高达80%～90%。我国目前动物农业产值约占整个农业GDP的34%，作物农业则为46%～47%。这种情况正在改变。未来15年，中国动物农业的发展应该超过作物农业。其理由是动物农业提供的肉、蛋、奶等生活必需品大大提高了人们的生活质量、营养水平以及身体素质，直接导致城市人均粮食消费量的下降。口粮消费下降，肉蛋奶的消费需求上升，这是我国农业转型的明显征象和实质转变。中国一定要突破只重视作物农业的狭隘认识。

我国动物农业发展很快。跟1997年相比，肉的产量翻了一倍，奶的产量提高了近30倍，鸡蛋的产量也提高了将近一半。主要原因一是有市场需求，老百姓都想吃得好一点；二是动物农业从一开始就走了市场经济的道路。这个领域的企业90%以上都是民营企业。但过分市场化导致我国动物品种主要依赖于进口。其中奶牛依赖程度达100%，猪、鸡接近90%。这意味着动物农业整个产业链的源头——品种严重依赖于国际市场。

我国在动物育种方面存在两大优势，一是巨大的市场需求，如果能自主培育出新的品种，在国内不愁销路；二是我们国家的遗传资源非常丰富，有非常多的地方品种。这些地方品种适应能力、抗病能力、生存能力都很强，而国外品种对环境要求很敏感，容易得病，一死就一堆。在转基因生物育种重大专项启动后短短的两年时间中，我国动物育种取得很大的进展。例如我们用生物育种技术培育的奶牛，能分泌人乳化的牛奶，这就使得牛奶的蛋白含量显著提高，牛奶的品质显著改善。利用上述技术培育的奶牛目前已经到生产试验阶段，离获取安全证书只有一步之遥。这是我们国家转基因动物研究项目中进展得最快的。此外，抗口蹄疫、猪瘟等抗病的转基因猪也已诞生，提高羊毛产量和质量的转基因羊的研究也有很大的进展。

目前我国转基因动物研究水平接近于发达国家的水平。但在动物农业产业链

---

〔1〕 李宁.动物农业有望15年超作物农业[N]. http://news.cau.edu.cn/discussion/show.php?id=2785

的源头上，我们几乎没有掌控的能力。和世界发达国家相比，我国动物农业研究成果的转化能力大约落后 10 年时间，至于整个产业化的水平，则尚有 20 年的差距。如果我们国家要进一步提高畜牧业的效率、进一步保证产业链的安全，当务之急是加大投入支持动物生物育种，大力支持一些企业成为创新主体。中国在未来 15 年之内，动物农业的发展应该超过作物农业，但前提是现在一定要重视动物育种的发展！

本 章 要 点

1. 农业、农村发展的根本出路在科技。

2. 现代农业科学和技术主要围绕种、肥、药、农业机械和耕作技术的创新，以及农产品的加工和流通技术的创新而展开，其主要目的是提高农业生产率和经济效益、拓展农业生产的社会功能。

3. 现代农业科学和技术面对的挑战是解决粮食增产、生态和食品安全、生产的可持续问题。

第2章 农业研究与开发

以科学技术促农业、农村发展，关键在于农业研究与开发。随着现代农业的发展和各国政府促进农业科学技术政策的激励，农业研究与开发已呈现为包括国立研究机构和农业大学、商业公司农业研究与开发中心以及国际农业研究组织在内的多个主体相互联动的网络体系。尽管农业研究与开发总体上具有公共性、基础性和社会性，但商业公司在农业研究与开发投资等方面的作用日益突显。许多战略性的农业研究与开发活动需要政府研究机构、农业大学和商业公司以及国际农业研究组织之间的密切合作和相互支持。

一、农业科学与技术

农业科学和技术是人类农业生产活动的经验凝结、知识总结和研究探索的智力成果，旨在提供促进动植物生产发育机理和资源环境保护方面的知识，改进农业系统的生产效率，实现农业生产经营和食品安全供给的可持续性。农业科学技术蕴含着较强的实践导向性，其知识体系具有明显的综合性和多样性特点。

1. 科学与技术

“科学”源于中世纪的拉丁文“scientia”，原义指了解、知识或学问。science 的本意是知识，主要指自然知识。西方近代“科学”与中国古代的文人所讲的“格致”(“格物致知”)意义相近，意即考察事物、获得知识的意识。1895 年前后，康有为受日本学者影响，将“格致”改称“科学”。20 世纪初期，任鸿隽等中国近代科学先驱在美国创建中国科学社、创办《科学》杂志时即采用“自然科学”的涵义。科学的目的在于发现、探索和认识自然界或现实世界的事实与规律。

对于科学概念，学者们有各种不同的界定，如科学是一种知识体系；是一种产生知识的社会活动，一种“科学生产活动”；一种潜在的生产力；一种独有的社会建制等。科学史家 C·辛格曾指出，科学创造知识，但它不是知识本身，“科学”往往是与“研究”相当的。科学社会学家巴伯在《科学与社会秩序》中强调说，要对科学本身获得一个系统的理解，应该“首先从根本上把科学视为一种社会活动，看作是发生在人类社会中的一系列行为。”默顿在对 17 世纪英国科学、技术与社会分析说，近代科学除了是一种独特的进化中的知识体系，同时也是一种带有独特规范结构框架的“社会体制”。科学社会学家贝尔纳说,科学是科学家采用一整套思维和操作规则、程序和指导性原则(科学方法)从事的科学职业。科学哲学家齐曼在《真科学》中强调,科学最有形的方面,在于它是一种社会建制,它涉及不计其数的具体的个人正在按部就班地实施着具体行为,这种行为又被有意识地协调进更大的框架之中。他总结说,大多数批评家把科学看成一种组织化、制度化、工业化的投机,它要求有大量的投入、巨大而昂贵的尖端设备,还有数以百计地致力于研究细微问题的科学家。随着知识和权利的结合,知识本身已堕落成一种社会控制和集体制约的工具。

这里我们重点讨论科学的知识特性。因为正是这种知识特性不仅使科学和常识相区别,而且使科学拥有其独有的认知模式、进化机制和运行范式。概括起来讲,科学主要有以下知识特性。

1)科学是一种解释性活动。常识知其然而不知其所以然,而科学不仅要弄清事实和真相,而且要对事实和真相给予解释。以解释性原则进行的系统化和理论化工作是科学的特征之一。

2)科学使用规范概念,对规律的表述比常识更精确化、条理化,具有可证实性和可重复性。常识只有在一组因素保持不变的情形下才真正有效,局限性很大,科学则致力于消除这些缺陷。

3)科学具有预言性,其表述是严格的。零散的知识或经验都不能称为科学,最多只能说包含着科学的因素。科学知识体系具有逻辑自洽性、可预见性及可检验性。

科学的每一次进步,都应当随时经受用指定的器械按指定的方法进行的实证检验,否则就会被科学排除。这种公认的客观检验标准——可证实性标准,在其他知识系统,如宗教、法律、哲学和艺术等中是不存在的。沃克尔大学社会学教授史蒂夫·福勒对此分析说,科学就是抛开主观的问题,对知识的系统追求。从社会学角度看,科学中最有趣的地方就是它制定了一个标准,从而使社会中其他的一切具有合理性。“理性”、“客观”,甚至“真理”都是经常和这个标准一起出现的字眼。当我们使用这些字眼的时候,其实是暗示这个合理性的标准适用于社会中的每一个人,至少在原则上是这样。可事实并非如此。与科学相反的不是意识形态或者技术,而是专门技能和智力财富。这意味着知识成了制造知识和拥有知识的一群精英的私有财产。

“技术”(technology)源自希腊文“technolgia”,指“应用科学”或“实现特定目标的科学方法”;比较特殊的知识体系,是一些经过“开发”、“加工”的知识、方法与技能,即法国人所称的“technique”。《大英百科全书》对技术的描述是“人们用以改变或操纵其环境的手段或设施”。技术包括人们已经了解或还不了解其原理的制造生产工具的方法。

技术本质上是一个历史性范畴。在手工工具时代，技术被表征为劳动者的技巧、技能和操作方法。亚里士多德曾把技术看作是制作的智慧。在17世纪，弗·培根主张把技术当作操作性的学问来研究。在18世纪，法国哲学家狄德罗在编写《百科全书》时定义技术“为某一目的共同协作组成的各种工具和规则体系”。在机器工业时代，技术主要表现为以机器的使用为中介，对物料、能量、信息进行转换或加工，以满足人类需要的实践活动。技术成为反映实践经验、科学理论和物质设备三方面的技术理论、物质手段和工艺方法的总和。在现代科学和技术时代，技术是“人类为了满足社会需要，利用自然规律，在改造和控制自然的实践中所创造的劳动手段、工艺方法和技能体系的总和”；是“满足整个公共需要的物质工具、知识和技术的采合”；是“人工制造的活动手段的总和”。除技能外，技术还“包括相应的生产工具和其他物质设备，以及生产工艺过程或作业程序、方法。”从技术社会学的视角看，技术包括制造了什么物品和它们是如何制造出来的两种知识，两者互相关联，且以空间结构和社会组织的形式植根于特定的有形和无形的社会环境之中。

技术活动成果除了技术文献和论文外，主要是发明、专利和技术诀窍，且在一定时间内是“私有的知识”，是有“产权”的知识。伊诺斯说，技术指存在于专利之中的技术信息或以书面形式存在的、可以交流的技术知识。马克思说，技术是人与自然的中介，是人对自然的能动关系，人的生活的直接生产过程。技术将自然的生产过程转换成人工控制的物质交换过程。

中国科学院研究生院的李醒民教授曾分析说，科学和技术有诸多相通或相近之处。科学借助于技术更新设备、启示问题、激励灵感；技术借助于科学提高理论水准、扩展发明视野和开拓新奇领域等。科学社会学家考尔丁认为，科学和技术二者都处理物质世界，使用相同种类的物质世界的知识；二者在研究中使用经验方法，雇佣在科学中受训练的人，使用类似的词汇表。技术因它所应用的知识依赖科学，有时也为科学进展提供未加工的材料，即新观察或其他的激励研究的东西。经济学家内森·罗森伯格在《探索黑箱——技术、经济学和历史》中曾提出如下两个命题：技术变化依赖并孕育于以前的科学研究；技术前沿中产生的问题可能预示着新的科学生长点，影响着部分科学研究议程。尽管如此，科学和技术还是存在一些差异。概括起来讲，主要是如下差异。

1）科学解决认知的问题，追求致知求真，回答的是“是什么（what）”和“为什么（why）”，着眼于理论知识的进步；技术则主要解决控制和改造问题，追求应用厚生，创造操作的办法和技巧，回答“做什么（do what）”和“怎么做（how to do）”，强调技术目标的有效实现。日本学者桜木邦明强调说，科学和技术本来是有差别的东西，科学被认为是隐藏在我们周围扩展的自然中所看到的各种现象的奥秘中的真理，换言之，是就各种事实和在它们之间存在的法则研究的学问；与之相对，技术是立足于把科学的成果作为在我们的生活中有用的东西熟练使用的目的而加以研究，组织形成的东西，是实用性极强的东西。

2)科学是好奇心取向的、发现和探索未知的活动，与现实功利关系不大；技术则是任务取向的，发明、综合利用技术手段完成某项目标的活动，某些成果直接与现实功利相关联。科学社会学家多尔比指出，短视的(应急的)观点可能在技术的与境中被捍卫，但却会使科学研究遭难。因为集中关于可预见的眼前利益，会使科学完全转向应用的和任务取向的科学，会减少产生未曾预料到的新知识的能力，从而也会使未来技术的源泉枯竭。

3)科学成果主要以知识形态存在，可以公开发表，为公有知识；技术除以知识形态出现外，还具有一定的物质形态，主要以专利或技术诀窍的形态出现，带有一定的私有性质。科学社会学家巴萨拉分析指出，虽然科学和技术二者包含认知过程，但它们的终极结果是不同的。创新的科学活动的最后产物最可能是写成的陈述、科学论文、公布的实验发现或新的理论见解；而创新的技术活动的最后结果典型地是对人工制造的世界的添加物：石锤、钟表、电动机。

4)技术对经济的作用是确定的，比较直接；科学对经济的作用则不太确定。马克思说，科学是潜在的生产力。而技术可直接渗透于生产过程中，表现为劳动者的技能、生产过程的物质手段、工艺流程和操作方法；技术的状况对生产力总是发生直接的影响。

30%～50%的粮食增产源自于化肥[1]

中国农业大学资源与环境学院院长张福锁介绍说，化肥是向作物提供养分的化学品，合理施用不仅可以向作物提供养分，增加作物产量，而且还能改善农产品品质，提升营养价值。化肥使用的历史已超过 150 年，当前“30%～50%的粮食增产源自于化肥，有一半的世界人口都依赖于化肥。”从中国来看，化肥施用量增加的过程，就是中国粮食快速发展过程，也是中国以世界 7%的耕地养活全世界 22%的人口的过程。从 1949 年到 2009 年，中国粮食作物的总产从 1.1 亿吨增至约 5.3 亿吨，单产从年均 1.0 吨/公顷增至 5.6 吨/公顷，增加了 4.6 倍，但作物种植面积

〔1〕 江娜. 专访张福锁：化肥到底给中国带来什么[N]. 农民日报，2011-06-03. http://news.cau.edu.cn/discussion/show.php? id=2985

基本没有变。在这个过程中，化肥发挥了至关重要的作用。

2. 农业科学与技术

农业是历史上最先形成的产业部门，是人类利用自然生物系统以取得生产和生活物品的生产部门。农业生产系统是由相互依赖的自然生态、农业经济和农村社会等方面要素结合成的具有农业生产功能的有机整体。在农业自然系统中，生物要素——生物种质是这个系统的主体，相当于一个转换器，将生产者提供的化学品、能源、机械和技能等投入物转化成粮食、纤维、畜产品、水产品、林产品等。除人类社会提供的人为投入物之外，农业系统主要受自然界提供的生态环境的影响，这些环境因素包括土壤、气候、温度、湿度和阳光、水分和矿物质等，人工投入物只能融于自然生态环境中，借助于自然环境要素发挥作用。

农业是从事生物生产的行业，受多种因素影响和自然资源约束；土地很分散，不能把所用的土地集中在车间里边；地域性特征明显，差异性很大；农业科学技术经验性很强，稳定性和可控程度很低。农业科学研究活动是对生命运动和规律的探索，需要采用综合性思维加以考虑。要种植小麦、玉米和棉花，就要面对土壤、肥料等问题，肥料问题有有机肥、无机肥，还有微量肥料等；面对农业气象专家、育种的专家、栽培的专家、耕作的专家所研究的问题，还有防病、防虫的问题，拖拉机等农业机械化问题，大学有多少系，就需要有多少专家的知识。专家的知识如何转化为农民的生产技能？农业是一套利用自然资源生产食品的复杂技术。以种植业为例，农业生产包括一系列的知识和技术，如怎样选择合适的作物品种；怎样耕地、下种；怎样适时、适量地浇地、施肥；怎样防治病虫害；怎样收割、贮藏和进行粮食和食品加工等。这些农业技术能使农户较好地利用作为农业和食品生产基础的自然资源——阳光、土壤、作物、水分和气候。

农业科学和技术是由一系列知识构成的，借助于这些知识和技能，人类就可以转换自然资源来满足其对食品和其他生产资料的物质需求。在史前时期，人类尚可借助于渔猎、采集等原始技术等来获取消费品，但在当代土壤、水资源等日益短缺、气候变化日趋显著的情况下，人类必须借助于各种先进科学和技术手段来促进自然转换来实现食品、工业原材料乃至生物能源供给。由于农业科学有很强的实践导向，许多权威性的工具书对农业科学的界定常常包含技术的内容，如《大英百科全书》对“农业科学”的定义是“研究农业生产的对象和问题的科学，研究范围包括土壤耕作、作物生产和收获、家畜饲养以及农产品加工等”；《中国大百科全书》把“农业科学”解释为“研究农业生产、科技管理及农业演化过程和发展规律的综合性学科”，并强调“广义的农业科学包括农、林、牧、渔各个领域”。

农业技术是人类通过改造和利用生物有机体（植物、动物、微生物）满足人类不断增长的生存和发展需要，根据农业生产实践和农业自然科学原理，发展创造出来的各种工艺、操作方法和技能，以及农业生产资料和生产工艺。[1] 古罗马的农学家 M・T・瓦罗在《论农业》中谈到农业技术时说，它是“一种既必需又重要的技艺：它教给我们在各种不同的土地上，要种怎样一些庄稼和使用怎样一些方法，什么样的土地能不断地提供最高的产量”[2]英国大百科全书中将农业技术定义为“用来控制动植物产品的增长与收获的技巧”。我国在过去一段时间曾受前苏联的影响，将农业技术称为“农艺”，特指“用来培育农作物的措施体系”。

农业是一个受环境影响最大、生产效率较低的行业，农业科学和技术发展相对较慢。近 100 多年来，农业科学和技术呈现迅猛发展的态势，已形成范围广泛的知识体系，其中农业科学包括农业生物学基础理论和应用技术研究，区域开发治理研究和资源保护研究、农业发展战略研究等；农业技术主要包括利用、控制和改造自然生物资源的技术和方法，如动植物品种的改良与培育、农作物栽培、畜禽饲养、水生资源的利用与养殖、微生物的利用、食用菌的繁殖、农作物病虫害的防治、畜禽和鱼类疫病的防控以及鲜活农业生物产品的加工和储运技术等。

农业科学领域接近世界平均水平，兽医科学具国际优势[3]

农业科学领域在 1981—1985 年时间段的相对影响力指标为 0.63，即不足世界平均水平的 2/3。经过一段时间的波动之后，从 1989—1993 年时间段开始，基本稳定在 0.8 左右，直到 2003—2007 年，开始出现快速增长，到 2006—2010 年，已经达到了 0.99。也就是说，2007 年开始，我国农业科学领域的国际影响力开始快速提升，到 2010 年已经几乎接近世界平均水平。

农业科学领域包括农学、林学和水产学，畜牧和乳业，兽医科学，以及农业其他学科。我国农学、林学和水产学的相对影响力指标从 0.64 增长到 0.94，与农业领域整体发展态势基本一致。畜牧和乳业学科的相对影响力从 0.28 增长到 0.77，从较低的基础上起步，取得了较明显的进步。兽医科学的相对影响力从 0.46 增长到 1.06，从不足世界平均水平的一半，进步到世界平均水平以上，是农业领域中增长幅度较大的学科，也是国际竞争优势最强的学科。

---

[1] 李秀峰. 农业共性技术导论[M]. 北京：中国农业科学技术出版社，2006:27

[2] 熊银解，傅裕贵，等. 农业技术创新、扩散、管理[M]. 北京：中国农业出版社，2004:3

[3] 贺德方. 中国各学科国际竞争态势分析[N]. http://www.stdaily.com/stdaily/content/2012-03/04/content_437036.htm

3. 农业科学与技术的分类

官春云主编的《农学概论》依据农业学科体系将农业科学划分为农业基础科学、农业技术科学、农业应用科学和农业社会科学4大类[1]，其中农业基础科学包括农业数学、农业物理学、农业生物化学、农业植物学、农业微生物学、农业生物科学、农业生态学、农业气象学等，主要研究农业生物生长发育的过程、条件和规律，以发现农业生物的新知识，建立农业技术研究与开发的理论基础；农业技术科学包括旨在研究农作物高产、优质、高效生产的作物学、园艺学、农业资源利用学、植物保护学等学科领域，也包括可促进畜禽动物健康、快速饲养的、畜牧学、兽医学、水产科学等学科论语以及农业可持续发展的理论和技术；农业应用科学包括食品科学、粮食、油脂和植物蛋白工程、农产品加工与储藏等学科领域以及农业技术化工程、水土工程、生物环境与能源工程等工程学科领域；农业社会科学包括农业经济学、农业教育学、农业社会学、农业政策学等众多研究农业与社会关系的社会科学领域。

依据不同的标准，可以将农业技术划分成不同的类型。如按行业分类，可以将其划分为种植业技术、林特业技术、畜禽业技术、水产养殖业技术；按照生产过程分类，可将农业技术分为产前技术、产中技术和产后技术，其中产前技术主要包括为农业生产提供投入要素的行业的生产技术，如种子、化肥等，产中技术主要是围绕农业生产各环节的相关技术，产后技术主要包括农产品贮藏保鲜加工技术等；按照技术的空间适应性划分，可将农业技术划分为山地农业技术、丘陵低山区农业技术、平原农业技术、草原农业技术、城郊农业技术、库塘江河湖海农业技术和庭院农业技术等[2]。依照农业技术成果性质分类，可以将技术划分为物化型技术、操作型或农艺型技术、知识型技术，其中物化型技术如新品种、新农具、新肥料、新农药等是以实物为载体的技术，可直接以产品形式进入市场交易或以有偿转让的方式进行推广；操作型或农艺型技术如耕作栽培新技术、病虫害综合防治、畜牧养殖、家禽疫病防治技术等是以科技人员为载体的技术，可通过举办培训班、现场示范等形式进行示范推广，这类技术公益性强，多数由公立研究机构研发和推广；知识型农业技术主要包括基础研究和应用基础研究的技术[3]，一般由研究性大学和公立科研机构研发和推广，对提高国家的农业科技创新能力具有重要的基础作用。

---

[1] 官春云.农学概论[C].北京:中国农业出版社,2010:178-196

[2] 熊银解,傅裕贵,等.农业技术创新、扩散、管理[M].北京:中国农业出版社,2004:13-14

[3] 贾敬敦.农业科技成果转化体制机制与政策研究[C].北京:中国农业科学技术出版社,2012:4

李秀峰在《农业共性技术导论》中曾将农业技术形态归结为5种类型[1]，即生物种质技术，主要指改良动植物微生物种质的方法、物质手段、操作程序等，包括生物种质本身；农艺技术，主要包括植物的栽培、施肥、灌溉和动物饲养、防疫、放牧等；农用化学品技术，主要包括化肥、农药和地膜等；农业环境工程技术，主要用于对动植物生长环境的改造，主要包括温室和塑料大棚建设等；和农业机械和技术，主要包括拖拉机、播种机、收割机等动力机械和各种农具。

刘志民、王树进和崔玉亭在《农业高新技术产业化导论》中将农业高新技术总体上划分为三大技术领域，即农业生物技术领域、农业信息技术领域和现代农业资源与环境工程领域[2]。其中农业生物技术主要指采用基因工程、细胞工程、酶工程和微生物工程等手段对生物性状进行改良或用生物体生产有价值产品的技术领域，具体包括动植物良种快速繁育、畜禽疫苗研发、转基因作物和动物育种等；农业信息技术指采用地理信息系统(GIS)、全球定位系统(GPS)和遥感技术(RS)等信息技术手段对农业生产、环境资源和经营决策信息进行收集、加工处理和精准控制的技术领域，具体包括智能化农业专家(AES)系统、农业决策支持(DSS)系统、精准农业(PA)技术等，目的在于整合并优化各种农业生产资源，精准地调整和开发土壤、气象等自然资源，最大限度地提供农业生产率；农业资源与环境工程技术主要采用新能源、新材料等技术手段以大幅度地提高水、土、热、气等自然资源的利用率，减少农业污染和温室气体排放，实现农业的可持续发展，具体包括可降解农用地面的开发、设施农业技术、农业新能源技术等。

农业高新技术，是指能广泛应用于农业领域，对农业经济发展和农业科技进步产生深刻影响，并能形成新型农业产业的高技术和新技术，主要包括生物工程技术、信息遥感技术、资源高效利用(生态工程)技术及与之相关的技术咨询服务、专家系统和软科学技术；狭义上是指农业生物技术和农业工程技术，包括基因技术、细胞技术、酶技术、发酵技术和设施农业、农业机械技术等。其具体特征表现为"四高一低一强"，即产量高、品质高、安全性高、附加值高、成本低、竞争力强。从世界农业发展来看，农业问题的最终解决取决于农业高科技的发展，高科技是现今生产中最活跃的因素，社会经济的发展已经由过去的要素驱动、资本驱动转向技术驱动，技术资本和人力资本成为创造社会财富的主体。在当今科技发达的知识经济时代，高科技已成为推动经济增长的"发动机"。用高科技改造和武装农业，正在成

[1] 李秀峰.农业共性技术导论[M].北京：中国农业科学技术出版社，2006：29

[2] 刘志民，王树进，崔玉亭.农业高新技术产业化导论[M].北京：中国农业出版社，2004：13-16

为世界大多数国家和地区农业发展的主流。

以生物技术促进人参药用植物产业化发展[1]

2011年3月4日，在钓鱼台国宾馆中国人参基因组图谱新闻发布会上，中国科学院（简称中科院）基因组所副所长、世界知名基因组学专家于军向媒体公布：经过吉林省通化市政府、中科院北京基因组研究所、吉林紫鑫药业的共同努力，该研究所于2月底成功绘制出人参基因组图谱。他指出，人参基因组图谱的测定将获得人参的最基本的生物学信息，为基因组多样性、基因组起源以及基因组进化等研究提供数据。同时通过人参基因组图谱的分析以及功能基因组的研究，将在人参的遗传与农艺性状、代谢与药用性状、化学与工艺性状方面展开研究，将为人参的育种、加工、产品开发等整个产业提供技术保障。

中科院长春分院副院长李冰在发布会上说，中科院将以市场需求为导向，发挥科技资源优势，组织集成全院相关力量，以人参基因测序合作为切入点，为人参上下游产业发展提供科技支撑，解决人参产业发展中的关键技术问题，提高人参产品的高科技含量、高安全使用性、高附加值，并在创新岗位配置、智力与技术支持、平台建立等方面给予支持，将中科院创新资源与区域创新体系建设有机结合，有助于提升吉林省在世界人参产业中的地位。

人参基因组图谱测序是破解人参产业精细化、科学化发展瓶颈的前瞻性和战略性的基础工作。此次发布的人参基因组图谱，是以中国种植最广的人参品种“大马牙”为研究对象，以第二代为主结合第一代测序技术为研究手段，应用新的研究策略，测定了超过100倍覆盖率的高质量数据获得的人参全基因组图谱。

二、农业研究与开发的类型和特点

农业研究与开发是农业和食品产业革命的动力基础。农业研究与开发包括基础研究、战略研究、应用研究和适用研究等4个层次的研究活动，具有农户使用、生态依赖性、社会公益性和综合性、松散性等特点。

1. 研究与开发

“研究与开发”（Research and Development），又称“研究与实验型发展”，是指为增加人类知识总量，并为探索其新的应用而进行的系统的创造性工作。

---

[1] 王晓明. 中国科学家成功绘制人参基因组图谱[N]. http://news.sciencenet.cn/htmlnews/2011/3/244574.shtm

研究与开发通常划分为如下三类：

1)基础研究：旨在获得关于现象和事实的根本原理和规律的新知识，不考虑特定的实际应用的实验和理论研究。

2)应用研究：旨在为特定的实际应用而取得新知识的实验、研究，侧重共性技术、商业化前的技术探索。

3)产品或工艺开发：旨在利用基本研究和应用研究成果开发出有用的材料、仪器、产品、系统及工艺，或者对现状进行改进提高的过程。

在诸多政策研究者和管理者看来，真正的科学研究大体划分为两类，即基础研究和应用研究。其中基础研究是以增进科学知识为目的所进行的研究，不以特定的直接应用为目的，其价值导向是所谓的好奇取向(curiosity-oriented)；应用研究则是以特定的实际应用为直接目的，其价值导向是所谓的“任务取向”(mission-oriented)。

M. Bridgstock 和 D. Burch 等根据研究与开发活动进行的组织特性将科学划分为学院科学、产业科学和政府科学 3 大类，其中学院科学主要是在大学等学术机构中进行的科研活动，这类研究活动的关键词是论文(paper)和期刊(journal)，通行的规则是要么发表论文要么下岗走人(publish or perish)，科学家升迁的关键主要在于其是否成功地发表了期刊论文。一般而言，一个科学家发表的论文越多，且同行对论文的质量评价越高，他(或她)在学术系统中的升迁机会就越大。产业科学主要是在产业组织或工业企业中从事的研究与开发活动，其终极目标在于提高企业的商业竞争力，如开发性能优越的产品或降低生产成本的方法，这类研究活动很少允许科学家公开发表其研究成果，因为其中可能蕴含着商业秘密或专利技术。此外，这类研究活动通常实现过程管理，对整个研究活动的进程和完成时间等都有严格的规定。政府科学主要指由政府资助且在政府实验室进行的科研活动，这里研究主要提供像环境监测、气象和地震预报、食品和药品质量监测以及农业研究等公益性研究[1]。

基础研究的特点和作用[2]

1944 年，美国当时的战时科学研究与开发办公室主任万尼瓦·布什在《科学——无止境的前沿》关于科学，即基础研究，提出了如下两个重要的命题。

1)基础研究的实施不考虑实际结果，它是对“一般知识以及自然界及其规律的

〔1〕 M. Bridgstock，D. Burch，等. 科学技术与社会导论[M]. 刘立，等译. 北京：清华大学出版社，2005：23-45

〔2〕 李建军. 科学“形相”：在功利性和非功利性之间[J]. 自然辩证法通讯，2005(1)：14-16

认识”。基础研究一旦受命于不成熟的实际应用目标，就会断送它的创造力。

2)基础研究是技术进步的先驱。一个在基础科学新知识方面依赖于他人的国家，将减缓它的工业发展速度，并在国际贸易竞争中处于劣势。

这两个命题貌似相悖，但却真实地描画了当代基础研究的总体特征和巨大价值，并成为美国和许多国家科学政策设计的思想基础。

2. 农业研究与开发的意义

基础科学和应用科学研究可为农业生产引入新的变革因子，成为农业产业创新的动力和源泉。1840 年，德国的化学家李比锡提出矿质营养学说，即有机物腐烂以后会变成一种简单的无机物，变成一种矿物质能够被土壤吸收。这一理论在农业中应用开辟了化肥产业，引发了以化肥为主体的第一次近代农业科技革命，带来了农药、拖拉机等先进的近代技术，带来了 20 世纪农业的高速发展。1865 年，孟德尔通过 8 年的豌豆实验观察提出“遗传因子”假说；1944 年，艾弗里等通过细菌转化实验证明 DNA 是遗传信息的载体(关于遗传物质基础研究的重大突破)，标志着分子生物学和分子遗传学的开始，为在分子水平上对遗传机制作出正确解释开辟了道路；1953 年，沃森和克里克发现 DNA 的双螺旋结构，开启了分子生物学的新领域；1973 年，斯坦福大学的斯坦利·科恩与赫伯特·博耶将外部有机体的基因植入主基因的实证实验，打开了基因工程研究领域的大门(基因剪拼或重组技术)；沃纳·阿尔伯发现限制性内切酶；1975 年，西泽·米尔斯坦和乔治·科勒发明的杂种细胞(融合或重组)技术，可使不同细胞的细胞核与细胞质结合形成具有理想的供体细胞特征的杂种细胞。这一系列的基础研究成果，奠定了生物工程技术的基石，孕生了一个以功能基因组为基础、产值超过 15 000 亿美元的生物医学和农业产业。

中国科技部长万钢说，在 973 计划支持下，中国科学家在分子生物学和基因理论方面开展了一系列重要研究，推动了农业领域科技水平和生产力的提高。其中杂交水稻理论和克隆水稻中与株型相关的单分蘖突变体分子生物理论研究，通过控制分蘖形成数量，大大提高了禾本科作物产量；通过育成世界第一套小麦全基因组近等导入系/近等基因系，发现了在供体亲本中“隐藏”的大粒、多粒、优质、早熟等重要目标性状，为培育“第二次绿色革命”杂交品种奠定了基础；确定了猪促卵细胞素 β 亚基基因为猪高产仔数的主效基因，在此基础上发展高产仔数基因诊断盒，已在全国 9 省市的 12 个国家级、省级原种猪场进行推广应用。他强调说，没有分子生物科学与技术的基础研究，就不会产生转基因技术和相关产业。中国是美国之后自主研制转基因抗虫棉，并在生产上推广应用的第二个国家。从 1997 年转基因抗虫棉在我国大面积推广使用，到 2006 年已种植转基因棉 3 500 万公顷，占棉花种植面积的 60%以上，每亩减支增收 130 元，经济、社会和生态效益显著。农户可减少 80%以上的农药使用量，减少农药污染和人畜中毒，提高棉花的单产和总产，众多新型抗逆基因被发掘。随着研究开发和技术推广，一大批国内自主知识产权的非粮转基因作物诞生、一批新型生物技术公司诞生，带动了生物技术育种产业和转基因科学研究的发展，对我国非粮农作物丰产稳产起到引领和支撑作用[1]。

农业研究与开发不仅提供可持续或促进生产力增长的技术，降低成本，满足全球不断增长的粮食需求，而且促进农村经济发展，为贫困人口提高就业和收入。联合国粮农组织发表的研究报告总结说，20 世纪 80 年代后期，大量包括针对于旱的早熟品种、保持耕地水分和肥效在内的生产技术被研究和推广采用，特别是为适应高温环境而采取矮秆且对化肥十分敏感的高产品种的培养，在非农产业对资源竞争日益加剧的环境下保持了农业产量的持续增长和整个农村社会的收入水平的普遍提高。一些研究者指出，农业增产增收的途径主要是扩大种植面积和提高单产，增加高附加值农作物种植比例和从事高附加值的畜牧业。然而，过度开垦土地造成环境恶化，如森林被砍伐、水土流失；采用化学品的投入和加强灌溉可大幅度提高单产，但易造成农业生态环境的污染，且需要为农民进行相关的技术培训和提供相应的设备，具有不可持续性。因此，可供选择的农业增产增收方式只有通过农业研究与开发来探索新的可能性。

许多农业经济学家对农业研究与农业生产力提高的关系进行了多层面探讨和评估。美国加州大学的 J. Aston 认为，农业研究与开发投资具有巨大的经济效益，但问题是如何正确估计。农业研究开发的项目投资及其对生产率增长贡献，以及因实施时间和地点不同造成的不同的农业研究开发成本，影响农业研究开发投资回报率的估计[2]。Evenson 和 Mark Rosegrant 研究发现，印度 1965—1987 年间，全要素生产率的弹性在公共研究部门谷物育种的研究贡献为 0.05～0.07，即作物育种研究每增加 14%～20%的努力将使每年农业的生产力提高 1%。Thirtle、Hadley 和 Townsend 对农业科研的贡献率分析说，1956—1965 年、1966—1976 年和 1977—1987 年 3 个时间段，公共投入在农业科研中增加量几乎达到 60%；公共研究可以提高全要素生产力 29%；其他的因素有投入的提高、私有部门的研究与推广、文化和市场等。总体说来，农业研究投资的收益报酬是大大地超过投资成本

---

〔1〕 万钢. 基础研究是科技创新之源[N]. http://news.sciencenet.cn/htmlnews/20083413144629820 2664.html

〔2〕 黄祖辉，蒋文华. 农业与农村发展的制度透视：理论述评与应用分析. 北京：中国农业出版社，2002：340-341

的。一些经济学家指出，发展中国家农业研究的投资收益率估计一般在20%～90%，且不同产品间存在差异，南美玉米研究成果的收益率高达191%；印度和印度尼西亚水稻研究成果收益达60%～65%，发展中国家小麦研究成果收益率达50%以上，即使像豆类这样小宗作物，研究投资的收益率也在60%～80%。

经济学家弗农·拉坦曾估计，1979年，美国用于农业投入品研究与开发的费用在8.14亿～9.09亿美元，用于农产品运输工具在内的农业机械和设备研究的费用有2.7亿美元，而同期美国农民用于购买化肥和其他植物营养剂、杀虫剂，以及其他化学、生物制剂、燃料、石化产品、农机和其他中间产品的费用总计710亿美元，其中190亿美元是生产性投入[1]。农业经济学家西奥多·W·舒尔茨援引弗农·拉坦的估计评论说，政府部门进行农业研究投资的社会效益是巨大的，用于农业研究的资源具有高回报率。

3. 农业研究与开发的主体和类型

农业研究与开发是几乎所有国家科研工作的焦点之一，每一个国家都在努力探索适合自身农业发展需要的农业研究与开发体系。概括起来讲，农业研究与开发体系的主体大致包括政府所属的研究机构、私人公司和其他非政府性的研究机构以及各个国际农业研究中心等，这些研究主体都在尽力打造其特殊的优势与技能，并借助多种合作与交流机制，逐步融入一个非正式的全球农业研究体系。具体说来，发达国家的研究机构在基础研究和应用研究方面实力雄厚，大学和国立研究机构、私有部门所属的研究机构是国家研究体系中日益重要的组成部分，特别是生物农业技术领域。这些国家农业研究体系旨在改善本国和发展中国家贫困人口的福利，重点是解决本国农业经济发展中的问题，在同其他国家农业研究体系及各个国际农业研究中心之间保持合作关系的同时向发展中国家进行技术转移。发展中国家的国家农业研究体系致力于提高本国的农业生产率和效益，其主体是各种国立的农业研究机构和农业大学，但私有部门已开始在农业研究，特别是品种改良等领域进行投资和组建研发中心，尽管因各国经济发展水平、政策环境、专利权和植物育种者权利保护及各种市场因素的不同而有差异。Evenson等在印度发现，私有部门的农业科技投入占公共部门投入的1/2左右，研究对象集中在主要农作物，特别是在杂交品种的研发方面；其他非政府研究机构，包括各种农民组织（主要是在应用和适用研究方面）、综合性大学和专业研究机构（包括各种类型的研究，甚至于基础研究）。

---

[1] 西奥多·W·舒尔茨. 报酬递增的源泉[M]. 姚志勇，刘群艺译. 北京：北京大学出版社，2001:147

一些专家分析说，随着农业商品化提高以及对农用物资的依赖程度的增强，私有部门研究的范围将会扩大。各类非政府组织，如农民专业合作社，在农民和社区的工作很有成效，它们是研究与开发成功转化的中介者和实施者，是新技术推广的重要载体。发展中国家农业研究体系需要鼓励农民和农民组织更多地参与科研重点的确定，参与科研成果推广。

Robert Jolly 等指出，大多数情况下农业研究活动可分为以下四类：

1)基础研究。创造新的知识和建立新观念，但不能直接应用于商业，主要是由公共部门来承担，外部性表明其具有公共物品属性。

2)战略研究。提供新知识和技术方法去解决较宽领域的应用。

3)应用研究。通过运用应用研究和战略研究的理论和方法，发展新技术和发明新方法解决相关问题。

4)适用研究。选择和评估技术发明在农业体系中的应用成效，调整和改造现有技术使其适合特殊环境条件。

他们分析说，尽管私有部门更愿意参与到应用研究和适用研究，私有部门的研究不必然导致私人拥有研究结果，公共资金也可以支持私有部门开展研究。大多数综合研究结构从事的研究工作主要是后两种类型的研究。

也可以根据全球农业研究的目标导向将农业研究划分为利润导向的农业研究、产量导向的农业研究和品质导向的农业研究。其中利润导向的农业研究意在通过研究与开发优势控制全球农业和食品产业，以获得丰厚的利润回报。美国跨国农商公司所主导的农业生物技术研究与开发就属于这类研究。一些研究者指出，1992 年，孟山都公司的高级管理人员就已开始有意识地将转基因作物的研发和产业化导向其商业利益最大化的技术轨道上，即从开发那种适合第三世界需要的耐贫瘠、耐盐碱和抗虫害的转基因作物导向对抗除草剂的转基因作物的开发，以延伸其化学农业的价值链。如通过开发抗以草甘膦为基质的除草剂的转基因作物，孟山都公司为其持有专利的这种化学制剂扩大市场份额，结果农民为了从该公司的除草剂中获得收益就必须既买该公司的种子又买该公司的除草剂[1]。产量导向的农业研究旨在大幅度提高单位土地面积上的产量以满足日益增长的人口对食品消费的需要。大多数的发展中国家政府所主导的农业研究都属于产量导向的农业研究，这类研究所倚重的、依靠化肥、农药等化学品投资增加产量的化学农业研究方向已临近极限，目前正探索转基因农业技术的可行性和适用性，走向美国跨

---

〔1〕 丹尼尔·李·克莱曼.科学技术在社会中——从生物技术到互联网[M].北京:商务印书馆,2009:38-41

国公司所主导的农业研究阵地，难免与之发生专利诉讼和利益冲突。品质导向的农业研究高度关注农产品质量安全和农业发展的可持续性，目前多数欧美国家政府和各类基金会资助的公益研究都属于这类研究，其目的在于探索化学农业和转基因农业的替代技术，寻找内源性农业发展模式，以谨慎应对气候变化等人类所面临的各类挑战。

农业研究是一种专业化行为，可产生各种各样的实用知识。成功的农业研究可增加这种知识积累。根据积累增加的幅度，供给随之增加。在这一过程中，称职的农业科学家是农业研究中必不可少的根本性投入品，他们是稀缺的。由于一个人要想成为称职的农业科学家需要投入大量的专门型的人力资本，因此，报酬低的国家和地区就无法进行这种投资，也就不会出现可以出色地承担研究工作的科学家供给。此外，有组织的农业研究中的企业家才能也是一个至关重要的因素。舒尔茨强调说，政府支持的农业研究已经体制化，各类农业研究在试验站、研究室和世界范围内的中心广泛进行，且可供用作研究的试验基地、新的实验站和研究室，只要有资金就可在几年内建成，所需要的科学仪器比较容易得到，但这里最关键的投入——专业科学家却是稀缺的。

荷兰瓦赫宁根大学的基础研究和应用研究[1]

瓦赫宁根大学创建于1918年，学校最大的特点是国际化，注重和国际交流。我们的学生来自100多个国家和地区，以研究生培养为主（占学生总数的65%，其中硕士研究生占44%，博士研究生占21%）。硕士生中的30%和博士生中的60%以上来自于国外。瓦赫宁根大学致力于从基础性到应用性一系列的生命科学和自然资源领域的研究。

基础性研究是瓦赫宁根大学研究人员的主要任务，研究的重点在于解决科学实践过程中产生的问题。在瓦赫宁根大学，这种研究的动力纯粹来自对科学的好奇，并不是每次都怀有某种实际应用方面的目的。这种基础性研究被普遍认为是技术上创新突破的基本背景。研究经费主要来自政府或者科研组织资助，如荷兰科学研究会以及皇家艺术和自然科学院。

应用性研究是各个研究院的主要任务，主要目的在于研发2～3年内可以付诸应用的专业技能。此种研究可能涉及新的可持续生产体系，生产线的改善或者对

〔1〕 苏文士.持续深化中荷农业合作——访荷兰瓦赫宁根大学国际部主任 Jan Fongers 及其中国代表处首席代表 TanShuhao[N]. http://www.chinavalue.net/Article/Archive/2008/3/19/104651.html

气候变化的相关响应。其他的研究项目用以支持政策的发展，例如水系统条例和全球市场发展对农民收入的副作用等。也有一系列短期的研究任务，这些任务或出于政府的要求或来自商业、公共以及私人的资助。应用性研究集中在瓦赫宁根大学的研究所内，尤其是在地方的实践研究中心，利用抽象的知识来解决具体的实践问题。从种植业、动物保护、住房和环境等领域的实践中得到的知识和经验形成了新管理体系的基础。这种实践研究的费用主要来自商业领域和各个分支机构。此外，瓦赫宁根大学及其众多研究所支持荷兰政府和欧盟在食品安全、动物健康以及可持续环境等方面规章条例的执行。这些已经被纳入瓦赫宁根大学及其研究所与海牙政府签订的协议 WOT 条例当中。此协议保障了 WOT 机构对瓦赫宁根大学及研究所独立、可靠和透明的支持。

所有这些研究都集中在瓦赫宁根大学的 85 个研究室、6 个研究机构、2 个法定研究任务机构、4 个法定研究任务项目组以及各种专业技术中心，并体现在其与其他的学术机构和客户的合作之中。

4. 农业研究与开发的特点

农业研究与开发是人类在漫长的农业生产实践中逐渐发展起来的，是农业生产经验的凝结，旨在提供促进动植物生产发育机理和资源环境保护方面的知识，改进农业系统的生产效率，实现农业生产经营和食品安全供给的可持续性。和工业研究与开发等相比较，农业研究与开发具有一些显著的特征。

1)农户使用。农业研究与开发的用户包括直接从事农业生产经营的农户、农村专业合作组织、涉农企业、农业技术推广组织和人员、基层农业实验站的研究人员和官员等，但其主体是小农户。这些要求农业研究和推广必须充分考虑小农户的生产条件和技术需要。或许正是因为农业研究自身存在的不确定性及其针对农户新技术推广和接受的复杂性，有价值的研究成果需要几十年才能见效。如杂交玉米研究可追溯到 1910 年，但第一次种植杂交玉米却延迟到 20 世纪 30 年代早期。同样基于这些考虑，荷兰等国的专家建议在农业研究与开发项目的设置过程中就考虑农户的需求和接受能力，通过农户参与等形式开发为小农户量身定做的生物技术等农业技术。

2)生态依赖性。农业生产的对象是有生命的生物体，农业研究与开发的目的在于理解和认识自然生物过程和动植物生产发育的规律，以控制、利用和改造自然生物资源及其过程，增加农作物或牲畜的生产量，降低生产过程中的资源消耗，提高生物资源开发利用和转化的效率，保证人类所必需的食品、纤维与工业原材料的充足供给，推动农业生产经营活动的高效和可持续运行。农业研究的推广试验总是在具体的地域环境中进行，不同地域环境中影响动植物生长的自然因素差异较大，导致控制动植物生长内外因素的方法、物质手段、操作程序等存在较大差异。许多农业科学和技术要以特定区域的自然生态系统中存在的生物材料作为载体，或者以某种自然环境作为必要条件，离开天然的生物材料，这些科学和技术将难以再现或无法发挥应有的价值。因此，农业研究与开发具有显著的自然生态依赖性特征，多数农业技术体系普适性较差，必须经过在特定区域进行适应性研究后才能普及推广，这是各国政府普遍重视农业区域研究、技术推广和实验站建设的主要原因。

3)社会公益性。社会公益性是指在多数农业研究与开发成果，除农业机械技术、农药和化肥技术、畜禽疫苗和动物饲料、某些作物育种技术杂交种子、农产品加工技术等可专利化的技术成果外，均属于“公共产品”范畴，在一些情况下甚至支持以上技术开发的基础研究，如通过研究改良自花传粉的作物品种，创造更好的作物田间和采后管理办法等也是如此。这些研究与开发活动具有消费上的非排他性或非独占性，且容易被众多农业生产经营者无偿采用或模仿，存在较强的正外部性。这里的非排他性或非独占性是指从农业实验室中得到一项技术成果，可以让许多农民从中获益，且一个农民得到好处并不减少其他农民得到好处的质量和数量。正如 Pinstrup-Andersen 所分析的那样，英特尔公司的计算机芯片和孟山都的大豆种子都不是公共物品，其知识产权的定义是十分清楚的。然而，在生物技术的案例中强制使用产权是十分困难的，比如种子。不同于计算机芯片，农民可以用自己繁殖的种子进行复种而不向孟山都这样的产权拥有者付费。尽管农民也可能与公司签订合同，不使用自己的种子，但这样的合同强制执行是很困难的。农业研发的公益性还体现在农业研究与开发的社会效益高回报性。比如，由于杂交玉米的引入和系列辅助技术的支撑，美国的玉米产量在耕地减少的情况下保持了总产量的大幅增加。在 1933 年，美国玉米种植面积为 1.009 8 亿英亩，产量仅为 24 亿蒲式耳；而 1987 年只种了 0.767 亿英亩，产量却增产 3 倍之多，为 82.25 亿蒲式耳。再如，20 世纪 60 年代初，印度引进由墨西哥 CIMMYT（国际作物改良中心）培养的高产小麦，通过试验推广，其小麦产量从原来的 1 100 万吨猛增到 1984 年的 4 600 万吨，有效地解决了本国粮食供给不足的问题。因此，大多数领先于农业生物技术时代的植物与动物的技术发明和农业研究都是由公共部门农业试验站的研究项目推动或有公共财政支持完成的。

4)综合性。农业经济学家西奥多·W·舒尔茨分析说，“农业生产是这样的，什么样的土壤、什么样的农作物、什么样的畜产品和什么样的市场都是确定的，当然生产地点也就随之确定。正因为以上的确定性，农业在其本质上是综合性的，是不同性质事物的集合。甚至在同一个州内部,农业也远远不是整体划一的。[1]"因此所需要的农业研究也不是综合性的而非单一的。比如引发绿色革命的农作物增产就是良种、灌溉、施肥、病虫害防治等多种科学知识、技术方法和工程手段集成整合、共同作用的结果,缺乏其中的某些技术条件和知识支持,单靠稻麦良种的引入是很难产生预期的高产收获的。农业领域的科学和技术进步通常伴随着诸多学科领域的知识和方法,特别是生物学、化学和工程技术领域的知识和方法的集成整合和综合应用。农业科学和技术应用研究的这一特点尤其值得农业科学家、农业科学技术管理者和农业生产经营者注意,以便在具体的农业科学和技术发展规划或农业科学和技术推广时,既注重单项农业科学和技术领域的突破,更重视直接面向农业生产经营和可持续发展需要的多项农业科学和技术的集成创新,特别重视各类农业科学、技术与工程领域的知识、经营和方法的集成整合。

5)松散性。农业研究总体上是按照动植物物种划分的,不同物种的生产活动差异很大,如玉米耕种和奶牛繁育之间几乎没有相似性。技术单元之间相干性差,缺乏内在联系,加之种植、养殖、水产、林业各产业之间的联系不紧密,导致技术体系内部结构松散,集约程度低。西奥多·W·舒尔茨曾经分析说,由于农业科学和技术应用研究的综合性特点,农业研究的集中管理模式是有致命缺陷的。那些得到华盛顿政府授权,可以被优先考虑并由其管理的农业研究项目是一个灾难。必须重视农产品生产基地的局域划分和适应性农业生产试验。

解决世界粮食问题仍有赖于研究与开发[2]

2010 年 3 月,在法国蒙彼利埃召开的首届全球农业研究发展会议上,来自多个领域的科学家聚集一堂,商量如何进行农业研究结构调整,向贫困国家的农民提供帮助。会议形成的一致意见是发展中国家能够通过使用现代技术和实践手段实现农业生产力的可持续性提高,但农业研究投入是个问题。联合国粮农组织(FAO)估计,发展中国家在农业产业链上的投资需翻一番——达到每年 830 亿美元的水平,才能应对 2050 年的挑战,其中大部分需用于从生产到储存、加工的农业基础设施建设。那些最贫困和资源最贫乏的国家,同时也是世界人口最集中、人口

---

〔1〕 西奥多·W·舒尔茨.报酬递增的源泉[M].姚志勇,刘群艺译.北京:北京大学出版社,2001:142-143

〔2〕 解决世界粮食问题仍然有赖科技进步,但科技也并非万能药,消除贫困才是治本之道[N]. http://news.sciencenet.cn/htmlnews/2010/7/235295.shtm

增长最快的国家，特别需要农业研究给予技术支持。更重要的是，对农业耕种进行技术上的彻底改造需要来自各个方面的配合——不只是生物学家、农业专家和农民，生态学家、决策者和社会学专家也要参与其中。

但是，科学技术本身也并非解决粮食问题的灵丹妙药。贫穷，而非粮食生产量的不足，才是问题的根源。目前全球粮食有足够的供应，但大约10亿人仍在挨饿，因为他们根本买不起粮食。2008年的粮食危机，导致1亿人挨饿，主要原因不是粮食短缺，而是整个市场的反常变化——远远超出供求关系的调节——使得粮食价格高涨，甚至在一些国家引发暴乱，而经济因素对粮食供应的影响方式远不止这些。经济合作与发展组织的成员国每天要补贴农民大约10亿美元。这使得发展中国家的农业很难在世界市场站住脚。尽管如此，要实现一个可持续的、富有生机的农业，由此带领人民走出贫困，科学研究依然可以具有决定性的影响。

袁隆平：解决粮食短缺唯一途径是科技进步[1]

中国杂交水稻育种专家、中国工程院院士袁隆平2010年9月8日在北京举行的“21世纪论坛”2010年会议上表示，解决粮食短缺问题的唯一途径是科技进步，大幅提高单位土地的粮食作物产量。他说，“水稻仍具有极大的产量潜力，许多方法可以提高其产量。例如灌溉工程建设、土壤条件改善、耕种技术以及高产品种的培育。目前，最有效、最经济的方法是根据中国的成功经验开发杂交水稻。”他透露，原计划2015年实现的亩产900千克的第三期目标很可能提前实现。预计到2030年，世界水稻产量将比1995年提高60%。

水稻是一种主要的粮食作物，超过一半的世界人口以它为主粮。目前世界人口已超过60亿，到2030年将达到80亿。同时，每年转作其他用途的土地面积为1 000～3 500万公顷，其中一半来自农田。世界面临着巨大的人口增长和严重的农田减少压力。据估计，如果杂交水稻种植面积占到水稻总种植面积的50%，按杂交水稻每公顷2吨的平均产量，世界水稻总产量可以另外增加1亿5 000万吨，每年可多养活4亿人。中国发展的杂交水稻技术对于大幅提高世界水稻产量也被证明非常有效。由于杂交水稻的商业化生产，越南成为继泰国之后第二大大米出口国。菲律宾政府制定了一个计划，目标是到2011—2012年将杂交水稻的种植面积达到100万公顷。

[1] 佘晓洁，白瀛．袁隆平：解决粮食短缺唯一途径是科技进步[N]．http://www.cas.cn/xw/zjsd/201009/t20100909_2956947.shtml

三、世界主要国家的农业研究与开发体系

以色列、美国、法国、印度和澳大利亚都有其独具特色的农业研究与开发体系和运行体制，其在研究与开发战略布局、资源整合、功能实现和国际合作以及公私合作研究等方面都可为中国完善自身的农业研究与开发体系提供经验支持和决策参考。

1. 以色列农业研究与开发体系

以色列农业发展面临的最大挑战是可耕地面积和水资源有限、劳动力成本高，这就促使以色列选择以农业研究与开发推动高效农业发展的策略[1]。以色列政府对研究与开发在财政上给予极大的支持，每年研究与开发投入约为 9 000 万美元，占国民生产总值(GNP)的 3%，是世界上研究与开发投入较多的国家之一。以色列政府每年向农业研究机构(Agricultural Research Organization，简称 ARO)和首席科学家基金提供大约 4 500 万美元的经费。首席科学家基金的建立使农业研究开发工作的投入得到加强。国际基金是由美国、荷兰以及欧洲联盟联合提供，每年投入的研究开发经费大约为 1 200 万美元。此外，农业经营者以交纳销售税的方式每年提供大约 800 万美元的经费。私人性商业机构根据各个公司在化工、种子、农药和食品工业等领域的研究需要，每年提供大约 2 500 万美元。地区性组织及委员会通过地区性研究开发中心每年投入 500 万美元。

以色列农业研究的 50%～60% 是由凡卡尼中心(Volcani Centre)负责，它是农业部下属的农业研究机构，由 7 个专业研究所组成，主要从事园艺、田间作物、家畜、土壤水利与环境、植物保护、贮存和收获后技术及农业工程等领域的公益性农业研究。以色列的一些大学和科研机构，如耶路撒冷的希伯莱大学农学系、魏茨曼科学院、以色列工程技术学院(Technion)的农业工程研究所和位于内盖夫地区的本・古里安大学应用研究所也进行农业研究和开发。农业应用研究和试验推广活动则主要由地区性研究开发中心完成。这些地区性研究中心主要建立在以色列北部和南部的边远地区，约旦河谷、内盖夫沙漠及阿拉瓦谷地等不同自然区域。

在以色列，由农业部、各农业研究机构、农业科技推广服务机构和农民组织的代表组成的全国性农业科技管理委员会，对全国的农业科研、教育和推广进行统一管理[2]。这种体制安排，有利于农户与研究者的合作研究和信息活动，并使农业

〔1〕 以色列农业研究与开发[N]. http://www.scio.gov.cn/ztk/wh/01_1/19/200911/t456509.htm

〔2〕 科学技术部专题研究组编. 国外支持农业科技创新的典型做法与经验借鉴[R]. 北京：科学技术文献出版社，2006：7

研究成果能通过相应的推广组织尽快地传播到试验基地，试验推广中的问题能直接提交给农业科学家。

以色列的奶牛产奶量就均值而言是居世界首位，每头奶牛年均产奶已从1970年6 300千克增加到今天的10 000多千克。这主要得益于凡卡尼研究所研发的科学繁育和基因测试技术。通过从奶牛良种中提取精液和卵子，以色列能够不断改良她的牛群并和其他国家共享她的创新成果。以色列农业科学家开发了滴灌技术、农业生物技术、土壤日晒(soil solarization)和工业废水在农业上的可持续使用技术。这些进展已经应用于农业生产经营活动，其范围从转基因种子、生物杀虫剂、轻质可降解塑料到计算机控制的滴灌系统和肥料喷施系统。

为了优化利用稀缺的水资源、贫瘠的土地和有限的劳动力资源，以色列进行了农业耕作方式的革命。节水技术的研究推动了计算机控制的灌溉系统，包括直接将水导引到植物根部的滴灌方法。旨在改进动物健康和提高作物产量的电磁水处理技术也已获得重要进展。以色列设计和制造的计算机正广泛地用来调控日常的农业活动，如用来监控相关的环境因素并指导肥料施用、依据对最低成本和最佳收益比例的测算来牲畜提供复合饲料、调控适宜家禽饲养的温度和湿度等。此外，许多用作播种、收获、分拣和包装农产品的创新设备也被研发和制造。农业已经受益于农业研究与开发，包括自动化的植物组织培养、生物杀虫剂、抗虫害种子和生物肥料等[1]。

2. 美国农业研究与开发体系

美国的农业研究与开发活动主要三大主体来承担，具体包括农业部下属的科研机构、州立农业大学和地区农业试验站，以及农业企业、农村专业合作组织和农业生产经营服务机构所属的科研机构。其中农业部下属的科研机构以农业部农业研究服务局(The Agricultural Research Service ，简称ARS)为主体，重点进行农业基础理论研究和应用基础理论研究；州立农业大学和地区农业试验站自成体系，在州政府授权下侧重本地区的农业科研和推广工作。农业试验站同时接受美国农业部的任务和拨款，重点进行本州的农业应用和开发研究；民间科研机构主要由农业企业、专业合作组织和民间基金会所属的研究机构组成，重点从事有实用价值的农业开发研究，由私营公司领导和资助，研究成果归其所有。

美国农业部是美国唯一管理联邦农业研究与开发活动的政府机构，其通过下属的农业研究服务局管理分布在全国各地的分支机构。农业研究服务局是美国联

〔1〕 SCIENCE AND TECHNOLOGY: Agricultural R&D[N]. 28 Nov 2010 http://www.mfa.gov.il/MFA/Facts+About+Israel/Science+-+Technology/ SCIENCE+AND+TECHNOLOGY-+Agricultural+R-amp-D.htm

邦政府农业研究与开发的核心机构，共有 129 个研究室和野外工作站，其中 122 个在美国本土，分布在 7 所大学，另外 7 个在海外，其大多数实验室附属于各个大学，农业部仅负责提供主要研究人员的聘用金和一定数量的基础研究费。农业研究服务局的主要工作是组织农业研究与开发活动为影响美国人日常生活的农业问题提供"从田间到餐桌"的一揽子解决方案，具体包括确保美国社会高质量的安全食品和其他农产品的供给、评估美国人的营养需求、保持富有竞争活力的农业经济、改善农业生产经营的自然资源基础和环境、为农村居民、社区和全社会提供经济机会等内容。目前承担有 20 个国家重大农业领域的基础研究和应用技术研究计划，其中包含 1 000 个研究项目，拥有 2 500 名科学家和 6 000 名其他员工，2010 年争取到 11 亿美元的年度财政预算经费[1]。随着科研重点的变化，其科研队伍的结构也在不断调整，越来越多的生物技术、信息技术、营养科学和气象科学领域的专家开始加入到农业研究服务局的科研工作之中[2]。

美国国家农业研究经费主要通过 ARS 战略计划的方式列入政府预算，其研究内容聚焦在营养、食品安全和质量，动物生产和保护，自然资源和持续农业系统和作物生产与保护四个主题领域，其中营养、食品安全和质量主题旨在食品的作用和它的组成来改善美国人的健康，开发有助于食品安全供给的测试和工艺规程，通过提高农产品的质量和效用来提高美国农业的竞争力；动物生产和保护主题强调改善家畜、家禽和水产动物食品的健康、福利和饲养效率以保证动物食品高效安全地供给，重点是种质资源的改良和保存，理解抗病机理，开发防控或消灭那些危害食品安全供给和公众健康的疾病的工具，识别和开发有助于高品质肉、奶和蛋生产的持续农业体系；自然资源和持续农业系统主题支持在 70 个不同地域的研究者开发农场主、牧场主和其他经营者亟需要用来管理其多样化的农业生产活动的技术和战略，重点是发展开发经济适用的技术和经济效益显著的农业生产系统和拓展国家巨大的可更新的自然资源基地。自然资源和持续农业系统发展是健康的、持续发展的农业的基础，它不仅有助于提供食品、饲料、纤维和可再生能源，而且能有效地供给充裕且高品质的淡水和清洁空气即健康的生态系统；作物生产和保护主题旨在促进粮食与纤维作物生产，保护开发综合生产集成技术、农业化学技术以及养蜂、授粉技术等，研究利用转基因技术改进作物生产力和质量的生物学方法，开展植物生物技术的安全风险评估和病虫害防治技术等[3]。

---

[1] About ARS[N]. http://www.ars.usda.gov/AboutUs/AboutUs.htm

[2] 刘志扬. 美国农业新经济[M]. 青岛：青岛出版社，2003：149

[3] National Programs[N]. http://www.ars.usda.gov/research/programs.htm

美国农业部合作研究、教育和推广局和经济研究局也是美国联邦农业研究与开发系统的重要部分。其中合作研究、教育和推广局主要管理和协调农业部与各州农业试验站、合作推广系统及合作伙伴的合作研究和项目推广，并通过等额分配、竞争立项、按比例返还等方式用联邦资金资助各州农业试验站、68 所农业大学等机构的试验推广活动；经济研究局主要从事农业经济和社会科学研究，对美国农业生产效率、农产品市场行情、自然资源和农村发展、国内农业发展动态等进行综合分析，为政府部门在农业、食品、自然资源和农村发展等方面的政策制定提供决策支持和咨询报告。此外，美国农业部下设的林业局、动植物检疫局、联邦谷物检验局、农业销售局等也有与农业研究与开发相关的机构，但比例不大。

美国各州的农业试验站以州立农学院为主体，农学院在院一级设置行政管理部门——农业实验站，在州政府授权下，侧重本地区的农业科研和推广工作，农业实验站同时接受美国农工业部的拨款。1875 年，康涅狄格州建立起美国第一个独立的农业试验站。各州纷纷效法，在 1886 年时，全美共有 12 个州成立了试验站，但除康涅狄格州外，其余各州都将其附属在农学院内。1887 年，联邦政府通过《农业试验站法》，规定联邦政府从出售公有土地的收入中每年向各州提供 1.5 万美元以支持农业试验站工作，并明确指出各州的农业试验站必须遵循“实用性”原则组建和运行[1]。目前，全美共有 130 多所农学院、63 所林学院、27 所兽医学院和由联邦政府与州合作建立的地区性推广站，有 9 600 名农业科学家。这些农学院一方面是基础研究的执行主体，承担一些基础性、前瞻性的研究项目；另一方面是农业人才的培养基地和农业技术推广的主体，多数农业研究成果都是通过这些农学院与县合作建立的农业合作推广站实施完成[2]。

美国的商业机构，包括一些大型的跨国企业、农民专业合作组织和农业生产经营服务组织也是美国农业领域重要的研发力量。这些商业机构，如杜邦、先锋、孟山都公司和兰德莱克食品合作社、美国玉米协会、美国大豆协会等都有自己的研发机构和实验站，主要侧重于有商业价值的应用研究和技术开发。其中 37.4%集中于农化产品，30%集中于产后和食品加工，11.5%用于机械，9%用于兽医技术，11.7%用于植物育种技术。这些商业机构同时通过与美国农业部、州立大学签订合同、承担具有实用价值的技术研究与开发活动。农业部对这些机构的管理主要

〔1〕 刘志扬.美国农业新经济[M].青岛：青岛出版社，2003:151-152

〔2〕 科学技术部专题研究组编.国外支持农业科技创新的典型做法与经验借鉴[R].北京：科学技术文献出版社，2006:25

是通过合作立项、提供贷款和经济担保等方式来实施。

美国农业服务局不断地寻找机会与商业企业、其他联邦机构、州和地区政府部门与大学之间建立合作伙伴关系，旨在拓展研究计划、加速研究成果向商业企业的转移、促进信息和知识交流、刺激商业增长和经济繁荣、增强美国农业竞争力、保护环境和改进美国人民的生活质量。

3. 法国农业研究与开发体系

法国是欧洲第一农业生产国、世界第二大农业和食品出口国、世界食品加工产品第一大出口国，农业耕地面积占国土面积 59%。法国用 3%左右的农业人口创造了 5%的 GDP，农业研究与开发的贡献不可缺少。法国农业科研体系主要有国家级科研机构、农业高等院校、私人企业和合作社所属的科研机构组成。

国家级农业科研机构有法国国家农业科学研究院（INRA），全国农业机械、乡村土建、水利及林业中心（CEMAGREF），法国食品卫生安全署（AFSSA）、法国海洋开发研究中心（IFREMER）和隶属于农业技术协调协会的各专业技术研究中心等大型研究单位。其中法国国家农业科学研究院是法国一流的农业、食品和环境领域中的科研机构，也是世界上最有科研实力的农业组织之一。其按学科领域纵向设置 17 个研究部，按生态和行政大区横向设置 21 个区域研究中心和 80 个试验站。各区域研究中心不仅包括有院研究部垂直下设的研究团体和实验室、试验站，还设有 130 个公共服务单位。主要围绕着保障高质量的健康农产品和食品生产、促进有竞争活力的可持续农业的发展开展使命导向性的研究（mission-oriented research），通过与政府联合设定特定研究目标的 4 年研究协议来组织承担全国性重大课题研究和地区性科研任务，开展农业基础研究和应用开发研究，为政府研究政策决策提供咨询和报告，并通过建立技术转移联盟等形式加速知识、创新和技术的流动和共享，促进法国农业产业和区域经济发展。国家农业科学研究院瞄准学科前沿和社会需要，聚焦于事关食品、营养、环境和土地利用等农业产业和农业经济学发展的全球性挑战，诸如气候变化、人类营养、粮食与非粮作物的竞争、土地资源退化和相应的土地资源管理等可能产生深远的经济、社会和环境影响的重大问题，通过多学科、多领域的合作推进知识创新、技术开发和前瞻性的研究活动。目前全院有研究人员 1 839 人，博士研究生 1 891 人，每年有 1 500 多名国外研究者和博士生来院交流；有 2 572 名工程师和 4 121 名技术员组成的科研支撑系统来管理研究仪器、科研设备和开展主要的技术转移工作[1]。

国家农业科学研究院的研究经费 85%有国家研技部下拨。国家农业科学研

〔1〕 The Institute[N]. http://www.international.inra.fr/the_institute

究院的研究领域相当广泛，涉及微生物、动植物领域，包括从分子和细胞到整个生命组织和欧洲生态系统，从对个体经济决策的理解到农产品市场的建模等多层面的研究内容，既有分子生物学、病理学、土壤学、农业气象学、人类健康与营养等基础研究成果，也有动植物良种繁育、配方施肥、生物固氮、农作物病虫害防治、无土栽培、精液分存、胚胎冷冻和移植、饲草青贮、污水处理、食品工程等应用技术产出。研究主题的广泛性、技术应用的集成性和参与伙伴的多元化为国家农业科学研究院强化其能力建设、高效地服务于社会提供了知识、技术和经验基础。在其2010—2020年新科学重点规划中，其中被列为跨学科研究重点的是生物学领域的前瞻性研究和农业生态学；因其有重大社会影响而被确立的四大研究领域是农业的经济、社会和环境效益整合，健康的、可持续的食品供给系统的开发，为应对气候变化而进行温室气体减排、农业和林业经营模式的创新。以及面向化工产业和能源产业的生物质能源技术等；世界粮食安全和全球变化则被列为紧迫的科学问题(a cross-cutting scientific issue)[1]。

农业高等院校也在农业研究中发挥较大作用，其开展的研究活动多数与国家农业科学研究院相关联，或采用实验台站的共享，或采用研究人员共享等形式，这既有利于国家农业研究人才流动和青年科学家的培养，有助于先进农业研究方法的扩散，也能促进农业高等院校师资力量的优化和学生能力的培养。目前法国共有各类农业院校30所，其中公立27所，私立3所。农业院校在培养人才的同时也与各大研究机构密切合作。农业院校涉及的研究领域包括农艺学、农业工业、农村土地整治、兽医学、农业环境工程等。

由民营农业和食品企业及其相关的合作企业开展的农业研究活动也占有相当的分量，其在农业和食品产业研究方面的投资占到国内农业研发投资的41%。尤其在种子、化肥和杀虫剂等产业领域中，企业的研发活动相当活跃，有100家左右的种子公司参与其中，包括Limagrain、Desprz、CAL等，100多家农业食品公司投资相关研究。政府也对这些农业和食品企业的研发给予资金支持。此外，法国有农业行业组织100多个，其中从事农业技术研究的机构包括法国农业技术协调协会、法国农业研究发展组合联盟、全国种子苗木跨行业联合会等[2]。

2009年6月29日，INRA，国际农业研究与发展组织(CIRAD)，AgroParis-

---

[1] New scientific priorities for the decade 2010-2020[N]. http://www.international.inra.fr/the_institute/new_scientific_priorities_for_2010_2020

[2] 科学技术部专题研究组编. 国外支持农业科技创新的典型做法与经验借鉴[R]. 北京：科学技术文献出版社，2006：131-132

Tech, Agrocampus Ouest, Montpellier SupAgro and ENV Toulouse 签署了一项建立"国家农业、食品、动物健康和环境联盟"的协议，旨在通过整合农业部、高等教育和研究部、外交部所属的公共研究机构来促进组织成员间科研协作，以科学发现、技术发明、教育培训和知识共享来创建农业和食品供应、土地和资源可持续管理的新模式，共同应对由农业、食品、动物健康和环境的新需求所产生的全球性挑战。该联盟依据一项承认其成员自主性和法定地位的特定法令创设，由一个战略规划委员会支持，将以项目形式推动研究、培训和国家发展，特别是国际性博士生教育之间的密切联动，对法国境内境外的科学家开放。据介绍，这 6 大机构现有工作人员 12 000 人，其中 5 700 人是科学家，包括 5 150 名研究者和工程师，575 名教学研究人员，4 700 名学生和 2 200 名农业和兽医领域的博士生；300 多家官方认可的科研单位，5 家分别在 Ile-de-France, Montpellier, Rennes-Angers and Toulouse 的研究和培训校园；一个拥有顶尖的技术平台和开放的实验设施的组织网络；充足的且多样化的大学合作伙伴，以及和产业伙伴与开发商的合作协议[1]。

4. 澳大利亚农业研究与开发体系

澳大利亚世界上重要的农产品生产和出口国，覆盖粮食、畜牧、水产、林业和蔬菜、水果等经济作物的农业产业迄今依然是澳大利亚国民经济的重要组成部分和重要产业领域。澳大利亚政府明确农业是经济发展中最需要科学和技术支持的领域之一，科学和技术是乡村工业和社区繁荣及可持续发展的关键因素，为此，政府一直重视农业研究活动和现代农业生产、管理和推广体系的建设。澳大利亚的农业研究与开发体系主要由 4 部分组成，具体包括澳联邦科学与工业研究组织(CSIRO)和政府部门如资源环境部所属的研究机构、大学所属的研究机构、州农业部所属的研究机构和一些私营研究机构与企业所属的研究机构。

澳联邦科学与工业研究组织(the Commonwealth Scientific and Industrial Research Organisation，简称 CSIRO)隶属于澳大利亚创新、产业、科学和研究部，创建于 1926 年，是世界上最大且最多样化的研究机构之一，其主要功能是从事有益于澳大利亚产业界、社会团体发展的科学研究，为实现国家战略目标提供科学和技

[1] French agricultural research and education join forces to meet global food and environmental challenges[N]. 30/06/2009. http://www.international.inra.fr/all_the_news/highlights/french_agricultural_research_and_education_join_forces_to_meet_global_food_and_environmental_challenges

术支撑。总部设在堪培拉，相当于我国的中国科学院和中国农业科学院联合的一个国家级研究机构，覆盖除国防、医学之外的所有主要研究领域，现有研究人员6 500多人，包括4 000名科学家和其他工作在澳大利亚和境外的50多个实验室和试验站的研究者。其研究覆盖农业综合经营、信息技术、制造业、健康、可持续能源、采矿业、环境和自然资源等[1]，与农业相关的主要领域有动物医学、动物生产、纺织与纤维、林业与林产品、种植业、热带农业、昆虫学、土壤与水、水产学、野生动物与生态学等基础研究，以及动植物新品种培育、农作制度、旱地农业、环境、资源保护与利用和农业可持续发展等应用研究。其主要任务是以应用研究和产业化为主，实现基础研究、高新技术研究和应用研究的有效结合，向企业和农业经营者提供产前、产中、产后成套先进技术，以技术成果转化与企业和农业经营者合作开发，推进农业和食品产业的国际贸易。CSIRO在国际合作方面每年投入600万澳元，合作项目的重点是农作物、畜牧业、林业、水土保持和管理。

澳大利亚国际农业研究中心(ACIAR)是澳联邦政府在1982年立法设定的农业研究与服务机构，归属外事和贸易部领导，是澳联邦政府海外援助计划的组成部分，其目的是推动和鼓励澳大利亚的农业科学家用他们的技术服务于发展中国家的农业发展，帮助发展中国家消除贫困。ACIAR通过投资于国际研究联盟网络的拓展来实现农业发展和自然资源的可持续利用，改善农村家庭收入和促进更广泛的经济发展[2]。ACIAR的研究与开发工作是设立、跟踪和评价研究项目，其主要的学科领域包括农业经济学和耕作体系研究、作物改良、牲畜饲养和渔业开发，以及自然资源管理等。

州农业部和资源环境部所设的州级研究机构的任务是依各州的需求为主要方向开展工作。州政府部门的科研机构，如昆士兰州的初级产品部设立热带作物研究中心及作物、园艺、农作制度、农业生物技术等研究所，分支机构遍布全州，工作人员达4 000多人；昆士兰州的自然资源部设立了水土、生物防治、野生动物、草地资源及信息研究所等研究机构。在澳大利亚，拥有州级农业科研机构的主要州级部门有昆士兰州初级产品部、自然资源部；新南威尔士州农业部、林业部、渔业部；维多利亚州农业部、林业部；西澳农业部、土地保护与管理部、渔业部；南澳初级产品部、资源部；塔斯马尼亚初级产品部、水资源与环境部、林业部；北塔斯马尼亚初

[1] Research and development[N]. http://www.dfat.gov.au/facts/research_development.html

[2] Australian Centre for International Agricultural Research[N]. http://en.wikipedia.org/wiki/Australian_Centre_for_International_Agricultural_Research

级产品部和渔业部等。州政府部门级的科研机构总量最大，占全澳农业研究机构总数的 50%～60%[1]。

大学的农业科研任务是以基础理论和高新技术研究为主体，并与科研机构、政府部门、私人企业合作，同时也广泛开展国际合作与交流。澳大利亚目前共有 43 所被认可的高等教育机构，其中与农业有关的大学有 38 所，这些大学多数为公立大学，研究型大学如昆士兰大学、澳大利亚国立大学、阿德莱德大学、南澳大学、西澳大学、La Tribe 大学、Myrdocg 大学等都设立农业、生命科学及生物技术等方面的研究所或研究中心，范围涉及农业、林业、园艺水产、畜牧及环境科学的各个方面，各具特色和优势。这类大学占全澳农业研究机构总数的 20%～25%。

澳大利亚的一些私营研究机构和企业也在从事与生物学、农业和食品密切相关的研究工作。比如谷物协会（GRDC）、园艺协会（HRDC）等所属的研究机构。其中谷物协会是澳大利亚的种植业领域农业科研机构、企业和农业经营者之间的协调组织，它依照食物链的环节，协调科研机构、企业和农业经营者之间的合作，以促进作物生产和产品商品化，其投资重点是农产品品质改良、农业生产力的持续增长、环境保护、人员培训、国际合作和国际贸易等。

此外，联邦政府外交部国际农业研究中心（ACIAR）全澳国际合作项目的制订、协调和执行机构，在国内有 30 多个合作伙伴，与国际上 20 多个国家、国际农业研究磋商组织（CGIAR）的 16 个研究中心及其他国际机构建立了合作关系，接受非政府机构和国际捐赠者的捐款，通过合作项目的实施为发展中国家提供支持和援助，参与澳大利亚政府援助政策的制定，在某些项目上与 AusAID 有合作，重点方向是扶贫 .食物安全和促进农业自然资源的可持续利用，主要合作项目涵盖作物科学、动物科学、林业、渔业、产后加工技术、水土资源利用、农业生产系统与环境管理、农业与农业经济政策等方面，实施项目的原则是双边互利、脱贫与倍收、资源可持续利用、良好的国际效益以及带动相关合作等。

澳大利亚农业研究以联邦政府投资为主，具体以澳联邦科学与工业研究组织而言，其农业研究经费的 2/3 由联邦政府支持，1/3 由各州政府投入。一些地区性研究机构的经费 2/3 来源于联邦和地方政府，1/3 来自于农业企业、农场主合作社。昆士兰州初级产品部每年以 1.0 亿澳元经费支持农业科学研究。维多利亚州的农业研究机构 CMT 的经费 40%由州政府支持，35%由农业产业供给（政府同时配套 35%经费），其余项目则全部由涉农的相关企业提供。企业的研究机构如谷物协会的研究经费达到 2.5 亿元澳元/年，其中企业自筹 53%，政府拨款 27%，其他

[1] 澳大利亚的农业科技研究开发[N]. http://nc.mofcom.gov.cn/news/5728679.html

20%则通过技术成果和产品的产业化、商品化予以补偿。

自20世纪90年代以来，澳大利亚在全国各地建立了几十个由上述机构共同享用的联合研究中心(Cooperative Research Centres，CRCs)和APSRU等，这些联合研究中心的项目由联邦政府、州政府、企业联合资助，由不同的政府部门、科研机构、大学和企业研究机构共同承担，依托中心的大型设施和现代化仪器，密切联合、协作攻关，体现了人、财、物的优势集成、功能互补和高效利用，很具活力。

2000年，澳大利亚政府提出生物技术发展的国家战略，旨在使政府和主要的创新主体共同协作以确保生物技术惠及产业发展、社团利益和环境保护，增强在生物技术领域的竞争力。在农业和食品领域，联邦政府从2007年开始连续4年每年提供5 420万美元的研发投资，以提升其农业和食品产业的出口竞争力。

四、中国农业研究与开发体系

杂交水稻、双低油菜、沼气利用、省柴灶……在新中国成立后的50多年里，中国已基本建立起以中国农业科院为主体、以农业大学为主干的农业研究与开发体系和独特的农业研究资助体系，并创造了一个又一个辉煌。中国已经实现了农产品供给总量平衡、丰年有余的历史性转变，不仅满足了中国13亿人民的温饱，为全面迈向小康奠定了坚实基础，也为世界农业发展和粮食安全作出了重要贡献。为应对气候变化、自然资源严重短缺以及农业和食品产业国际化带来的各种挑战，确保农产品持续供给能力和食品安全，中国农业研究与开发体系亟待进一步优化。

1. 中国农业研究与开发体系建设历程

从19世纪末开始，中国开始引进西方近代农业科学和技术，并逐步设置相应的农政机关、农事试验场和兴办农林教育。1902年，清政府颁布的《奏定京师大学堂章程》规定："农业之科目四：一曰农艺学，二曰农业化学，三曰林学，四曰兽医学"，即规定农科设置农学、农业化学、林学和兽医学四门专业。京师大学堂是清政府唯一举办的一所农科大学。1907年，清政府农工商部开办直属农事试验场，场内分设树艺、园艺、蚕桑、化验、病虫害5部门。1932年，国民政府实业部成立中央农业实验所，所内开设植物生产、动物生产和农业经济三科。植物生产科下分设农艺、森林、植物病虫害等系；动物生产科下设蚕桑、兽医等系。20世纪40年代，国民政府除中央农业实验所外，还按行业设立了中央畜牧实验所、中央林业实验所、中央水产实验所等专业研究机构。

新中国成立后，中央政府在接管原有农业科研机构的基础上分别成立了东北、华北、西北、中南、西南、华东、华南7个大区一级综合性农业科研机构，还设立了一批中央一级的农业专业研究机构，如水产研究所、林业研究所、兽医生物药品监察所、西北农具研究所等。与此同时，部分省和一部分地、县相继成立了综合性的农业科学研究所、农业试验场和县示范农场。

1952 年，国家将原设在综合大学内的农学院和农业科、系分离出来集中组建分布在各地的单科性的农学院，并分设林业、农机、水利等独立学院。当时重点农学院大部分设有农学、园艺、土化、植保、畜牧兽医、农业气象、农业经济学等系。1954 年 8 月，农业部向中央提出筹建中国农业科学院的请示报告。1957 年 3 月 1 日，经国务院批准，中国农业科学院在北京召开成立大会。中国农业科学院是在华北农业科学研究所和原农业部领导的大区研究所以及一些专业研究所的基础上建立的，建院初期包括作物育种栽培、土壤肥料、植物保护、畜牧、棉花、农业气象、原子能利用、哈尔滨兽医、兰州畜牧兽医、镇江蚕业、农业机械等 11 个研究所(室)，连同原由农业部领导划转的东北、西北、华东、华中、华南、西南农业科学研究所，共有职工 5 561 人，其中科技人员 2 096 人。1958 年，中国农业科学院又相继成立了农田灌溉、农业经济、棉花、油料、蔬菜、养蜂、甜菜、茶叶、烟草、麻类等研究所。1959 年后，中国农业科学院又相继成立了大豆、花生、甘薯、水牛、黄牛、家禽、沼气等一批专业研究所。这一时期，各省、自治区、直辖市都普遍成立了省、地两级农业科研机构。按 1956 年不完全统计，全国(缺西藏自治区)综合性和专业性的省级农业试验场(站)，从 1949 年的 35 个增加到 93 个；地(市)级农业科研机构从 1949 年 5 个省、自治区的 10 个，增加到 14 个省、自治区的 26 个。此外，中央其他部委也相继组建相关的农林水产研究机构。1952 年 1 月，林业部在华北农业科学研究所森林系的基础上组建了林业科学研究所。1956 年 6 月，农垦部接管原属林业部的华南特种林业科学研究所，后改名为华南热带作物科学研究所，承担全国橡胶垦殖的技术指导任务。1949 年将原中央水产实验所由上海迁至青岛，改名为黄海水产研究所。1953—1957 年，还先后在广州、南京建立了南海水产研究所和长江水产研究所。

总体而言，中国在 20 世纪 50 年代已基本建立起包括遗传育种、耕作栽培、土壤肥料、农田水利、植物保护、畜牧兽医、农业气象等学科为主体的近代农业科学研究体系。从当时出台的《1956—1967 年科学技术发展远景规划纲要(草案)》、《57 项重要科学技术任务》和《1956—1967 年全国农业科学研究方案》来看，这一阶段国家农业研究与开发体系的工作定位是推动农业机械化、电气化，研制农业机械；提高农作物单位面积产量和畜牧业、水产业与蚕业的产量和质量；扩大森林资源、合理开发和经营森林等。

20 世纪 60 年代和 70 年代，受各种政治思潮的影响，中国农业科学研究体系遭受撤并、迁移等多重冲击，几近解体。自1978年之后，各类农业科研机构恢复重建。1979年，中共十一届四中全会通过的《中共中央关于加快农业发展若干问题的决定》明确提出要组织技术力量研究解决农业现代化中的科学技术问题，中央要办好中国农业科学院等几个重点的高级农业科学研究院，各省、自治区、直辖市要根据农业区划办好一批农业科研机构，逐步形成门类齐全、布局合理的农业科学技术体系。截至1985年，全国农、林、牧、渔、农机化科研机构达1 428个，其中国家级95个，省级492个，地(市)级839个。

1985年，《中共中央关于科学技术体制改革的决定》针对原有科学技术体制的弊端，明确提出科技体制改革的根本目的是“使科学技术成果迅速地广泛地应用于生产，使科学技术人员的作用得到充分发挥，大大解放科学技术生产力，促进经济和社会的发展”，并对科技管理机制、科技拨款制度、国家重点项目管理、科研机构的组织结构、人事制度等方面的改革作了明确的指示，标志着我国科学技术体制改革由先前的科技界自发进行的探索试点阶段进入到有领导的全面展开阶段。1987年，国务院发布《关于进一步推进科技体制改革的若干规定》，在促进科技与经济结合方面提出更具体的措施。主要内容包括：简政放权，实行政研职责分开，国家对科研机构的管理由直接调控为主转变为间接管理；两权分离，科研机构全面实行所长负责制，逐步实行所有权与经营管理权的分离，扩大研究机构的自主权，鼓励科研机构和科技人员以多种方式进入经济建设主战场，倡导有计划地组织科技人员从事各类技术经济活动。

20世纪80年代中期之前，公共投资几乎是中国农业研究与开发资金的唯一来源，中国农业研究与开发体系的主体是国家级、省级和地区级政府相关部门下属的公共研究机构，各类农业大学也从事一些农业研究活动，但主要以教学为主，非政府的农业研究基本没有。为了提高农业研究与开发的效应，中国政府从20世纪80年代中期也对农业科研体制进行了调整和改革，其主要举措是鼓励国家农业科研机构从事其研究成果的商业化以满足农业增产的需要，鼓励私营企业和跨国公司对中国农业研究与开发进行投资，前者催生了一大批由公共农业科研机构组建或依托农业科研机构组建的农业科技企业，后者推动了一些私营企业和跨国公司所属的或与国家研究机构合作运行的农业研究中心的创立。两者的合力推动中国农业研究与开发投资结构发生显著变化，从先前单一的政府投资向包括项目竞争、技术合同等多种形式组成的混合资助体系，并使农业科研机构着手建立与技术用户的联系并直接服务于农业企业、专业农户和包括农业专业合作社在内各类农业生产经营组织。

2. 中国特色的农业科研计划体系

自 20 世纪 80 年代以来，中国已初步形成其独具特色的农业科研计划体系。依照中国科研计划的总体设置，中国农业科研计划体系大致包括三个层次，包括面向经济建设主战场的第一个层次、加速高技术研究及其开发产业化的第二个层次、推进农业基础性研究的第三个层次。

1)面向经济建设主战场的第一个层次的科技计划，以迅速提高农业生产技术水平，推动传统产业的技术进步为出发点，为实现我国农业和农村经济发展战略目标服务。主要包括国家重点科技攻关计划、农业部重点科研项目计划、农牧渔业丰收计划、国家星火计划、国家科技成果重点推广计划、国家工程技术研究中心计划和引进国外先进农业技术计划(948 计划)等，目的在于选择一批带有全局性、方向性、关键性的重大科技问题，如五大作物大面积高产优质高效综合技术研究与开发，农作物新品种选育技术，区域农业综合开发与中低产田治理，重大病虫害防治技术研究与新农药研制，节水农业，旱作农业，工厂化农业技术研究与开发，草地改良与草畜平衡技术，畜禽良种规模化养殖技术，疫病防治技术，新型饲料添加剂及饲料研制与产业开发，水产品育种，规模养殖与远洋捕捞技术开发等进行研究开发，并结合各地农业发展需要选择一批科技成果和先进适用技术如粮棉油作物高产、优质、多抗新品种、新组合，作物模式化栽培技术，作物配方施肥技术，作物节水和旱地农业稳产技术，作物病虫害和农业气象灾害防御技术；畜禽、水产品新品种、新组合，畜禽、鱼饲料和饲养技术，畜禽、鱼疫病防治技术，农产品产地加工增值技术等进行推广应用。

2)加速高技术研究及其开发产业化的第二个层次的科技计划，旨在跟踪世界高技术的发展趋势，坚持有限目标、突出重点的原则，“有所为，有所不为”，加强高技术研究开发与跟踪，实现商品化、产业化和国际化。相关科技计划包括国家高技术研究发展计划(简称“863”计划)、农业部农业生物技术重点项目计划、国家火炬计划等，重点安排优质高产抗逆动植物新品种主题、水稻基因图谱专项两系法杂交水稻和抗虫棉花转基因关键技术等，以及采用基因工程、细胞工程等培育高产、优质、抗病、抗虫、抗逆粮食作物、经济作物、畜禽、水产新品种、新品系及产业化开发项目等进行攻关创新。

3)推进农业基础性研究的第三个层次的科技计划，主要目标是根据国际科技发展趋势，特别是交叉与综合的主导趋势，加强农业基础性研究，力争取得重大进展与突破，为农业发展和科技进步提供有力支撑。相关科技计划主要包括国家基础研究重大项目计划(简称攀登计划)，国家自然科学基金项目计划(包括面上项目、重点项目和重大项目)，国家重点实验室建设项目计划等，重点围绕粮棉油雄性不育杂种优劣利用、主要农作物高产高效抗逆生理基础、粮棉作物五大病虫害突变规律及控制技术、畜禽重大疫病免疫防治、共生固氮体系最佳固氮结瘤控制模型等农业科学的主要领域开展基础性研究工作。

现代农业技术领域的863计划[1]

紧紧围绕着农业资源高效利用、新资源拓展和农业产业链延伸对农业高技术的需求,以"优质、高产、高效、安全、生态"为目标,重点发展农业生物技术、农业信息技术、农业先进装备和设施技术、农业节约高效生产技术等,进一步提升我国农业高技术的自主创新能力与国际竞争力,提高我国农业整体效益和资源利用率,实现农业的可持续发展,保障国家粮食安全、生态安全和食品安全。

计划按照专题和项目两个层次进行部署,专题、重大项目、重点项目的经费分配比例为4∶3∶3。其中,专题以前沿技术研究为导向,以提高原始性创新能力和获取自主知识产权为目标,设置了"动植物品种分子设计"、"数字农业技术"、"现代食品生物工程技术"和"农产品生境控制与质量分子检测技术"等4个专题,分年度选择不同的研究方向公开发布课题申请指南,择优立项;项目以国家战略需求为导向,以提高集成创新能力和形成战略产品原型或技术系统为目标,设置了4个重大项目和若干个重点项目,按照"成熟一个启动一个"的原则分批启动实施,目前已先后启动了"主要动植物功能基因组研究"、"农业生物药物创制"、"精准农业技术与装备"和"海水养殖种子工程"等4个重大项目和"植物分子与细胞高效育种技术与品种创制"、"现代节水农业技术与产品"、"海水设施养殖与病害控制"、"动植物生物反应器"等7个重点项目。

3. 中国研究与开发体系的主体构架

经过近半个世纪的建设和发展,中国农业研究与开发机构已超过1 500多家,研究与开发人员超过12万人,几乎覆盖了从农业基础研究、应用研究、开发研究到农业科技成果推广等多方面的农业研究与开发活动,且整体研究与开发实力位居发展中国家前列,在农业生物技术、常规育种、荒漠化防治、畜禽疾病疫苗研制、特产资源开发等方面具备较强的竞争优势[2]。

樊胜根、钱克明依据各类研究机构的所属权和资金来源曾将中国农业研究

〔1〕 中国农村技术开发中心 www.crtd.org.cn 2007-11-29. http://www.crtdc.org.cn/Detail.aspx? k=709

〔2〕 翟虎渠. 中国农业科技的成就、现状与未来发展//左天觉,何康. 真知烁见:透视中国农业2050[C]. 北京:中国农业大学出版社,2005:49

机构划分为 5 种类型，即传统的公共研究机构、公共研究机构下属的农技开发公司、政府所有的农商公司、股份公司以及跨国公司的研发中心[1]。就各类研究机构隶属关系划分，我们在这里将中国的农业研究与开发机构归结为如下 4 类。

1)农业部等部委所属的中国农业科学院等国家级科研机构。这些公立研究机构是中国农业研究与开发体系的支柱，主要从事基础研究和应用基础研究。其主体部分是中国农业科学院、中国水产科学研究院、中国热带农业科学院等农业部等部委、中国科学院所属的相关研究机构。其中中国农业科学院成立于 1957 年，是中央级综合性农业科研机构，主要从事全国农业重大基础与应用基础、应用研究和高新技术研究，以着力解决农业及农村经济发展中基础性、方向性、全局性、关键性重大科技问题。现有直属研究所 31 个，其中 13 个设在北京，其余 18 个分布在全国 14 个省、市、自治区(见表 1)。中国科学院还有与其他省或科研教学单位共建的研究所 8 个，分布于 5 个省(自治区)；建有国家重大科学工程包括农作物基因资源与基因改良国家重大科学工程、国家农业生物安全科学中心 2 个，植物病虫害生物学、动物营养学、水稻生物学、兽医生物技术、家畜疫病病原生物学和棉花生物等国家重点实验室 6 个，作物种质资源利用、作物遗传改良与育种、作物生理生态与栽培、旱作节水农业、生物防治等农业部重点开放实验室 32 个；拥有全国农作物种质资源野外观测研究圃网、全国土壤肥力效益野外研究站网络、南方黄壤地区农业生态环境监测试验站、内蒙古呼伦贝尔草原生态系统国家野外科学观测研究站、河南商丘农业生态系统国家野外科学观测研究站等国家级野外台站 5 个，长白山野生生物资源重点野外科学观测试验站、农业部昌平畜禽资源重点野外科学观测试验站等农业部野外台站 24 个；国家工程技术研究中心 5 个，国家工程实验室和工程研究中心 5 个，以及国家农作物畜禽改良中心 15 个、分中心 1 个；国家农作物种质资源长期库 1 座、中期库 10 座、国家农作物种质圃 12 个。长期保存作物品种资源 39.2 万份，居世界前列。中国农业科学院共有在职职工 7 200 余人，其中科技人员 5 200 余人，进入国家产业技术体系首席科学家 18 人、岗位专家 177 人[2]。

2)教育部所属的农业大学及其科研机构。这类研究机构主要集中在中国农业大学、西北农林科技大学、南京农业大学、华中农业大学、浙江大学、北京林业大学等教育部所属的农业院校和部分包含农科专业的综合大学。这些院校所属的科研院校科研资源雄厚，基础条件平台精良，在从事基础和应用基础研究、农业科技人才培养的同时也从事战略性农业项目研究和技术开发活动。

---

[1] 樊胜根，钱克明. 农业科研与贫困[M]. 北京：中国农业出版社，2005:3-9

[2] 参见中国农业科学院网页 http://www.caas.net.cn

表 1　中国农业科学院所属的研究机构

京内	京外	共建研究所
作物科学研究所	农田灌溉研究所	柑橘研究所
植物保护研究所	中国水稻研究所	甜菜研究所
蔬菜花卉研究所	棉花研究所	蚕业研究所
农业环境与可持续发展研究所	油料作物研究所	农业遗产室
北京畜牧兽医研究所（中国动物卫生与流行病学中心北京分中心）	果树研究所	水牛研究所
蜜蜂研究所	郑州果树研究所	草原生态研究所
饲料研究所	茶叶研究所	家禽研究所
农产品加工研究所	哈尔滨兽医研究所（中国动物卫生与流行病学中心哈尔滨分中心）	甘薯研究所
生物技术研究所	兰州兽医研究所	
农业经济与发展研究所	上海兽医研究所（中国动物卫生与流行病学中心上海分中心）	
农业资源与区划研究所	草原研究所	
农业信息研究所	特产研究所	
农业质量标准与检测研究所（农业部农产品质量标准研究中心）	农业部环境保护科研检测所	
	农业部沼气科学研究所	
	农业部南京农业机械化研究所	
	烟草研究所	

以农学、生命科学和农业工程为特色的研究型大学中国农业大学，已形成农业与生命科学、资源与环境科学、信息与计算机科学、农业工程与自动化科学、经济管理与社会科学等优势学科群，现有研究人员 1 500 多人，中国科学院院士 5 人、中国工程院院士 6 人。在 ESI 学科评价指标中，该校的农业科学、植物与动物科学、环境科学与生态学、生物学与生物化学等四个学科进入了世界前 1%。大学拥有省部级以上科研基地 70 个，其中包括农业生物技术、植物生理学和生物化学、动物营养学国家重点实验室 3 个，畜禽育种国家工程实验 1 个，植物-土壤相互作用、现代精细农业系统集成研究、作物杂种优势研究与利用教育部重点实验室 3 个，动物遗传育种与遗传、玉米生物学与遗传育种、设施农业工程、动物流行病学与人畜共患病、兽药残留及违禁添加物检测、植物病理学、果蔬加工、土壤微生物学、华北耕地保育、农作制度等农业部重点实验室 10 个，国家玉米改良中心、家禽测定中心、兽药安全评价中心等国家研究中心 2 个，饲料工程技术研究中心、果蔬加工工程技

术研究中心等国家工程中心 2 个，河北沽源草地生态系统国家野外科学观测研究站 1 个，桓台农业环境科学观测实验站、作物高效用水吴桥科学观测实验站、草地生态环境科学观测实验站和武川农业环境科学观测实验站等农业部野外研究台站 4 个。近十年来，共获国家级科技奖励 42 项，获省部级科技奖励 257 项，获得授权专利 942 件。石元春院士主持完成的“黄淮海平原中低产地区综合治理的研究与开发”研究成果曾获国家科技进步特等奖。先后有多篇高水平研究论文在国际著名杂志《SCIENCE》、《CELL》、《NATURE》和《NATURE GENETICS》上发表。据不完全统计，2010 年该校自主培育农作物新品种推广 1 000 多万亩，冬小麦节水高产技术推广 1 000 多万亩；农大 3 号小型蛋鸡销售 7 000 万只；保护性耕作关键技术与机具应用 3 500 多万亩；作物养分资源综合管理技术推广到全国 20 个省市区的 110 个县，推广面积达 5 000 万亩；自主研制的“超高压食品非热加工设备”当年国内销售 8 000 多万元，出口创汇 220 万美元[1]。

3)省市农业科学研究院、农业厅和农业大学所属科研机构。主要根据当地实际情况进行应用研究与开发，其在中国农业研究与开发体系中也发挥十分重要的作用。比如，张家口市农业科学研究院从 1969 年开始选育高产谷子杂交品种，40 年间攻克了关键性难题 30 多个，获得国际领先水平的成果 5 项。目前已选出 6 个适宜种植的杂交种，在张家口市推广面积已达 20 万亩，在全国部分地区推广面积已达 100 万亩。其中，“张杂谷 5 号”的产量是常规谷子的两倍，真正体现出杂交谷子的优势。2008 年，张家口市农业科学研究院选育的张杂谷在非洲埃塞俄比亚和几内亚等国试种成功，亩产达到 300 千克，比当地主要作物苔麸、手指谷增产 1 倍以上。这引起了联合国粮农组织的高度关注。雅克·迪乌夫表示，目前世界很多国家都在种植谷子，但是因气候干旱等诸多因素影响，谷子生长情况不尽如人意。张家口市农业科学研究院培育的张杂谷品种既能提高谷子产量和质量，又能使谷子具有抗逆、节水、高产和适应极端土壤状况的特性，这对中国和世界的粮食安全都是非常重要的[2]。

4)各类商业公司所属的科研机构以及跨国公司在中国设立的研究与开发中心。这类研究机构的主体是各类商业公司所属的科研机构，具体包括各类国立研究机构孵化创建的科技股份公司、政府所属的农商公司、其他涉农的民营商业公司所属的科研机构以及跨国农商公司在中国的研究与开发中心。其中各类国立研究

〔1〕 参见中国农业大学和科研院网页 . http://www.cau.edu.cn/home/dingceng/gaikuang.htm

〔2〕 王民. 联合国粮农组织决定在全球推广张杂谷种植[N]. http://www.agri.gov.cn/gndt/t20090605_1286161.htm

机构孵化创建的科技股份公司主要是自 1985 年中国科技体制改革之后由各类公共科研机构和大学所创立的各种农业技术开发公司，这些公司在历经经营艰辛之后相继将其商业经营的重点聚焦在与农业相关的技术领域，如种子、化肥、疫苗等，并借助其独立法人身份逐渐蜕变为独立于母体研究单位的经营实体。随着规模的扩大和公司上市，这些公司也都开始重视农业研究与开发活动，通过各种形式增加对农业研究与开发的投资或设立属于自身的农业研究与开发中心；政府所属的农商公司包括国有的种子、农业、食品、化肥及机械公司，在市场经济体制日益完善和农业科研成果知识产权保护开始受到关注的大背景下，或者通过向农业研究机构投资进行合作研究与开发，或者通过创建自身的农业研究与开发中心，以应对来自国内外农业生产资料和农产品经营者的激烈竞争；跨国公司的研究活动和在中国境内的研究与开发投入也在很多方面促进了中国农业综合生产能力和农产量的迅速增加，其在最初阶段多采取与国内企业和机构合作研究，并通过进军中国境内的企业和机构涉及不多的杂交蔬菜和向日葵种子等领域进行研究与开发活动。随着中国境内的知识产权保护的强化，这些跨国公司正在借助其研究强势在中国农业产业领域"跑马圈地"，其在给中国农业产业创新带来活力和冲量的同时也潜藏下许多无法预期的安全风险。

中国科技型农业股份公司成长的历史剪影

公共研究机构下属的农业技术开发公司。1985 年以来的科技体制改革，鼓励科技人员走向经济建设主战场，鼓励公共科研机构设置各种形式的开发公司，结果许多科研机构实行"一院/所两制"，从事能够创收的任何商业活动。如一个以其小麦育种成果而著称的地区农业科学研究所同时生产矿泉水和汽车零配件，一个从事水稻研究的研究所在 1988 年创办企业生产经营谷氨酸单钠，但由于研究者不擅长商业推广、和农民进行商业层面的交流，负责推广的农技人员因缺乏经济激励也没有太多的积极性从事技术推广和经营活动，多数农业科研机构举办的开发公司经营不善，亏损严重，一些甚至卷入许多法律纠纷。20 世纪 90 年代中期之后，许多农科所开始将商业活动重点放在与研究相关的领域，如种子、化肥、疫苗等高技术含量的产业，并建立独立的法人公司以避免直接承担商业经营风险。1990 年，某花卉所创立种子公司，该所研究人员负责新品种的开发和测试，一旦开发出杂交菜种的原种就交给公司，由公司负责在市场上进行新品种示范及杂交菜种的生产和营销。公司年盈利超过 1 000 万元，90％利润回报给研究所。这些附属公司不仅成功地转化了所属研究所的新技术成果，而且以其赢利资助所属研究所的运营和科研活动。2000 年，原湖南农业科学研究院所属的科技开发公司成为上市公司。

政府所属的农商公司，包括国有的种子、农业、食品、化肥及机械公司。计划经济时代，这些企业无偿从公立研究机构获得技术。随着科研体制改革的推进和相关知识产权制度的完善，这些公司很难再免费获得技术，只好采取研究合约的形式购买技术和服务，或者培育自己的研发力量。以种子领域为例，1985年之前农商企业几乎没有开发任何改良品种，但在1999年，国有或私企总共已开发出86个改良品种，约占开发品种的2%。一项统计数据显示，2003年，这些农商公司在农业领域的科研投入已超过全部公共机构的科研投资。出于商业竞争的需要，原农业部所属的国家畜牧公司和渔业公司、中粮集团等在改制为农商股份公司后，开始设置企业所有的农业研究与开发中心，并逐年加大对农业科研的投资力度。2000年，中央政府指定151家全国最大的农业公司，绝大多数是股份公司，为农业领域的龙头公司，并对其实行优惠政策，如免税、低息贷款等，条件是这些公司必须将收入的一部分用于农业研发投入〔1〕。

隆平高科1.2亿设合资公司发力玉米种业〔2〕

2011年1月31日，隆平高科公司与VHK(Vilmorin Hong Kong Limited)签署了关于在中国境内设立合资公司的合资合同框架性协议。根据框架协议约定，双方将共同投资2亿元设立合资公司，从事杂交玉米种子、小麦种子、油脂类作物种子的研究、生产和销售；其中隆平高科出资1.2亿元，占注册资本的比例为60%，VHK或者Vilmorin & Cie集团指定的其他实体出资8 000万元，占注册资本的比例为40%。为了吸引优秀种业研发、经营人才，隆平高科将在合资公司设立后将其持有合资公司5%的股权转让给合资公司管理层。合资公司成立后将可以排他性地使用Vilmorin & Cie集团的杂交玉米自交系，Vilmorin & Cie集团将向合资公司转让其在中国境内开展的测试、培育杂交玉米和开发该等杂交玉米方面的全部工作，包括亲本种子的生产；参与该等工作的人员也将转移至合资公司。未来隆平高科也将向合资公司转让其在甘肃的玉米资产和业务。

资料显示，VHK的控股股东为法国纽约泛欧洲证券交易所上市的Vilmorin & Cie，在全球范围从事大田作物种子和蔬菜品种研发、生产和商业运作。Vilmorin & Cie的控股股东为法国利马格兰集团，是世界排名第四的综合类种业公

---

〔1〕 樊胜根，钱克明. 农业科研与贫困[M]. 北京：中国农业出版社，2005：6-9

〔2〕 王伟. 隆平高科1.2亿设合资公司发力玉米种业[N]. http://farmer.com.cn/agri/zy/zydt/201102/t20110210_612045.htm

司。分析人士认为，这次投资可看作是隆平高科在玉米种业领域扩张的延续。2010年年初，隆平高科与山西屯玉种业科技股份有限公司签订相关协议，但最终未能达成合作；2010年4月末，隆平高科聘请有玉米种业成功经验的刘石为公司总裁，刘曾在担任杜邦先锋良种国际有限公司中国区总裁期间在中国成功推广了先玉335，而先玉335是登海种业、敦煌种业近年业绩高增长的主要力量。此外，隆平高科还与山西利马格兰特种谷物研发有限公司签订了《玉米品种利合16授权生产经营协议书》，隆平高科以独占许可的方式获得"利合16"的生产经营权。

4. 中国农业研究与开发体系运行中的问题

自1978年以来，中国农业以大于4%的年率增长，超过世界上大多数国家同期增长速度。樊胜根、钱克明认为，这种快速增长主要归功于农村改革和农业技术的采用。1979年以前，农业产量的增长95%来源于投入的增加，而只有5%来源于生产率的提高；1979年之后，生产率的增长成为农业产量增长的主要因素，约占71%，而投入的增加作用低于30%。而生产率的提高主要来源于制度革新和新技术的采用[1]。然而，我们必须看到，中国农业研究与开发体系依然存在整体研究效率低下的问题。概括起来讲，中国农业研究与开发体系运行中存在以下主要问题。

1)科技体制顶层设计存在制度问题。2004年11月18日，美国西北大学教授饶毅、美国国家卫生研究院研究员鲁白、中国科学院院士邹承鲁三位国际知名学者在《自然》杂志社编辑出版的《中国特刊》上发表文章《中国科技体制需要的根本改革》，明确指出中国科技部过于膨胀的行政权力影响了"竞争优胜科技体制"的确立，建议变科技部为总理科技办公室，专司科技政策和协调工作，而将其拥有的科技经费管理的职能和权力移交给国家自然科学基金委和类似农业部、卫生部等专业职能部委。这篇文章引出了国家科技行政管理的最基本的问题，即政府的科学技术政策应该由谁和怎样来供给，科技资源应该由谁和用哪种方式来进行有效整合和配置的问题[2]。2005年，世界经济合作与发展组织(OECD)在其研究报告中分析说，中国高科技面临发展障碍，其主要原因是国家主导研发和经济活动，缺乏有才能的科学家和管理人员，忽视在服务业和其他经济部门中进行基础更为广泛的创新；政府的研发计划采取自上而下的"择优"方式，由政府决定计划和认定优先序，其他利益相关者参与较少。正如一些研究者所指出的那样，中国的农业科研体

〔1〕 樊胜根，钱克明.农业科研与贫困[M].北京：中国农业出版社，2005：1

〔2〕 刘海波，李建军.关于我国科学技术行政体制改革的争论和设想[J].中共中央党校《理论内参》，2004(12)

系基本上是按照行政区划设立,而不是按照自然资源、农业生态和农业区划设立,部门单位条块分割。中国当前的农业科研活动主要在横向两个系统和纵向两个层次进行,农业大学和农业科学研究院所贯穿于从中央到地方两个层次,它们几乎得到了从中央到地方95%的农业科研经费,但对农业产业技术进步的贡献率却值得讨论。真正对中国农民生产活动产生重要的影响的杂交水稻、掖单系列的玉米等均不是出自这两个系统的科研成果,相反在最初还受到这一系统的抵制。其原因在于我们的各种农业科技发展战略或者农业科技发展计划都是由相关的行政部门和学科专家参与制定的,从来就没有考虑农业技术的使用者或者受益者主体农民的感受;中国的农业技术推广体系基本上按照自上而下的"管道模式"来单向度地向农民和农村地区强制性传播由政府官员或者学科专家认定的科研成果,从来不考虑这些技术的适用性和农民对这些技术的反应。中国农业科技创新体系中存在的科研和生产相分离的现象依然在加剧。近年来农业科技研发中存在的高技术化倾向就充分表明这一点。由于现行体制的激励诱导,几乎所有的农业科研机构都在从事"高、精、尖"的分子生物学和遗传工程学等领域的科技工作,而且研究思路大致趋同,属于对国外同行研究成果的跟踪研究和重复试验,而对当代农村发展紧迫需要的适用技术和关键技术很少有研究型大学和科研院所作为重点课题给予支持[1]。

2)中国科研投入不足,结构不合理。农业科研总投入虽规模不断上升,但农业科研经费在整个国家财政总支出的比例较低,农业科研人员人均科研经费与美国相差甚远,私人企业投资农业科研占农业科研投资比例不足2%,科研投资高度集中于农作物。20世纪80年代中期之前,公共投资几乎使农业科研资金的唯一来源;中央农业科研体系由国家级、省级及地区政府相关下属的公共研究所组成,大学也从事一些农业研究活动,非政府研究基本没有。从80年代中期开始,农业科研持续增长的经费需求给政府造成的财政压力不断增加,且政府对农业科研的成效期望甚高,对过低的技术采纳率很不满意,政府开始改革农业科研体制,当时的举措主要是科研经费由事业拨款制向项目竞争性的基金制转换,鼓励国有科研机构从事科研成果的商业化活动以满足增加产量的需要,鼓励私营和跨国公司对中国农业科研与开发投资,推动中国农业科研体系由从前的单一公有制向多种所有制转型。中国农业科学院作为我国农业科技领域的国家队,在上轮科技体制改革时其下属31个研究所中,保留公益类性质的研究所只有16个,被强行定为拟转制

---

[1] 李建军.面向新农村建设的农业科技战略与政策创新[J].科学对社会的影响,2006(6):31-34

企业的就有12个研究所,后者被完全推入了市场,举步维艰。拥有八千科技人员的农业科技国家队——中国农业科学院2011年的人均工资只有5万元左右,最低的所甚至不到3万元。国家财政每年给该院的人头费,全部补贴给离退休人员尚显不足,因此在职人员除了设法养活自己外,还要用拼命争取来的竞争性项目和横向课题经费补贴退休人员的收入不足。国家队的状况尚且如此,省队和地方队的情况也大同小异。一些专家因此分析说,农业是经济效益比较低的行业,外加我国农业企业还不是很健全。注定农业只能是公益性事业,应该由公共财政支出。此外,农业科研投入结构不合理,造成诸多农业科研机构"有钱打仗,没钱养兵"。目前中国农业科研经费80%多是竞争性的国家项目投入,且项目周期较短,造成科研领域"千军万马跑项目、抢项目"的怪圈。中国农业科学院农产品加工研究所所长戴小枫分析说,按照国际农业组织公认的做法,稳定投入与竞争性经费之间的比例为7∶3比较合适。从长远看,最根本的是需要继续深化改革,建立国家层面有组织的农业科技创新体系,建设现代院所制度,改变国家科技投入的结构、投入方法和运行机制,才能解决根本问题[1]。

3)农业科技计划分散,缺乏整体规划。中国农业科研体系是世界上最大的科研体系,有近12万名农业科研人员,也是世界上最分散化的农业科研体系之一。中国农业科学院前任院长翟虎渠介绍说,目前中国农业科研体系存在的主要问题是条块分割,机构设置和布局不合理,低水平重复,学科专业过窄,缺乏计划和协作,投入不稳定,农业科技资源难以得到合理配置和充分利用,缺乏总体的规模效益,整体科研效率和国际竞争力较弱。中国现有的20多个国家级的农业科技计划,分属近十个部门,这些计划之间缺乏长远规划与有效衔接。美国、欧洲等发达国家,农业科技是由三级体系构成,由农业部统一领导,下辖国家院所(中心)、区域中心和试验站。向来以行政人员精干著称的美国政府,却有着规模庞大的农业部。在美国,农业部是联邦政府最大的机构之一,仅次于五角大楼的美国国防部,号称吃"皇粮"的有16万大军。脱离实际,回避问题,思想僵化,"头疼医头、脚痛医脚",解决不了农业科技的根本性问题。中国农业科学院加工研究所所长戴小枫研究员说,农业科技需要的是类似于"两弹一星"那样的大科学工程。国家应成立专门的农业科技体系创新建设协调领导小组,统筹指挥农业科技体系创新的工作,建立国家、省、地区垂直领导的农业科技组织和管理体系,以国家战略"顶天立地统一行动",彻底解决有体系无组织、分散、重复和低效等问题,释放广大农业科技人员的

---

[1] 黄明明.中国科学报:农业科技亟待回归公益[N].http://news.sciencenet.cn/htmlnews/2012/1/258304.shtm

聪明才智。"只有这样,中国的农业科技才会真正迎来春天[1]。

基于对新形势下农业科研体系存在的条块分割,机构设置和布局不合理,农业科技资源难以得到合理配置和充分利用,总体的规模效益不高等系统性问题的诊断,2004 年 1 月,中国农业科学院在其中国农业科学院工作会议上提出建设国家农业科技创新体系方案[2]。其设计思路主要是,在现有条件下,依托已有机构,通过"共建、调整、协作、优化",把全国农业科学院联合起来,让全国农业科研机构共下"一盘棋"。"共建"意在将中央与地方行政条块的农业科研机构和力量进行整体设计、统一整合,转变为地方与中央合办、以中央为主统筹的共建格局,明确农业科研的组织、投入主体和政府职能;"调整"旨在对区域设置不合理或专业学科、研究层次设置不合理的情况,进行管理体制、方向定位和机构布局的调整;"协作"目的在于通过国家计划的统筹和项目支持方式的转变,组织科研单位形成全国农业科研一盘棋的大协作,解决各自为政、恶性竞争、项目重复、投入分散和整体效率低下的问题;"优化"则强调发挥地域自然资源、已有科研基础等优势,因地制宜地对涉及的机构进行重组、优化,形成重点突出、特色互补和规模效益,提高农业科研的总体质量与运行效率。

按照这一体系建设方案,其总体路线图是用 5～10 年时间建立包括 1 个国家农业科技创新中心,9 个区域性国家农业科技创新分中心和 50 个左右国家级、300 个左右省级农业科研综合试验站。其总体构架是:

1)在北京建设国家农业科技创新中心,主要负责战略性、全局性、基础性、前沿性和方向性的农业基础研究、应用基础、高新技术和应用关键技术研究开发工作。

2)建立区域性国家农业科技创新中心。依托具有明显科研优势的省级农业科研单位为主体,整合区域内国家、部门、地方农业科技力量,建立东北、华北、华东、华中、华南、西南、西北等 9 个不同主攻方向的区域性国家农业科技创新分中心。

3)建立国家级、省级农业科研综合实验站。依托优势农产品区域布局,选择有代表性、科研实力强的省、地区级农业科研机构,建立 50 个左右国家级、300 个左右省级农业科研综合试验站,重点开展比对研究、适应性研究和实用技术示范。

我们认为,这一建设方案仅仅只是关于国家科研体系或研发体系的总构想,还不能算作为国家农业科技创新体系,其主要原因在于它没有考虑农户、农民专业合作组织和农业企业在创新中的作用,也没有考虑大学的作用。

---

[1] 黄明明. 中国科学报:农业科技亟待回归公益[N]. http://news.sciencenet.cn/htmlnews/2012/1/258304.shtm

[2] 严格地讲,这里的国家科技创新体系,称之为国家研究与开发体系更为恰当

5. 国家农业研究体系建设的战略思路

2012 年中央“一号文件”《关于加快推进农业科技创新持续增强农产品供给保障能力的若干意见》针对加强农业研究体系建设，提高农业研究效率及其对农业发展的贡献率形成的主要战略思路和政策意见如下。

1)着眼长远发展，超前部署农业前沿技术和基础研究，力争在世界农业科技前沿领域占有重要位置。大力加强农业基础研究，在农业生物基因调控及分子育种、农林动植物抗逆机理、农田资源高效利用、农林生态修复、有害生物控制、生物安全和农产品安全等方面突破一批重大基础理论和方法；加快推进前沿技术研究，在农业生物技术、信息技术、新材料技术、先进制造技术、精准农业技术等方面取得一批重大自主创新成果，抢占现代农业科技竞争的制高点。

2)面向产业需求，着力突破农业重大关键技术和共性技术，切实解决科技与经济脱节问题，在良种培育、节本降耗、节水灌溉、农机装备、新型肥料、疫病防控、加工贮运、循环农业、海洋农业、农村民生等方面取得一批重大实用技术成果。

3)立足农业科技规律，把保障国家粮食安全作为首要任务，把提高土地产出率、资源利用率、劳动生产率作为主要目标，把增产增效并重、良种良法配套、农机农艺结合、生产生态协调作为基本要求，促进农业技术集成化、劳动过程机械化、生产经营信息化，构建适应高产、优质、高效、生态、安全农业发展要求的技术体系。

4)稳定支持农业基础性、前沿性、公益性科技研究。发挥政府在农业科技投入中的主导作用，保证财政农业科技投入增幅明显高于财政经常性收入增幅，逐步提高农业研发投入占农业增加值的比重，建立投入稳定增长的长效机制。

5)完善农业科研管理体制。按照事业单位分类改革的要求，深化农业科研院所改革，健全现代院所制度，扩大院所自主权，努力营造科研人员潜心研究的政策环境；完善农业科研立项机制，实行定向委托和自主选题相结合、稳定支持和适度竞争相结合；完善农业科研评价机制，坚持分类评价，注重解决实际问题，改变重论文轻发明、重数量轻质量、重成果轻应用的状况。

国家农业科技创新体系建设破题[1]

2011 年 11 月 8 日，农业部全面启动和部署了“十二五”农业部重点实验室建设工作，按照学科群部署和建设农业领域重点实验室。本次重点实验室建设工作围绕主要农产品、共性技术和生态类型进行布局设计，形成了以综合性重点实验室

[1] 李立. 国家农业科技创新体系建设破题[N]. http://farmer.com.cn/news/jjsn/201111/t20111109_678962.htm

为龙头、专业性和区域性重点实验室为骨干、科学观测实验站为延伸的一体化布局。30个学科群包括重点实验室228个、农业科学观测实验站269个，涵盖了农业领域的主要学科，将努力打造“布局合理、任务明确、协作紧密、运转高效”的重点实验室体系。

农业部副部长张桃林说，启动重点实验室建设标志着国家农业科技创新体系建设取得新的进展，制约我国农业科技进步的条件能力建设、联合协作等难题有望破解。他说，基地、项目、人才和科技活动组织方式是科技创新体系的核心内容，农业领域重点实验室凝聚了最优秀的科技人员，聚集了最先进的实验设施，是先进农业科技成果的创造者和供给者，是农业科技创新的动力源。按照学科群部署和建设农业部重点实验室，就是把过去“一个一个建”的方式改变为“一群一群建”，以学科发展和产业需求为双导向，以支撑条件和平台构建为重点，以机制创新为突破口，围绕粮食和主要农产品产业发展的基础性、前瞻性、应急性和长期性技术问题，顶层设计重点实验室布局，统筹部署科技力量，通盘谋划人才团队、平台条件、基地设施等建设，着力加固我国农业科技创新体系中的薄弱环节。

张桃林强调，按照学科群思路，推进重点实验室建设体系化，使国家农业科技创新体系建设思路更加明确，措施更加得力。这既是此次重点实验室建设工作的最大亮点，也是建设工作的精髓所在。首次在国家层面开展农业科技机构创新资源的统筹协调与优化整合，突破了传统的隶属关系，在不同的农业科教机构间架起了桥梁，使重点实验室逐步成为一个纵横交错的农业科技创新网络，形成上下贯通、大联合、大协作的农业科技创新新机制。通过重点实验室建设，把“四面八方”的科技力量拧成一股绳，有利于增强农业科技创新能力和国际竞争力。

本章要点

1. 农业研究与开发是农业科技创新的基础和源头。

2. 农业科研主体包括农业科研院所、大学、企业研发中心和各类非政府组织。

3. 农业研究与开发体制建设的重点在于设置各类研发主体的合作“联动”、资源共享的有效机制。

4. 我国农业研究与开发管理应着力解决农业研究与开发决策环节农业生产经营主体参与不足的问题，以激活民间智慧和拓展研发资源。

第3章 国家农业技术创新体系

恩格斯分析说，人类所支配的生产力是无穷无尽的。应用资本、劳动和科学就可以使土地的收获量无限地提高。在人口急剧增加、城市化加速推进和农业自然资源日渐稀缺的今天，农业技术创新是实现国家粮食安全、食品安全和农业可持续发展等战略目标重要机制和动力。建设和完善国家农业技术创新体系有助于优化农业研究机构与农业生产经营主体之间的联动机制，加速研究成果向农业和食品产业的快速转移，全面提升国家农业和食品产业的竞争力。

一、创新和国家创新体系

创新是现代经济增长的核心动力。研究与开发成果只有在应用于生产经营环节并取得商业成功之后才能称之为创新。国家创新体系是一种有关研究与开发成果长入经济增长过程之中的制度安排，其核心内容是实现新技术、新知识的生产者、传播者、使用者以及政府机构之间的相互联动，整体提升国家产业自主创新能力和国际竞争力。

1. 创新及其含义

1912年，经济学家约瑟夫·熊彼特在《经济发展理论》中首次将创新视为现代经济增长的核心，并将其定义为“生产函数的变动”[1]。在熊彼特看来，创新是生产要素和生产条件的新组合，是人们“用他们的智慧去改进生产方法和商业方法，也就是说……改进生产技术，占领新的市场，投入新的产品等”。“所谓创新，就是建立一种新的生产函数，也就是说，把一种从来没有过的关于生产要素和生产条件的‘新组合’引入生产体系。”这种新组合包括以下内容。

1)采用一种新的产品或者一种产品的新特性。

2)采用一种新的生产方法，也就是在有关的制造部门中尚未通过经验鉴定的方法，这种新方法不需要建立在科学新发现的基础之上，甚至可以存在于商业上处理一种产品的新方式之中。

3)开辟一个新的市场，也就是有关国家的某一制造部门以前不曾进入的市场，

---

〔1〕 约瑟夫·熊彼特.经济发展理论.北京:商务印书馆,1991:290

不管这个市场以前是否存在过。

4)掠取或控制原材料或制成品的一个新供应来源,不管这种来源是已经存在的,还是第一次创造出来的。

5)实现任何一种工业的新的组织,比如造成一种垄断地位,或打破一种垄断地位。总之,在生产体系中能够做到推陈出新就是一种创新。

为了对创新的含义有更明确的界定,熊彼特还将技术发明与技术创新加以区分,他说,"只要发明还没有得到实际上的应用,那么在经济上就是不起作用的。而实行任何改善并使之有效,这同它的发明是一个完全不同的任务,而且这个任务要求具有完全不同的才能。尽管企业家自然可能是发明家,就像他们可能是资本家一样,但他们之所以是发明家并不是由于他们的职能的性质,而只是由于一种偶然的巧合,反之亦然。此外,作为企业家的职能而要付诸实现的创新,也根本不一定必然是任何一种发明。因此,像许多作家那样强调发明这一因素,那是不适当的,并且还可能引起莫大的误解[1]"。

技术发明是指完成一种设计构想、一种技术方案或一种新的改进了的装置、产品、工艺或系统的模型,它可以像萨弗里的蒸汽机那样是首创的,也可以像瓦特蒸汽机那样只不过是一项改进,总之必须包含着新的构想或者新的技术设计方案。但技术发明仅仅只是一个构想或设计,并不一定能在商业上获得应用;它可以但不一定申请专利,也未必能带来适合市场的产品和服务。而技术创新强调的是一个新想法或技术方案在商业上的实现,只有当新构想、新装置、新产品、新工艺或新系统第一次出现在商业交易中时才算是一项技术创新。概言之,技术发明仅仅是一种技术活动,只考察技术的变动性,强调的是以技术解决问题;技术创新则不仅关注技术活动,更关注技术方案的商业价值,强调的是以技术推动经济[2]。

1951年,经济学家索罗(S. C. Solo)在《在资本化过程中的创新:对熊彼特理论的评论》中对技术创新理论重新进行了较全面的研究,首次提出技术创新成立的两个条件("两步论"):即新思想来源和以后阶段的实现发展。这种"两步论"被认为是技术创新概念界定研究上的一个里程碑[3]。就其根本意义而言,技术创新是指新产品、新过程、新系统和新服务的首次商业转化,其"始于对技术商业潜力的认识而终于将其完全转化为商业化产品的整个行为过程";是从企业对新产品构思开始,以新产品销售和交货为终结的探索性活动。

---

[1] 约瑟夫·熊彼特.经济发展理论.北京:商务印书馆,1991:99

[2] 李建军.创造发明学导引[M].北京:中国人民大学出版社,2009:186

[3] 傅家骥.技术创新学[C].北京:清华大学出版社,2000:5-6

美国当代著名的管理学家德鲁克将“创新”概念引入管理领域，提出赋予资源以新的创造财富能力的行为都属创新活动。他认为，这样的创新活动有两种：一种是技术创新，它在为某种自然物找到新的应用，并赋予新的经济价值；另一种是社会创新，它创造一种新的管理机构、管理方式或管理手段，从而在资源配置中取得很大的经济价值与社会价值。技术创新必须以科学和技术为基础，而一些社会创新并不需要多少科学和技术。社会创新的难度比技术创新的难度要大，其发挥的作用和影响也更大。他分析说，日本的成功完全来自于社会创新，从根本上说就是自1867年以来实行的门户开放政策。在他看来，“创新”与其说是个技术性的词汇，不如说是个经济学的或社会学的术语更为贴切。德鲁克所讲的社会创新，接近于我们现在所讲的组织创新。

创新是知识创造和集成整合多种知识资源加以利用的过程。经济合作组织(OECD)在其发展报告强调说，创新是包括一系列科学的、技术的、组织的、金融的和商务的活动，如把一种设想转变为一种投放到市场上的新的或改进的产品，或把一种设想转变为用于工业中的新的或者改进的工艺。世界银行发布的研究报告也指出，创新通常既不是科学发现也不是技术发明，而是所有这些知识的应用，其目的在于获得预期的社会和经济结果。创新通常包含技术的、组织的和其他形式的变革，是一个由组织掌控和实施的新产品和服务设计与生产的过程，无论这些产品和服务是否对竞争者及其国家是否是新的。

PNAS：土壤作物综合管理系统也能提高粮食产量[1]

粮食安全是否只能寄希望于生物技术的进步？传统的土壤、作物管理能在多大程度上为保障粮食安全作出贡献？如何解决作物高产与资源高效难于协调的问题？中国农业大学资源与环境学院陈新平、崔振岭、张福锁等研究人员3月28日发表在美国《国家科学院院刊》(PNAS)的研究论文《保障粮食安全的土壤-作物综合管理体系》指出，高产栽培研究尽管大幅度提高了玉米产量，但氮肥用量与农民习惯相比几乎增加了3倍，氮素生产效率不高、损失严重；而土壤-作物系统综合管理在不增加氮肥用量的同时，将玉米产量从6.8吨/公顷增加到13.0吨/公顷，增幅达91%，相应的氮肥生产效率从每千克氮肥生产26千克粮食增加到57千克粮食，同时实现了作物高产与资源高效的目标。因此，土壤-作物体系综合管理与生物技术期待同等重要，一样可以在保障粮食安全和资源环境安全方面发挥重要

---

〔1〕 范建，何志勇. PNAS：传统土壤作物管理也能提高粮食产量[N]. 2011-4-4. http://news.sciencenet.cn/htmlnews/2011/4/245744.shtm

作用。

"十一五"以来，张福锁领导的团队在"973"项目"主要粮食作物高产栽培与资源高效利用的基础研究"支持下，建立全国协作网，并与美国、德国科学家开展紧密合作，以期为解决国际上快速发展中国家粮食安全和资源环境安全的问题探索可行途径。课题组从品种、密度和播期等措施上对玉米生产体系中进行重新设计，以最大限度地利用光温资源，提高玉米产量；基于根层养分调控的原理，合理施肥满足高产群体的养分需求，避免不合理的施肥造成资源浪费和环境污染。近年来，研究人员还在东北、华北和西北等玉米产区开展了 66 个田间试验，并将研究结果与4 548个农户调查数据、43 个高产栽培研究相比较。

2. 创新的类型和具体表现

就其实现方式而言，创新可以划分为追随创新(follow up/me too)、集成创新(integration innovation)和原始创新(original innovation)三种类型。

1)追随创新或引进、消化、吸收再创新，是指在学习、借鉴别人创新基础上进行的创新。韩国三星手机的核心技术是从美国高通公司引进(CDMA)，但三星等在引进的基础上开发了许多外围技术专利，完成了许多技术创新。

2)集成创新是指把现有的技术或创新成果组合、移植产生的创新。如复印机技术、激光照排系统技术等，其中应用的许多技术元素都是成熟的，其创新的关键在于对这些技术元素进行系统设计和综合集成，并将其与一个具体现实问题的解决相联系，在解决问题的过程中为用户创造价值。集成创新最根本的目标是为用户提供整体解决方案(total solution)。

3)原始创新是指基于核心技术突破或基础研究成果而实现的技术创新，其成功实现有赖于相对雄厚的技术资源和人力资本。

依据创新程度划分，可以将创新分为渐进创新(incremental innovation)和根本创新(radical innovation)。

1)渐进创新是指对现有技术进行局部性改良所产生的技术创新。如由火柴盒、包装箱发展起来的集装箱，由收音机发展起来的组合音响等；索尼公司的"随身听"等。多数的追随创新属于渐进创新。

2)根本创新是指在技术上有重大突破的技术创新。如美国贝尔电话公司发明的电话和半导体晶体管、美国无线电公司生产的电视机、德克萨斯仪器公司首先推出的集成电路、斯佩里兰德开发的电子计算机、杜邦公司和法本公司首创的人造橡胶、杜邦公司推出的尼龙和帝国化学公司生产出的聚乙烯以及波音公司推出的喷气式发动机等。

依据创新对象，可将创新划分产品创新(product innovation)和工艺创新

(process innovation)两类。

1)产品创新是指在产品技术变化基础上的技术创新,既包括在技术发生较大变化的基础上推出新产品,也包括对现有产品进行局部改进而推出的改进型产品,具体体现在一个企业或组织推出的产品和服务之中,如爱立信公司推出的第三代无线网络和电信运营商提供的第三代无线网络服务。

2)工艺创新是在生产工艺技术变革基础上的技术创新,既包括在技术较大变化的基础上采用全新工业的创新,也包括对原有工艺的改进所形成的创新,具体体现在一个企业或组织生产或经销某种产品或服务的模式或技术创新上,其目的在于提供生产经营效益或效率,如减少废品率或在给定时间内提高生产量。

还可依据创新产生的效果,将创新分为能力增强性创新(competence enhancing innovation)和能力摧毁性创新(competence destroying innovation)。前者指基于既有知识和技能的创新或对既有知识和技能加以补充和完善的创新,后者则指那些导致既有知识和技能淘汰或过时的创新。一项创新是否为能力增强性创新主要取决于特定企业的具体情况[1]。

技术创新活动的真谛就在于组合和集成,一项技术发明就是把以前未结合的各种构想和发明资源用新的方式整合或拼凑起来,而且一项技术发明中包含的技术因素越多,技术因素的结合方式越出人意料,这项技术的创造性或原创性越高,如集成电路和核导弹的发明。从某种程度上说,计算机至少是由三种技术组成的:视频播放;数据处理、记忆和存储;键盘和鼠标,软件也是运行计算机必不可少的部分,一些外围设备如打印机、扫描仪和复印机等使计算机更好地满足用户的需要。技术集成是一种通过对现有技术的结合与改造而进行的技术开发和创新活动。

总之,技术创新的实现,不仅需要产品创新的相关知识,而且需要一些过程技术如制造、营销、售后服务技术的支持。技术集成是技术商业化的必备条件,一项技术的商业化成功,即技术创新需要许多补充性技术。一些技术创新活动之所以没有成功,多半是因为缺乏相关的补充技术。核心竞争力的形成不仅是一个创新过程,更是一个组织过程。对各种单项和分散的相关技术成果进行集成整合,其创新性以及由此确立企业竞争优势和国家科技创新能力的意义远远超过单项技术的突破。

---

[1] Melissa A. Schilling. Strategic Management of Technological Innovation[M]. 北京:清华大学出版社,2005:39

带刺的铁丝[1]

19世纪70年代，美国西部大开发在推进到大平原的广阔地带时受到高价围栏的影响，因为修筑牧场围栏所用的木材严重缺乏。1870—1880年，当代报纸讨论的主要话题与围栏有关而非政治、军事或经济事件。

寻找一个“木质栅栏的替代品”就成为当时亟待解决的技术问题。一种解决办法是种植桑橙树围成篱笆，其主杆上生长的长刺的角度和硬度都适合挡住牛群，可惜生长太慢，不能够完全发挥功效；用一般铁丝代替虽然成本较低但阻拦不了牲畜，牛群会不断蹭触铁丝网，将支撑铁丝的杆弄松，把网弄破。伊利诺伊州的发明家模仿桑橙刺制成各种形状的倒刺进行试验。另一个吉登在对一种铁刺完善的基础上申请专利，其发明的带刺的铁丝网开始为大部分铁丝网厂商采用，围栏问题得以解决。随着这一瓶颈问题的解决，美国畜牧业经济得以持续向西拓展。

3. 国家创新体系

创新体系可被理解为一个致力于将新产品、新工业和新的组织形态引入商业应用的组织、企业和个体组织，以及影响他们行为和绩效的制度和政策组成的网络。它将知识的创造拓展推广到影响知识需求和以新颖和有用的方式对知识加以利用的各类因素，不仅推动创造知识，还提供获取、共享知识和促进学习的机制。

1987年，英国经济学家克里斯托弗·弗里曼在研究日本案例——经济发展实绩时提出国家创新系统(ational innovation system，NIS)的概念。他分析说，日本技术创新主要不是来自于正式的研究开发，其创新以渐进开发为主，创新者主要是来自生产部门的工程师、车间里的技术工人。他们以技术创新为主导，辅以组织创新和制度创新；通产省在技术追赶过程中起着非常重要的作用，它从一个长远的、动态的战略出发，寻求资源的最优配置，推动产业和企业的技术创新，使日本只用了几十年时间就打造了国家经济发展的强势，成为工业化强国。总体而言，创新的成败取决于国家调整其社会经济范式以适应技术经济范式的要求和可能性的能力，技术领先国先后从英国转移到德国、美国和日本，这种追赶、跨越是一种国家创新系统演变的结果。在现代社会中，虽然企业是创新的主要参与者，但由于创新所需要的要素日益增多和复杂化，相当部分的创新并非仅靠企业自身就可完成，还涉及政府、研发机构、中介组织、金融机构等，以及有助于创新的政策体系和制度框架。国家创新系统是“公共和私人部门中的机构网络，其活动和相互作用激发、引

---

[1] 大卫·史密斯. 创新[M]. 秦一琼，等译. 上海：上海财经大学出版社，2008：119-120

入、改变和扩散着新技术。[1]”

国家创新体系是一种有关科学技术长入经济增长过程之中的制度安排，其核心内容是科学技术知识的生产者、传播者、使用者以及政府机构之间的相互作用，并在此基础上形成科学技术知识在整个社会范围内循环流转和应用的良性机制。国家创新体系具体表现为一国境内不同企业、大学和政府机构之间围绕科学技术发展形成一种相互作用的网络机制，以及各种不同行为主体在这种相互作用的网络机制之下为发展、保护、支持和调控那些新技术而进行的各种各样技术的、商业的、法律的、社会的和财政的活动[2]。

1993 年，美国经济学家纳尔逊在其主编的《国家创新系统》分析说，国家系统是指“一系列的制度，它们的相互作用决定了一国企业的创新能力。”这种制度不只是针对研究开发部门，也包括企业、政府和大学等。研究与开发中的不确定为技术创新活动提供了各种各样的可能战略。一个经济体的主要任务是保持“技术的多元结构”，这就要求其制度安排上的多样性，并保持技术知识和创新资源在不同机构或主体之间的共享性。

国家创新系统制约着单个企业应对机会和挑战的技术选择范围，对单个企业的创新方向和创新活力具有深远的影响。1994 年，帕维蒂说，国家创新系统是“决定着一个国家内技术学习的方向和速度的国家制度、激励结构和竞争力。”“国家创新系统可以定义公共和私人部门中的组织结构网络，这些部门的活动和相互作用决定着整个国家扩散知识和技术的能力，并影响着国家的创业业绩。”[3]

1997 年，经济合作与发展组织在出版的《国家创新系统》指出：“创新是不同主体和机构间复杂的互相作用的结果。技术变革并不以一个完美的线性方式出现，而是系统内部各要素之间的互相作用和反馈的结果。这一系统的核心是企业，是企业组织生产和创新，获取外部知识的方式。外部知识的主要来源则是别的企业、公共或私有的研究机构、大学和中介组织。在这里，创新企业被假定为是在一个复杂的合作与竞争的企业和其他机构组成的复杂网络中间进行经营的，是建立在创新产品供应商与消费者之间一系列合资或密切联系的基础之上的。”因此，“国家创

[1] C. Freeman. Technoloy Policy and Economics Performance: Lessons from Japan. london: Frances Printer, 1987: 1

[2] 王春法. 主要发达国家国家创新体系的历史演变与发展趋势[M]. 北京：经济科学出版社，2003:29

[3] 王春法. 技术创新政策：理论基础与工具选择——美国和日本的比较研究[M]. 北京：经济科学出版社，1998:94-95

新系统是一组独特的机构，它们分别和联合地推进新技术的发展和扩散，提供政府形成和执行关于创新的政策的框架，是创造、储备和转移知识、技能和新技术的相互联系的机构的系统[1]”。

就其本质而言，国家创新体系是由政府和社会各部门组成的一个组织和制度网络，它们的活动目的旨在推动技术创新。企业、科研机构和高校以及致力于技术和知识转移的中介机构是创新体系的主要因素，其中企业是创新体系的核心。创新体系的效能取决于各要素构成在创新中的功能定位是否恰当，以及创新体系内各要素之间的联系是否广泛与密切。一国推动技术创新活动的重要举措就是建设完善国家创新服务体系，搭建各创新要素互动交流的体制平台，特别是产学创新体制平台。

二、农业技术创新及其特征

农业技术创新不同于农业技术发明或农业研究与开发，它强调的是农业研究与开发成果如新知识、新产品、新设计、新工艺等在农业生产经营中的成功应用。一项新知识、新产品和新技术只有在农业生产经营中加以应用并取得商业成功后，才能视为农业技术创新。农业技术创新的主体是农户、农村专业合作组织和农商企业。

1. 农业技术创新的主体

农业技术创新是指农业研究成果如新知识、新技术在农业生产实践中的成功应用。一项新知识、新技术只有被农户、农村专业合作组织或农商企业采用并获得商业成功后，才能视为农业技术创新。

农业技术创新不同于农业研究与开发。农业技术创新包括农业研究与开发、农业技术推广与服务、农产品生产、加工以及营销等多个环节，而农业研究与开发仅仅只是整个农业技术创新链的一个环节，只有农业研究与开发而没有后续的推广与服务以及成果在农业和食品产业中的应用及其生产的产品或食品在市场上的成果营销，这只能算作农业研究与开发，而不能算作农业技术创新。农业研究与开发旨在形成指导农业和食品产业技术创新的新知识、新技术，这些新知识、新技术可能会尽快为农户、农村专业合作组织或农商企业所采用而形成农业和食品产业领域的一项技术创新；也可能会滞后许多年在相关的配套性技术成熟或其有利性被农户、农村专业合作组织或农商企业所认识后才变成一项技术创新；也可能因不具有有利性而几乎不为农户、农村专业合作组织和农商企业采用，因而不能算作一

[1] OECD: National Innovation System, 1997: 12

项农业技术创新。

现代农业技术创新也不同于现代农业技术发明。现代农业技术发明是指对设计、产品过程或系统提出新变革的思想、诀窍、模型或实物,但并非所有的技术发明都可在生产上成功地应用而成为技术创新。因为现代农业技术发明只表明技术上的新颖性和可行性,并不表明其在农业生产经营中就具有可行性和有利性。农业技术发明要转换为农业技术创新,关键在于农户、农村专业组织和农商企业是否接受这些技术发明并将其应用农业生产经营过程。如果一项农业技术发明,甚至在取得专利授权后也未能被农业生产经营主体在农业生产经营中采纳和应用,那我们只能将这些技术发明视为农业科研成果而不能看作是农业技术创新。

农业技术创新的主体是农业新知识、新技术的采用者农户、农村专业合作组织和农商企业,但许多农业研究者和管理者基于对农户、农村专业合作组织和农商企业创新能力的判断,想当然地认为只有农业研究机构和大学才是农业研究的主体,其理由是农业研究机构和大学有足够的知识和技术成果以及充裕的研究人才,农户、农村专业合作组织和多数的农商企业既缺乏知识和技术积累,也缺乏创新的人力资源。这种以农户、农村专业合作组织和农商企业创新能力弱小或资源缺乏就否定其创新主体地位的断言不仅轻率、武断,无视农户、农村专业合作和农商企业潜存的巨大创新能量,而且可能造成政策误导。事实上,自 20 世纪 70 年代以来我国农村出现的诸多农业技术创新,如农村家庭联产承包责任制、大棚蔬菜、套袋苹果等除了科研机构和政府推广组织的贡献外,更多地来源于农民、农村专业合作组织和农商企业的创新探索。20 世纪 80 年代由农民发起的乡镇企业运动和小城镇建设高潮,以及 20 世纪 90 年代以后由农民自发推进的各种基层民主制度创新等都用最生动的事实表明农民是现代化进程的主要推进力量,其自身蕴藏着巨大创造性和进取心[1]。

国务院政策研究中心技术研究部郭励弘曾经分析说,20 世纪 80 年代初,农业生产的突飞猛进,显现出实实在在的技术进步,但其主要原因并不在于“农业科学技术”的突破,而在于农业产业组织从公社制转变为联产承包制所引发的技术进步[2]。这种家庭联产承包责任制根源于安徽凤阳县小岗村十几家农户“穷则思变”的创新探索。如果政府加大对农民、农村专业合作组织和农商企业农业技术创新方面的公共投入、政策激励和基础条件平台建设,其对农业技术创新的巨大潜力将会进一步释放,并成为中国农业综合生产能力和国际竞争力提升的重要推力。

---

[1] 李建军.我国当前现代化进程中的农民问题[J].学习与实践,2006(9)

[2] 郭励弘.技术进步 Vs“科技进步”[J].中国发展观察,2005(1):55

2. 农业技术创新的动力

马克思认为，土地是农业的劳动资料，但是它在农业上要起劳动资料的作用，还要以一系列其他的劳动资料和农业机械的现有发展水平有关系，因而也随着这种发展水平的变化而变化，“一切现代方法，如灌溉、排水、蒸汽犁、化学产品等，都应当广泛地应用于农业”。问题是如何形成新知识、新技术和新方法应用于农业的动力机制。

日本农业经济学家速水佑次郎（Yujiro Hayami）和美国农业经济学家拉坦（Vernon W. Ruttan）在研究日本和美国农业技术创新路径的基础上曾提出“诱致性技术变迁”理论。他们把农业技术创新过程视为经济体系内的一种内生变量对资源禀赋变化和需求变化的反应，成功地解释了在自然资源给定的条件下农业技术创新的方向问题。1985年，他们进一步提出自然资源禀赋、文化状况、技术和制度四个要素共同作用促进农业发展的完整理论，强调农业技术创新的核心作用。

“诱致性技术变迁”的基本假定是：一种要素的相对价格的提高，会诱致能节约该要素的技术创新，即在没有市场扭曲的情况下，生产要素的相对价格将反映生产要素相对稀缺性的水平与变化，农民会被诱致去使用能节约日益稀缺要素的技术。农业生产对于技术的需要取决于特定经济中生产要素的相对稀缺性，同时技术变革能改变要素禀赋性质，如技术变化可促使农业生产中相对丰富的要素对相对稀缺要素的替代，并通过对稀缺要素的深度开发而在一定程度上改变其稀缺性。尽管不同的国家各自具有不同的资源禀赋，但是通过不同的技术选择，都可以达到同样高的农业生产率水平。技术选择方式的关键因素是由相对稀缺资源要素与产品的价格决定的。由于不同的国家、地区和不同的发展阶段，生产要素禀赋不尽相同，这种诱致性技术变迁的途径也不一样。据此，他们推断，旨在提高农业生产效率的技术创新活动虽然形式万千，但大致可以归结为如下技术方向。

1）沿着机械技术的方向进行的技术创新活动，包括与农业机械化相关的工具集的发明和改进、新型动力的引进等，如美国人少地多，劳动力供应缺乏弹性、价格高昂，主要通过农业机械技术创新来提高生产率。

2）沿着生物技术的方向进行的技术创新活动，包括动植物品种的培育和改良，化肥、农药的发明及其施用方法的改进等，如日本人多地少，土地供给缺乏弹性、价格高，主要通过生物技术创新来提高农业生产率。

速水佑次郎和拉坦进一步阐明了技术变迁与制度变迁之间的辩证关系，将制度结构的变化分为由资源禀赋的变化引起的和由技术进步引起的两种类型。他们认为，很多国家的制度变迁是由于要素价格变化反映出的资源禀赋状况决定的。例如，人口密度的增加，使农村土地的所有制关系和使用土地的制度发生了变化。

此外，与技术进步有关的新的生产方法、新产品、新的计划等，更是常常引起制度变迁。诱致技术变革理论对理解农业与经济发展有很大的创新，对各国的农业发展和增长具有较高的理论价值和实用价值[1]。

3. 农业技术创新的类型

农业和食品产业的技术创新在提高产量和自然资源管理效率的同时还需回应环境的、商业的和市场的挑战。为满足这些挑战，农户、农村专业合作组织和农商企业采用创新或以创新的方式应用既有的技术和实践经验。

农业技术创新的也可依据其实现方式、创新程度、创新对象和创新效果等加以划分，如将农业技术创新划分为原始创新、集成创新和引进、消化吸收和再创新，划分为渐进创新和根本创新，以及产品创新和工艺创新，以及能力增强性创新和能力毁灭性创新。这里考虑到农业技术创新综合性、系统性和农户、农村专业合作组织和农商企业采用农业技术创新的复杂性等特征，主要介绍 Geoff Kaine、Megan Hill 和 Ben Rowbottom 提出的创新类型[2]。他们将由诸多技术、规程和实践经验组成的各类农事活动看作为一种系统，如增压灌溉系统、病虫害集成管理系统和动物健康、饲料和饲养管理系统等，并依据创新对一个农业子系统组分要素和结构设计的主导概念和原理影响的程度将其划分为如下 4 类。

1)渐进创新，是指一个农业子系统主要的组分要素、组分要素及其结构设计的主导概念和原理均为发生改变的农业技术创新，如一个葡萄园将其灌溉子系统从喷灌(overhead sprinkler irrigation)转换为滴灌(drip irrigation)，除了喷头更换外，大多数子系统的组分要素以及组分要素之间结构设计的原理没有变化，类似喷灌转换为滴灌的技术变化就属于渐进性的农业技术创新。在这类技术创新中，种养户或用户过去拥有的绝大多数知识、技能和经验依然有效，因此多数这类技术创新也属于能力增强性的技术创新。

2)模式创新(modular innovation)是指一个农业子系统的某些关键性的组分要素及其核心设计概念被替代，但组分要素之间联动的总体结构未发生实质性变化的农业技术创新，如将农业灌溉系统中的游走式灌溉器(travelling irrigator)被袖珍式喷洒器(mini-sprinkler)替换，就组分要素及其设计原理而言，前者采用的相对而言是大容量的喷洒器，且需要和游动车辆相连接的可移动软管和引导车辆

---

〔1〕 蒋和平，辛岭. 建设中国现代农业的思路与实践[M]. 北京：中国农业出版社，2009：6-8

〔2〕 Geoff Kaine, Megan Hill, Ben Rowbottom. Types of Agricultural Innovations and the Design of Extension Programs[N]. http://www.dpi.vic.gov.au/agriculture/about-agriculture/publications-resources/horticulture/types-of-agricultural-innovations-and-the

的缆绳，后者则采用相对小容量的喷洒器，且需要固定的线管和清除杂物的过滤器，其他如对泵、阀和流量表和压力表等组分要素的使用和设计原理相同。这两种灌溉技术系统在结构上除前者采用移动式喷洒器、后者采用固定式喷洒器外，其结构设计都采用水从高压到低压流动的原理，以及基于满足植物对水的生态要求来设定浇灌时序以优化植物生长和提高作物产量的原理。模式创新涉及新要素知识和新技能的需要，且要求针对种植农户的特定条件进行设计和实验，这就需要技术推广者通过田间演示和技术培训来帮助农户掌握和利用这些技术创新。

3)结构创新(architectural innovation)指那些以新的方式重建既有农业子系统的组分要素之间联动机制的农业技术创新，如基于适度的水压将刺激植物的应激反应进而增加产量的原理而设计的足量灌溉(reduced deficit irrigation，RDI)系统，尽管这种新技术系统适用于任何灌溉子系统而无需其组分要素方面的任何变化，但其采用却需要农户学习全新的知识，如葡萄树或其他植物对水压的应答机理、葡萄或其他植物的生长周期和不同季节发育阶段，掌握这种灌溉技术应用的时机和频率等，这甚至可能取代农户长期形成的植物灌溉管理的习惯和相应的技能；需要学会采用全新的分析的、评价性的策略以应对新技术采用过程中可能出现的非预期的问题和风险；还需要农户增加对农场基础设施的投资等，因此这类技术创新通常被归入能力毁灭性创新范畴。

4)根本创新(radical innovation)指那些涉及全新的核心设计概念和结构原理的农业技术创新，如灌溉系统从漫灌(furrow irrigation)到袖珍式喷灌的变化就是根本创新，前者采用在田间修筑的狭窄犁沟依靠地心引力来浇灌植物，需要闸门、沟渠或犁沟、虹吸管、铁铲等组分要素或工具，其结构设计原理是引力浇灌，后者则采用安装固定在田间的管道的小容量喷洒器来为植物供应所需的水分，涉及水泵、阀门、流量表、袖珍式喷洒器、线管、过滤器和水压表等组分要素和工具，其结构设计原理是喷压浇灌(pressurised irrgation)。毫无疑问，这类创新转换对农业子系统有重大影响，需要农户接受全新的知识、技术和管理培训，甚至会影响到其他农业子系统，如耕作体系、病虫害管理和作物收获等，对多数农户而言属于能力毁灭性的农业技术创新。

农业科技进步的贡献率[1]

中国农业科学院农业经济与发展研究所技术研究室主任赵芝俊说："农业科技

---

〔1〕 付毅飞，陈磊，马爱平. 科技进步贡献率：支撑发展的刻度尺[N]. http://www.stdaily.com/stdaily/content/2012_03/13/content_441731.htm

不仅包括农业生产技术，而且还应包括农业经营管理和服务技术。农业与农村政策、科技政策对农业科技进步都会产生重要作用。进入21世纪以来，在各种强农惠农政策和不断的科技创新支撑下，我国的农业科技进步贡献率呈现出难得的上升趋势，从'十五'初期的40%左右，上升到'十一五'初期的48%。"科技进步已逐渐成为推动我国农业经济增长的主要因素，新品种的育成和应用等技术进化也发挥了重要作用。

"贡献率是一个经济问题，而不是单纯的技术问题。其实质内容是，通过科技进步提高了生产要素的生产效率和降低了产品的生产成本。例如良种的采用，在相同的投入水平下，每亩地的产量提高了，这提高部分就是良种的作用，即技术进步对产量增长的贡献。""据农业部测算，2005年推广品种与主栽品种相比，亩均可增产100千克以上，全国6 000万亩超级稻增产36亿千克以上。'十五'期间，累计示范推广2亿多亩，增产稻谷250亿斤左右。另外，由我国科学家首先育成的世界上第一个大豆细胞质雄性不育系和保持系，在实现栽培大豆'三系'配套后，比对照品种增产21.9%。具有自主知识产权的转基因棉花育成及产业化，不仅改变了由国外生物技术公司垄断棉种市场的不利局面，也避免了我国棉花由于棉铃虫危害可能导致的灭顶之灾，更是通过产量的稳定增加为我国棉纺工业发展提供了强劲动力。"

随着以现代良种、化肥及灌溉等土地替代型技术的进步，我国农作物品种选育水平明显提升，超级稻、紧凑型玉米、优质小麦、转基因棉花等一大批主要农作物新品种、新组合的出现及其产业化应用，使我国农作物良种覆盖率提高到95%以上；农作物育种与栽培技术研制成功多种栽培模式，形成我国农作物栽培的技术体系；化肥发展由高浓度复合肥料取代低浓度单质肥料，并向高效、复合、缓效和液体化方面发展。"2009年我国的农业科技贡献率达到51%，2010年增长到52%，2011年提高到53.5%。尽管每年只增长了1个多百分点，但对确保粮食'八连增'起到了非常重要的作用。"中国农业科学院农经所所长秦富认为，这些成绩得益于我国科学技术的长足发展。然而，我国整体农业科技发展水平与发达国家比较，还有较大差距。"发达国家的农业科技贡献率一般在70%～80%，德、英、法等国超过了90%。"秦富说，"我国还有20%左右的提升空间。"

随着我国粮食生产已经连续8年增产，要进一步增产难度越来越大。要进一步提高我国的农业科技进步贡献率，一是要加大农业科技创新的力度，多出能够促进生产力发展的大成果、好成果；二是要加大先进适用技术的推广普及力度，并通过新型农民的培养，着力在提高技术效率上做文章；三是充分发挥优势区域在促进农业增长中的作用，即合理配置现有农业资源，在总投入不增或少增的情况下促进农业总产出的较快增长;四是通过合理的土地流转,实现适度规模经营,取得较大规模效益。

4. 农业技术创新的主要特征

意大利农业经济史学家乔万尼·费德里科分析说,大多数农业技术创新有三个主要特征:它们不是完全独占的、具有内在的互补性和很强的局域性。如果一种创新的回报并不能全部由其发明者占有的话,那这种创新就被说成是非独占性的或说成是一种公共物品;如果两种创新不同时采用就会限制其中的一种或两种创新充分发挥作用的话,这两种创新就被看成为互补的;如果一种创新只有在一定的环境中发挥作用的话,这种创新就被视为区位特定的。虽然这些特征没有一个是农业创新特有的,但这些特征在农业领域中远比在其他部门中普遍和显著[1]。

这里主要依据乔万尼的观点对这三大特征作些简要阐述。

1)非独占性。大多数农业创新具有非独占性,这一特点减少了私人在农业研发上的投入,使其低于社会最优水平,为此,在世界许多国家都由政府出资建立多种形式的、公立的农业研究机构和创新推广组织。大多数的农作方法属于公共物品,如任何人都可以对轮作、剪枝方法或肥料混合进行模仿应用,但农业机械、化肥、农药等的可以像其他工业产品一样通过专利授权加以保护。传统和现代的自然授粉植物品种和自然交配的牲畜品种几乎不可能得到保护,因为农民可以简单地种植从自己田里选育出来的最好的种子,或用自己饲养的最好的种畜进行交配,但杂交种子、转基因种子、冷冻精液生殖辅助技术的采用必须每年由技术人员在试验场生产和操作。主要发达国家和国际社会主要通过授予种子专利、植物新品种权或生命专利等形式来对这些意义重大的农业技术创新赋予一定时间和地域上的独占权或专有权,以激励私人资本和研发机构在这些领域中的投资和创新活动。

2)互补性。互补性在很多农业技术创新的推广应用上很重要,如犁需要役畜来拉,这常常要求对农业结构和生产方法作出重大调整以便生产饲料,且役畜必须强壮到能拉动现代农业机具;棉花和番茄采摘机的推广使用需要同时成熟的品种。绿色革命的成功得益于高产品种、化肥和灌溉技术的相互补充,袁隆平的杂交稻之所以能不断地打破高产纪录,就在于其探索的一系列互补性技术激活料杂交稻新品种的高产潜能。

3)局域性。新品种和新的耕作技术的创新推广和当地条件,如土壤、气候和水

---

[1] 乔瓦尼·费德里科.养活世界——农业经济史1800—2000[M].何秀荣译.北京:中国农业大学出版社,2011:101-104

分等关系密切，甚至化肥和农具的创新也具有地域特性，取决于特定区域的地理环境。每一种土壤类型需要一个基本养分的特定组合，以实现“综合植物营养管理”；传统犁的形状和不同类型的土壤所要求的拉力取决于特定地区土壤的质地；收获甘蔗的机具也会根据不同地域的甘蔗质量的不同而设计成轻型的、中型的或重型的各种不同类型。许多农业发达国非常重视设立区域试验中心来进行农业适用性研究，正是基于对农业创新的“环境敏感性”的充分认知。

比尔·盖茨呼吁重视农业科技创新[1]

2012年1月25日，美国微软公司联合创始人、比尔及梅琳达·盖茨基金会（简称盖茨基金会）联席主席比尔·盖茨在其最新年度公开信中表示，为了推进消除贫困事业，国际社会应该继续加大对农业科技创新的资助力度。20世纪60年代曾出现有关“人口爆炸”的预言，让人们担心可能无法生产足够的粮食来养活世界所有人口。这一预言所幸破产，一个很重要的原因是“绿色革命”。在“绿色革命”浪潮中，研究人员开发出新的粮食品种，帮助许多农民大幅度提高了产量，推动小麦价格大幅下降，这些变化挽救了无数生命，有力推动了各国发展。然而，过去50年来，全球极端贫困率虽然大幅下降，但目前依然达到15%，全球仍有超过10亿人生活在极端贫困之中。他们中的大多数恰好在农村生活和工作。

盖茨认为，人类有能力加速推进消除贫困进程。一方面可以更具创新性地为需要的农民提供现有解决方案，类似土壤管理知识和滴灌技术能够帮助贫困农民提高粮食产量。另一方面还可以开发新方法和创造新工具，从根本上改变农民的生活。但如果不继续资助农业领域的创新，这些进展将无从谈起。全球农业科研资金长期不足的情况已开始出现改变迹象。巴西和中国等快速发展的国家在这一领域作出了重要贡献，它们不仅提供新的资源，还具有在本国帮助贫困农民的丰富经验。巴西在大豆、木薯生产和热带土壤种植方面世界领先，中国则是水稻种植及农民教育方面的佼佼者。

三、国家农业创新体系

在气候变化和经济全球化的生产经营环境中，农户、农村专业合作组织和农商企业等农业生产经营者面临的挑战总是持续变化和复杂多样的。为了确保国家粮

[1] 毛磊，李宓.比尔·盖茨呼吁重视农业科技创新[N]. http://news.sciencenet.cn/htmlnews/2012/1/258969.shtm

食安全和农业产业的可持续发展，各国的决策者都非常重视通过国家农业创新体系建设来全面提升其农业综合生产能力和国际竞争力。

1. 国家农业研究系统和农业知识与信息系统

20世纪50～60年代早期，农业经济学家舒尔茨等农村研究者发现，小农是"贫穷但有效率的"，农业发展缓慢停滞不前的主要原因是缺乏适宜的技术。他因此在《改造传统农业》中呼吁发展中国家和捐赠者把用于推广服务上的资源转移到农业研究能力建设上，因为传统的传播模式只是把农民当作信息的被动接受者，而忽视了农民是发明家的事实。20世纪60年代以来，以矮化作物品种为主导的绿色革命让世界许多发展中国家摆脱了饥荒，实现了粮食自给。绿色革命彰显了农业研究和新知识在农业应用中的战略作用。20世纪70年代早期，许多农学家建议各国政府通过增加工作人员、新建大楼和配备更多交通工具来提高新知识、新技术研究和开发推广能力，以便将更多的新知识、新技术推广到农户等农业生产经营者那里，转为农户可接受的应用技术。同时在世界银行的大力支持下，培训和访问方法成为诸多发展中国家农业技术推广的主要形式，一些贫困监测、贫困成因分析和贫困培训基地和机构甚至转变成高效的技术转化机构，开始对农民进行定期访问，向农民传授清晰的推广信息。

20世纪80年代，旨在通过国家层面的基础设施改善、能力培养、管理和政策支持来增加研究供给以促进农业发展的国家农业研究系统（national agricultural research systems，NARS）成为许多国家和国际组织促进农业可持续发展战略的主导性话语。一些研究报告指出，过去20多年，世界银行在农业研发和咨询服务方面的投资已超过25亿美元，这些投资已经产生高回报和有益于穷人的增长；各类组织尽管在加强研究系统和增加可获得知识方面取得了相当的成功，但这并没有必然地推动知识在农业生产实践的广泛应用和创新。农业发展环境的变化凸显出理解和采用创新系统思考的必要性。

首先，在推进知识系统改进的同时，农业生产经营的知识含量在迅速变化，促使农业创新的动力急剧变化。农业发展日益为全球化、城市化和市场化所主导而不是由生产所驱动，农商公司在农业新知识创造、应用和扩散中的作用日益凸显；同时，信息和通信技术（ICT）也从根本上改变了农业知识和信息获取的速度和机制。农业的知识结构在变化，新知识日益依赖多样化的知识供给者，而不仅仅依靠公共农业研究组织和政府推广组织。与之相应，农户、农村专业生产合作组织和一些农商企业的生产经营开始面临诸多挑战：农业生产经营所需要的适用技术的缺乏、获取技术和服务的渠道有限、承受风险的能力不足。这些农业生产经营者获取信息和技术的能力限制了其对可获得技术的采用、管理，导致了农业研究和技术应用的低效率。再者,国家农业研究系统建设和运行效果表明,国家在农业研究、推广和教育方面巨大投资虽然增加了新知识、新技术和新方面的供给,但这依然不足以帮助农业生产经营者应对今天的挑战和快速变化的社会。诸多研究者和决策者强调,要应对农业生产经营者面对的各种挑战,必须在强化研究系统和知识转移的同时重视农业生产经营者的创新能力建设,以促进知识应用和推进社会经济变化。如何保持农业生产基地的可持续性?如何建立有效的价值链和保持竞争力?如何利用 ICT 和生物技术的平台优势以及如何应对全球变化?随着农业发展的背景的转换,建设研究能力的观点和投资创新的方式也在不断的调整。

20 世纪 90 年代,聚焦研究、教育和推广之间的联系,重视农民对新技术需求影响的农业知识和信息系统(the agricultural knowledge and information system, AKIS)的概念开始进入许多国家的农业决策话语之中。农业知识和信息系统强调农业研究不是创造知识和获取知识的唯一形式;加强农业研究系统可能增加新知识和新技术的供给,却未必能改进整个农业产业的创新能力;农业知识的生产和传播不是直线进行的,而是不同方面的参与者共同努力和交互作用的结果。但这种概念体系在具体农业技术创新应用中面临一些缺陷,如农户的需求不能充分驱动农业研究和推广,劳动力市场的需求不能转化为农业技术培训机构的培训课程。一些研究者分析说,AKIS/RDs 提供的知识即使是最需要的,也未能被农民所广泛掌握。特别地,许多国家的教育、研究、推广工作人员和农民之间缺乏系统的协作,也限制了这些系统对农村部门的支持性服务的效率和相关性。发展中国家政府要全面提升其农业综合生产能力,促进农业、农村发展,还需要探索更系统、更有效率的农业创新资源的整合模式和机制。

2. 国家农业创新体系的基本架构

国家创新体系的概念源于研究者对具有良好创新纪录的国家和行业的直接观察,旨在解释新知识、新技术和新方法创造且长入生产经济过程、促进社会经济发展的动力和机制。采用国家创新体系的框架来分析农业产业技术创新,可以为一个国家如何更好地利用新知识、新技术和新方法、新设计促进现代农业发展、农民增产增收和新农村发展提供实践指导和决策支持。一些研究者和决策者将农业研究和创新系统看作是解释农业研究如何产生、传播和利用知识,以及如何通过这一系统实现更大的社会利益的框架。更多的理论文献描绘了发生在多个主体之间、社会经济制度之中的复杂关系和创新过程,强调农业研究与开发模式的重大转向,及其对技术变化和组织结构的内在影响。新近出现的实证研究文献概括了公共研究组织、农商公司和生产者组织、农户在各种时空背景中的采取多样化的合作模式,如研究伙伴关系、知识网络和产业集群等对农业技术创新能力的提升作用。总之，农业技术创新与包括研究机构、农商企业、农村专业合作组织、农户等多个主体之间的集体行动和知识交流、政府对合作创新的激励以及农户、农村专业合作组织和农商企业对新知识、新技术等创新资源的可获得性等密切相关。

旨在优化国家层面的基础设施、能力培养、制度激励和政策支持等以增加知识转移、信息共享、研究供给和创新主体间的联动以促进农业技术进步和产业发展的农业创新体系（agriculture innovation systems，AIS）可能更好地揭示作为农业技术创新过程中的非线性联动机制，说明在这一过程中，新知识、新技术如何被多种主体通过既定社会经济制度中的复杂的相互作用加以整合集成和创造性应用与转换，进而推进农业技术进步和农业的可持续发展。农业创新体系有助于我们更好地理解农业产业如何充分地利用新知识、新技术和新方法，设计超出农业研究投资的新的政府干预机制，推进农业技术创新战略和政策创新。

农业创新体系作为指导农业知识和应用体制设置的理论框架具有如下基本要点。

1）关注创新主体的总体效能和创新、增长所需要的各类要素。尽管科学通常被认为是创新的重要源头，农业创新却很少是科学拉动的过程。农业技术创新的主体，既包括典型的农业知识和技术供给者公共科研机构，作为农业知识和技术采用者的农户、农村专业合作组织和农场企业，也包括各类服务于它们并促进其相互作用的中介机构、NGOs和知识经纪人（knowledge broker）等。所有这些主体参与创新的行为都受国家农业政策环境和整体制度、态度和实践影响。

2）注重互动合作引发的创新活动，强调创新知识资源的多样化。对农业研究的支持必须重视拓展其和其他行业和社群交互面（interface），建立高效运行的研究-推广和农民联动（linkage）机制，重视对各类创新主体间的合作需求，如专业知识和技能共享、对伙伴关系的激励、更好的知识流动等给予积极回应，以形成使各类创新主体更好地发挥创新能力的能动因素。

3）完善并强化农业研究、推广和教育之间的协调支持机制，围绕农业生产经营的价值链构建创新伙伴关系和联动机制，创造农业发展的能动环境。农业推广体系必须是灵活的、用户导向（user-driven）的，致力于解决地区性的农业生产经营问题；农业教育投资需要增加和结合工艺的、社会经济的和管理的技能增加工程师技能的训练，以培养在农业创新推进中所需要的核心职业能力。

4）培育农村专业合作组织和农商企业，通过“专业合作组织＋农户”或“农商企业＋专业合作组织＋农户”等形式加强产业协调和农业和食品产业的一体化，使农商企业成为政府投资的真正伙伴，巩固农商企业和农村专业合作组织在价值链中的地位。

5)推进公立机构进行创新试验,强调开发的结果和来自技术、知识生产与采用而导致的增长,而不仅仅是研究体系及其产出,通过渐进方式和试验探索建立起反应灵活的、高效能机构创新机制。

3. 基于国家农业创新体系的政策选项

国家农业创新体系强调多个层面上的利益相关者的组织化和联合行动(interaction)以及对农户和企业的创新能力建设(building innovation capacity)投资和对所有创新主体的激励,高度关注组织之间、跨组织和行业的互动(linkage)、学习和知识流动(knowledge flow),并聚焦于产出(output),即将创意投入到应用之中,意在识别和明确推进创新的新模式,强化和协调对能动性要素的投资。诸多研究者发现,目前许多发展中国家的农业创新体系缺乏富有活力的创新联动机制,具体表现是:农业生产经营者主体,特别是农户、农村专业合作组织获取新知识的能力十分有限,对研究和培训需求相当模糊,技术学习能力普遍不足,尤其是在农商企业、农户和企业家层面上集体学习的机制缺位,而且由于种种原因,社会和环境的关注难以有效集成在农业和食品产业的规划和发展之中。因此,其促进国家农业创新体系建设的政策选项主要有以下几个方面。

1)优先建设多个主体的创新能力,促进农业研究、教育和推广或培训体系联动协调,突出其在能动性环境中的作用。可考虑通过有效地引入协调实体和金融组织,如银行、信用合作社、期货、小额贷款提供者加强行业协作和建立伙伴关系来强化主体创新能力。

2)优化机制设置和环境条件。建设国家创新体系需要一个集成的、基于环境的特殊机制,以强化创新和多个创新主体联动合作的制度能力,不仅是国家研究体系,同时增强能动性环境建设,使其适应国家农业-农村发展的优先战略和发展纲领。依据特定的环境条件,允许机会的识别、限制性捆绑,以形成一个定制的、渐进性的支持环境和投资服务条件以适应国家、区域和行业发展的阶段性需要。

3)促使文化转型。适应不同组织文化和创新需求,改变那些妨碍创新主体之间合作的态度和习惯。一些研究者指出,态度和实践是创新的主要障碍。对创新提供过强的激励以及使创新者置身于高度竞争的市场环境,都难以形成合作新模式创建的充分条件。

4)建立多样化的、开放性的、需求导向的持续研究体制和服务体系,对建立伙伴关系和合作提供经常性的融资支持,如提供竞争性补贴、公-私伙伴关系、匹配资金、合作金融和基于契约安排的能力建设的融资服务。

5)增加总体投资,特别是在组织、个体和创新能力及文化建设方面的投资来促进农业研究、教育和技术推广的一体化,支持能动性环境建设,重点包括商业发展支持、知识和市场信息系统以及必要的政策和立法改革。

四、主要国家的国家农业创新体系建设

国家农业研究体系注重农业研究成果的产出和供给，而国家农业创新体系则高度关注这些研究成果和供给快速应用农业生产经营实践的过程和效率。美国、荷兰、日本和印度等主要国家都十分重视根据自身的国情进行农业创新体系的建设和优化，进而能使农业研究与开发成果尽快地转化为农业综合生产能力和国家竞争力。

1. 美国国家农业创新体系

美国不仅有高度发达的农业研究体系，也有相对完善且高效的农业创新体系。就其组成要素而言，美国农业创新体系包括农业部所属的研究机构和公立农学院等在内的公立科研和教育系统、农业企业和农场主合作组织所建立的农业研究机构、各类非营利性的农业研究和推广服务组织、农户和相关的政府机构等。其中，农业企业、农场主合作组织和农户是农业创新体系的主体，主要借力于三者的市场化竞争行为，大量的农业研究成果才真正转化成现实的农业生产力和美国农业生产的综合竞争力；农业推广服务体系是农业创新体系的重要支撑体系，正是得益于其独树一帜的教育、研究和推广“三位一体”的、覆盖全美每一个县域的农业推广服务体系，美国科研机构和农学院等组织的农业研究成果才发挥了能动效应，为美国农业产业优势的培植和整体生产能力的提升作出了巨大贡献。美国的农业创新体系是以市场为导向，由联邦政府、州政府、大学、农民合作社、私人企业、各类非营利组织和农户等多个创新主体组成的、多层次的创新系统，各创新主体相互之间无隶属关系，相互独立但又相互渗透、依存、合作和竞争。概括起来讲，它具有如下几个特点。

1)以法律为基础构建国家农业创新体系运行的制度环境。美国的农业法是有关农业生产、科研、教育和推广的主要法律，通常每5年重新编写一次。其不仅提出农业研究的总体目标，且对农业研究的重点、研发机构的设置、重大项目的设立、经费投入等相关事项做出规范。每当新的农业法出台之后，联邦政府的农业研发主管部门都会依照新农业法的有关条文规定，提出可操作性强的农业研究规划，并以此作为指导农业研发工作的重要依据。在2002年颁布的美国农业法中有一章专门讲述美国农业科研、推广和教育立法的内容，其中新增了许多新计划、新项目和新内容，体现了美国农业科研教育推广重点领域的调整和支持力度的增加。

在美国农业创新体系建设的历史进程中，1862年的莫利尔法案、1887年的海崎法案、1914年的史密斯-雷佛法案等发挥了决定性的影响和作用。莫里尔法案

规定由联邦政府向各州、领地和哥伦比亚特区赠拨公有土地，并要求以土地赠予为基础要求各州、领地等创立农业和机械工艺教育类“赠地学院”，以促进农业高等教育的发展和农民教育程度的提高；海崎法规则规定联邦政府每年为每所“赠地学院”提供经费用于建设农业试验基地，以推动各大学在农业、畜牧业等领域的各类实验基地、实验室、实验田的建设，这有效地刺激了良种、化肥、农药、土壤改良、种植和饲养方法等研究成果的涌现，让美国农业真正转向以科学和技术为基础的现代农业；史密斯-雷佛法案明确“推广”体系要以大学为基础，是“赠地学院”不可分割的一部分，进而把“推广”制度延伸到全美每一个县域，形成了以大学为基础、覆盖全美每一个县的“农业合作推广服务”体系，实现了大学实验基地和农户生产的有效对接。以这三项法案为基础，美国逐步建立起高效运作的教育、研究和推广“三位一体”的农业创新体系。

此外，与农业相关的知识产权法律也是整个农业创新体现有效运行的重要保障。1930 年的植物专利法规范了对无性繁殖的植物品种，主要是果树和观赏植物的专利保护；1970 年出版的植物品种保护法规范了对植物新品种的专利保护，特别是对大田作物新品种的专利保护；1980 年对该法的修订将蔬菜品种纳入保护范畴，1914 年的修订限制了农民对受保护品种种子的再销售权，增加了对块茎作物品种的保护。随着现代生物技术的发展，美国从 1980 年开始通过判例法授权专利法对微生物、植物和植物器官、动物和基因等给予专利保护，这些法律体系的建设和完善，使农业企业和科研机构研发投入和创新热情激增，并在一定意义上强化了美国农业创新体系的商业导向。

2)以农学院为节点构建整个农业创新体系的能动机制。在美国，农业研究、教育和推广不是相互分离的板块，而是相互渗透的有机整体。美国的农业服务体系依托各州立大学农学院而构建，且使大学农业推广体系成为国家农业部的一个组成部分，这是国际公认的美国农业推广服务制度最为成功的经验之一。在这一制度安排中，各州立大学农学院除担负高等农业教育和职业技术培训任务外，还负责运营依托其建立的州农业试验站和农业推广中心。其中州农业试验站在联邦农业研究服务局的统一协调和分工下承担影响本州农业生产的重大技术难题的攻关研究，从事研究开发和推广试验；州农业推广中心在联邦农业推广局领导下具体负责组织管理和实施基层推广工作。结果是联邦研究服务局和推广局的研究、教育和推广服务资源在州立大学农学院这里交汇聚集，并以此为纽带通过县农业推广站和农学院的推广教授等途径形成与农户和农业生产经营者联动效应。美国制定“赠地学院”法案的初衷和动力是改变当时农业和技术教育落后、农业家庭受教育程度低下和农业推广服务缺失等现状，却无意促成了以教育为基础和先导的农业科研、教育和推广服务体系，构建了美国农业创新体系高效运行的能动机制。美国在从传统农业向现代农业转变的过程中，形成的这种现代的、合理的、有效的“三位一体”的农业科教体系，备受许多国家和地区的推崇与仿效。

这种创新系统以统管全州的农业教育、科研和推广业务的各州农学院为节点和纽带，具有许多制度安排上的优势。首先，从组织设置看，美国各州的农业教育、科研和推广活动都在其州立大学农学院的统一领导下进行，州内的研究农场和农业合作推广站都是其下属机构，联邦政府主要通过农学院管理各州农业推广站实施农业推广的具体工作，而不进行直接干预。这种体制安排不仅避免了组织、部门间的低效，而且有助于教育、科研、推广相互联动、协调，大大提高整个系统的运作效率。其次，从运行机制上看，除县级现场推广人员以外，州立农学院的许多教授都身兼教学、研究和推广三任，这不仅有利于农户及时获知最新的农业研究和推广成果，通过与大学开展的包括农业市场和生产经营管理在内的合作研究而获益，而且研究者也可以随时发现和收集农业生产经营中存在的现实问题，根据农户需要设置新的研究课题或修改既有的研究议程，提高农业研究的针对性和实用性，教授还可通过其研究和推广服务活动丰富教学和推广的内容，直接将最新的科学技术成果传授给农户。组织上的三位一体保证了各州的农业教育、科研和推广活动自成一体，促进农业研究成果和知识信息的快速转移和高效转化。

3)以合作为纽带形成覆盖全美的农业创新网络。合作是美国农业创新系统的重要特点，其不仅指联邦政府、州政府、地方政府之间的在农业科研、教育和推广服务方面的合作，同时也指大学、企业、各类非营利组织与各级政府之间通过合作而缔结的多种联动合作机制。美国农业科研、教育和推广服务体系从一开始就要求州政府和地方政府必须提供配套资金，现在联邦政府提供的资金大致占到30%，州和地方政府需要提供另外的70%的资金，由此形成一种各级政府合作的体制和机制。有关的联邦和州法律规定，各州农学院不仅在学校要设立各种相关的教学、科研、推广和行政工作机构，而且要在所在州的每一个县设立基层分支机构，与当地政府和志愿者共同开展工作，建立形成一个庞大的、覆盖每一个县的科技创新与服务体系。

4)以满足农场主的生产经营需求为宗旨构建农业研究和推广服务体系。美国农业部和国家农业实验室也为其科研人员设计了良好的奖励制度，以激励科研人员以利于农业应用的形式传播他们的研究成果。从科研过程到科研转化为农场主实践的过程，所有的参与者群策群力且又各司其职，他们不仅要提供具有可行性的技术知识，还有传播这些技术知识，使其最终为农场主所采纳。美国的农业技术推广服务体系不仅包含了创新成果从农业研究者传播到农场主的系统化过程，而且包含了制度化的以满足农场主的生产需要为宗旨的研究与开发活动，从而是美国国家农业创新体系能够适应农业生产经营环境的变化进行自我调整。美国现在的农场主的生产经营活动越来越专业化，或专门种植棉花，或专门饲养奶牛等，其对专业知识和技术的需求日益迫切。美国的国家农业创新体系和推广服务体系也因此在逐步发生变化和调整。早期美国农业研究体系和推广服务中心的主要目标是向农场主提供新品种、新肥料和农业机械设备等技术知识和服务，目的在于提高农业产量。20 世纪 30 年代之后，其关注的重心逐渐转向农业市场营销和消费者信息等服务支持方面，农场主对新品种繁育、化肥、农药和农业机械等技术知识和服务则主要由农商公司提供。

美国农业技术推广服务中心

美国的农业推广服务中心是世界上最成功的农业创新服务机构，其工作方式和方法等被世界各地的研究者和决策者所广泛关注。1862 年，美国国会通过的莫利尔法案提议政府建立“赠地学院”以推进当地的“农业和机械技术”教育。1887 年，美国议会通过海崎法案明确由联邦政府为国家农业实验室提供科研经费，以强化国立大学的农业教育和科研能力。20 世纪初，这些赠地大学希望将他们的农业研究成果转化为农场主的农业生产经营实践。当时，戴维斯等地的赠地大学专门为农场主编辑了农业简讯以传播农业新技术信息，但多数农场主文化素养有限，难以理解其中的技术知识，而且也没有有效的方式分发这些简讯。于是这些赠地大学的教授开始组织专门的农业知识推广活动，乘坐火车到各地巡回演说，游说当地社团和农场主采纳农业新技术，如衣阿华州的玉米品种等。当地的农场主对农业新技术、新知识和新方法表现出强烈的渴望，但后续工作缺乏，致使这些农业知识推广活动口碑不佳。1911 年，纽约的布鲁米县的伯明翰姆顿商会下设的农业局率先从康奈尔大学招聘一名农学专业的大学生，专门负责该县的农业推广活动，其第一年的部分薪水由当地的特拉华和拉克瓦纳铁路局提供，因此该名大学生被称为县代理人。这种设置县推广代理人和地方农业局的做法很快在美国传播推广。1914 年的史密斯-雷佛法案提出由联邦政府资助农业推广，加速了各地农业局和推广代理人制度的建设。但很快，各县农业局组合成全国性组织，1919 年正式合并为美国农业局联合会，并开始以立法压力集团的形式开展活动。因此，在这一年，农业局和农业推广中心分立为两个组织体系，但两者一致保持着良好的协作关系。由于美国农业局联合会和州立农业局的积极推动，农业推广服务中心一直得到政府财政方面的稳定支持。到 1920 年，美国农业推广服务中心的职员已到达 3 000 人，迄今已增加到 17 000 人，其中县级农业推广代理人约占 68%，他们专门从事农业、家政、青年等方面的工作；各州主题"专家"4 000 名，占职员总数的17%，其工作主要是将各自专业领域里的研究成果介绍给县级推广代理人，然后再间接传播给农户[1]。

美国的农业技术推广服务中心是一个立体结构，它主要由联邦农业推广局、各州农业技术推广站、县农业推广办公室等三个层次组成，设有 3 300 个推广机构，有 1.7 万名左右推广员。其中联邦农业推广局是推广工作管理机构，负责指导各州制定和执行推广计划，协调各州间的合作交流，不直接从事具体的农技推广工作；各州推广站在整个农业推广体系中居于核心地位，广泛分布在全国 3 150 个县的农业技术推广办公室是其主体，它们相互独立、各负其责，同时有相互联络、保持沟通，共同组成了覆盖 200 多万个农场的技术传送服务网络。

联邦农业推广局负责管理、协调全美农业推广活动，主要任务是向各州农业技术推广站提供信息和帮助、拓展和协调与各州立大学的关系，以确保在全美范围内建立一个有效的推广体系，以先进的知识、良好的教育和具体的服务满足农户需要，包括农业科学技术管理处、青年发展处、管理经营处、推广研究和培训处、家政处、信息处、销售和应用科学处、经济发展和公共事业处，有专家 100 多名。

各州农业技术推广站的主要职能是帮助县推广办公室履行其职责，负责那些县推广办不能做的事情，包括组织推广服务、选聘县农业技术推广人员并对其进行培训和管理，制定州推广计划，评估推广业绩，分配推广资金，协调赠地学院和县推广办的工作，在需要时向县推广员提供技术和信息方面的帮助等。州合作推广站既是各州推广工作的组织者、管理者，又是各州农业技术推广计划的具体实施者。它上对赠地大学的农学院和农业部合作、教育与推广局负责，下对本州农场和公众负责，是美国合作推广体系的真正核心。各州农业推广站隶属州立大学的农学院，站长由州立大学农学院院长兼任。农学院设有专门的推广委员会，每个推广委员在从事农业教育、科研的同时兼任推广员，其主要任务包括校内的教学和培训工作外，还必须针对各州的农业特点开展农业研究与试验，并通过培训和推广服务把研究成果和信息传送到农户手中。这种制度安排有利于推广专家将科研知识和农场主的切身问题进行集成整合。全美从事推广服务的人员除县以下 300 多万志愿人员外，核心力量是各州农业大学和农学院的推广委员或专家学者。他们事实上发挥着一种桥梁作用，是县级推广代理人的"推广代理人"，担负着将农业大学和农学院的学术成果与农场主和县级推广代理人的生产应用整合链接的作用，通常这些州的推广专家以前都曾做过县级推广代理人，后在接受研究生教育后正式转为专

---

[1] 埃弗雷特·M·罗杰斯. 创新扩散[M]. 北京：中央编译局，2002：346-349

门从事农业研究的专家。衡量一个推广专家的业绩的主要指标是看农场主的需求是否得到满足。如果一个推广专家不能有效利用其专业知识解决农场主面临的问题,那其职业生涯就可能不会长久。

县级农业推广工作由县农业推广办公室和县农业推广理事会共同承担,县农业推广理事会根据各州农业推广站与本县的农业推广协议而设立,县农业推广办公室是州农业推广站的派出机构,由专业人员、秘书和乡村领导人组成,具体任务包括诊断农场经营中的问题,引导农户了解影响其利益的环境变化,并帮助农户寻找解决办法,组织农民进行农资购买、生产和销售合作,向农民提供信息和咨询服务。县级农业技术推广机构是农业技术推广体系的最基层组织,也是该组织体系与农场主直接相联系的点,具体农业推广计划的制定和教育实施工作主要由县级农业技术推广机构完成。县级推广员受农学院领导,并以联邦农业部和州立农学院工作人员的身份,在全县范围内开展推广工作[1]。此外,还通过设立县级农业推广咨询委员会,在农业研究和推广项目设计和决策方面鼓励农场主参与,并且让农场主对项目的效率进行评价,以紧紧把握农场主生产经营实践的需要,及时从农业生产经营者那里收到信息反馈。

美国农业推广中心的经费主要来自三个方面:联邦政府约占40%,各个州政府约占40%,县级政府约占20%。因此整个推广服务体系通常被称为"推广合作社"[2]。

2. 荷兰国家农业创新体系

荷兰是一个典型的人多地少、农业资源贫乏的欧洲小国,其人口密度比我国高出两倍,是欧洲人口密度最大的国家。荷兰全国有耕地与牧场199万平方千米,人均耕地(1.3亩)与我国基本相当(1.2亩)。荷兰有58%的土地用于农业,其中草场占31%,耕地占23.6%。荷兰年均降雨750毫米,全年光照时间只有1 600小时(我国平均2 600小时),光热条件不够理想。20世纪50年代,荷兰选择在有限的土地资源的基础上借助科学技术潜能发展高附加值畜牧业和园艺业的高效农业战略,结果取得了举世瞩目的成绩,荷兰现已一跃成为全球第三大农产品出口国,蔬菜、花卉等出口量雄踞世界第一。荷兰农业奇迹,自然与其包括育种和温室技术在内的诸多农业科学技术成就有关,但其独特的农业科技创新体系功不可没。

荷兰农业主管部门是农业、自然资源管理和渔业部(简称"农渔部"),其目标定

---

[1] 科学技术部专题研究组编. 国外支持农业科技创新的典型做法与经验借鉴[R]. 北京:科学技术文献出版社,2006:30-33

[2] 埃弗雷特·M·罗杰斯. 创新扩散[M]. 北京:中央编译局,2002:349

位是为农业创新提供合适氛围和政策激励，对多个创新主体的创新活动进行协调。荷兰政府认为，创新是可持续发展的驱动力。解决荷兰农业发展的诸多问题，如土地需求日益增加、环境质量不断下降、食物链不够透明、生产商和供应商与消费者之间的利益冲突、国际农产品竞争的加剧等，亟需要新的思路和全新的制度安排，为此，荷兰政府成立一个独立的公共机构"农村和农业体系创新网络"，并提出农业园区概念和新农村概念。其中农业园区意在以工业化方式进行农业生产和农产品加工，以提高环境质量和环境效率，改善牲畜饲养条件，减少动物疾病的发生和传播，大幅度增加生产利润；新农村则强调在绿地中实现日常生活、工作和休闲的结合。创新网络通过不同方式介入农业领域的基础设施建设和科学研究，比如设立"园艺集群研究院(Horticulture Cluster Academy)"、提出把温室农业从能源消费者转化为能源提供者的设想、启动知识和创新计划、建设面向可持续发展的农业知识和创新基础设施等[1]。

荷兰已形成一个布局合理、专业设置齐全的全国农业科学研究网络。基础研究由瓦赫宁根农业大学和乌德勒支大学兽医学院进行，由多个学科及相关研究机构共同完成，这两所大学是全国农牧研究和教育的中心；应用研究由农渔部下属的37个专业研究所承担，主要从事农业新技术和新产品的研究与开发，涉及植物病理学、环境管理、生物控制、土壤科学、畜牧学、机械化、销售和加工等领域；开发研究则由遍布全国各地的区级试验站及其下设的实验农场进行，主要人物是解决农业生产经营中的新问题和实验推广新技术。企业研究机构由20多个大型公司组成，主要解决生产难题和产品开发。荷兰的农业研究工作相对集中，在瓦赫宁根就有作物育种研究所、农业技术研究所(研究农产品贮藏加工技术)和农业工程研究所等25家研究所，每个研究所负责农业的某个方面，像机械化、病虫害防治、育种、市场和加工等。1996—2001年，荷兰的农业科研和教育从机构到职能进行了历史性重组，新成立瓦赫宁根科教中心(Wageningen Univeirsity and Research Center)，将原来分属瓦赫宁根农业大学和农渔部的农业科学研究机构进行了有机整合，并依照学科形成植物科学、动物科学、农业技术与食品科学、环境科学、社会科学五大学科群，其目的在于整合资源、集成优势，在营养和健康、可持续农业、环境变化和社会变迁等重要领域进行多学科研究和教育创新。

开发农业人力资源，造就世界一流农民，始终是荷兰农业政策的出发点。农业人力资源开发是荷兰国家科技和职业教育体系的重要组成部分，由农渔部和科教

[1] 科学技术部专题研究组编. 国外支持农业科技创新的典型做法与经验借鉴[R]. 北京:科学技术文献出版社,2006:103-104

部共同负责。荷兰农业教育体系完备，面向社会开设各种级别的课程，从初等的职业教育到正规的大学教育，课程设置和教学内容不仅与知识传播、技术推广和农业生产经营紧密相关，而且还根据学员的具体要求设置新课程，以满足农户农业生产经营的需要，使农民尽快了解各种技术的最新进展和市场需求。荷兰的培训系统几乎覆盖农村的每个角落，同业农民还自发组织“学习俱乐部”，相互切磋和交流经验。荷兰农民多数具有大学本科以上学历，有很高的科学素质和商业能力，不仅熟悉和掌握现代种养殖技术及农畜产品加工技术，且会使用甚至修理各种农机农具和自控设备，及时收集和了解有关农业信息。大多数农民都能讲流利的英语，能够跟上世界农业科技发展的步伐，这或许是荷兰农业具有高竞争力的基石所在[1]。

在荷兰，农业推广的含义是通过信息交流帮助农户形成科学观点，作出正确决策，其主要任务是帮助农户分析现状，建立未来发展目标，指导农户提供生产经营能力。荷兰的农业推广体系包括国家推广组织、非营利性组织、私人企业和农民合作社四部分，属国家和农民合办的推广体系。在这个体系中，国家推广体系起主导作用，可调节其他方面的力量，非营利组织推广员起补充作用。其中国家推广组织包括种植业和养殖业两大系统。在中央一级，农渔部的畜牧局设有一个养殖业的推广处、园艺和大田作物局设有一个种植业的推广处，这两个处分别负责全国农业推广的管理、协调和组织。全国 12 个省按照自然区划设有 12 个种植业和 17 个养殖业的区域推广站，每个区域推广站 35～50 人，每个推广站根据所在区域的主要作物或动物生产行业设一个专业技术推广队和 3～5 个普通推广队。荷兰没有设立专门的省一级的农业推广行政管理部门，区域推广站为荷兰的基层推广站，担负着直接为农户提供无偿服务的职能。此外，全国还按自然区划设有 12 个试验站，每个试验站下设几个试验场，其主要职责虽然是进行科学研究，但同时也为农户进行试验示范和技术推广工作。这些试验站和国家级研究所还设有对应的联络办公室，以协调研究、教育和推广之间的关系，搜集、整理相关的农业研究信息和科研成果，并及时分送各教育、推广机构和人员；非营利组织包括从中央到地方设立的基督教农会、天主教农会和皇家农会等组织，它们都在省一级设立社会和经济推广机构，主要负责农户家政等非技术性的推广工作，如家庭生活、法律事务、经济合同、卫生保健等工作；私人企业，包括农业商业公司、农业银行和专业化的咨询服务公司等，通常从事农业生产资料供应，包括农业生产工具和投入品，如杀虫剂、复合肥料、兽医服务、信贷咨询和技术指导，实现有偿服务。私营研究机构和推广机构的

[1] 厉为民．荷兰的农业奇迹——一个中国经济学家眼中的荷兰农业[M]．北京：中国农业科技出版社，2003：99-109

发展，加强了研究的针对性和推广服务的竞争性，提高了农业研究成果的转化率；农民合作社也雇佣推广人员，来为其社员提供生产技术服务，通过农民合作社，农户既出资资助农业推广服务，也参与农业推广服务的管理和决策活动。

荷兰政府设有全国性农业科研、教育和推广的统一协调管理机构——荷兰农渔部下设的国家研究会委员会，主要从事行政管理，提供研究经费和大型项目研究的公立机构，负责组织基础和应用研究，协调研究部门之间、农业部门和其他领域之间或国与国之间的研究工作，以及农业科研成果的登记与审核。荷兰政府在11个省设立推广咨询理事会，每个省设有2～7个地区咨询中心。在这些部门中都有一批学科专家和专业推广人员从事相关科研、推广服务。

荷兰农业科研、教育和推广服务虽然自成体系，但彼此之间又相互联动，构成支撑农业持续发展的“三角形”或“三大支柱”，是荷兰农业创新系统的基础模式。发达的农业科研、教育和推广系统，这三项被誉为荷兰农业发展和一体化经营的三个支柱，三者的协同发展形成了著名的“OVO三位一体”[1]。以农民为核心，建立高效互动全国性的农业创新体系，是荷兰农业取得巨大成就的一条基本经验[2]。概括起来讲，荷兰农业创新主要有以下特点：面向实际、面向农民，分布在全国各地，可以连通每个农户；知识和信息的开放交流；组织结构层次分明、职责明确，适合农业生产需要等[3]。

3. 日本国家农业创新体系

日本农业是以小农户独立耕作、分散经营为主的小农经济模式，农业生产成本居高不下，农林水产业总产值仅占其GDP的1.4%，但日本政府一直重视对农业研究与开发的投入和体制创新。日本农林水产省是具体负责农业创新体系建设和运作的政府部门。首先，日本农林水产省设农林水产技术会议，是农林水产大臣决策的辅助机构，对全国农林水产试验研究进行规划及综合协调，直接领导和协调国立农业研究机构开展工作，对都道府县及其他的试验研究机构所做的试验研究给予补助，并与试验研究和行政部、局等联络协调。其次，日本农林水产省还设有促进技术推广、扶持农业生产经营等活动的独立行政法人机构，包括农畜产业振兴机

---

〔1〕 荷兰文是Onderzoek(研究)，Voorlichting(推广)，Onderwijs(教育)，即用三个单词进行的组合

〔2〕 倪景涛，李建军. 荷兰现代农业发展的成功经验及其对我国的启示[J]. 学术论坛，2005:74-77

〔3〕 叶向东. 新的农业科技革命与中国农业的未来[M]. 中国人民大学博士学位论文，2002:114-115

构、农林渔业信用基金、农林水产消费技术中心、种苗管理中心等机构。

日本的农业研究与开发体系包括中央级的研究机构和地方级的研究机构。其中包括隶属农林水产省的8个具有独立行政法人资格的国家级研究机构，研究范围覆盖了农林水产业的所有领域，其经费投入包括研究人员的工资和福利待遇等均由政府以运营交付金、项目或课题费的形式按年度拨付；地方级农业研究机构主要由各道府县地方政府设立，其中既有综合性研究机构，包括农副产品、种植业、畜产养殖业、水产业、林业等多个产业领域，也有专门性的研究机构〔1〕。自2001年起，日本国立农业研究机构实行体制改革，农林水产省所属的研究机构除农林水产政策研究所外，全部实行独立行政法人建制。研究机构实行理事长负责制，在基础研究、应用研究及开发研究的课题选定、产学官合作和人才激励机制设置等方面拥有更大决策权。近年来，日本政府对农业研究的投入基本保持稳定，但增加了竞争性研究经费的投入力度，并允许相关企业参与项目竞标。国立研究机构与民间企业在研究与开发领域优势互补、分工协作的态势初步形成。

根据促进农业技术研究开发的特别措施法，由国家制定基本方针，充分调动民间企业及有关团体的研究能力，重点资助农业生产现场亟需解决的农业技术。其具体做法是委托具有相应研究能力的民间企业从事上述特定领域的技术研发，研究取得的技术专利由民间企业和产业技术研究支援中心两者共享。为了增强农业创新主体之间的联动合作，日本最大的农业研究机构——独立行政法人农业和生物系特定产业技术研究机构，专门成立了以推进农林渔业、食品加工以及与生物功能相关的产业技术创新为主要资助对象的生物系特定产业技术研究支援中心，意在通过直接资金援助、帮助融资、协助企业与国立研究机构和大学开展合作研究，协助企业从"农林水产基因库"获取遗传资源等形式对企业开展以生物产业技术为代表的研发项目，如生物技术、作物栽培管理、家畜养育、改善食品加工技术的新材料等的研发项目给予重点扶持。此外，农林水产省也以其下属的社团法人农林水产尖端技术产业振兴中心为促进产学官合作的桥梁，大力推进农林水产和食品领域的高新技术创新，如种子种苗相关的研究开发和"民间集约型农业产业"新技术开发等，旨在鼓励创造优秀技术成果的同时，指导企业联合大学及相关试验研究机构通过资源整合加速技术研发和产业创新〔2〕。

〔1〕 科学技术部专题研究组编. 国外支持农业科技创新的典型做法与经验借鉴[R]. 北京：科学技术文献出版社，2006：41-42

〔2〕 科学技术部专题研究组编. 国外支持农业科技创新的典型做法与经验借鉴[R]. 北京：科学技术文献出版社，2006：45-47

日本农业技术推广制度,是以农业推广法(日文全处《农业改良助长法》)为依据逐渐建立和完善起来的。1948年颁布的《农业改良助长法》是日本农业及其推广事业的根本法律,也是日本当时农业发展的基本国策之一。该法律共8章23条,对农业及推广事业的目标、性质、特点和组织形式等进行了明确规范。该法在颁布之后曾根据农业推广工作的需要进行了多次修订,如在1952年的修订中增加了农业讲习设施的运营和建设等内容,1977年的修订增加了有关农业继业者研修教育等条款。依据《农业改良助长法》,日本负责农业技术推广的基本机构是地域农业改良普及中心(1994年前为农业改良普及所),从事农业技术推广的职员一般为普及员,具体按职能分工又分为专门技术员、改良普及员、农业改良普及员和生活改良普及员等。

依照《农业改良助长法》的规范框架,日本整个农业技术推广体系包括主体组织和协同支援组织两部分。其中农业技术推广的主体组织是:国家行政管理机构农林水产省所属的农蚕园艺局、普及局、普及教育课和生产改善课—都道府县—地域农业改良普及中心—农户;支援组织是国家与都道府县农业教育和研究机构,农业试验研究机构和农业大学,普及协力委员会和市镇村农业土地组合、农业委员会、保健所、教育委员会等。这种技术推广体系的技术源是国立及县立农业试验研究机构,技术推广和普及的路径是:试验研究者—专门技术员—改良普及员—农民。其基层机构为地域农业改良普及中心,主要职能是行使普及推广的联络调整、综合普及指导事务等,主要设置与农民直接联系的改良普及员,这些改良普及员在业务上接受与各类试验研究机构保持密切联系的专门技术员的技术指导。农业技术推广协力委员会由农业指导士、生活指导士和一些退休普及士组成,主要协助普及员对当地农民进行技术和生活指导[1]。

一些专家分析说,日本农业推广体系实行的是政府和农协的双轨体制,这两个体系各自独立又彼此联系。首先依据《农业改良助长法》等相关法律,日本建立了由中央政府制定农业技术普及推广运营方针、都道府县制定实施方针、普及中心制定具体计划并负责实施的全国性农业推广体系;其次,日本根据1947年《农业协同组合法》等建立了全国、道都府县、市町村三个层次的农协组织体系。在这一农业技术推广体系中,中央和地方政府共同实施协同农业普及事业,农业协同组织实施营农指导事业等。日本农业协同组织作为农户的互助性组织,为农户提供农业生产指导、农产品加工销售、农户储蓄和农村信贷、生命财产保险和养老保险等全方位服务,其中在农业生产指导方面,农协配备有营农指导员,向农户提供农业信息

[1] 岡部守,章政,等.日本农业概论[M].北京:中国农业出版社,2004:128-130

服务和技术指导。此外,日本的农业生产法人、农事组合法人或农业企业等在农业技术推广方面也发挥较为重要的作用,如在农产品流通和深加工等领域通过共同出资与农户签约等方式推进农业新技术的应用。

日本的农业改良普及中心与农业科研机构和相关大学保持着密切的联系,主要体现在地区性农业研究机构或农业试验场与负责农业技术普及推广的普及改良中心、培养农业后继人才的农业大学在空间上相邻集聚,以最大限度地发挥人、财、物等资源的效用。许多专门技术员和研究人员兼任农业大学教师,各研究机构的科研成果主要通过专门技术员和研究人员的试验示范加以推广实施。在整个农业推广体系运行中,改良普及员发挥着十分重要的作用。他们是联系农户、农场主、农业行政机构、农业研究机构的桥梁和枢纽,具体负责将农业研究机构开发的使用新技术、新知识等进行适应性试验后通过手把手方式逐步推广给农民,农户在生产现场碰到的新问题也通过改良普及员及时反馈给农业行政主管部门和研究机构,形成技术研发、技术推广应用和信息反馈等良性循环。

总体而言,日本协同农业普及推广体系以解决农业生产现场的实际问题为出发点,注重培养和提高农户自身发现和解决问题的实际能力,而不仅仅是简单地进行增产增收技术的传授和推广。近年来,日本农业改良普及中心根据家庭农户等生产经营者的需求变化和人们对农业多功能、环境保护、食品安全和农业可持续发展等诉求不断地拓展服务领域,其推广服务的领域已包括农业经营管理、高附加值农业生产、农产品加工、农业区域开发设计、生态治理、农业观光等。

4. 印度国家农业创新体系

印度是一个以农业为主的发展中国家,农业在其国民经济中占有举足轻重的地位。其农业研究与开发体系基本上由中央政府所属的印度农业研究理事会(Indian Council for Agriculture Research,简称 ICAR)、综合大学和地方政府所属的农业大学以及非政府研究组织三部分构成。

ICAR 是印度农业部农业研究与教育局所属的自治性组织,创建于 1929 年 6 月 16 日,总部设在印度首都新德里,拥有遍布在全国各地的 97 个研究机构和 47 个农业大学,包括分布在全国各地的 47 个国家级研究院所和 31 个国家级研究中心,有6 000多名研究人员。主要以基础研究为主,重视解决农业生产中的根本性问题,其设置布局具有分散和因地制宜的特点,主要职能是对全国包括园艺、水产和动物科学在内的农业研究、教育和推广进行统一协调、指导和管理。ICAR 以其研究和技术开发活动曾在引领绿色革命和随后的印度农业发展方面发挥过先导作用,使整个国家自 1950 年以来的粮食总产量增加 4 倍、园艺作物产量增加 6 倍、水产品总产量增加 9 倍、奶产品增加 6 倍、蛋产量增加 27 倍,对整个国家的粮食和营养安全作出了显著贡献[1]。

ICAR 的研究领域涉及农业、林业、畜牧、水产、花卉和蔬菜等各个领域，负责统筹和管理作物改良与管理、园艺作物改良与管理、自然资源管理、畜牧和家畜养殖、鱼类生产和加工以及农业工程和技术等领域多个国家农业研究开发计划，并通过设立与其他机构，如印度社会科学研究理事会、科学和工业研究理事会、Bhabha原子研究中心和大学的合作项目来探索解决包括产后技术在内的涉及农业和农村发展的广泛问题。该理事会现设有国家鱼类遗传资源局、国家动物遗传资源局、国家植物遗传资源局、国家土壤调查局和国家微生物局，负责对全国的生物资源进行收集、保存、研究和利用；承担着全国的农业教育。该理事会还统管全国的农业技术推广工作。通过国家技术评估和技术转移计划，印度农业研究理事会在全国各地建立了 376 家科学信息中心、70 个研究所农村合作项目和 44 个农业技术信息中心，向农村和农户提供技术产品、优良品种、咨询服务和培训。通过举办培训和咨询讲座等方式向农户传授农业技术。2004 年，理事会共举办各类培训班19 880个，有 47 万农民参加[2]。

印度现有 38 所农业大学，分布在各个邦。高等农业院校作为国家农业研究系统的重要组成部分，承担大量研究课题，如食物营养、农业气象、收获和保管技术等。地方大学主要根据各地特点提供农业教育和开展农业研究，在印度农业研究理事会的统一指导下参与中央组织的农业研究、开发和推广计划。其他综合性大学和研究机构也开展与农业有关的科学研究工作，但相对于印度农业研究理事会和农业大学系统而言，其在经费投入、技术成果产出上都微不足道。

印度地方科研系统包括 60 多家研究机构，由各邦农业部门领导，主要从事地方性课题，着重于经济作物和畜牧、兽医等应用研究。

印度的农业技术推广体系包括行政管理部门所属的推广体系、农业科研机构和大学所属的推广体系以及非政府组织和私人企业所属的推广体系三部分。其中农业行政管理部门所属的推广体系始建于 1952 年的农村社区发展计划。该计划为了促进农村经济发展，将印度全国农村地区划分为5 000个农村发展区，每个区包括 100 个乡村，覆盖 6 万～7 万人口。在乡村一级设有乡村工作者，每个乡村工作者负责 10 个乡村的农业技术推广和其他乡村发展事业，如农民合作、成人扫盲

[1] The Indian Council of Agricultural Research[N]. http://www.icar.org.in/en/aboutus.htm

[2] 科学技术部专题研究组编. 国外支持农业科技创新的典型做法与经验借鉴[R]. 北京：科学技术文献出版社，2006：81-82

和卫生保健等。自20世纪70年代中期以来，印度在此基础上逐步建立起独立的、由各级专职人员组成的农业推广体系，并在各邦相继建立了农业科技推广站和种子公司，旨在“将新技术的好处推广到农户、农作物和各地区”。农业科技推广站及时提出引进、推广新技术的建议，组织农民进行田间试验，然后逐步推广。印度目前已建立了面向农村社会和农户发展的、从中央到各邦再到地区和农村的完善的四级农业推广网络体系。农业部设立的农业推广理事会为各级推广网络的最高管理机构，各邦设立农业局，各地区和农村社区设立农业办公室以开展农业推广工作。

政府农业科研机构和农业大学所组成的农业技术推广体系是印度最重要的农业技术推广体系，在印度农业经济和农村发展中发挥着重要作用。ICAR作为印度最大的农业研究、教育培训和技术推广组织，也非常重视农业技术推广工作。该理事会明确规定其职责包括对全国农业研发项目以及农业科技和教育资源进行协调管理，促进农业科研、教育和推广事业的发展，提升农业生产水平，提高农民生活质量。理事会总部设有技术转移处，负责本系统的农业技术推广项目的协调和管理。理事会在全国区一级设有8个区域农业推广协调所，各配备12名管理人员，并在各下属研究所均设有技术转移部，在各地区设立农业技术推广站或设置农业推广项目。在具体推广项目组织实施中，理事会很注意邀请各邦农业大学共同执行，并与相关地区、社区的推广人员联合实施。

印度各邦农业大学均建有农业推广部，其职能包括农业咨询服务、农民培训和农业信息服务等。各农业大学在校园均建有农民客栈，除提供农民住宿外，还为农民提供培训和咨询服务。大学每年在校园举办一次大型“农民技术市场”，在农村地区举办多次“农民技术市场”。大学教授通过在农村建立田间示范项目、走访农户、校内外技术培训、电视讲座、远程教育等形式进行农业知识传播和技术推广。印度各农业大学业务上属各邦政府和研究理事会双重领导，研究理事会的研究课题和农业推广项目面向农业大学开放，大部分农业推广项目都是由研究理事会的研究所和农业大学共同执行的。

印度农村地区活跃着1 000多个非政府组织，他们在一定程度上接受中央政府和邦政府或国际组织的资助开展农业推广活动。世界银行曾在印度农业推广事业中发挥重要作用。20世纪70年代中期，世界银行顾问丹尼尔·贝诺尔在印度一些邦试验一种后被称为“培训与访问体系”的农业推广体系，使农业推广称为一个独立的专门体系，其组织模式基本上为农业部—区域—邦—地区—社区—乡村—农户，整个系统形成由中央到社区的有关专家、农业官员以及乡村农业工作者构成的农业推广体系。区域层次负责农业推广的官员，要经常到田间检查推广工作和了解培训计划的执行情况，并在包括农学家、植保专家和培训专家等学科专家的配合下开展工作；地区农业推广官员主要检查指导农业推广人员的工作，每周用一天时间接受培训活动，接受科学家的指导，学习新知识；村级推广人员负责 800 个左右农户的农业普及和技术推广工作，进入田间地头进行技术示范和知识讲解；世界银行的作用主要是提高信贷支持，加强推广部门的基础设施建设，培训各级农业推广人员和农业官员。在印度全国层面上，经农业与农村发展不认可的全国性非政府农业推广组织还有印度青年农民协会、印度农业赈灾联合会和印度农民联合会等。

印度私有企业也是农业技术传播与推广的重要力量，是对公有农业推广体系的重要补充。这些企业包括农业咨询与顾问公司、农民组织、农民合作社、农业生产资料营销公司、私人电视台、网络公司和银行等，他们以营利为目的，意在通过推广农业技术以获利，或者通过推广农业技术来宣传产品、扩大市场。主要的工作模式有咨询服务、订单农业和技术示范项目等形式，其中咨询服务指农业咨询公司与农户或乡村签订服务合作，依据合同规定为农户提供技术咨询服务并收取费用；订单农业指生产资料公司与农户签订合同，农户按照合同规定购买生产资料，公司保证所提供的生产资料质量并提供相关技术服务，公司按照合同规定价格收购农户的产品；技术示范项目则指种子公司、化肥公司和农药生产企业出于宣传产品、占领市场等需要在农村设立试验示范项目，并通过举办展示会等形式推广其新产品、新品种及配套技术。近年来，许多从事化肥、农药、种子生产与销售的公司开始投入越来越多的人力、物力资源向农户传播新技术、传授其产品使用方法，面向农户开展多种形式的培训和推广项目，内容涉及从播种、栽培管理到收获的各个环节。

随着农业发展目标和环境的变化，印度农业行政部门所属的农业推广体系遭受到越来越多的质疑。为适应新变化，印度政府提出农业推广体系改革和政策调整的新框架，具体内容包括更加重视注重农村综合发展而不仅仅追求产量的提高，强调食品安全、可持续发展、增加农民收入等社会性目标，鼓励创建和发展农民专业合作组织，鼓励非政府组织参与农业推广，与政府推广体系联合发挥作用等。在世界银行的支持下，印度在 7 个邦的 28 个地区对农业推广体系进行了改革创新，在每个地区建立了农业技术管理署，由各农业技术管理署决定具体的推广项目。地区农业技术管理署设立理事会和管理委员会进行管理，理事会和管理委员会由农民代表、农业官员和科研机构的专家组成；在每个社区建立一个社区技术小组和一个农民顾问委员会，实施农业技术推广项目；在乡村一级，鼓励建立农民小组。

总体而言，印度农业创新体系的重要特色是尊重农民意愿，重视农民参与。其在推广项目的组织管理中，通常会邀请农民代表参加各级理事会和管理委员会，参与项目的管理;在项目实施中,将示范田均设置在农户的田间地头,以展示新品种或新技术效果,由农民自主决定是否采用。尽管如此,印度农业推广体系依然存在许多亟待改进的问题,如政府有关的农业推广机构往往各自为政,互相之间缺乏合作,特别是与私人企业和非政府组织的互补合作,中央和地方政府部门制定的农业推广技术有时需要根据农户的要求进行调整,但依然缺乏灵活性等[1]。

五、中国国家农业创新体系的建设

自2000年以来,中国一直在探索具有中国特色的国家农业创新体系建设。近年来几乎每一个中央"一号文件"都会提到"推进农业科技创新"、"完善农业科技机制"和"改善农业科技创新条件"等政策主张。现代农业产业技术体系是建设现代农业的重要支撑体系,是国家农业科技创新体系建设的重要组成部分,是在我国目前体制下提高农业科技创新能力和创新效率的新机制。

1. 国家科技创新体系建设中的问题

2000年左右,一些研究者就根据国家创新体系的总体框架分析说,我国国家宏观科学技术管理体制没有理顺,科学技术资源的配置存在"系统性失灵",总体产出效率低下。现有的科学技术预算和投入体制,使国家综合部门、产业部门和公共事业部门都有权独立地提出国家科学技术计划,而这些计划从策划出台到预算、实施完成都带有很强的部门意识,相互联系和协调很少,结果导致国家的整体意志和战略目标被肢解为部门目标,科学技术预算存在严重的多个"战略目标"的相互竞争现象,弱化了国家意志对科学技术活动的主导、约束和协调作用。比如,几个与基础研究相关的重要部门都能直接从财政部获得独立的预算,但没有一个部门有协调权,结果使基础研究经费分散和重复使用现象严重。中国科学院的郝柏林院士感叹地说,某些全欧洲只有一套的价值昂贵的科学仪器,在从动物园到颐和园之间的区域内就有好几套,仪器的利用效率极低,浪费极大。一些专家指出,我国科学技术体制改革之所以出现这种微观上有序、宏观上失序,整体结构和功能的优化不良的格局,深层次的原因可能在于,政府行政主导的计划运行模式及驱动机制使体制改革者们很少认真地思考和分析政府在科学技术体制建设的恰当角色和适当行为。

2003年"非典"之后,针对中国科学界在"危机时期"的整体表现,包括人类基因组的首席科学家杨焕明在内的科学界的有识之士曾痛心直言,中国科学技术体

[1] 科学技术部专题研究组编. 国外支持农业科技创新的典型做法与经验借鉴[R]. 北京:科学技术文献出版社,2006:90-92

制存在结构性问题，部门割据严重影响了研究资源的共享和科技创新能力的发挥，亟待进一步改革和完善。2004年，周光召等专家在中国科学技术协会学术年会坦言说，科学技术还没有在我国成为第一生产力，其主要原因在于我国科学技术和产业经济衔接的体制不顺，以企业为主体的技术创新体制和现代科研院所制度均尚未完全建立。

2008年，世界经济合作与发展组织（OECD）在其一份关于中国科学技术的评估报告中指出：中国的创新系统就像"群岛"，各岛屿间没有充分联系，难以形成溢出效应。因此，尽管中国在研发方面的投资大幅增长，其数额已经匹敌德国，在科技方面中国已成为了全球竞争者，但中国在创新能力和表现方面与具有相似研发投资的经合组织国家相比仍然存在差距，其主要原因是目前的研发与创新的区域模式在知识生产者和潜在的使用者之间创造了巨大的物理隔离；国内企业界在研发累计投资、科技人力资源和相关基础设施等具有生产性价值方面的行动迟缓。结果是部分地区在推进中国科技发展上发挥了重要作用，但从国家创新系统的角度而言，现在的区域创新模式并非最优，对于社会公平也十分不利，很多地区在创新方面发展严重不足[1]。

运用科学技术促进发展咨询委员会(ACAST)

1963年，联合国在日内瓦以"运用科学技术，促进欠发达国家的发展"为主题召开大会，并建立新机构"运用科学技术促进发展咨询委员会"，其职责是制定一个"科学技术世界行动计划"。当时的联合国秘书长U Thant在ACAST发布的报告中说，科学技术是"促进生活水平提高的强大的力量，利用科学技术来实现这一目标是联合国义不容辞的责任"。

ACAST为制定"科学技术世界行动计划"曾委托英国Sussex大学若干著名学者组成"Sussex小组"进行相关研究。该小组在其研究中指出，发展中国家不仅研发投入比例低，而且经费使用常常缺乏协调，投资方向错误，其设定的研究课题与贫困国家的需求几乎没有关系，因为其优先投资的是"纯科学"或"基础研究"，而不是能源、食品和农业、健康、住房等领域中迫切希望解决的问题有关的应用研究，这就是说，其开展的科学技术活动，很多都是"与生产脱节的"，没有把面向经济增长或提高人民的生活质量作为目标。这些研究活动仿佛是"飞地"中的活动，以西方科学共同体的研究取向作为取向，以西方科学技术的优先领域作为其优先领域。

---

〔1〕 贺涛. OECD评价中国创新体系软肋[N]. http://news.sciencenet.cn/htmlnews/2008/10/212615.html

其原因是多方面的，首先是发展中国家的科学家和科研机构以西方传统中的规范和价值为取向，将是否做出了高水平的基础研究、在国际期刊上是否发表了学术论文作为衡量其科学研究成功与否的标准；其次是发展中国家的教育和培训系统也在灌输这样一种理念：本土的知识精英应该远离其所在社群的社会经济现实，结果导致本地的问题和需求被忽视和边缘化。还有，发展中国家的经济结构不鼓励本地的研究与开发，其使用的技术和设施主要依赖国外进口，对本地科学技术共同体进行的技术创新没有多大需求[1]。

2. 国家农业创新体系建设的主要经验

改革开放以来，随着农村社会经济的快速发展和现实需要，中央政府在推进农业科技成果转化和创新体系建设方面实施推动了一系列计划，其目的在于以科学技术促进农业农村发展。

1986 年，国务院批准实施“星火计划”，其宗旨是依靠科学技术振兴农村经济，把先进使用的科学技术成果向农村推广，以引领乡镇企业的技术进步。计划内容包括技术开发、装备开发和人员培训，在农村建立各种单项技术开发示范点和综合开发示范区，如星火技术密集区、滩涂综合开发示范区等。截至 2010 年底，星火计划共实施示范项目103 276项，其中国家级项目13 981项，累计投资4 543.9亿元。

1987 年，农业部和财政部共同组织实施综合性农业科技推广计划项目“全国农牧渔业丰收计划项目”，意在与星火计划相衔接，把先进适用的新成果、新技术组装配套，大面积、大范围推广，实现农牧渔业丰产丰收。自 1987 年设立全国农牧渔业丰收计划后，中央财政投入资金逐年增加。1995 年中央财政投入资金为5 000万元，2000 年已增加到 1.1 亿元。丰收计划实施 15 年(1987—2002 年)来，参与的科技人员达 135 万人次，推广的农业科技项目 385 类，粮棉油良种和先进适用技术推广面积达 1.3 亿公顷，科学养殖畜禽 6 亿多头(只)、水产养殖面积 56 万公顷，培训农民 3 亿人次，新增粮食 650 亿千克，皮棉 12 亿千克，新增水果和蔬菜 30 多亿千克，肉禽蛋 13 亿千克，鱼虾贝类水产品 9 亿多千克。

1990 年，科技部组织实施国家科技成果重点推广计划，目的是动员和组织科技人员将先进、成熟、适用的科技成果推向国民经济主战场，重点解决农业和工业发展中的技术难点和重点问题，实现科技成果向现实生产力的转化，促进科学技术与社会经济密切互动和协调发展。2002 年，在 433 个国家科技成果重点推广计划

[1] M. Bridgstock，D. Burch，等. 科学技术与社会导论[M]. 刘立，等译. 北京：清华大学出版社，2005：284-286

中，农业项目共计有152项，占全部项目的35.10%。其中作物育种、栽培技术55项；肥料、农药和病虫害防治技术5项；农业机械和工程40项；畜牧、水产28项；林业24项。

1999年，农业部和财政部启动实施“跨越计划”专项，以实现“高产、优质、高效、低耗”农业和提高农产品总量供给为目标，有效地解决中国农业科技成果转化率低、技术普及薄弱的问题。跨越计划上接国家攻关计划、“863”计划等科研计划，下连丰收计划等农业推广项目，目的在于攻克农业科技难点和农业应用性、行业性的重大科技问题，为农业技术推广提供先进适用的共性科技成果。通过实施跨越计划，国家建设了一批农业生产性试验和示范基地、农业科技产品中试基地，培育了一系列可以大规模推广应用的新品种、新产品，培养了一批集成配套技术的示范样板。截至2009年底，供立项280项，投入财政资金4亿多万元，有511项核心技术、1 034项配套技术得到熟化推广，其联动产生的经济效益为4 000亿元。

2001年，国务院批准设立农业科技成果转化资金，以支持农业、水利、林业等科技成果进入生产的前期性开发、中试、熟化环节。项目支持对象主要为农业科技型企业，旨在鼓励科技成果的持有单位以技术入股等多种形式参与成果转化和市场竞争，鼓励科研机构和大学通过创办企业的方式转化科技成果。近10年来，立项总数共计5 047项，中央财政投入31.5亿元，总投入162.5亿元，其中引导地方政府配套资金6.4亿元，金融机构贷款25.5亿元，单位自筹资金101.2亿元，其他资金6.9亿元；转化新品种8 070个、新技术1 542项、新工艺3 329项、新设备24 959套、新材料3 763项；培训人才11 463人次，建立各类实验示范区60 517个，新品种推广面积8 570.07万公顷；建立中试线2 708条、新生产线6 555条，企业销售收入达1 135.2亿元，净利润362.8亿元。转化资金专项的实施为推进农业科技创新与成果转化、增强科技对现代农业的支撑引领能力、促进农业和农村发展方式转变作出了重要贡献。

自2001年，科技部、农业部等6部委联合启动国家农业科技园区建设试点工作。迄今国家已先后分3批共建设了65个农业科技园区，每个园区都由核心区、示范区和辐射区联动形成，其运行机制是“政府指导、企业运作、中介参与、农民受益”。近10年来，国家农业科技园区孵化和培育了一大批科技兴农龙头企业，有效促进了农业产业化进程；培养了一大批新型农民，拓展了农民就业渠道，提高了农民增收能力。国家农业科技园区已成为不断打造创新链和创业链的重要平台，成为发展现代农业、建设新农村和建立区域科技创新体系的一项基础性、公共性和战略性工作。国家将全面启动以北京国家现代农业科技城、陕西杨凌现代农业科技示范区、山东黄河三角洲现代农业示范区，即“一城两区”的战略结盟工作，充分发挥“一城两区”在资金、人才、技术、土地、品牌、市场等各方面的优势和特色。北京农业科技城有显著的科技、金融和信息优势，陕西杨凌和山东黄河三角洲的两个示范区则有良好的地缘区域和土地资源优势。三方结盟，可进一步统筹部省科技资源、行政资源和自然资源，聚焦科技、金融、信息、服务等多种要素，从而能以更快的速度、更高的质量向市场推出先进的高端农产品，提升各自综合实力和竞争优势。在此基础上，国家还将继续稳步推进国家农业科技园区的发展，形成基本覆盖我国主要农业生态类型区的现代农业科技示范园区体系。同时，加强园区公共服务平台与科技创业基地的建设，引导更多科技特派员入园创业，拓展我国农业产业和战略性产业基地的建设进程[1]。

“十一五”期间，科技部实施农村科技创新创业行动，在农村民生科技方面开展了国家粮食丰产科技工程、种业科技创新等7方面的重点工作。首先，实施国家粮食丰产科技工程，在12省累计建立水稻、小麦、玉米核心试验区、示范区、组装出180套具有区域特色的三大作物高产优质高效栽培技术体系。其次，启动主要农林动植物育种工程、动植物功能基因组研究、主要农作物强优势杂交种的创制与应用、海水养殖种子工程、畜禽良种新品种选育等一批项目，5年共选育农林动植物新品种2 300个，成果应用创造社会经济效益达1 300多亿元。再者，推进“一城两区百园”(简称121工程)国家农业科技园区建设，形成以北京现代农业科技城、杨凌国家农业高技术示范区、黄河三角洲国家现代农业科技示范区以及近100个左右国家农业科技园区(目前65个)战略结盟的现代农业科技示范基地。此外，开展科技特派员创新行动。截至2011年底，全国近90%的县(市)开展了科技特派员农村科技创业行动，科技特派员已达17万人，法人科技特派员达5 500个，直接服务农户880万户，辐射带动农村5 700万人。还有，科技部还开展了科技进步考核、星火计划、科技富民强县专项行动、科技扶贫开发等面向农村、服务民生的系列工作，转化了大批实用技术，扶持了一批支柱产业，建立了新型农村科技服务体系，提高了企业创新能力，促进了农民增收，并积极推进“公益性推广、社会化创业、多元化服务”三位一体农村科技服务体系建设，启动以新农村发展研究院为载体，积极推动大学农村科技服务模式[2]。

[1] “十二五”我国将建约120个农业科技园区[N]. http://news.sciencenet.cn/htmlnews/2012/2/260412.shtm

[2] 陈磊. 我国科技进步对农业增长的贡献率已达53%[N]. http://www.stdaily.com/stdaily/content/2012_02/28/content_433844.htm

国家粮食丰产科技工程

粮食丰产科技工程是由科技部、农业部、财政部、国家粮食局联合东北、华北、长江中下游三大平原12个粮食主产省人民政府于2006年共同启动实施的。其总体思路是立足我国粮食主产区的三大平原（东北、华北、长江中下游平原），主攻三大粮食作物（水稻、小麦、玉米），主抓"三区"建设（核心区、示范区、辐射区）的"三三三"战略，实施以可持续超高产为核心，以强化技术集成创新为重点的科技攻关部署；总体目标是通过依靠科技创新，持续提高粮食综合生产能力，为保障国家粮食安全、增加农民收入和保护生态环境提供有效科技支撑[1]。

工程实施涉及12个粮食主产省的251个县（市），占全国粮食主产区680个产粮大县的36.9%。"十一五"期间累计建立"三区"面积8.35亿亩、增产粮食4 866万多吨，增产粮食占全国同期的17%以上，单产增加是全国平均的2.7倍；组装集成180套具有区域特色的粮食作物高产超高产栽培技术体系和模式，使核心区化肥利用率提高10%以上，农药用量减少25%以上，灾害损失降低15%以上；创造了长江中下游单季稻亩产超900千克、双季稻亩产超1 325千克，黄淮海地区小麦亩产超750千克、冬小麦/夏玉米一年两熟亩产超1 700千克的新纪录，为全国粮食大面积高产树立了典范，也为实现粮食增产、保障国家粮食安全提供了强有力的技术支撑。

"十二五"期间，面对当前粮食生产出现的新形势和新问题，为实现中央提出的新增1 000亿斤粮食的目标，科技部、农业部、财政部、国家粮食局将在湖南、湖北、江苏、江西、四川、安徽、河南、河北、山东、吉林、黑龙江、辽宁、内蒙古等13个粮食主产省（区）继续组织实施"国家粮食丰产科技工程"，并以此为重点全面、系统部署粮食科技工作[2]。

3. 国家农业创新体系建设中的问题

随着一系列有关农业科技创新体系建设的文件、规划颁布和国家会议的召开，有关农业科技创新体系建设中的问题也成为研究者和决策者思考的焦点。中国拥有世界上最大的农业科研、教育、推广机构和队伍，且中央政府对农业科研的投入连年快速增加，但农业科技成果转化率只有40%左右，科技进步贡献率只有52%，

---

〔1〕 国家粮食科技丰产工程[N]. http://www.most.gov.cn/ztzl/gjlsfcgc/lsfcgcbj/201107/t20110711_88070.htm

〔2〕 "十二五"国家粮食丰产科技工程启动会在京召开[N]. http://www.most.gov.cn/ztzl/gjlsfcgc/lsfcttxw/201107/t20110712_88202.htm

国家的农业综合竞争力原因落后于发达国家，这其中的原因和问题如下。

1)“内生性”农业创新体系尚未建立。从目前国家对农业科技的投入结构、农业科研的具体活动，以及社会倡导的科研取向来看，中国“内生性”农业创新体系及其相应的机制仍未发育成熟，适合中国农村发展和农业现代化的技术储备和供给严重不足。中国的农村发展和农业现代化的结构基础完全不同于西方，一味地跟进和模仿西方国家的主流研发活动和前沿领域，结果只能导致更加严重的科研和生产“两张皮”现象，不利于国家科技资源和产业资源的有效整合，严重地扭曲中国农业技术战略目标。面向当代农村发展的国家技术战略要求我国当前和未来一段时间的技术发展应将其战略重点放在有益于劳动生产率提高和资本节约并进的技术创新之上，至少应该与资本密集型的技术的研发同步并举。从国际农业产业竞争的意义上讲，虽然中国仍有许多优势农业领域，如蔬菜、果品甚至畜牧，但基于国际市场的技术标准的农业生产技术体系的建立和开发尚未得到科研机构的有力支持，这必然给农业综合生产能力和农产品国际竞争力的提高产生严重影响。

2)先进技术与农业生产的“对接”机制有待完善。农业技术的推广转化是农业技术创新过程中的重要环节。自新中国成立 60 多年来，我国建立了从农业部到县一级的四级农业技术推广体系，农业技术推广队伍远远超过世界上任何国家，但该体系习惯于自上而下的推广机制，更多体现的是专家和官员的亿元，而很少考虑农村、农民的经济社会条件和现实需求。20 世纪 90 年代中期以后，为了适应农业发展形势的变化及政治体制改革的需要，政府农业技术推广体系进行了多次改革，但由于国家事业经费的减少和农业技术推广部门创收能力不足造成一些农业技术推广部门“缺钱养兵，无力打仗”的局面。许多专家指出，农业科学技术要落地生根，从研究院所走到农民的田间地头，关键在于建立完善的农业推广体系，让先进技术要素跨越“最后一公里”。中国农业科学院植物保护研究所吴孔明结合其所研究的农业害虫监测预警与控制技术为例分析说，病虫害预报和防治必须由政府组织实施，以往从县到乡甚至到村里各级都有植保站，新技术容易被推广、采用，现在到乡镇这一级都困难。从事短季棉育种工作 30 余年的中国农业科学院棉花研究所(简称中棉所)所长喻树迅指出，公司主导的技术推广和转化工作往往“有附加条件”，把牟利放在第一位，通常把种子和技术捆绑推广，且对好技术的推广不那么公开、积极，而过去纯公益性的农业推广体系在技术推广方面的效果就完全不同。如 20 世纪 90 年代初，中棉所培育的早熟棉“中棉 16”号(1995 年获国家科技进步奖一等奖)技术成熟后，各个地方的县级、乡级推广站闻讯争相引进，迅速在全国推广，一年的推广面积能达到一两千万亩。那时的农业推广，就是为了更好地服务于棉农生产，科研人员也很乐意为农民服务[1]。

3)技术的可应用性尚待提升。“我们目前在全国设立了很多实验区、基点，倡导科学技术人员能够深入基层，通过技术的示范、组装和展示来为农民解决实际的问题。”吴孔明指出，这需要在评价层面上，既要有科研技术创新方面的考评，又得有服务于农村、服务于农业生产发展的考量。中国农业科学院沼科所所长李谦说，近年来，沼气的使用正在离农村生活越来越近，全国农村沼气用户达到5 000万户，沼气的使用比例在提高、应用范围在拓展，但亟需要的问题是为农民提供更简单、更便捷、更耐用的技术服务。中国农业科学院草原所所长侯向阳研究员强调说，草原的产业化需要的是针对牧户提供实用、“傻瓜式”的技术保障，目前针对非农地区牧户的实用技术相对不太成熟。在草原技术推广问题上，关键是如何让生态环境的修复和牧民的增收相结合。特产所前身为1956年创建的吉林省特产试验站的中国农业科学院特产所，是唯一的国家级从事特种动植物资源保护、开发、利用的综合性科研机构。该研究所所长杨福合研究员说，解决好“最后一公里”的问题，秘诀就在于实用技术。特产研究的很多领域都属于新兴产业，产业需求非常迫切。以貂皮为例，过去主要以进口为主，特产所经过育种、养殖，从饲养方式、营养搭配等实用技术入手，搭建了国内毛皮服装领域的产业链。

4)各类创新主体相互联动的机制和模式尚未形成。李登海研究员以育种产业领域的创新为例指出，要解决创新研发上的问题，要使企业真正成为创新的主体，亟需打破当前育种中普遍存在的“个体户模式”。他说，这种模式有三个特征：一是自始至终自己研发；二是以我为中心封闭，不愿交流优质资源和先进信息，导致创新的材料不能共享；三是缺乏相应的监管体系，“退休后出成果”等现象增加了研发单位的投资风险。“个体户模式”难以形成科研创新的合力，是制约我国种业创新的一个瓶颈。建议国家对研发单位加紧调结构、转方式，同时鼓励中石油等大型央企进入种业领域，加速建立以企业为中心的创新主体，使创新模式由个人包办转变到创新团队上来，并建立相应完善的监管体系[2]。

4. 中国农业创新体系建设的政策走向

农业创新体系建设是近年来国家农业、农村发展的政策创新的焦点。自2004年以来，尽管每年中央“一号文件”关注的焦点有所不同，但几乎每一份中央文件都

---

[1] 黄明明，刘颖轶. 中国农业科学院：丈量农业科技“最后一公里”[N]. http://news.sciencenet.cn/htmlnews/2012/1/258543.shtm

[2] 王瑜. 李登海代表：打破科研育种“个体户模式”[N]. http//farmer.com.cn/kjpd/dtxw/201203/t20120313_704645.htm

会谈到农业科技创新及其国家农业创新体系的建设问题。

2004 年,中央"一号文件"《关于促进农民增收若干政策的意见》中指出:要围绕增强我国农业科技的创新能力、储备能力和转化能力,改革农业科技体制,较大幅度地增加预算内农业科研投入;继续安排引进国外先进农业科技成果的资金;增加农业科技成果转化资金;支持已有科研成果的中试和大面积示范推广;引导和推动企业成为农业技术创新主体,允许各类农业企业和民营农业科技组织申请使用国家有关农业科技的研发、引进和推广等资金;深化农业科技推广体制改革,加快形成国家推广机构和其他所有制推广组织共同发展、优势互补的农业技术推广体系;积极发挥农业科技示范场、科技园区、龙头企业和农民专业合作组织在农业科技推广中的作用;建立与农业产业带相适应的跨区域、专业性的新型农业科技推广服务组织。支持农业大中专院校参与农业技术的研究、推广。

2005 年中央"一号文件"《关于进一步加强农村工作提高农业综合生产能力若干政策的意见》中提出要加强农业科技创新能力建设,抓紧建设国家农业科技创新体系。具体措施包括:大幅度增加对农业科研的投入,加快建立以政府为主导、社会力量广泛参与的多元化农业科研投入体系,形成稳定的投入增长机制;不断提高国家科技投入用于农业科研的比重,有关重大科技项目和攻关计划要较大幅度增加农业科研投资的规模;加强国家基地的创新能力建设,搞好农业基础研究和关键技术的研究开发,加快生物技术和信息技术等高新技术的研究。根据全国农业综合区划,在整合现有资源基础上,依托具有明显优势的省级农业科研单位和高等学校,建设区域性的农业科研中心,负责推进区域农业科技创新,开展重大应用技术攻关和试验研究;加强农业领域的国家实验室、改良中心、工程中心和重点实验室建设,改善农业科研机构设施条件和装备水平,加快建设国家农业科研高级人才培养基地;继续实施"种子工程"、"畜禽水产良种工程",搞好大宗农作物、畜禽良种繁育基地建设和扩繁推广,设立超级稻推广项目;扩大重大农业技术推广项目专项补贴规模,优先扶持优质高产、节本增效的组装集成与配套技术开发;认真组织实施"科技入户工程",扶持科技示范户,提高他们的辐射带动能力。特别地,要按照强化公益性职能、放活经营性服务的要求,加大农业技术推广体系的改革力度。国家的公益性农技推广机构主要承担关键技术的引进、试验、示范,农作物病虫害、动物疫病及农业灾害的监测、预报、防治和处置,农产品生产过程中的质量安全检测、监测和强制性检验,农业资源、农业生态环境和农业投入品使用监测,水资源管理和防汛抗旱,农业公共信息和培训教育服务等职能。对公益性技术推广工作,各级财政要在经费上予以保证。同时,发挥农业院校在农业技术推广中的作用,积极培育农民专业技术协会和农业科技型企业,探索农业技术推广的新机制和新办法,对农技推广项目实行招投标制度，鼓励各类农技推广组织、人员及有关企业公平参与申报。在总结试点经验基础上，有关部门要抓紧提出加强农业技术推广体系建设的指导意见。

2006年中央“一号文件”《关于推进社会主义新农村建设的若干意见》中提出，要大力提高农业科技创新和转化能力，深化农业科研体制改革，加快建设国家创新基地和区域性农业科研中心，在机构设置、人员聘任和投资建设等方面实行新的运行机制；鼓励企业建立农业科技研发中心，国家在财税、金融和技术改造等方面给予扶持；改善农业技术创新的投资环境，发展农业科技创新风险投资。加强农业高技术研究，继续实施现代农业高技术产业化项目，尽快取得一批具有自主知识产权的重大农业科技成果；针对农业生产的迫切需要，加快农作物和畜禽良种繁育、动植物疫病防控、节约资源和防治污染技术的研发、推广；要加快农业技术推广体系改革和建设，积极探索对公益性职能与经营性服务实行分类管理的办法，完善农技推广的社会化服务机制，深入实施农业科技入户工程，扩大重大农业技术推广项目专项补贴规模，鼓励各类农科教机构和社会力量参与多元化的农技推广服务；大力推进农业机械化，提高重要农时、重点作物、关键生产环节和粮食主产区的机械化作业水平。

2007年中央“一号文件”《关于积极发展现代农业扎实推进社会主义新农村建设的若干意见》中提出，科技进步是突破资源和市场对我国农业双重制约的根本出路。必须着眼增强农业科技自主创新能力，加快农业科技成果转化应用，提高科技对农业增长的贡献率，促进农业集约生产、清洁生产、安全生产和可持续发展。为此，要加强农业科技创新体系建设。大幅度增加农业科研投入，加强国家基地、区域性农业科研中心创新能力建设；启动农业行业科研专项，着力扶持对现代农业建设有重要支撑作用的技术研发，加快推进农业技术成果的集成创新和中试熟化；深化农业科研院所改革，开展稳定支持农业科研院所的试点工作，逐步提高农业科研院所的人均事业费水平，建立鼓励科研人员科技创新的激励机制，引导涉农企业开展技术创新活动，企业与科研单位进行农业技术合作、向基地农户推广农业新品种新技术所发生的有关费用，享受企业所得税的相关优惠政策；积极探索农业科技成果进村入户的有效机制和办法，形成以技术指导员为纽带，以示范户为核心，连接周边农户的技术传播网络；增大国家富民强县科技专项资金规模，提高基层农业科技成果转化能力，着力培育科技大户，发挥对农民的示范带动作用；大力推广资源节约型农业技术，积极发展农业机械化，加快农业信息化建设。

2008年中央“一号文件”《关于切实加强农业基础建设进一步促进农业发展农民增收的若干意见》中指出，加强农业科技和服务体系建设是加快发展现代农业的客观需要。必须推动农业科技创新取得新突破，农业社会化服务迈出新步伐，农业素质、效益和竞争力实现新提高。为此，政府决定切实增加农业科研投入，重点支持公益性农业科研机构和高等学校开展基础性、前沿性研究，加强先进实用技术集成配套；加强产学研密切结合，推动现代农业产业技术体系建设，提升农业区域创新能力；启动转基因生物新品种培育科技重大专项，加快实施种子工程和畜禽水产良种工程；深入实施科技入户工程，加大重大技术推广支持力度，继续探索农业科技成果进村入户的有效机制和办法；切实加强公益性农业技术推广服务，对国家政策规定必须确保的各项公益性服务，要抓紧健全相关机构和队伍，确保必要的经费，通过3～5年的建设，力争使基层公益性农技推广机构具备必要的办公场所、仪器设备和试验示范基地；加快构建网络健全、队伍稳定、保障有力、处置高效的动物疫病防控体系，抓紧落实官方兽医和执业兽医制度，继续加大动物防疫体系建设投入力度，扩大无规定动物疫病区建设范围，对重大动物疫病实施免费强制免疫，完善重大动物疫病扑杀补偿机制，加快研制高效安全农药、兽药，加强动物疫病防控基础工作，健全村级动物防疫员队伍。

2009年中央"一号文件"《关于促进农业稳定发展农民持续增收的若干意见》中提出，加大农业科技投入，多渠道筹集资金，建立农业科技创新基金，重点支持关键领域、重要产品、核心技术的科学研究；加快推进转基因生物新品种培育科技重大专项，整合科研资源，加大研发力度，尽快培育一批抗病虫、抗逆、高产、优质、高效的转基因新品种，并促进产业化；实施主要农作物强杂交优势技术研发重大项目；支持龙头企业承担国家科技计划项目，加强和完善现代农业产业技术体系；深入推进粮棉油高产创建活动，支持科技人员和大学毕业生到农技推广一线工作。

2010年中央"一号文件"《统筹城乡发展力度，进一步夯实农业农村发展基础的若干意见》，要提高农业科技创新和推广能力，切实把农业科技的重点放在良种培育上，加快农业生物育种创新和推广应用体系建设。继续实施转基因生物新品种培育科技重大专项，抓紧开发具有重要应用价值和自主知识产权的功能基因和生物新品种，在科学评估、依法管理基础上，推进转基因新品种产业化；推动国内种业加快企业并购和产业整合，引导种子企业与科研单位联合，抓紧培育有核心竞争力的大型种子企业；培养农业科技领军人才，发展农业产学研联盟，加强农业重点实验室、工程技术中心、科技基础条件平台建设；实施农村科技创业行动、科技富民强县专项行动计划、科普惠农兴村计划，推进现代农业产业技术体系建设；抓紧建设乡镇或区域性农技推广等公共服务机构，扩大基层农技推广体系改革与建设示范县范围，积极发展多元化、社会化农技推广服务组织；启动基层农技推广机构特设岗位计划，鼓励高校涉农专业毕业生到基层农技推广机构工作。推进农用工业技术改造;加快发展农业机械化,大力推广机械深松整地,支持秸秆还田、水稻育插秧等农机作业。

2011年中央"一号文件"《关于加快水利改革的决定》指出,水利是现代农业建设不可或缺的首要条件,是经济社会发展不可替代的基础支撑,是生态环境改善不可分割的保障系统,具有很强的公益性、基础性、战略性。加快水利改革发展,不仅事关农业农村发展,而且事关经济社会发展全局;不仅关系到防洪安全、供水安全、粮食安全,而且关系到经济安全、生态安全、国家安全。要把水利工作摆上党和国家事业发展更加突出的位置,着力加快农田水利建设,推动水利实现跨越式发展。为此,要强化水文气象和水利科技支撑,加强水文气象基础设施建设,扩大覆盖范围,优化站网布局,着力增强重点地区、重要城市,地下水超采区水文测报能力,加快应急机动监测能力建设,实现资源共享,全面提高服务水平;健全水利科技创新体系,强化基础条件平台建设,加强基础研究和技术研发,力争在水利重点领域、关键环节和核心技术上实现新突破,获得一批具有重大实用价值的研究成果,加大技术引进和推广应用力度;提高水利技术装备水平,建立健全水利行业技术标准,推进水利信息化建设,全面实施"金水工程",加快建设国家防汛抗旱指挥系统和水资源管理信息系统,提高水资源调控、水利管理和工程运行的信息化水平,以水利信息化带动水利现代化。

2012年中央"一号文件"《关于加快推进农业科技创新持续增加农产品供给保障能力的若干意见》中强调,实现农业持续稳定发展、长期确保农产品有效供给,根本出路在科技。农业科技是确保国家粮食安全的基础支撑,是突破资源环境约束的必然选择,是加快现代农业建设的决定力量,具有显著的公共性、基础性、社会性。必须紧紧抓住世界科技革命方兴未艾的历史机遇,坚持科教兴农战略,把农业科技摆上更加突出的位置,下决心突破机制障碍,大幅度增加农业科技投入,推动农业科技跨越发展,为农业增产、农民增收、农村繁荣注入强劲动力。为此,中央提出,要打破部门、区域、学科界限,有效整合科技资源,建立协同创新机制,推动产学研、农科教紧密结合;大力推进现代农业产业技术体系建设,完善以产业需求为导向,以产品为单元,以产业链为主线、以综合试验站为基点的新型农业科技资源组合模式,及时发现和解决生产中的技术难题,充分发挥技术创新、试验示范、辐射带动的积极作用;落实税收减免、企业研发费用加计扣除、高新技术优惠等政策,支持企业加强技术研发和升级,鼓励企业承担国家各类科研项目,增强自主创新能力;积极培育以企业为主导的农业产业技术创新战略联盟,发展涉农新兴产业,加快农业技术转移和成果转化,加强农业知识产权保护,稳步发展农业技术交易市场,改善农业科技创新条件,加大国家各类科技计划向农业领域倾斜支持力度,提高公益性科研机构运行经费保障水平；支持发展农业科技创新基金，积极引导和鼓励金融信贷、风险投资等社会资金参与农业科技创新创业；继续实施转基因生物新品种培育科技重大专项，加大涉农公益性行业科研专项实施力度；推进国家农业高新技术产业示范区和国家农业科技园区建设，按照统筹规划、共建共享的要求，增加涉农领域国家工程实验室、国家重点实验室、国家工程技术研究中心、科技资源共享平台的数量，支持部门开放实验室和试验示范基地建设；加强市地级涉农科研机构建设，鼓励有条件的地方纳入省级科研机构直接管理；加强国际农业科技交流与合作，加大力度引进消化吸收国外先进农业技术，加强农业气象研究和试验工作，强化人工影响天气基础设施和科技能力建设。

5. 现代农业产业技术体系建设试点

2007年，农业部、财政部启动实施了以农产品为单元，以产业为主线，服务国家目标的现代农业产业技术体系，其目的在于依托具有创新优势的现有中央和地方科研力量和科技资源搭建产业技术研发中心(由功能研究室组成)和综合试验站二个层级的平台。原农业部部长孙政才在"现代农业产业技术体系建设试点"启动式上强调说，建设现代农业产业技术体系，是国家农业科技创新体系建设的重要组成部分，是提高农业科技创新能力和创新效率的新思路、新机制，标志着国家农业科技创新体系建设取得实质性突破；将使科研院所长期形成的条块分割、资源分散、低水平重复、分工不明、协作不力，以及制约农业科技创新的能力和效率的现象得到解决。以产品为单元，以产业为主线，一个一个地梳理每个农产品产业链条的技术需求，一个一个环节地解决生产技术难题，依靠科技进步提升农业的素质、效益和竞争力的任务就有了实实在在的落脚点，推进中国特色的现代农业发展道路就有了实实在在的抓手。这次改革着重在调整和完善优势农产品区域布局规划，明确以产业需求为导向的建设现代农业产业技术体系的基本思路。

现代农业产业体系依托具有创新优势的中央和地方科研资源，在全国选择水稻、玉米、小麦、大豆、油菜、棉花、柑橘、苹果、生猪、奶牛10个产业，开展技术体系建设试点，针对每一个大宗农产品设立一个国家产业技术研发中心(由若干功能研究室组成)，第一批启动56个功能研究室，聘任214个研究岗位人员，涉及67个单位。同时在优势农业主产区建设229个综合试验站。其优势在于围绕产业发展需求，进行共性技术和关键技术研究、集成和示范；以农产品为单元，产业为主线，建设从产地到餐桌、从生产到消费、从研发到市场各个环节紧密衔接、环环相扣、服务国家目标的现代农业产业技术体系，提升农业科技创新能力，从而增强我国农业竞争力。目前开展产业技术体系建设的农产品已达到50个，涉及34个作物产品、11个畜产品、5个水产品；2008年，中央财政投入专项资金9.675亿元。

2009年1月12日，原农业部部长孙政才在“现代农业产业技术体系建设工作会议”讲话说，现代农业产业技术体系是建设现代农业的重要支撑体系，是国家农业科技创新体系建设的重要组成部分，是在我国目前体制下提高农业科技创新能力和创新效率的新机制。产业技术体系建设顺利展开、初见成效，为深入推进创造了条件，为加快发展奠定了基础。各相关方面一定要坚定信心，求真务实，开拓创新，乘胜前进，切实把现代农业产业技术体系建成面向生产实际、充满活力、具有持续发展能力的农业科技骨干体系。要以产业技术体系建设为突破口，着力强化农业科研的合作，加快创新农业科技体制机制；着力强化科研与推广的衔接，努力促进农业科技成果的转化应用；着力强化科技与教育的互动，切实加强农业教育和农民培训，全面加快推进农业科技进步。

财政部副部长丁学东指出，以农产品为单元、以产业为主线，依托具有创新优势的现有中央和地方科研力量和科技资源，建设从产地到餐桌、从生产到消费、从研发到市场各环节紧密衔接、环环相扣的现代农业产业技术体系，是增强农业科技自主创新能力的重要举措，是解决科技支撑农业产业发展不力的有效途径，是科研组织管理模式和管理机制的重大创新，也是充分发挥公共财政职能作用，保障和改善民生的必然要求。中央财政将全力推动现代农业产业技术体系又好又快地建设发展。为此，中央和地方需要创新管理，上下联动，充分发挥体系的“吸纳”和“辐射”作用，推动中央和地方条块结合，跨行业、跨区域、跨领域科研力量的协作，推动体系对现有条件和资源的整合利用，推动产业技术体系与科技推广体系的衔接以及体系成果的示范带动作用[1]。

建立现代农业产业技术体系，有利于把中央和地方的科研、教育和推广机构联结起来，把各方面的积极性调动起来；有利于合理配置产业发展各个环节的科技资源和研发力量，形成完善的产业链条，为产业发展提供全面系统的技术支撑；有利于加强与科技计划、产业基地建设等其他资金的衔接，避免重复交叉，提高资金使用效益，真正实现条块结合，以产业技术体系带动区域、地方的农业产业发展，提升区域创新能力。中国农业大学农作制度专家陈阜教授认为，建立现代农业产业技术体系的设计思路扭转了我国农业科研过度集中在主要粮食作物而忽视小作物研究的弊端。同时，在每个农产品的产业技术体系内部，通过设立育种、病虫害防控、栽培和养殖、设施设备、产后加工、产业经济6个环节的若干个岗位，解决了以往农业科研过度重视育种环节，整个科研结构不合理、产业内部技术发展不协调和缺乏

[1] 农业部. 50个农产品现代农业产业技术体系建设顺利推进[N]. http//news.aweb.com.cn/2009/1/13/11720090113083080.html

系统性的问题[1]。

中国至2050年农业科技创新的路线图[2]

中国科学院发布面向2050年科技发展路线图，其中提出中国农业科技需要从植物种质资源与现代育种科技、动物种质资源与现代育种科技、资源节约型农业科技、农业生产与食品安全科技和农业现代化与智能化农业科技五大领域实现创新突破，以使中国农业具备实现农业资源的可持续利用、国家食物总量和质量安全得到充分保障、农业进入传统功能与现代多功能并存的未来新农业所需要的科技支撑条件。其中在植物种质资源与现代育种科技领域，将重点突破植物光能转化和利用效率，坚持开发基于基因组信息的关键生物技术，构建我国功能植物的产品研发创新体系，为我国农业生产的可持续发展提供科技支撑；在动物种质资源与现代育种科技领域，发展健康可持续发展的畜禽水产业，包括海洋渔业，为人类培育安全、生长快、蛋白含量高、产肉量高、饲料转化率高或抗病力强的畜禽水产品；在资源节约型农业科技领域，研究水分、养分、人工辅助能资源高效利用机制和途径，主要研发耕地保育与替代技术、工程-生物-化学节水技术等，全面建立节地型农业、节水型农业和节肥节能型农业三大生产技术体系，实现农业生产的集约化、机械化、规范化和配套产业化，实现农业生产力的持续提升和资源的持续利用；在农业生产与食品安全科技领域，加强农产品安全生产、重大病虫害防控等领域的基础理论研究，关键技术突破和综合技术集成创新，建立农产品病虫害流行的预警防控系统、智能专家管理系统，以及从源头到餐桌的食品安全数字跟踪系统，实行精确监测和防控的"主动安全战略"。建立农产品安全生产的标准化体系和绿色生态环境，实现精准化食品设计和品质调控，研发多样性的营养食品，改善膳食结构，并创制"智能化个性营养食品"，满足个性化的营养需求。

本章要点

1. 创新是知识创造和集成整合多种知识资源加以利用的过程。

---

[1] 董俊.我国农业科研领域中的重大体制创新——现代农业产业技术体系调查[N]. http://news.xinhuanet.com/newscenter/2009_02/19/content_10852052.htm

[2] 中国科学院农业领域战略研究组.中国至2050年农业科技战略路线图[N]. http://www.bps.cas.cn/ztzl/cx2050/nrfb/200906/t20090611_10

2. 国家创新系统是一种有关科学技术长入经济增长过程之中的制度安排，其核心内容是建立创新主体（包括科学技术知识的生产者、传播者、使用者以及政府机构）之间的相互作用和联动机制，促进技术、知识和经验共享，推进产业创新能力。

3. 国家农业创新系统旨在理解和构建农业创新主体之间充分利用新知识、新技术和新经验的相互作用和联动机制，推进农业研究、教育和推广的一体化。

4. 美国、荷兰、日本和印度的农业创新系统建设的经验是：高效的创新系统必须面向农户的生产经营需要，重视多个创新主体之间的相互作用和联动。

5. 中国正在探索出具有中国特色的国家农业创新体系建设。现代农业产业技术体系是建设现代农业的重要支撑体系，是国家农业科技创新体系建设的重要组成部分，是在我国目前体制下提高农业科技创新能力和创新效率的新机制。

第 4 章

农业知识产权、技术贸易壁垒和食品安全

在全球化的发展与境中，农业知识产权、技术贸易壁垒和食品安全是推进以科学技术促进农业、农村发展的重要政策议题，也是影响国家农业创新能力和产业综合竞争能力提升的重要约束条件。一个旨在以科技创新推进农业和食品产业可持续发展的国家必须加强农业知识产权保护、重视农业技术贸易壁垒的预警研究和食品安全风险的防范。

一、农业知识产权及其相应的国际公约

农业知识产权是指包括科研机构、企业、专业合作组织、农户等社会主体在农业创新活动和商业实践中依法取得或享有的专有权，如生物专利、植物品种权、地理标识等。与农业知识产权相关的国际协议包括 TRIPs 协议、生物多样性公约和保护植物育种权的 UPOV 公约等。

1. 农业知识产权的特点和意义

知识产权(intellectual property right)又称智力成果权，是基于创造性智力成果和工商业标记依法产生的权利的统称。主要包括发明权、发现权、专利权、商标权、版权(著作权)、反不正当竞争权和其他非专利技术成果权等。

农业知识产权是指科研机构、企业、专业合作组织、农户等社会主体在农业创新活动和商业实践中依法取得或享有的专有权，主要包括植物新品种权、农业技术专利权、农产品及其加工品的商标权(包括原产地与产品标识或地理标志)、商业秘密权(包括动植物育种方法、产品配方、生产工艺、技术资料、数据、管理技巧、价格信息等技术秘密和经营诀窍)、农业著作权、发现权、发明权等。

农业知识产权就其具体形态而言，包括物化于有形载体上的技术产品，如农作物新品种、肥料、药剂、农机具等；物化于知识载体上的技术文字、图形、图纸等新技术成果，如养殖技术、栽培技术、农机修理技术等。

农业科技成果研究的对象主要是动植物，服务的对象是小农民，其成果获得周期长、相关因素复杂，因此，农业知识产权除具有排他性、地域性、时间性等知识产权的一般特征外，还具有易扩散性、权利主体的难以控制性、产权价值标准的不确

定性等特征。其中易扩散性指农业新技术、新成果的示范推广大多在田间进行，易被他人非法窃取或流失；权利主体的难以控制性指受小农户生产分散性特点的影响，许多农业知识产权的权利主张难以实现，如权利主体对地理标识权、植物新品种权等不合理使用往往难以控制；产权价值标准的不确定性则指由于农业生产过程受自然、经济和社会多因素交互影响，其成果价值实现往往难以衡量和判定[1]。

农业领域的多数科技成果在历史上被看作公共产品，主要由大学和公立科研机构主导完成并由政府推广部门或相应组织推广、传播给农户应用，如改良的作物品种等。但这种模式在近几十年已经迅速改变，主要归因于由公立机构和私营机构的高水平研发而取得的农业知识产权保护成果的广泛应用，及其对农业生产力提升的重要影响。美国专利商标局等近 20 年来相继改革了其专利制度和政策框架，以增加生物技术发明获得专利授权的可能性，使私人公司和公立机构获得更多的农业生物技术专利，并使相关的生物技术专利尽快得到商业应用。

农业知识产权保护是农业产业技术创新的重要变革力量。随着新品种保护制度的实施，中国种业正在发生着深刻变化，一批具有较强竞争力的育、繁、销一体化的种子公司正在崛起，涌现出了山东登海、四川国豪、北京奥瑞金等一批拥有自主知识产权、竞争力强的种子企业。如山东登海种业，5 年来纯利润翻两番；北京奥瑞金种子科技有限公司 1997 年成立时，仅是一个资产 300 万元的小公司，发展到今天，已成为总资产超亿元的大型种子企业。据对 500 个授权品种和申请品种的统计，几年累计推广面积达 6.4 亿亩，增产粮食 563.2 亿千克，实施单位所得效益达 19.7 亿元，社会新增效益 223.7 亿元，为农民增收和国家粮食安全作出了积极贡献。其次，品种权交易与转让日益活跃。山东省农业科学院将其选育的一个高产玉米新品种"鲁单 9021"以1 000万元将市场经营权卖给了安徽隆平高科种业有限公司；四川省宜宾市农科所品种权转让给隆平高科，获得转让费 800 余万元。2002 年，农业部对授予品种权的 128 个品种的实施情况进行初步统计调查，结果表明，从 1999 年到 2002 年 4 年来，共取得许可、转让和开发纯收入 1.8 亿元人民币，其中许可、转让品种权收入3 047万元，开发授权品种收入1.727 8 亿元，通过侵权诉讼获得赔偿 476 万元，平均每个授权品种收入 169 万元。而这些品种在我国未实行植物新品种保护制度的 1998 年以前，仅有开发收入 260 万元。

了解国外品种权保护信息对于农产品出口企业而言意义重大。农产品出口企业在生产出口农产品前，应首先考虑出口农产品的种子种苗是否来自出口国，是否

---

[1] 刘李峰，郭显文. 我国农业知识产权保护现状、问题及对策[J]. 中国科技成果，2007(15)

属授权品种，以及是否在保护期限内。如果是，出口企业应当同进口国的品种权人协商，达成协议后方能组织该农产品生产加工出口，否则将受到进口国高额罚款。日本种子法修案规定：对侵犯日本法人或者自然人品种权的进口商，可处以1亿日元以下的罚款。我国一些园艺产品出口企业曾因缺乏对植物品种权制度规范方面的知识而无意间侵犯了进口国法人或自然人的品种权，结果蒙受了严重的经济损失。

植物专利的价值

可抗御枯叶真菌的多年生玉米品系专利。科学家在墨西哥南部山林中3块很小的土地上，发现只长着数千棵的稀有的多年生玉米品系。发现时农民和伐木工正准备用推土机将它们推平。这一品系可抗御枯叶真菌（曾导致美国玉米严重灾害，年损失超过20亿美元），遗传学家和育种公司专家估计这一发现的商业价值每年可达数十亿美元。

稀有长春花植物专利。美国研究人员在马达加斯加热带雨林中发现一种有独特遗传性状的稀有长春花植物——玫瑰色长春花，可作为药物治疗某些癌症。Eli-Lilly 制药公司将其开发成药物，仅1993年销售额就达1.6亿美元。

印度香米专利。1997年，有"皇冠珠宝"之称的印度香米被美国公司申请专利成功，这就意味着印度每年3亿美元的香米出口受阻。尽管后来印度政府费尽周折，但仍有16项权流失。

纳木树(neem tree)使用工艺专利。纳木树是一种在印度土生土长的树，印度人享用它那几乎神奇的特性由来已久。印度古书将其称为"赐福树"，可以"治愈各种小病"，一直被用作药物和燃料。新年有食用纳木树嫩芽作为新年标志的仪式；用其树枝做成牙刷保护牙齿，用树叶和树皮来治疗痤疮以及从各种感染到糖尿病的许多疾病；还作为天然农药，提取物可用来防治200多种农作物虫害，包括蝗虫、线虫、象鼻虫、甲虫等。研究发现，它的提取物至少具有同马拉硫磷、DDT 等合成农药同等的杀虫效果。W. R. Grace 公司分离出纳木树的最有效成分 azadirachtin，向 PTO 申请并获得多项纳木提取液生产工艺的专利。印度政府担心 Grace 公司的专利权会影响纳木树的价格和资源，剥夺当地农民生产和使用纳木树的权利。

野生大豆高产基因专利。中国是大豆的原产地，有着4 000多年的栽培历史，拥有世界上野生大豆品种的90%，超过6 000多种。2000年4月6日，美国孟山都公司申请一项国际(PCT)专利，该专利的指定申请国是包括中国在内的全球101个国家。这项专利源自对中国上海附近的一种野生大豆品种的检测和分析，孟山都从中发现与控制大豆高产性状密切相关的基因"标记"，并用这一野生大豆品种作为亲本与一个栽培大豆品种杂交，培育出含有该"标记"的大豆。孟山都公司据此申请专利，保护其发明的"高产大豆"，并提出64项权利要求。其申请范围涵盖所有含有这些标记基因的大豆及其后代，以及所有引入这些标记基因的作物。如果这些专利申请得以实现，拥有世界90%以上野生大豆资源的中国，要种植或出口这些大豆，均须得到美国这家公司的许可，并缴纳巨额知识产权费。

2. 几种主要的农业知识产权

农业知识产权包括多种形态和类型，这里主要介绍生物专利、植物品种权和地理标识三种类型。

1)生物专利。生物专利指对特定的生命形式，包括微生物、动物、细胞等生物组织及其片段，如DNA序列所给予的专利权。尽管各国围绕着生命形式的可专利性及其权利主张、收益分享等观点不一，但因为这方面的技术进展在农业、医药和环境科学等领域潜含着巨大的商业利益，许多发达国家都通过专利法修订来巩固其产业竞争优势。美国是率先对生命形式给予专利保护的国家，也是谋求通过生物专利影响世界农业和医药产业的国家。

1873年，Louis Pasteur对酵母获得第141072号美国专利。1971年，一位在通用电气公司工作的印度微生物学家查克拉巴蒂(Ananda Chakrabarty)向美国专利与商标局(PTO)申请一项遗传工程微生物专利，对能够分离原油4个主要成分的基因工程细菌假单细胞aeruginosa提出权利主张，因为它可用来吞噬泄漏到海洋中的石油。经过一系列法律辩论和反复诉讼。1980年，美国最高法院最终宣布授予通用公司第一个遗传工程生命专利。法院的裁决，为遗传材料的私有化和商业化提供了重要的法律依据。受其影响，美国生物技术公司的市值大幅上扬。1980年10月14日，Genentech公司100万股股票以每股35美元上市，开盘20分钟内就涨到89美元。当时这家生物技术公司并无一种产品上市。

20世纪80年代中期，哈佛大学Philip Leder和Timothy A. Steward博士将一种致癌基因(c-myc)通过转基因技术导入小鼠的胚胎细胞，并与处于活性状态的胚胎期染色体拼接，由此产生的小鼠后代的体细胞或生殖细胞均含有这种已被激活的致癌基因。这些子代小鼠对致癌物质特别敏感，使用比目前进行动物致癌研究所用的剂量少得多的致癌物质，便可以使这种小鼠产生恶性肿瘤而死亡，而且这些子代小鼠从肿瘤变成恶性肿瘤的发展过程要比普通动物快。这种动物可以广泛地用于检测环境系统中的致癌物质，且小鼠的遗传、生理系统与同是哺乳动物的人类很接近，是极好的癌症研究实验材料，可为探讨致癌机制提供很大方便。1985年，哈佛转基因鼠在美国和欧洲的专利申请共提出19项权利要求，其中既包括"携带一种激活的致癌基因的转基因非人类哺乳动物种"的产品专利要求，也包括"通过向其生殖细胞内引入致癌基因，以生产该动物种”的方法专利要求。美国专利与商标局于1988年4月12日批准了该案，欧洲专利局审查部却以该专利申请权利要求过宽和发明对象属于不能授予专利保护的“动物品种”为由于1989年7月驳回申请。后经过多次的慎重审查和法庭辩论，欧洲专利局审查部于1992年4月3日决定对哈佛转基因鼠授予专利。该判决第一次对动物本身授予了专利权，被誉为生物技术知识产权保护史上的又一里程碑。它宣布所有的遗传工程产生的多细胞生物，包括动物都可以申请专利。迄今，美国已授予可表达多种蛋白质的猪、绵羊、山羊、牛、老鼠等以专利，如第5476995号生物专利要求保护其乳腺中表达一个转基因以在其乳汁中生产目标蛋白质的转基因绵羊。1998年10月6日，美国专利局授予Incyte Pharmaceuticals的“人激同系物”以美国专利，这是历史上第一个有关DNA序列的专利，也是第一个有关基因序列专利的保护。

随着生物专利制度的确立，基因等生物材料被全球产业巨头和国际战略家视为生物技术时代的“绿色黄金”，一些跨国公司和政府一方面巧借国际合作研究的名义在世界各地搜寻有潜力的微生物、植物品种和人的稀有遗传资源，以便修饰制作，申请取得生物专利，另一方面不断地调整其知识产权保护体系，特别是专利保护制度，以为其控制未来战略性的基因资源和生物材料提供法律依据。有关控制遗传资源的争论屡次成为联合国粮农组织会议的主要议题。发展中国家控诉跨国公司和发达国家正试图掠夺公共生物资源，强调遗传资源应该向中东石油一样成为国家资源和财产而有偿使用，各国政府应该建立种质资源库或区来保护各种将来可能有商业用途的稀有植物品系。发达国家申辩说，只是由于才用尖端基因剪接技术来修饰和重组基因，许多重要遗传材料的市场价值才得以提高，因此他们没有义务去偿付遗传资源国家。

有关动植物新品种申请专利历来存在很大争议，这不仅涉及农业技术进步和知识产权的问题，还涉及对农作物种子的垄断和对生物多样性影响的问题，涉及农民、农业企业和公众利益的问题。德国绿色和平组织一直发出警告称，少数跨国农资公司正在利用现代农业手段试图垄断农作物种子，申请专利保护就是其手段之一。德国农业部部长伊斯·阿格纳对农作物品种专利也持谨慎态度，称虽有必要保护知识产权，但专利应有利于未来的动植物生产，利益应该属于大家。

2)植物品种权。植物新品种是“是指经过人工培育的或者对发现的野生植物加以开发，具备新颖性、特异性、一致性和稳定性并有适当命名的植物品种”。植物新品种保护的核心是品种权。中国的《植物新品种保护条例》第六条规定：“完成育种的单位或者个人对其授权品种，享有排他的独占权。任何单位或者个人未经品种权所有人许可，不得以商业目的生产或者销售该授权品种的繁殖材料，不得以商业目的将该授权品种的繁殖材料重复使用于生产另一品种的繁殖材料；但是，本条例另有规定的除外。”国际上对植物新品种保护的方式主要有以下几种。

(1)专门法律保护。植物新品种保护是知识产权保护的一种形式，通过授予植物新品种权的方式，保证培育新品种的单位或个人对新品种有排他性的独占权。

(2)专利保护。考虑到植物品种的特殊性，多数国家的专利法明确规定不授予植物新品种的专利权，但美国等少数国家对除块根植物外的无性繁殖品种给予专利保护。

3)传统知识与地理标识。世界知识产权组织(WIPO)用传统知识指称“以传统为基础的文学、艺术或者科学作品、表演、发明、科学发现、外观设计、标识、名称或者标志；未公开的信息；以及其他所有来自工业、科学、文学或者艺术领域的智力活动中产生的基于传统的知识创新和创造。”其中“基于传统”主要指代代相传的知识体系、创造和创新以及文化表达，并以一种非系统的方式与特定人群或者其居住地相关，不断根据变化的环境演变。传统知识包括农业知识；科学知识；生态知识；相关药物和医治方法的医疗知识；与生物多样性相关的知识；以音乐、舞蹈、歌曲、手工艺品、故事、艺术品等形式出现的“民间文艺的表达”；地名、地理标志、徽标等语言要素和可移动的文化财产。排除于传统知识的定义之外的将是那些不是来自产业、科学、文化或技术领域的智力活动的事物，如人类遗体，通用语言和广义的“文化遗产[1]”。

中国民间的传统医药知识和民间手艺品等可以纳入传统知识的框架中加以开发与保护。具体可考虑采用外观设计、实用新型、商业秘密和商标法、版权法等加以保护，如采用商标法和版权法来保护传统社区的徽志、标识、文字或者其组合，以及产生于社群知识的观念的明确表达。在注重文化多样性和个体社会认同的今天，重视对农村医疗偏方、传统民俗工艺等传统知识的整理、挖掘和保护，应成为新农村文化建设和产业扶植的工作重点和发展方向。

农产品地理标识允许对由于其产地而具有特殊和显著特征的农产品进行保护。该农产品的特征或者因其特定的地理条件，或者因该地区特有的人力投入或产品的声誉而取得。设置地理标识机制的意义在于给予生产这些产品的人禁止他人对不是来源于该特定区域的该类产品投放市场时使用该地理名称，这些产品如葡萄酒、香槟、科涅克酒、波尔多红葡萄酒等。地理标识在欧美等国被有效用作优

---

[1] [印]甘古力.知识产权：释放知识经济的能量[M].宋建华，姜丹明，张永华译.北京：知识产权出版社，2004：97-98

质农产品经营保护的重要机制[1]。中国有悠久的农业文明传统和丰富的人文历史遗产，重视对农产品地理标识的登记保护，有助于最大限度地保持和提升地域特色农产品的独特品质与品牌，切实将地域特色品牌农产品品质保持好、品牌效益维护好。近年来，一些地方政府、农村专业合作组织和农商企业开始认识到地理标识对农产品生产经营的重要作用。一些受到地理标识保护的名优农产品相继被推向市场，如大兴西瓜、宁夏枸杞和长白山人参等。

欧洲专利局复审“西兰花专利”[2]

2010年20日和21日，位于德国慕尼黑的欧洲专利局就“西兰花专利”申诉举行听证会，以确定人工选育的动植物品种是否符合专利申请，欧洲专利局需在涉及知识产权保护和防止农产品种子垄断的富有争议领域作出明智的裁决。“西兰花专利”是2002年英国一家生物科技公司就其选育出的一种西兰花品种申请的专利。这家公司通过基因标识的方法提炼了西兰花蔬菜中抗癌物质的成分，并通过品种选育的方法获得了西兰花新品种。该公司在欧洲专利局申请了西兰花新品种和种子专利，专利号为EP 1069819。欧洲专利局2000年还接受了以色列农业部申请的一项低水分西红柿改良品种专利，专利号为EP 1211926。

这两项蔬菜品种的专利都采用常规植物选育方法与基因技术结合，欧洲专利局当时授予这两项专利是考虑其应用了基因标识的手段，含有技术创新因素，至于基因技术对新品种究竟起了多大作用，欧洲专利局实际上并不完全清楚。2003年和2004年，法国、瑞士和荷兰的3家农业公司对这两项蔬菜品种专利提出质疑，认为其根本就是用常规农业生物方法获取的品种，不足以获得专利。而欧洲专利局原则上只支持利用技术创新而非传统生物方法来获得新品种。

3. 与农业知识产权相关的国际公约

随着农业和生物技术产业竞争的加剧，农业知识产权与生物多样性、种质资源保护可持续发展等之间平衡问题广受关注。这里对几个涉及生物和生物繁育材料的知识产权问题、且相互关联的国际公约做些简要介绍。

1）TRIPs协议关于植物新品种保护的条款。世界贸易组织乌拉圭谈判（1986年9月至1994年4月），将关贸总协定的基本原则延伸至服务贸易和知识产权领域，确立并签订了TRIPS协议。TRIPS第27条第1～3款是与生物和生物技术领

[1] [印]甘古力.知识产权：释放知识经济的能量[M].宋建华，姜丹明，张永华译.北京：知识产权出版社，2004：99-100

[2] http://www.stdaily.com/kjrb/content/2010_07/22/content_210781.htm

域的专利问题最相关的条款。其中第1款要求各成员国对所有技术领域的发明授予专利，只要他们具有新颖性、创造性和适于产业应用；第2款规定各成员可排除某些发明的专利性，如果在其境内这些发明的商业性应用对维护公共秩序或道德，包括人类、动物或植物的生命健康或避免严重损害环境是必要的，只要这种排除并不仅仅因为其利用为国内法律所禁止；第3款允许各成员排除有关人类和动物疾病的诊断、治疗和外科手术方法的发明专利性；允许排除微生物以外的动物和植物、生产动物和植物的主要是生物学方法的专利性，但不包括非生物学方法和微生物方法。但要求各成员国应采用专利制度或某种行之有效的特别制度，或前两种制度的结合方式对植物新品种提供保护。TRIPS协议强制要求其成员国通过专利或其他方式对植物新品种进行保护。中国在20世纪90年代开始恢复关贸总协定和加入后来的世界贸易组织的谈判期间，选择以植物品种权保护制度的形式对植物新品种提供知识产权保护。

美国的植物品种保护体系

美国通过三套法律体系，即植物专利法、实用专利法和植物品种保护法共同实现对植物品种的保护，这三套法律体系建立的时期不同，针对的领域也有差别，其相互结合非常全面地保护了美国商业育种者的利益。1970年的植物品种保护法(PVPA)，针对有性繁殖品种，类似于UPOV公约1978年文本，引入两个例外，一是科研例外，二是农民留种再繁殖，或农民间交换销售的例外。结合各个州的种子和种子标识制度给予植物品种以保护，再将菌类、细菌和第一代杂交品种排除在此体系的保护范围之外。1994年PVPA修订本，使其与UPOV公约1991年文本相一致，在1970年的PVPA的基础上，将农民特权仅划定在允许留种自用上，禁止农民间的交换和销售，扩大保护范围，将块茎繁殖物如土豆和派生品种划入保护类别之中。这是目前美国品种保护的主要体系[1]。

2)保护植物育种权(PBR)的UPOV公约。该公约于1961年几个欧洲国家倡导签署，1968年正式生效，分别于1972年、1978年和1991年进行了修订，其宗旨在于通过国家强制赋予植物新品种的育种者对培育新品种在一定时限内的排他性的独占经营权，如以商业为目的的生产、繁殖和销售繁殖材料等具有排他性权利。这种排他性的权利即所谓的植物育种者权，具体包括要求其他人从事以下行为应

[1] USDA. The Seed Industry in U. S. Agriculture. Agriculture information bulletin number 786. 2004:19-20

获得育种者的许可：

(1)繁殖；

(2)对该植物新品种的繁殖材料商业化开发并投放市场；

(3)许诺销售该繁殖材料；

(4)将该繁殖材料投放市场，以及为商业性繁殖其他新品种的目的而重复使用该植物新品种。

依照 UPOV 公约，如果一个植物品种，满足一定的特殊性、新颖性、一致性和稳定性，并有其育种者和合适的命名，它就是可注册登记，并可被申请保护的。

(1)如果一个品种与其他已知(whose existence is a matter of common knowledge)品种有明显区别，此品种可认为是特殊的；

(2)如果一个品种经历可预料的环境变化(variation)，仍具有人们所期望的繁殖特征，这个品种在繁殖的有关特征上是一致的；

(3)如果一个品种重复繁殖之后，其有关特性(characteristics)仍然保持不变，这个品种可被认为是稳定的；

(4)如果一个品种或者它的繁殖材料还没有在育种者的同意下被卖给其他人，这个品种可被认为是还没有被开发，即具有商业新颖性。这就是说，只要某一品种区别于现有的公知植物品种，并具有充分一致性、稳定性和新颖性，即可申请品种权保护和获得新品种权授权。

UPOV 公约的早期文本对科研、非商业目的的私人行为、农民权利等规定了品种权的豁免和例外，并对社会需要但未被转化的新品种规定强制许可的特例，以此来调节社会公众和育种者之间的利益平衡。随着发达国家私人育种者的强大，UPOV 公约的天平逐渐偏向育种者一边，虽然 1991 年文本和 1978 年文本同属于同一制度体系，但其中看似细小的差别却蕴含着明显的利益偏向。

UPOV 公约创制的历史及其影响[1]

UPOV 公约创制与种子市场的规范密切相关，其主要意图在于规范管理种子市场，并赋予育种者有限的权利。1922 年，法国立法规定，只有经过品种登记的种子才能被商业化，并使用育种者所有的品种名字进行种子买卖。1941 年，荷兰设置的植物育种者法令要求种子市场通过认证程序来规范和管理，种子市场上只允许交易命名的品种。对于第一代种子，育种者有权获得一定的使用费。随着多边贸易的不断扩大，私人育种机构的涌现，欧洲种子市场出现了两个亟待解决的重大

[1] 倪莉. 植物新品种保护制度创新研究[D]，中国农业大学，2006

问题,使欧洲各国在品种权保护立法方面面临很大挑战:

(1)各国管理机构使用不同的授权条件来标明种子的具体标准,常常不能保证在某国得到保护的新品种在另一国也能得到同样的保护,并由此产生贸易冲突,形成贸易障碍。

(2)欧洲各个国家对同一品种的命名有很大差异,致使同一个品种或者相似品种以不同的名字来出售,造成育种者从这种商标保护中无法到充足的利润回报,很难从日益增长的种子贸易中获得利益。

20世纪50年代,欧洲经济合作组织(OEEC,OECD的前身)对种子管理体系进行调整,逐步统一了国际贸易中种子鉴定的专业术语和标准,并规定育种者的权利和义务,即种子品种在进入市场前必须要得到育种者的许可,而育种者也必须保证种子的质量。但仅靠种子鉴定体系并不能满足育种者对其权利的要求。国际植物品种保护育种家协会(ASSINEL)提出设置一种排他性的权利,以对育种者的品种权益进行保护。但究竟采用什么样的保护方法,各个行业协会意见不一。这些争论和探索最终为UPOV公约的签署奠定了现实基础。

20世纪40～50年代间,国际育种者协会(ASSINSEL)非常支持新品种的专利保护形式,并将此作为保护育种者权利的主要选择。ASSINSEL的观点得到国际工业产权律师会议(AIPPI)1952年报告的支持。该报告指出,作为工业创造发明的一部分,育种者需要特殊保护,也需要专利保护。但很快他们意识到对植物品种进行专利保护的弊端,开始反对给予新品种以专利权保护的主张。以AIPPI为代表的工业界强烈反对将植物新品种纳入专利的保护范围,他们不愿意为适应植物品种而降低可专利性的条件和对专利的保护程度,原因是植物育种中的发明具有不同于工业产品的特殊性,不满足专利授权的两个重要条件,即对创新性的证明和对创造成果信息的公开,以使其能够被复制。

AIPPI认为,将植物品种纳入专利权的保护范围可能会弱化专利制度,因为专利保护需要满足三个条件:新颖性和创新性步骤;工业实用性证明;可公开性。其中对新颖性和创新性步骤的测试要求该项发明相对于同期的发明申请的技术水平来说是新颖的,即对一个特定行业的技能熟练者来说不是显而易见的。但新品种的繁育通常是一种渐进创新,育种方法的新颖性很难判定;在植物育种领域,并不是所有的发明都具有工业实用性,很多新品种只是对已知品种的装饰性改进;很多品种是衍生品种(true-to-type),即通过繁育复制,以保证新品种具有可自动繁育性。然而,育种程序的充分的披露是不能轻易实现的,育种步骤的复制也不能保证能繁育出相同品种。1954年,AIPPI代表强烈表决,坚持将植物作为非专利保护对象。

受这些主张的影响,1958年的巴黎公约会议不再考虑植物品种专利化问题。1956年,ASSINEL决定由法国政府主持召开国际会议,商讨植物新品种保护的相关问题。1957年2月22日,法国政府邀请欧洲12个国家在巴黎聚会,研讨并拟定植物新品种保护的主要原则,会议达成的共识变成最终法案(final Act)。1957年3月11日,该法案正式通过,它承认育种者权利的合法性,并将新颖性、一致性和稳定性作为品种保护的前提,以确立品种保护的独立性原则。法案在经过三次起草委员会和两次专家委员会研讨后,最终形成国际植物新品种保护公约,即所谓UPOV公约。1961年12月2日,比利时、法国、联邦德国、意大利和荷兰首先签署了UPOV公约。1962年11月26日,丹麦和英国加入并签署了公约。瑞典随后也签署加入。1968年8月10日UPOV公约正式生效。UPOV公约的生效标志着国际植物新品种保护联盟(UPOV)这个政府间国际组织正式成立。

和专利制度相比较,UPOV公约借鉴了品种权法中的大部分内容,具有以下特殊性:

(1)不用进行价值测试(merit test)。一件新的植物品种不必确立在现存工艺状态下的任何改进。

(2)对新颖性的要求被高度精简,仅仅只要求育种者证明其商业新颖性。

(3)不需要证明其创新性步骤。对于一个品种,只要满足在申请期内与现存所知的其他所有品种相区别即可。

(4)通过提交品种和进行田间试验来确定品种的特性来达到新品种公开披露的目的。

由于顺应当时欧洲种子市场管理规范统一的要求,在种子认证制度的基础上扩大了育种者的权利范围,增加了对种子生产的排他性控制,并可保证种子的质量满足农民的需求,且在品种检测和授权程序上具有可操作性,UPOV成为当时欧洲各国普遍认可的品种保护制度选项。

20世纪70年代之前,日本采用的是品种注册登记制度,只对少量的品种提供非常有限的保护。1982年,日本依据UPOV公约1978年文本,颁布适用法《农业种子和种苗法》。1995年,UPOV公约1991年文本公布后,欧盟、美国、澳大利亚等国纷纷制定与UPOV公约1991年文本相一致的法律法规。为与贸易伙伴的植物新品种保护体系相接轨,日本学界普遍认为应当修订《农业种子和种苗法》,使其与UPOV公约1991年文本相一致,同时应在植物新品种保护制度中引入农民特权。1998年12月24日,日本正式采纳UPOV公约1991年文本,政府向国会提交《农业种子和种苗法》的修订草案正式生效。日本植物品种保护的范围较广,受保护的品种包括种子植物、蕨类植物、苔藓植物、多细胞藻类和其他植物。日本不仅把UPOV公约1991年文本要求的保护范围全部纳入保护体系，而且还把蘑菇也列入受保护植物的范围，原因是蘑菇在日本农业发展中具有重要的战略意义。此外，日本的《农业种子和种苗法》大体上认可农民特权，但同时规定农民特权的例外，农民特权的例外包括以下两种情况：其一是与品种权人之间有某种协议；其二是受保护品种属于农林水产省指定的无性繁殖植物。农林水产省对属于无性繁殖植物种和属的品种作了相应的规定，指定了23个种和属，其中有22种是植物，另一种是蘑菇，这些种和属的品种不适用农民特权。

值得注意的是，植物品种权保护制度在刺激各国和企业对新品种研发投入的同时也造成了发达国家和某些跨国种子企业对农业和食品行业的控制。据UPOV统计，2003年末，新品种保护总量居于前五位的国家依次是美国、日本、荷兰、法国、德国，这五个国家的新品种权合计达28 427件，占UPOV总量的46.27%，呈现集中趋势。其中美国占UPOV总量的1/4，日本占总量的10%。UPOV各成员国获得植物新品种权的重要主体是种子企业，世界种业巨头利用技术上的优势，实施知识产权的“跑马圈地”，固化其产业竞争优势，造成相关的贸易和市场垄断。世界种子销售额十强企业在小麦、玉米、大豆、油菜等领域获得了大部分授权，四种作物的新品种权所占比例分别为20.04%、57.64%、46.17%、25.51%。种子巨头控制着大部分的新品种权，拥有高价值的无性资产，控制着种子产业链条的源头优势。

3)生物多样性公约(CBD,1993)。该公约的宗旨是推进生物多样性的保存、实现其组成部分的可持续利用和来自遗传资源利益的合理分享。该公约将生物多样性及其经济利益从人类的共同遗产角度定义为各国可以保护并作为商品进行贸易的国家财产。该公约第8条(j)条要求各缔约国“依照国家立法，尊重、保存和维持土著和地方社群体现传统生活方式而与生物多样性的保护和持续利用相关的知识、创新和实践并促进其广泛应用，由此等知识、创新和实践的拥有者认可和参与下并鼓励公平地分享因利用此等知识、创新和实践而获得的惠益”。第16条详细规定了提供和/或便利取得并转让有关生物多样性保护和持续利用的技术或利用遗传资源的技术的前提，如当事人之间的“知情同意”、适当的“材料转让协议”和信息转让协议等。其中第16条第1款要求各缔约国向其他缔约国提供和/或便利其取得并向其转让有关生物多样性保护和持续利用的技术或利用遗传资源而不对环境造成重大损害的技术；第2款规定此类技术属于专利和其他知识产权的范围时，这种取得和转让所根据的条件应承认且符合知识产权的充分有效保护；第3款要求各成员应酌情采取立法、行政或政策措施，以期根据共同商定的条件向提供遗传资源的缔约国，特别是发展中国家提供利用这些遗传资源的技术和转让此种技术；

第4款要求各成员应酌情采取立法、行政或政策措施，以期私营部门为第1款所指技术的取得、共同开发和转让提供便利，以惠益于发展中国家的政府机构和私营部门；第5款要求各成员承认专利和其他知识产权可能影响到本公约的实施，因此应遵照国家立法和国际法进行合作，以确保此种权利有助于而不违背本公约的目标。该公约第19条强调要依据公平原则分享基于遗传资源而形成的技术成果和惠益等。

基于这一国际公约，印度政府专门成立了“国家基因基金”，用于支持地方品种和基因资源就地保存和可持续利用。2003年2月，印度通过《国家生物多样性战略和行动计划》(NBSAP)。这份500页的长篇计划详细描述了印度生物多样性流失的现状，分析了流失的原因和途径，并对生物资源的可持续利用、保护和保存，对野生和家养生物多样性的公平利用和利益共享等提出了不同的战略和行动计划。该计划由联合国开发计划署(UNDP)和全球环境研究机构(GEF)提供资金资助，由非政府组织、联邦环境部和生物科技联盟印度公司提供技术支持。其中承认社会团体对生物资源和传统知识的拥有权和其他权利，建议由国家、各邦和地方的相关部门负责实施战略行动计划，建立相应的监督体制；在国家计划委员会内设一个特别的生物多样性工作组，在联邦各部中指定专门负责生物多样性事务的官员；建立一个国家的生物多样性网络。

4)联合国粮农组织倡导的农民权(FR)。在植物基因资源委员会(PGR)的主导下，联合国粮农组织先后在1989年4月、1989年5月和1991年3月举行多次谈判和辩论，最终形成承认和鼓励农民家庭对植物遗传资源的保存的重要贡献。植物基金资源委员会将“农民权”界定为“从农民过去、现在和将来在保存、改良和提供植物遗传资源(尤其是那些来源/多样性中心的遗传资源)中作出的贡献中产生的权利”。这些权利被授予国际社会，作为现在和将来各代农民的受托人，为确保农民之全部利益以支持其继续贡献。但国际公认的关于实施农民权的利益机制尚未达成。

5)联合国《粮农植物遗传资源国际公约》。2004年，联合国《粮农植物遗传资源国际公约》得到了55个国家的批准，从6月29日起正式生效，成为全球在农业可持续发展方面生效的第一部国际法。其宗旨是确保生物多样性资源得到保护与分享，重点保护农作物基因这一农业发展基础资源的多样性，以促进世界农业的可持续发展。根据条约的主要内容，成员国政府应当保护农民拥有的经验和传统，让农民参与涉及植物基因的决策过程，确保他们能分享到保护植物基因带来的利益。条约决定建立一个“多边资源及利益共享体系”，以提高国际合作研究和培育新作物品种的效率，促进成员国之间在作物基因方面的交流与合作，降低技术交流与合作的成本，在促进对那些必须使用不同国家的作物基因才能培育的新物种的合作研究方面将发挥巨大作用。

联合国粮农组织总干事雅克·迪乌夫强调说，条约是适应全球作物基因资源日益损失严重的情况而制定的。几千年以来，不同的社会都热衷于通过基因改良来改变物种，以使其适应人们所处的环境条件。通过这种方式，人们持续改变了用于食物和农业的基因资源。现在农业生产中所用的基因尽管还有一部分是野生的，但大部分已是人工培育或改变后的基因。所有的物种，特别是那些野生物种为农业和食品生产的扩大和多样化提供了巨大潜力。任何基因改良的成功，不论其实现是通过传统方式还是生物技术手段，都取决于是否具有一个广泛的基因资源基础。这个基因资源基础将使研究者有可能在其中发现他们所需要或要求的基因特性，从而获得产量更高的、能够抵抗各种压力的物种。然而，大规模商品化农业导致了农业生产品种的单一性，但同时也破坏了基因的多样性。据联合国粮农组织的统计，人类从事农业至今，共培育了约 1 万种作物品种，但现在世界 80%的人口仅依靠稻米、小麦、玉米和土豆等 12 种作物品种为主食。目前，全球范围内作物基因正快速减少，仅过去 100 年内，就消失了约 3/4。"气候变迁、环境压力、新病虫害的出现，这些均威胁着植物基因多样性。人类必须利用已有的基因培养出更好的作物。基因库的缩小，就意味着人类生存机会的降低。"[1]

为保护农作物基因多样性，国际社会已着手采取一些做法，如鼓励小规模农业，借助小规模、多样式和多品种的生产系统来保护农作物的基因资源，减少生物多样性的损失，对农民在保护基因多样性方面发挥的作用给予经济补偿，迫使发达国家减少给予本国农民的补贴，并迫使其对发展中国家的小规模农业生产者提供帮助。

其他植物新品种保护制度[2]

在 UPOV 公约之外，还存在其他的制度模式，一般将 UPOV 公约不断限制和忽视的农民权利和生物多样性作为关注的焦点。如泰国政府确立的新品种保护制度就规定对于那些通过衍生方式从当地品种获得的利润，20%属于保存和开发该品种的人，60%属于当地民众，20%属于当地政府。采用这种植物新品种保护制度模式的国家，主要集中在亚洲和太平洋地区，其立法形式也是多种多样，具体表现

[1] 王俊鸣. 为了农业的未来：联合国启动《粮农植物遗传资源国际公约》[N]. www.stdaily.com/oldweb/gb/stdaily/2004-07/01/content_268149.htm

[2] 倪莉. 植物新品种保护制度创新研究[D]. 中国农业大学，2006

形式有孟加拉的《植物品种和农民权利法》、菲律宾的《菲律宾植物新品种保护法》、印度《植物品种保护和农民权利法》、印度尼西亚的《植物品种保护法》、尼泊尔的《植物品种保护和农民权利法》、泰国《植物品种保护法》、中国台湾《植物品种和种子令》及越南的《植物新品种保护条例》,非洲统一组织的《保护当地社区、农民和育种者权力的示范法以及遗传资源获取规则》等。

亚洲和太平洋地区占全球人口的3/4,是主要的种子生产和消费区域,但该地区大部分区域经济、技术发展落后,农业占GDP份额大,是典型的“小农经济”区,植物新品种的保护政策直接涉及农民和多方面的利益问题,需要进行多方面的平衡。国家立法的侧重点是保护农民和当地居民的利益,保护国家的自然资源和生态环境,实现商业育种者和社会其他利益群体的平衡。1993年起草,2001年生效的印度《植物新品种保护与农民权利法》,其主要目标是:

(1)激励公共领域和私人领域的研发投资,在保证适当投资利润的基础上,开发植物新品种。

(2)通过国内和外商投资促进种子产业的成长,保证高质量种子的有效性和保证印度农民的种植材料。

(3)承认农民作为培育者和保存者的贡献,以及传统的、农村和部落社区对国家的生物多样性的贡献,并通过利益共享和保护农民的传统权利来奖励他们的贡献。

4. 中国对动植物品种保护的立法进程

1985年4月1日,中国开始实施《中华人民共和国专利法》(以下简称《专利法》)。但该法规定,对动植物品种不授予专利权,而仅对其非生物学培育方法授予专利权,这就将农业科研领域创新最活跃、应用价值和商业前景明显的动植物品种繁育成果,特别是植物新品种排除在专利保护之外。但由于当时人们知识产权保护缺乏认识,农业科研领域对此反应并不强烈。在《专利法》实施以后3年多的时间里,国内一些育种科研单位和育种者曾向国家专利局申请了一些农作物育种方法的专利,但其目的却在于保护品种本身,结果表明育种方法专利保护不了品种权益,还引起了争论。有人认为授予育种品种方法专利并不合适,因为它没有像申请微生物方法专利那样能将微生物本身送交指定的保藏中心保藏。品种方法专利的申请人在申请专利时,没有送交其种子繁育材料进行保藏而仍然在申请者手中处于保密状态,即处于“公开不充分”状态。

1988年,农业部为配合《专利法》的修改曾就植物新品种保护的利弊征求了农业系统的意见,结果农业科研教学单位对保护植物新品种的态度明确,要求保护;种子生产经营部门态度暧昧,认为眼下保护时机不成熟,可采用技术合同的方式给育种者一些利益。20世纪90年代初，国家专利局在确定《专利法》修改草案之前，反复与农业部进行协商，一致认为，根据国际通行做法，植物品种本身不纳入《专利法》的保护范围。1992年颁布实施的新修订的《专利法》第25条明确规定不保护植物品种，只保护植物品种的生产方法。尽管其第11条规定方法专利可延伸到产品，但由于方法专利必须符合专利法新颖性、创造性、实用性“三性”要求，对植物新品种而言要求过高，尤其是新颖性标准几乎可以排除绝大部分植物新品种的方法专利申请，因此，专利法对植物新品种所起的保护作用非常有限。

1989年3月13日，国务院发布的《种子管理条例》，只在第8条第2款和第14条规定：“国家鼓励集体和个人选育农作物新品种和林木良种”、“种子技术的专利保护和技术转让，依照《专利法》及国家有关技术转让规定办理”，这体现了立法者已经意识到育种者的创造性劳动成果应当得到鼓励和保护，但严格说来，该《条例》并未提及育种者的权益。1993年9月2日，我国颁布的《反不正方竞争法》第10条有关商业秘密保护条款，使植物新品种可以获得一定程度的保护，但由于植物新品种能“自我繁殖”以及农业生产须在田间进行等因素，其对植物新品种的效果十分微弱。1999年，我国颁布的《合同法》使育种者在某种程度上可以通过与生产单位签订技术开发、技术合作等技术合同手段维护自身的权益，但此时育种者权益保护的效力仅限于当事人之间，合同不能为第三人设定义务，通过技术合同对植物品种的保护也很有限。

1997年3月20日，我国颁布了第一个直接关系到农业领域知识产权保护的法规——《中华人民共和国植物新品种保护条例》(以下简称《条例》)，预示着我国植物品种权保护制度的初步建立。1999年4月23日，我国正式签署国际植物新品种保护联盟(UPOV)公约1978年文本，成为UPOV的第39个成员国，这意味着我国的植物新品种保护工作开始与国际接轨。2000年，我国人大常委会通过的《种子法》明确规定，我国实行植物新品种保护制度。由于国内育种工作者的积极回应和农产品国际贸易的强力推动，我国农业植物新品种权保护制度在短短的几年迅速建立起来，农业新品种权申请的审查程序已步入正轨。农业部自《条例》实施以来，先后制定《农业植物新品种保护条例实施细则》、《农业部植物新品种复审委员会审理规定》、《农业植物新品种权侵权案件处理规定》、《农业植物新品种权代理规定》等规章制度；最高人民法院于2000年2月5日公告《关于审理植物新品种纠纷案件若干问题的解释》，明确了人民法院受理植物新品种案件的种类和管辖范围。为保障《条例》的实施，农业部先后组建了农业部植物新品种保护办公室、复审委员会、繁育材料保藏中心以及植物新品种测试中心及分中心，各地的新品种保护行政执法体系也初步建立。

为保证品种权审批的科学性、公正性和公开性，农业部在加强新品种测试中心和14个分中心的建设的基础上，组织全国一流科研单位研制了玉米、水稻等50多种植物的DUS(特异性、稳定性、一致性)测试指南，其中部分已通过验收，即将正式公布。到2006年为止，农业部共发布4批植物新品种保护名录，使受保护的植物属和种达到30个。这30个植物属和种里，有水稻、玉米、普通小麦等大田作物，有兰、菊、竹等花卉属种，也有我们餐桌上常见的大白菜、萝卜和西瓜。

植物品种权制度的建立有力地提升了中国种业知识产权创造的能力。据中国种业知识产权联盟发布的调查报告显示，截至2010年底，中国累计受理品种权申请达到7 761件，其中国内7 268件；国内种业企业的品种权申请量大幅上升，占国内总申请量的32%。中国累计授权品种权3 473件，国内3 409件。共受理与育种有关的专利申请5 015件，其中国内3 588件，企业专利申请量347件，占国内总申请量的9.7%；共授权专利1 883件，有效专利1 108件，其中国内授权1 480件，国内有效专利816件，有效专利率55.1%[1]。

2011年1月18日，为响应国务院打击侵犯知识产权和制售假冒伪劣商品专项行动，贯彻农业部打击侵犯品种权和制售假冒伪劣种子专项行动，中国种业知识产权联盟在北京启动"种业知识产权保护在行动"专项活动。作为中国种业知识产权联盟将长期坚持的专项行动，"种业知识产权保护在行动"旨在通过开展行业自律维权、建立种业知识产权信息共享系统、建设种业知识产权电子交易平台、举办知识产权交流与培训等活动，提升联盟成员知识产权的创造、运用、保护和管理能力。有50余家联盟成员签署的《联盟自律维权公约》旨在杜绝坑农害农事件发生，维护联盟成员知识产权利益，促进公平有序竞争，推动种业市场健康发展。联盟聘请了一批律师为法律顾问，目的是研究种业知识产权，开展社会法律援助，向联盟成员提供维权服务，向弱势群体提供专业的维权救济，协助联盟参与国际知识产权谈判和争议解决，维护国家利益和成员合法权益[2]。

二、技术性贸易壁垒(technical trade barriers)

随着全球贸易自由化进程的加快，技术性贸易壁垒(简称BTB)因其形式上的合理性、内容的广泛性、保护方式的隐蔽性和灵活性等特点而备受各国重视，技术

[1] 曹茸.我国种业知识产权保护成绩斐然[N]. http://farmer.com.cn/agri/zy/zydt/201101/t20110126_610462.htm

[2] 张正富，张辛欣."种业知识产权保护在行动"启动[N]. http://farmer.com.cn/agri/zy/zydt/201101/t20110124_609880.htm

性贸易壁垒已成为发达国家实行农业保护最主要、最有效的手段和形式。中国农业出口企业必须重视相关国际的技术性贸易壁垒的预警研究。

1. 技术性贸易壁垒及其设置动因

技术性贸易壁垒又称“技术性贸易措施”是指某经济体以维护基本安全、保障生命、健康和安全、保护环境、防止欺诈、保证产品质量等为由采取的技术性贸易保护措施，主要包括技术法规、标准和合格评定程序、动植物检验检疫措施、商品包装标签及标志和环境要求等，涉及卫生检疫、生态安全、食品安全、知识产权和动物福利等诸多技术性因素。这些对农产品贸易产生限制作用的技术性措施本已是保护国家经济安全，保护人类、动植物的生命或健康，保护环境，防止经济欺诈行为。

关于技术性贸易壁垒，有各种不同的观点。早期文献将检疫政策和一系列无规则的限制或延迟产品在边境口岸进入的措施看作是技术性壁垒，强调技术性壁垒作为对进口产品进行调控和管制的规制和措施，其目的在于弥补市场不足，减少与产品生产、配送和消费有关的外部性。20世纪90年代中期以来，国际社会发生的一系列震惊世界的食品污染事件，如肆虐欧洲的二噁英污染畜禽饲料、比利时可口可乐污染、法国的李斯特菌污染熟肉罐头、疯牛病、口蹄疫等，造成严重的食品安全信任危机，许多国家因此制定了严格的强制性农产品技术法规和卫生标准。

对农产品和食品设置技术壁垒具有一定的合理性，其不仅能保护生产者的利益，也能获得消费者的支持。归结起来讲，技术性贸易壁垒形成主要有以下动因。

1)为解决信息不对称而设置的技术性贸易壁垒。由于农产品、食品等与人类健康、生命安全直接相关，消费者无法仅凭肉眼观察得到食用安全性等相关信息，且有些产品只有购买消费后才可知道其是否存在安全问题，有时即使消费者因食用不安全商品生病后也很难将其与多种食品中某一种不安全食品联系起来，一些食品造成的疾病具有较长时间的潜伏性，如三鹿奶粉中掺加的“三聚氰胺”对许多婴幼儿生命安全造成的影响。对这些可能影响消费者生命安全的添加剂的使用，生产者和出口商等具有明显的信息优势，而消费者和进口商可能一无所知或者获取相关信息的成本很高。这就要求政府履行公共服务的功能，设置与产品质量安全相关的技术性贸易壁垒，即通过制定各项技术法规与标准对农产品和食品的质量、性能、安全卫生标准等予以明确规定，并通过合格评定程序与检验措施对进口农产品和食品是否符合相关规定进行检疫、检验和测试认证，以使消费者获得充分的有关产品特征、质量和安全信息。

2)因农产品和食品贸易可能带来的负外部性而设置的技术贸易壁垒。进口农产品和食品可能引入外来物种、带来新的动植物疾病和病原菌，且这些病菌可能与进口国当地的病原菌结合产生新的病变，而进口国由于缺乏预警而没有及时对此采取应对措施和控制，结果可能对进口国的消费者健康、生态安全等造成无法估量的负面影响。进口国有设置市场准入的技术标准、产品检验检疫措施、风险评估程序和标识制度等技术性壁垒以增进社会福利、保护国民和生态安全的足够动因。值得注意的是，WTO乌拉圭回合谈判以来，农产品关税、非关税措施等在一定程度上受到WTO规则的约束，多数发达国家开始转向以技术性贸易壁垒为主的限制政策和措施，目的在于利用食品安全问题和动植物卫生检测检验技术措施设置障碍，保护国内农产品市场。

3)基于社会公众对特定农产品和食品安全性的高度关注而设置的技术贸易壁垒。由于转基因技术仍处在研究与开发阶段，国际社会关于其生物安全性评估技术和知识还不足以充分评估转基因生物可能带来的利益和风险，也无法预知转基因作物商业化可能对生物多样性和后代繁衍造成的长期后果，因此欧盟、日本等国国民对转基因农产品和食品的安全性保持高度关注，并通过公众辩论等多种形式要求政府暂缓有关转基因农产品的商业化。自20世纪90年代起，欧盟、日本等国相继依据预警原则对转基因农产品提出特殊的技术管制措施和市场准入标准，如加强风险评估、尊重消费者的知情权和选择、对相关进行标识、要求其转基因成分不超过某一限量等。

4)基于知识产权所有者的利益诉求而设置的技术性壁垒。技术性贸易壁垒通常以蕴含知识产权内容的技术标准形式和技术法规等形式出现。由于全球最大的500家跨国企业拥有世界大约90%的生产技术和75%的技术贸易，且这些跨国公司多数在发达国家。因此，发达国家有强烈的利益动机来设置相应的技术性壁垒来保持其在农业和食品产业领域的国际竞争力。近年来，绿色技术壁垒开始出现在诸多发达国家的技术性贸易限定措施中，其主要指以保护环境为由而直接或间接采取的限制甚至禁止贸易的措施。2009年举行的哥本哈根气候会议提出发展低碳经济的战略转型。欧盟国家希望凭借其技术优势，英国在煤清洁领域积累的技术，德国在环保技术和环境技能上的领先地位，丹麦在风电领域的技术优势等重新主导全球经济，因此提出许多国际产品贸易的绿色技术标准。诸多发展中国家要继续保持其对欧盟国家的出口市场，就接受其市场准入的条件和技术标准，这必然会面对相应的知识产权和技术壁垒的阻挠。

5)基于动物福利等其他人道关注而设置的技术性壁垒。发达国家制定了一系列环境保护法规，对进口农产品形成了通常所说的“绿色壁垒”。绿色壁垒主要包括国际和区域性的环保公约、国别环保法规和标准、检验和检疫要求、绿色包装与标签要求、ISO14000环境管体系和环境标志等自愿性措施、生产和加工方法及环境成本内在化要求等。如1995年4月，发达国家要求实施《国际环境监测标准制度》,要求产品达到ISO9000系列标准体系,还要求使用“绿色环境标志”,如德国的“蓝天天使”、日本的“生态标志”和欧盟的“欧洲环保标志”等。动物福利问题等其他人道关注也出现在欧盟各国的技术贸易措施中,如规定鸡仔饲养密度为每平方米10只,理由是密度太大,鸡不“舒适”。这无疑将增加鸡的养殖成本,对出口厂商的生产经营造成多层面的影响。

2. 技术性贸易壁垒设置的主要国际协定

世界贸易组织关于技术性贸易壁垒设置的文件主要是“技术性贸易壁垒协定”(The Agreement on Technilca Barriers to Trade,简称TBT协定)和“实施卫生和动植物卫生措施协定”(Agreement on the Application of Sanitary and Phytosanitary Measures,简称SPS协定),两者均随着1995年1月1日世界贸易组织的正式成立而生效执行。前者的目的在于确保各种技术性规制、标准、测试和认证程序不会对世界贸易造成不必要的障碍。协定肯定那些处于合法目的,如保护消费者健康和生态环境等而设置的技术性条件,而限制那些阻碍自由贸易的技术性壁垒;后者赋予各成员国为保护人类、动植物生命或健康而制定和实施必要的卫生与植物卫生措施,包括法规、标准和检验审批程序等权利,并对其制定和实施的相应行为进行了规范和约束,以保证相应的技术性措施的实施不对成员之间贸易产生歧视或限制。

1)技术性贸易壁垒协定。1974年4月缔约国之间达成第一个贸易技术壁垒协议。1994年3月,缔约国成员重新修订该协定,旨在通过技术标准、认证制度、检验制度等方式实现各成员国的正当目标,如保障国家安全、防止欺诈行为、保护人身健康和安全、动植物的生命和健康以及保护环境等。该协定将技术性贸易壁垒分为技术法规、技术标准和合格评定程序。其中技术法规是规定强制执行的产品特性或其相关工艺和生产方法,包括可适用的管理规定在内的文件,如有关产品、工艺或生产方法的专门术语、符号、包装、标志或标签要求等,涉及劳动安全、环境保护、卫生与健康、交通规则、无线电干扰、节约能源与材料等;技术标准是经公认机构批准的、规定非强制执行的、供通用或反复使用的产品或相关工艺和生产方法的规则、指南或特性的文件。技术法规与技术标准性质不同,其关键区别是前者具强制性,而后者是非强制性的;合格评定程序是指按照国际标准化组织(International Organization for Standardization, ISO)的规定,依据技术规则和标准,对生产、产品、质量、安全、环境等环节以及对整个保障体系进行全面监督、审查和检验,合格后由国家或国外权威机构授予合格证书或合格标志,以证明某项产品或服务是符合规定的标准和技术规范。合格评定程序包括产品认证和体系认证两个方面:产品认证是指确认产品是否符合技术规定或标准的规定;体系认证是指确认生产或管理体系是否符合相应规定。由于产品的安全性直接关系到消费者的生命健康，因此产品的安全认证为强制性认证。当代最流行的国际体系认证有ISO9000质量管理体系认证和ISO 14000环境管理体系认证。

技术贸易壁垒协定实施的目的在于消除不合理的技术性措施，减少国际贸易壁垒；通过制定多边规则，指导各国制定、采用和实施被允许采取的技术性贸易壁垒措施，努力保证这些措施不构成歧视，不形成对国际贸易不必要的障碍；鼓励采用国际标准和合格评定程序。

技术贸易壁垒协定实施的规则是：第一，各国应尽量采用国际标准，如国际标准化组织(ISO)、食品法典委员会(CODEX)、国际兽医组织(OIE)等组织制定的相关标准；第二，在涉及国家安全、防止欺诈行为、保护人类健康和安全、保护动植物生命和健康以及保护环境等情况下，允许各国实施的标准超出国际标准，但须提前向WTO通报；第三，各国认证制度相互认可，应以国际标准化机构颁布的有关标准作为制定本国技术性措施的基础；第四，实施最惠国待遇和国民待遇原则；第五，贸易争端进行磋商和仲裁，遵守WTO《关于争端处理规则和程序的谅解协定》。

2)实施卫生和动植物卫生措施协定。简称SPS协议，是对关贸总协定第20条第2款"成员国政府在保护人类、动物或植物的生命与健康所必需的情况下主张限制贸易的权利"的具体化。鉴于一些国家多次利用动植物检疫技术壁垒措施来阻止其他国家的农畜产品进入，而TBT对动植物卫生检疫措施约束力不够，要求不具体，许多国家提议制定SPS协议。该协议由前言和正文14条及3个附件组成。主要条款有：总则、基本权利和义务，协商，等效，风险评估和适当的卫生与植物卫生保护水平的确定，适应地区条件，包括适应病虫害非疫区和低度流行区的条件，透明度，控制、检查和批准程序，技术援助，特殊和差别待遇，磋商和争端解决，管理，实施和最后条款。协议涉及动植物、动植物产品和食品的进出口规则，适用范围包括食品安全、动物卫生和植物卫生三个领域有关实施卫生与植物卫生检疫措施。协议的附件1为《定义》，对卫生与植物卫生措施，协调，国际标准、指南和建议，风险评估，适当的卫生与植物卫生保护水平，病虫害非疫区和病虫害低度流行区等作出定义。附件2为《卫生与植物卫生措施的透明度》，它包括法规的公布、咨询点、通知程序、一般保留等规定。附件3为《控制、检查和批准程序》，它是关于检疫机构在实施卫生与植物卫生措施时应遵循的程序和要求。

实施卫生与植物卫生措施协定的主要目标是规范各成员实施卫生与植物卫生措施的行为，防止各国滥用动植物卫生检疫措施搞贸易保护主义。按照SPS协定宗旨，各国有权采取"保护人类、动物及植物的生命或健康"的措施，并在必要时可采取限制贸易措施，但需遵循三项原则：第一，科学证据原则。协定规定，各成员有权采取为保护人类、动物或植物的生命或健康所必需的卫生与植物卫生措施，且允许各国采取的措施高于国际标准、指南和建议，但所有这些措施必须以科学为依据。第二，风险评估和适度保护原则。协定允许各成员国在风险评估基础之上根据本国可承受危险程度制定本国的标准和规则，要求各成员国在进行风险评估时，应考虑可获得的科学证据、加工与生产方法，相关生态和环境条件等因素。第三，国际协调原则。协定要求各国采取的卫生或动植物检验检疫措施应以国际标准、准则和相关国际组织的建议为基础，以促进在卫生和动植物检疫方面的国际协调。这些国际组织包括保护食品安全性的国际食品法典委员会(CODEX)、保护动物健康的国际兽医组织(OIE)和维护生物多样性的《国际植物保护公约》(IPPC)秘书处 3 个国际性组织。

在各成员国围绕 SPS 所发生的贸易争端中，最受关注的美国和加拿大对欧共体禁止使用添加剂饲养的牛肉进口提起的申诉；加拿大与澳大利亚关于新鲜、冷藏、冷冻鲑鱼的进口禁令纠纷；以及美国诉日本为限制有关农产品进口而实施的品种测试要求。这三个案件中争议的措施已经反映了《SPS 协议》的全部范围——对人类健康(荷尔蒙案)、动物健康(鲑鱼案)和植物健康(品种测试案)的保护。可以预见，随着国际贸易关系的不断加深与复杂化，随着国际社会对人类、动植物生命和健康以及环境的保护要求和水平的不断提高，其未来适用空间还将得到进一步的拓展。

3. 发达国家农产品技术性贸易壁垒设置的基本取向

根据 TBT 和 SPS 的有关规定，在涉及国家安全、保护人类健康和安全、保护动植物生命和健康及保护环境的前提下，各国可制定本国的标准和规则，甚至可实施超出国际标准的技术性措施。这给许多国家随意制定农产品技术标准留下了“合理”的空间。Thomsbury Suzanne 分析说，各类技术性贸易壁垒的实施是一种基于经济层面原因基础上的政治行为，其最终决定要取决于能够左右政策决策的个体经济因素，政策制定者的偏好和有效的政治力量。涉及农产品贸易的技术性限制措施，本是为了保护国家经济安全，保护人类、动植物的生命或健康，保护环境，防止经济欺诈行为，但如今却成为许多国家实行农业保护的主要手段。

1997 年 12 月，美国率先在食品加工中引入“危害分析与关键控制点”(HACCP)管理体系，禁止进口未实施 HACCP 的水产品和肉类食品，要求所有对美国出口的水产品、肉类产品企业必须获得 HACCP 的认证资格。如今，欧盟、加拿大、日本、澳大利亚和韩国等都认可采用 HACCP 体系，并以此为基础设定农业和食品贸易的准入标准。

2000 年 1 月，欧盟针对频频出现的食品安全事件发表了《食品安全白皮书》，明确食品卫生责任首先由生产方承担，并提出保证从农田到餐桌食品安全的80多项计划。同年，英国负责食品认证标准的机构将以往纷繁复杂的农产品卫生认证标准整合为以“小红拖拉机”为统一标志的农产品质量认证标准体系。为保证标有“小红拖拉机”标志的农产品每一道生产工序都达到了生产卫生标准，该机构不仅对农产品流通源头的农田和家畜饲养场设置了卫生标准，而且对屠宰场、肉类加工厂、食品加工厂、零售商和批发商等的卫生标准也作了规定。英国食品标准体系对六大类农产品进行检测认证，包括猪肉、牛羊肉、鸡肉、乳制品、水果蔬菜、农作物（如谷物和甜菜）等，并对每类农产品均制定有相应的质量认证标准。2003年，欧盟开始执行更严格的食品安全标准，其对农产品质量的要求不仅包括植物检疫、农药残留检测，还要求必须满足消费者的烹饪偏好，如对农产品口味、形状、大小、颜色、一致性和适宜性等的要求。

自2003年起，日本农林水产省宣布在全国推行“大米身份认证制度”，即凡进入日本国内市场的大米必须标明品种、产地、生产者姓名和认证号码等，否则不允许销售。随后日本各地又对新制度“层层加码”，把认证范围推广到蔬菜，要求凡市场上销售的本地蔬菜都必须有认证标志。这样的市场准入规制无疑会影响包括中国等其他国家对日本的蔬菜等农产品的出口。2006年6月10日，日本国会众议院通过种苗修正法案，旨在构筑以“植物新品种保护为主要内容”的农产品技术性贸易壁垒，保护日本农作物品种改良和企业的利益，促进高品质农作物品种的开发。

20世纪90年代以来，随着食品安全、动植物健康和环境问题的凸显，各国除了不断提高自身的官方法规、技术标准和准入门槛外，众多有企业、全国性联合体和国际联合体设置的技术标准也不断涌现，如BRC（英国零售业协会标准）、EurepGAP（欧洲良好农业操作规范）、乐购 Tesco Nature's Choice、家乐福 Carrefour Fliem Qualitue 和国零售商协会设置的放心食品标准（Assured Food Standard）、全球食品安全行动（Global Food Safety Initiative）和ISO 14000（国际环境认证标准），这些标准主要关注点是生产过程和生产方法（PPM），其范围包括HACCP、动物福利、有机物、转基因、追溯性、环境影响、劳工标准等，均基于或高于国内、区域和国际标准，包括管理方案、具体认证或其他要求，通常适用于新鲜农产品和食品，其对国际农产品和食品贸易的影响越来越大。这些私营标准可能演化为官方标准，比如HACCP通常从单一点的技术控制扩展到整个生产过程的系统监测和评估；EurepGAP对从生产商到零售商的供应链中的各个环节都有严格的规定；意大利的 Parimigiano Reggiano 标准涵盖了奶酪的整条生产过程、生产控制和销售。它们在形式上自愿，但实质上却具有强制性，因为不符合标准的供应商通常会被排斥在市场之外。中国农产品出口企业必须通过EurepGAC、BRC、QC等认证，其出口的果品蔬菜才可能顺利在欧洲超市销售[1]。

由于官方标准受WTO相关协定的限制只能在人类健康、安全、环保等有关方面做出限制或规定，私营标准通常比官方标准更严，如英国农药行动组织(PAN UK)作为一个非政府组织就规定，除非有其他证明，否则谷物、动物源性食品及植物源性食品，包括水果和蔬菜中的杀虫剂最大残留不得超过0.01 mg/kg，在实际操作中就意味着限量为零。2003年，圣文森特和格林纳丁斯在WTO/SPS委员会上指出，EurepGAP有关香蕉的技术标准比国际标准更严厉和复杂，使发展中国家的小农生产者遭受很大经济损失。2009年，WTO委员会讨论了食品安全和动植物健康的私营标准，认为私营标准的范围远比SPS协议广泛，有疯牛病、禽流感等传染性疾病而产生的双边贸易纠纷问题多次在WTO/SPS委员会上讨论。

总体而言，发达国家农产品技术性贸易壁垒设置的基本取向是药物残留标准要求越来越严，标签制度与包装要求越来苛刻，对资源环境和消费权益保护的要求越来越高。

4. 技术性贸易壁垒对中国农产品出口的影响

根据中华人民共和国WTO/TBT国家通报咨询中心和中华人民共和国WTO/SPS通报中心资料显示：我国农产品和食品出口越来越多地受到TBT(技术性贸易壁垒)和SPS(动植物卫生检疫措施)措施的限制，其中影响最大的是劳动密集型农产品，如蔬菜、水果、茶叶、水产品、谷物类产品和畜产品等。

2001年6月，韩国单方面宣布从中国进口的鸭肉中发现禽流感，日本和其他国家依据韩国片面情况宣布暂停进口中国禽肉产品，致使中国出口企业遭受巨大损失。

2002年1～3月，美国食品药物管理局就扣留中国沿海地区农产品累计896批次。1～7月，中国对日本出口的活鳗同比下降23%，冻鸡下降41%，保鲜蔬菜和暂时保藏的蔬菜分别下降了20%和29%，鸭肉2001年出口4 668吨，2002年该数字为零。当年，中国向欧盟出口的水产品受氯霉素污染，致使我国动物源性产品遭到全面禁运，所受损失达6亿多美元，仅浙江一个省2002年一季度就因此减少农产品出口1亿美元。

2006年，中国有31.4%的出口企业受到国外技术性贸易措施不同程度的影响，技术性贸易措施导致我国全年出口贸易直接损失359.20亿美元及企业新增成本191.55亿美元。

特别值得注意的是，一些国家针对中国农产品出口采取高出国际标准的限制

---

[1] 董银果，严京. 私营标准对农产品国际贸易的影响分析[J]. 农业经济问题，2010(7)：87-89

措施，具有歧视性。如日本在农药兽药残留方面对中国肉鸡产品实施歧视，检测克球粉时，要求中国产品达到 0.01 毫克/千克，而对美国等其他国家的产品只要求达到世界卫组织 0.05 毫克/千克的标准。

发达国家不断变换的农产品技术性贸易壁垒给中国农业结构调整带来极大的挑战。从水产品、禽肉等动物源性农产品，到茶叶、花生、蔬菜等植物产品、加工产品，几乎所有中国具有比较优势的劳动密集型产品均面临技术性贸易壁垒的限制。中国农产品出口遭遇技术壁垒，固然与发达国家对中国出口的农产品的品质、卫生、安全等技术要求越来越严格、技术标准越来越高有关，但也与国内农业生产经营基本状态有关。首先，中国大部分动植物出口产品生产仍以小农户分散种养为主，规模小、技术水平低、难以实行标准化生产、无法有效控制种养过程中的疫病和农兽药残留问题，致使众多出口生产企业仍在资源利用率低、环境污染严重的生产经营方式下从事对外贸易经济活动，出口产品表现出高耗能、附加值低等特征。其次，中国尚未建立生产者责任延伸制度，生产者只负责生产，销售者只负责销售，对产品消费后废弃物的回收、处理和再利用没有法律义务。再者，中国缺乏完全公开化、透明化的农产品质量安全和技术性贸易壁垒信息披露机制，公众参与性不强，公众了解和获取相关信息的权威途径和渠道缺乏，风险信息交流不畅，风险分析程序和结果不透明。还有，中国缺乏食品安全立法和有效的农产品质量标准与监控体系，动物疫病防治体系不健全，农兽药法律法规不健全，农兽药生产、销售和使用管理部门分割，监控脱节，违禁药品滥用。

技术性贸易壁垒既是发达国家实行农业保护最主要、最有效的手段，也是中国全面提升农产品国际竞争力的瓶颈所在。为此，有专家建议，中国应加强部门协作，建立健全农产品质量安全保证体系，强化农产品源头管理，推进农业标准化，提高农产品质量，促进农产品出口；扶持出口农产品的行业组织建设，提高出口企业行业自律，增强企业诚信意识，建立出口农产品安全诚信体系；尽快建立和完善对农产品出口技术性贸易壁垒的预警机制；积极参与 WTO 新一轮多边贸易谈判，建立严格、公平合理的技术性贸易壁垒和动植物卫生检疫新规则，约束发达国家泛滥的技术性限制措施，为中国农产品出口营造公平竞争的国际环境。

国际技术性贸易壁垒冲击山东农产品出口[1]

山东省商务厅公平贸易处表示，一些国家纷纷修订食品及农产品新技术标准，

---

〔1〕 国际技术性贸易壁垒冲击山东农产品出口[N]. http://finance.ifeng.com/roll/20110315/3666216.shtml

对农产品出口大省山东带来了强烈冲击。美国签署并实施《食品安全现代化法案》，韩国、日本、欧盟等国家和地区修订若干食品及农产品新技术标准，这些国家繁杂严格的技术性贸易壁垒都增加了山东农产品出口压力。在此之前的 2010 年，山东农产品出口超过千亿美元，连续领跑中国农产品出口 11 年。面对一些国家技术性贸易壁垒，山东省有关部门已要求本土企业加快产业结构调整步伐，增加研发投入的力度，把营销战略的重点从价格竞争转到质量竞争的轨道上。

三、食品与生物安全标准及监管体系

产品质量和食品安全是各国农业发展的焦点。欧盟、美国和日本等世界主要农产品贸易大国早就形成了完善的农产品质量安全标准体系。近年来，为了保障农产品消费安全，增强本国农产品在国际市场上的竞争力，发达国家不断地对相关农业标准进行修订和完善。欧盟对动物源性产品的进口制定了日益繁琐、复杂的认证注册程序，食品安全标准日趋苛刻。日本政府修订了食品卫生法，开始对食品中农业化学品残留物执行“肯定列表制度”。我国于 2009 年颁布了《中华人民共和国食品安全法》，并开始着力打造食品与生物安全的标准和监管体系。

1. 食品与生物安全标准

中国农业大学食品科学与营养工程学院院长罗云波认为，实施农业标准化，不仅是建设现代农业的必然要求，也是保障食品安全的前提和基础。发达国家食品安全管理的起点在农田，手段就是实施农业标准化。国际经验表明，实施农业标准化的决定因素不在于农业生产经营规模的大小，而主要在于农业的现代化水平和生产组织方式。欧盟、美国和日本等国的农业经营规模各不相同，但他们在提高农业现代化水平、提高农民组织化和市场信息化程度以及完善农业社会化服务体系等方面都取得了重大进展，这对于促进农业标准化和改善食品安全状况显然都起到了重要的基础性作用[1]。

农业标准化体系是相应的管理部门按照一定的科学依据公布的各类农产品和食品的质量标准和生产规程等，其意义在于规范农产品和食品的市场准入的基本条件，引导农业和食品生产经营主体为市场提供满足特定质量标准和需求特性的农产品和食品。20 世纪 90 年代，我国组建了中国农机产品质量认证中心和中国水产品质量认证中心，并建立其水产品认证的危害分析控制体系。到 2000 年，国

---

[1] 现代农业视野下的食品安全路径[N]. http://www.bioon.com/bioindustry/agriculture/485348.shtml

家质量技术监督局与农业部统一组织制定的国家农业标准体系已超过 300 项，行业标准 900 项，标准范围包括农作物种子、种畜标准，种植业、畜牧业、水产业、林业等多个领域的产品标准和生产规程，从产前的种子选择、产中的农业生产资料供应和栽培管理、产后的加工、分级、包装、储藏、运输、销售环节一直延伸到“餐桌”，几乎涉及生产、加工、销售的每个环节。

国际农业标准制定组织主要包括国际标准化组织(ISO)、国际食品法典委员会(CAC)和我们在前面一节所讲的 SPS 协议。

1)ISO 农业标准是国际贸易的主要标准依据。国际标准化组织(ISO)是世界最大、最有影响力的国际标准制定机构，有 224 个技术委员会(TC)，其中 3 个负责农业标准制定。

TC23：共有 28 个成员和 35 个观察员，分成 11 个委员会，共同制定农作物、灌溉、防护、收获和贮藏等农用机械国际标准 260 项；

TC34：43 个成员和 37 个观察员，分成 13 个委员会，共同制定农业动植物产品及其加工制品 586 项食品国际标准；

TC190：19 个成员和 31 个观察员，分为 6 个委员会，共同制定化学、生物、物理方法和土壤质量等内容的 52 项土壤质量国际标准。

2)CAC 标准是全球食品生产者、经营者、消费者和管理机构最重要的基本参照标准。联合国粮农组织、世界卫生组织分别通过食品法典委员会(CAC，Joint FAO/WHO)负责协调制定农产品和食品标准、卫生或技术规范、农药残留限量、污染物准则、添加剂和兽药的评价。从保护消费者健康与安全、保证农产品和食品的国际贸易免受非公平贸易影响出发，CAC 要求各成员国在国际贸易中的农产品和食品中不得含有毒、有害或有损健康的任何成分，不得含有不洁、变质、腐败或致病的物质及异物，标识不得有错误、误导内容，不得掺假，不在不卫生条件下加工、包装、贮藏、运输和销售。

依据这些国际组织制定的农业和食品质量标准，各国根据自身的情况分别建立其各具特色的农业标准体系。这里主要介绍美国和日本的农业标准化体系。

1)美国农业标准化体系。由国家标准学会(ANSI)为协调中心的国家标准体系、联邦政府机构的标准体系、非政府机构的标准体系组成。农业部主要负责农作物、畜禽的生产过程、成分、质量和市场销售等环节的技术法规制定；卫生部主要负责动植物的卫生、微生物、害虫等方面技术法规制定；环境保护局主要负责农产品种植、养殖和加工过程中的农药、有毒有害物质等相关技术法规的制定。这些技术标准都是以法规形式出现的。大量的推荐性标准，包括农产品等级划分、成熟度、尺寸、色泽、水分、重量、成分等规定，由诸如柑橘协会、花生协会、蔬菜协会等民间农业组织负责制定，经过一定程序成为国际标准。标准监督分别有农业部食品安全局、美国药品和食品管理局、农业部联邦谷物检验局负责。1990 年，美国颁布《有机食品生产条例》(organic food production act，OFPA)，组成由种植业、加工业者、零售业者、科学家、消费者或公共利益倡导者和环境保护主义者等 14 人参加的国家有机标准委员会(NOS)。农业部根据 OFPA 建立国家统一有机规划，实施有机标准，开展危害分析与关键点控制认证(HACCP)和有机农产品认证。

2)日本农业标准化体系。日本农业标准(JAS 规格)涉及饮料食品、农产品、林产品、畜产品、水产品及以农林畜水产品为原料制造或加工的 100 多个物品。JAS 认证分为企业认证和产品认证两类。其中企业认证通过 JAS 标志自我认证制度，由企业自行检查。公益法人、经营法人向农林水产大臣提出申请，符合 JAS 规定，企业即获得 JAS 资格；企业向 JAS 企业认证机构提出申请，若通过生产状况、质量管理状况审核检查，企业就获得 JAS 产品认证资格，产品就可贴上 JAS 标签。JAS 监督体制和处罚规则严格，没有获得 JAS 认证的农产品贴上 JAS 标签或易于混淆的标识方式，要处以刑事或经济制裁。

面对国际社会日益提高的农产品市场准入和认证条件，以及消费者对食品安全问题的高度关注，小农户与国际有机农产品市场对接的关键在于其组织化。通过农民专业合作组织得到有机认证，可大幅度降低每一位生产者的成本；通过针对性的技术和信息服务，为特定的目标市场生产满足消费者口味和配送要求的农产品，应是未来中国现代农业发展的可行选项。此外，中国农业要提升其国际竞争力，还需要改变只注重最终产品检验检疫的管理模式，加强对产品的来源地实施有效监控，及时更新兽药安全使用监督、兽药残留监控方面的法规和标准，同时保持与国际标准的同步和协调，减少国外市场和生产者之间的信息不对称，实现企业按照国外消费者偏好和质量要求灵活地组织生产，防止因残留超标和不当使用而出口受阻情况再度发生。

“有机蔬菜”和“绿色蔬菜”

所谓“有机蔬菜”，就是生产、加工和销售过程完全符合有机产品的国家标准、供人类消费、动物食用的蔬菜，其技术标准对作物种植的产地(包括水、土、空气条件等)、种苗以及肥料的使用都有严格的规定，比如水、土中某些微量元素与重金属元素的含量必须低于国家标准，菜农在生产所使用的种苗必须是有机种苗，在生产过程中不能使用化学合成的农药、化肥、生长调节剂、饲料添加剂等物质，只可以使用少量生物农药、矿物质药物和腐熟的有机肥料等，整个种植和生产过程必须遵循自然规律和生态学原理。

"绿色蔬菜"则介于有机和无机(即普通蔬菜)之间,它既使用有机肥料和生物农药,也会使用一些化肥和农药,但用量比普通蔬菜要少。有机蔬菜的认证采用"产前和生产过程检查"的方法,认证过程遍布于整个生产过程当中。经由国家认监委授权许可的认证机构定期派遣专业技术人员到生产者处进行各项指标的检查,比如生产者使用的水、种子、原料以及肥料是否符合国家标准,土地有没有遭受污染,工厂距离土地有多远等逐一进行化验或检查,并在考察结束后提交检测报告。有机食品在加工和运输过程中也必须符合许多要求,比如不能接触有污染的化学品,在加工过程中不可以使用化学制剂,而要完全使用传统的加工工艺等,这样的检查将会贯穿整个生产、加工过程的始终。

2.《中华人民共和国食品安全法》

《中华人民共和国食品安全法》的立法宗旨是"保证食品安全、保障公民身体健康和生命安全",其基本的制度设计包括建立以食品安全风险评估为基础的科学管理制度,明确食品安全评估结果应当成为制定或修订食品安全标准、确定食源性疾病控制对策的重要依据;坚持预防为主,对食品的生产、加工、包装、运输、贮藏和销售等各个环境,对食品生产经营过程中涉及的食品添加剂、食品相关产品、运输工具等各有关事项,有针对性地确定有关制度,并建立良好的生产规范、危害分析和关键控制点等机制,建立食品安全事故预防和处置机制;强化食品生产经营者作为保障食品安全的第一责任人的法律责任,引导食品生产经营者在生产经营活动重质量、重服务、重信誉、重自律,以形成确保食品安全的长效机制;设置不安全食品召回制度、食品标识制度等,加大对食品生产经营违法行为的处罚力度。

该法第二条明确指出,"供食用的源于农业的初级产品(以下称食用农产品)的质量安全管理,遵守《中华人民共和国农产品质量安全法》的规定。但是,制定有关食用农产品的质量安全标准、公布食用农产品安全有关信息,应当遵守本法的有关规定"。这就避免了法律之间由于适用范围交叉重复可能出现的撞车现象,明确了农产品在《农产品质量安全法》和《食品安全法》中的具体适用问题,有利于实现农产品生产"从农田到餐桌"的全程监管。

第 3 章食品安全标准第 18 条提出,"制定食品安全标准,应当以保障公众身体健康为宗旨,做到科学合理、安全可靠";第 19 条强调"食品安全标准是强制执行的标准";第 20 条指出,食品安全标准的内容应包括"食品及其相关产品中的致病性微生物、农药残留、兽药残留、重金属、污染物质以及其他危害人体健康的限量规定;食品添加剂的品种、使用范围、用量;专供婴幼儿和其他特定人群的主辅食品的营养成分要求;食品生产经营过程中的卫生要求;与食品安全有关的质量要求;食品检验方法和规程;其他需要制定为食品安全标准的内容"。第 21 条就食品安全标准的制定与公布作了规范，指出国家食品安全标准由国务院卫生行政部门负责制定、公布；食品中农药残留、兽药残留的限量规定及其检验方法与规程由国务院卫生行政部门和农业行政部门制定；屠宰畜、禽的检验规程由国务院有关主管部门会同卫生行政部门制定；有关产品国家标准涉及食品安全国家标准规定内容的应当与食品安全国家标准相一致。第 23 条对食品安全标准审评委员会的责任进行规范，其内容包括食品安全国家标准应当经食品安全国家标准委员会审查通过。食品安全国家标准评审委员会由医学、农业、食品和营养等方面的专家和国务院有关部门代表组成，且标准制定应当根据食品安全风险评估结果并充分考虑食用农产品质量安全风险评估结果，参照相关的国际标准和国际食品安全风险评估结果，并广泛听取食品生产经营者和消费者的意见。

建立农产品生产记录，记载生产环节所使用的农业投入品的名称、来源、用法、用量、使用和停用的日期和动物疫病、植物病虫害的发生和防治情况以及收获、屠宰或者捕捞的日期等是实现农产品质量可追溯的依据，也是规范农业生产过程，加强农产品质量安全控制的有效措施。第 35 条在“食用农产品的管理”中强调，“食用农产品生产者应当依据食品安全标准和国家有关规定使用农药、肥料、生长调节剂、兽药、饲料和饲料添加剂等农业投入品。食用农产品的生产企业和农民专业合作经济组织应当建立食用农产品生产记录制度。县级以上农业行政部门应当加强对农业投入品使用的管理和指导，建立健全农业投入品的安全使用制度。”

德国应对“毒饲料”事件的启示[1]

“拥有最严格食品安全制度”的欧洲，近来也出现多起食品安全事件。从 2010 年末到 2011 年初，德国二噁英饲料污染事件持续发酵，再次刺激了欧洲人食品安全这根敏感的神经。自 20 世纪 90 年代末“疯牛病”暴发以来，欧盟及其成员国高度关注食品安全，不仅建立了严密的食品安全法律体系，而且专门成立了独立行使职能的欧盟食品安全管理局，负责全欧洲的食品安全工作。欧盟《通用食品法》提出了 5 个基本原则：食品安全必须考虑整个食物链，涵盖从“农场到餐桌”全过程，将饲料也纳入食品安全管理范畴；风险分析是食品安全政策的基础；所有食品生产与经营者必须对食品安全负责；产品必须在所有食物链环节中具有可溯性；消费者有权从公共机构获取准确的食品安全信息。

[1] 吴黎明. 德国应对“毒饲料”事件的启示[N]. http://www.moa.gov.cn/fwllm/jjps/201102/t20110217_1820945.htm

2010 年底，德国西部北威州的养鸡场首次发现饲料遭致癌物质二噁英污染，其他州相继发现受污染饲料。2011 年 1 月 6 日，德国警方调查位于石荷州的饲料制造商“哈勒斯和延奇”公司。7 日，德国农业部宣布临时关闭4 700多家农场，禁止受污染农场生产的肉类和蛋类产品出售。

德国对饲料污染事件的处置过程正是体现了上述理念。首先，监管预警机制和追溯机制发挥了作用。此次污染事件是在没有消费者致病、致死的情况下检测发现的，官方及时采取措施避免了污染更大规模扩散，避免了人的生命和健康受到更大损害。事态发生后追溯机制的启动，让肇事企业很快浮出水面。被污染食品的流向得到清查。其次，生命安全至上，措施快速有力。二噁英污染事件曝光后，为遏制污染扩散，德国政府关闭的农场数量约占全国农场总数的 1%。德国农业部声明指出，即使农场的禽畜产品初步检测结果正常，为了公共健康也必须关闭。再者，肇事企业得到了应有的处罚。德国检察部门对这次二噁英事件中的肇事者提起刑事诉讼，同时受损农场也提出相应的民事赔偿请求，赔偿数额可能高达每周 4 000 万～6 000 万欧元，完全可能让肇事者破产。还有，处置透明度高，尊重公众知情权。事件一经发现，德国官方立即向外通报有关情况，新闻媒体竞相向公众披露事件的来龙去脉和调查进展，曝光肇事企业隐瞒有关污染信息的错误行为。欧盟食品工业界代表也于 2011 年 1 月 11 日和 12 日在布鲁塞尔聚会，讨论如何避免类似事件再次发生。

3. 转基因作物的生物安全管理

自 20 世纪 90 年代转基因作物开始实现产业化、商业化以来，围绕转基因作物的各种价值争论就从未间断。目前对于转基因作物的产业化和商业化，国际社会既抱以期待又充满担心。期待是因为转基因作物可能为世界粮食问题、生态问题和营养不良问题等的有效解决带来曙光，担心则是由于这种非自然方式创造的农作物可能引发各种难以预料的食品安全危机和生态风险。转基因作为具有显著的增产增收效果，可能化解日益增加的世界人口必须面对的食品和能源危机，但其也可能食用的安全风险和环境释放的生态风险等诸多不确定性。因此，世界各国都尽可能在实验研究、中间试验、环境释放、产业化以及加工、储运、使用和废弃物处理等诸多环节上建立起风险预警机制，以有效规避转基因作物产业化可能产生的各种安全风险。

1993 年，经济合作与发展组织（OECD）就转基因作物的安全性评估提出所谓的“实质等同原则”（substantial equivalence），即如果通过检测证明转基因作物加工的食品及食品成分与目前市场上销售食品的成分相同，则原则认为它们没有差异，无需进一步检测。如果个别成分不同，则只需要对这些个别成分进行单独的安全性检测。这一原则目前虽得到多个国家的认可，但依然争议不少。2001年6月4日，在纽约联合国总部签署通过的《卡塔赫纳生物安全议定书》明确规定，各国应对转基因产品进行安全评价，转基因产品在越境转移时必须征求进口国的同意，并予以标识；强调预先防范原则对大多数国家来说是必要的，也是合理的。国际食物政策研究所（IFPRI）发表的《未完成的议程——国际农业、食品和环境政策研究综述》分析说，在现代生物技术进入本国的农业体系之前，一个国家就应该建立起有效的生物安全监管体系，这些监管措施应该因国家的不同而存在差异并反映相关的风险因素。生态风险政策的制定者需要评估诸如抗除草剂等特性的转基因作物向非转基因作物传播的可能性，以及在昆虫群体中建立这种抗性的可能风险；食品安全和生物安全监管还应该反映国际协议和社会可接受的风险水平，包括与不使用现代生物技术去达到预期目标的有关风险等。目前各国对于转基因食品的安全性管理采取不同的办法、程序和标准。美国实施产品管理的办法，认为重点应该放在转基因技术产品的管理上，而不应对技术进行过分管理，因为转基因食品和传统食品没什么区别，其监管程序是以产品为中心，重点是上市前的审批，但规定转基因作物在产业化前必须完成田间试验，向农业部动植物检疫署（USDA，APHIS）申请解除监控，再开始大面积推广，其产品标识与否由生产商自愿决定；欧盟要求对技术和产品都要进行安全评估和监控，认为转基因技术存在风险性，应对整个的生产过程，包括基因工程技术要进行全面管理。

中国农业科学院生物技术研究所黄大昉说，我国农业部早在1996年就颁布了转基因安全评价的部门法规，是国际较早实行转基因安全管理的国家之一。2001年，国务院正式实施《农业转基因生物安全管理条例》，明确指定农业部负责，会同科技、卫生、环保、外经贸、检验检疫等10个部门组成部级联席会议共同管理。我国在管理模式上既针对产品又针对过程，涵盖研究试验、生产加工、经营及进出口各个环节；在制度设计上强调借鉴国际经验、适合我国国情、维护国家利益。目前，我国已基本建成了转基因生物安全法规、技术规程和管理体系。2002年3月，国家颁布《农业转基因生物标识管理办法》。

针对社会各界对转基因作物商业化的高度关注，农业部科教司副司长说，我们已经先后批准了抗病毒的甜椒、耐储藏的番茄、抗病毒的番木瓜三种转基因作物的商业化生产。2009年，农业部批准了转基因抗虫水稻和转植酸酶玉米的安全证书。目前我们国家生产种植，市面上能看到的是抗病毒的番木瓜。甜椒和番茄由于市场的发展和需求的变化，已不再生产。转基因水稻和转植酸酶玉米还需要经过品种的审定，通过生产许可和经营许可，才能进行商业化生产。目前我们国家共发放5个转基因大豆品种和13个转基因玉米品种进口安全证书，批准应用以及进口的转基因生物都是经过严格的环境安全和食用安全方面的评价。进口用于加工原料的转基因农产品包括大豆、玉米、油菜,它们都已进入到生产环节,最多的是转基因大豆,进口量去年是5 000多万吨,油菜籽、大豆进来以后主要是以加工为主,用作食用油[1]。

速生高产或会使植物易遭病虫害[2]

多年以来,农民为追求产量而选择性地培育农作物,瑞士苏黎世大学的科研人员 Tobias Züst 说新的研究表明,把植物培育成速生高产将导致农作物容易受到病虫害的侵害。"如果你不希望植物完全没有防御能力,那就不能仅仅选择速生和高产"。Züst 的研究组培育了毛状体(驱逐食草动物的叶毛)和芥子油苷(能抑制害虫的一种化学毒物)的基因被关闭的模式植物拟南芥。他们引入蚜虫以证明关闭这种植物的防御系统的效果,并测量和这种植物的生长和蚜虫的繁殖率。这些突变植物的大部分在早期比正常植物的生长率更高,但蚜虫在这些植物上的繁殖速度比在缓慢生长的防御系统完好的植物更快。

内罗毕国际昆虫生理学与生态学中心的昆虫学家 Zeyaur Khan 说,从绿色革命以来,植物育种者培育高产作物很少注重抵抗病虫害的特性。设在加纳的西非农作物改良中心的主任 Eric Danquah 说,该中心的科研人员在过去已成功培育了早熟且抗病的品种,它们的产量也高。生长更迅速将损害植物防御的概念,需要小心对待。非洲作物改良中心的主任 Mark Laing 不认为农民应该完全远离高产农作物。他说,农民通过同时种植"产量潜力"高的品种和"产量稳定性"高的品种可以降低农业经营风险。在病虫害更少的良好年份,产量潜力高的植物的收成好,而产量稳定性高的植物提供了稳定、中等水平的收成;在不好的年份,产量潜力高的植物的收成很少,农民可依赖更具抗病害能力的植物提供稳定、中等的收成。

---

〔1〕 农业部:进口转基因生物经严格评价可放心食用[N]. http://news.sciencenet.cn/htmlnews/2012/4/263003.shtm

〔2〕 TobiasZüst.速生高产或会使植物易遭病虫害[J]. the proceeding of the royal society B. http://rspb.royalsocietypublishing.org/content/early/2011/01/20/rspb.2010.2475.abstract http://paper.sciencenet.cn//htmlpaper/20112171321766015035.shtm

本 章 要 点

1. 农业知识产权是农业产业发展的关键性资源。基因是生物技术世纪的“绿色黄金”。生物专利和植物品种权是现代农业竞争的利器，中国农业科研机构和产业公司必须重视知识产权的创造、保护和商业化应用。

2. 技术性贸易壁垒，特别是知识产权保护、农产品检验检疫的质量标准已成为影响国际农产品贸易的主要因素。中国必须重视农业知识产权保护，加强农产品生产的标准化和生态化。

3. 产品质量和食品安全是各国农业发展的焦点。《中华人民共和国食品安全法》的立法宗旨是“保证食品安全、保障公民身体健康和生命安全”。

4. 转基因作物的商业化可能蕴含着巨大的商业前景，但对其安全性评价和设置严格的管理规范至关重要。

第5章

以科学技术促进现代农业发展的政策

加快发展现代农业，既是转变经济发展方式、全面建设小康社会的重要内容，也是提高农业综合生产能力、增加农民收入、建设社会主义新农村的必然要求。科技创新孕育着新突破，全球绿色经济、低碳技术正在兴起，生物、信息、新材料、新能源、先进装备制造等高新技术广泛将应用于农业领域，我们必须抓住千载难逢的历史机遇，坚持用现代物质条件装备农业，用现代科学技术改造农业，用现代产业体系提升农业，用现代经营方式推进农业，用现代发展理念引领农业，用培养新型农民发展农业，着力突破瓶颈制约，努力探索出一条具有中国特色的农业现代化道路。

一、农业和现代农业

农业是生产食物和纤维类物质等关联性的产业，包括种养殖业及其相关的加工业、物流服务业等。现代农业具有多功能性，已发展形成产前、产中、产后密切关联的、从田间到餐桌的一体化经营的产业链，涵盖生产、生活和生态等多层面的社会活动，是正在拓展中的一种多元化、综合性的新兴产业。

1. 农业与农业生产经营组织

农业的发明至少已有上万年历史。《汉书·食货志》中说："辟土殖谷曰农"，其中"辟土"指耕作土地，"殖谷"指种植五谷，当时的农业主要指作物种植业。西方文明中的农业 agriculture 由拉丁文 agri 和 culture 组合而成，大意是耕作土地栽培作物，其中 agri 指土地，culture 指耕作栽培。

农业是基于自然资源的一个综合系统，包括农场、农业企业以及为消费者提供土地产品的政府组织。今天的农业不再局限于传统的种植业、养殖业等农业部门，而是包括了生产资料工业、食品加工业等第二产业和交通运输、技术和信息服务等第三产业的内容，农业不仅包括制造和销售农业所需的投入品，如农业机械、肥料和农药等，即适用于现代农业的所有产品、服务和供应品的企业和产业，包括农产品加工和销售业，如谷物贸易公司、肉罐头包装商、棉花加工厂、牛奶加工与销售商、水果蔬菜销售和加工商、粮食批发公司和零售市场等，还包括一个公共部门，其负责制定规范和规则，指导科学研究，提供教育培训和经济分析等[1]。

农业是生产食物和纤维类物质等关联性的产业。就农业产业链而言，农业包括三大领域：产前领域，包括农业机械、化肥、水利、农药、地膜等领域；产中领域，包括种植业（含种子产业）、林业、畜牧业（含饲料生产）和水产业；产后领域，包括农产品产后加工、储藏、运输、营销及进出口贸易技术等。

2003年3月1日颁布实施的《中华人民共和国农业法》明确指出，农业"是指种植业、林业、畜牧业和渔业等产业，包括与其直接相关的产前、产中、产后服务"；农业生产经营组织"是指农村集体经济组织、农民专业合作经济组织、农业企业和其他从事农业生产经营的组织"（第二条）；国家采取措施，保障农业更好地发挥在提供食物、工业原料和其他农产品，维护和改善生态环境，促进农村经济社会发展等多方面的作用（第四条）；国家引导和支持农民和农业生产经营组织结合本地实际按照市场需求，调整和优化农业生产结构，协调发展种植业、林业、畜牧业和渔业，发展优质、高产、高效益农业，提高农产品国际竞争力（第十六条）。

2. 现代农业的内涵和基本特征

现代农业的发展是一个动态过程，随着时代进步和农业生产力的提高，现代农业的内涵和外延也在不断拓展。中国工程院和中国科学院院士石元春曾总结说：现代农业是以生物技术和信息技术为先导的，现代技术高度密集的科技型产业；是面向全球经济和农工贸一体化经营的现代企业；是正在拓展中的多元化和综合性的新型产业；是资源节约和可持续发展的绿色产业[2]。刘志澄分析说，所谓现代农业，实质是以现代科学技术及其应用水平、现代工业及其装备水平、现代管理技术及其管理水平、现代农产品加工及其加工水平、现代农产品流通技术及其营销水平为基础的、产供销相结合的、贸工农一体化的、高效率与高效益的新型农业[3]。卢良恕指出，现代农业的核心是科学化，特征是商品化，方向是集约化，目标是产业化[4]。一些学者认为，现代农业是指第二次世界大战以来欧美一些工业发达国家的农业，即普遍采用现代化工业成果来装备农业，以机械作业替代手工操作并广泛使用化工产品和大型农业设施的农业。

2007年出台的中央"一号文件"《关于积极发展现代农业扎实推进社会主义新

---

〔1〕 韦斯利·D·塞茨，杰拉尔德·C·纳尔逊，哈罗德·G·哈尔克罗. 资源、农业与食品经济学[M]. 北京：中国人民大学出版社，2005：8-11

〔2〕 石元春. 现代农业[J]. 中国农业科技导报，2002，4(6)：7-10

〔3〕 刘志澄. 加快现代农业发展[J]. 农业经济问题，2003(4)：4-8

〔4〕 卢良恕. 现代农业的新特点[J]. 江苏农村经济，2006(5)：13

农村建设的若干意见》指出，发展现代农业是指“用现代物质条件装备农业，用现代科学技术改造农业，用现代产业体系提升农业，用现代经营形式推进农业，用现代发展理念引领农业，用培养新型农民发展农业，提高农业水利化、机械化和信息化水平，提高土地产出率、资源利用率和农业劳动生产率，提高农业素质、效益和竞争力。”这就是说，建设现代农业的过程，就是用现代科学技术、现代物质装备、现代产业组织制度和管理手段来改造传统农业、不断发展农村生产力的过程，就是转变农业增长方式、促进农业又好又快发展的过程。

现代农业是相对于传统农业而言的，它是工业化发展到一定阶段的必然产物。发展现代农业，就是以资本、物质和技术等先进要素为基础，对传统农业进行改造，以工业化的生产手段装备农业，以先进的科学技术提升农业，以社会化的服务体系支持农业，以科学的经营理念管理农业，最终实现农业增长方式转变。发展现代农业，从过程看，是实现农业的科学化、集约化、市场化和产业化；从结果看，是实现农业的高产、优质、高效和可持续发展[1]。

现代农业是广泛应用现代科学技术、现代工业提供的生产资料和科学管理方法进行的社会化农业。现代农业是产业经营一体化农业，农业产加销、农工贸紧密衔接，在一体化经营中实现农业生产的专业化、农产品的商品化、农村服务的社会化，在保障农业传统功能的同时，休闲、生态、能源等功能形态得到充分发展。现代农业是市场化农业，发展现代农业必须充分发挥市场机制的基础性作用，坚持以市场需求为导向，合理调整农业结构和生产布局，健全农产品现代流通体系；同时政府加强对农业的支持力度，改善宏观调控。现代农业是标准化农业，现代农业生产的规范化、产业化和产品优质化必然要求实现农业标准化，现代农业的技术服务体系和管理体系也需要以农业标准化为支撑[2]。

概括起来讲，现代农业的主要基本特征如下。

1)技术驱动或引领。舒尔茨指出，传统农业是一种特殊类型的经济均衡状态，其主要特点有：一是技术状况长期保持不变；二是持有和获得收入来源的偏好和动机状况长期变化甚微；三是人力资本稀缺。与传统农业主要依赖自然资源的投入不同，现代农业日益依赖高新技术要素投入，是以生物技术和信息技术为先导的、技术高度密集性的科技型产业。基础科学研究和高新技术研发对现代农业发展的先导作用越来越显著。未来的农业竞争不仅仅是自然资源的竞争。科学和技术在农业中的应用不仅提高了农业生产效率，还促使农业的内涵和外延发生深刻的变

〔1〕 马晓和.发展现代农业应注意的问题[N].中国科技投资，2008(8)：25-27

〔2〕 农业部课题组.现代农业发展战略研究[M].北京：中国农业出版社，2008：1-50

化。生物技术、信息技术、耕作技术、节水灌溉技术等农业高新技术使现代农业成为技术高度密集的产业,使农业增长方式由单纯地依靠资源的外延开发转到主要依靠提高资源利用率和持续发展能力的方向上;以生物技术和信息技术为主导的高新技术革命正在促使农业生产和经营模式发生革命性变革。

2)产业链不断拓展。现代农业的发展空间和产业链条不断拓展,已成为产前、产中、产后密切关联的、从田间到餐桌的一体化产业,形成面向全球市场的、集贸工农一体化经营的产业链,是正在拓展中的一种多元化、综合性的新兴产业。农业、工业、服务业走向融合的趋势日渐明朗,龙头企业和农业经济合作组织的主导作用日渐突出。在传统农业生产经营体系下,农产品的生产加工和流通等环节是分割的。现代农业则要求把农产品的生产、加工、流通等环节有机连接起来,形成完整高效、相互促进的农业产业体系。

3)资源投入高效化。土、肥、水、药和动力等投入的高效化是现代农业的重要特征,它既要在直接生产环节中实现资源转化的高效率,更要在整个生产经营周期实现较高的综合效益,促使社会、经济生态的可持续发展。

4)以人力资本的投资为前提。现代农业是以高素质的农民和企业家为经营主体的集约型产业,无论从经营环境、经营范围还是从经营手段、采用技术看,都要求其经营主体拥有较高的科技文化素质和相当的经营管理技能,以随时根据市场变化和技术发展选择适合自身特点和优势的生产和经营项目,实现其多功能目标。

5)多功能并举的发展目标。现代农业是以生物为中心的一种优化的生物-技术-经济-社会复合人工生态系统。作为种资源节约和可持续发展的绿色产业,现代农业是以生态、生产和生息为目标的可持续产业,其不仅消解了传统农业单一生产目标所产生的危机,使农业日益成为集自然、经济、社会协调发展为一体的多目标、可持续产业,而且使农业生产的功能从食品供给向生态调节、观光旅游和能源生产等多个方面不断拓展。现代农业强调生产性、生态性和生活性的统一,以综合效益最大化为原则,把农业看成既是一种基础产业,又是一种战略性产业,使农业由单一经济转向综合经济,由弱质产业变成具有强大活力的、可持续发展的优势产业,实现经济效益、生态效益和社会效益的有机统一。因此,农业是一项公益产业,存在很强的外部性,农业的贡献不仅是经济问题,农业的发展需要全社会的支持。

6)以合作制为基础的高度组织化的产业。现代农业以政府宏观调控为导向和以市场调节为基础,在家庭经营制度基础上发育形成的以合作制为基础的高度组织化的现代产业体系。现代农业生产包含初级产品生产、生产资料供应、食品加工和零售以及消费等各个环节,是从田间到餐桌的一体化产业。通过农村专业合作组织发展和龙头企业引导等多种产业化机制,将分散的小农户经营与社会化的服务组织、先进的工业化组织有机结合，以加快市场化进程，扩大产业组织规模，提高关联产业效率，推进农业布局的区域化、专业化进程，大大降低农业交易成本，提高农业产业运行的总体效率，是现代农业发展的显著特征之一。

刘永好：农业现代化和规模化转型引发投资热〔1〕

全国政协委员、新希望集团董事长刘永好在"两会"期间说，中国农业到了"变革期"，正在从小农经济向现代化和适度规模化迈进，未来5年的变革还会继续加大，需要在变革中把握机会。现在城市的工商企业和投资机构开始在农村进行投资，因为他们敏锐地感觉到了中国农村经济的转型，进行科学的、适度规模的投资可能会获得较好的回报。更多的企业在农村进行投资，以及包括资本在内的要素更多地流向农业及食品产业，将加速农业现代化和规模化的转型。

自2011年以来，新希望、中粮、联想控股等先后成立产业基金或农业投资事业部，开始寻找农业和食品领域的投资项目。清科研究中心的数据显示，2011年全年共有89起VC/PE农业领域（包括农、林、牧、渔业的生产加工和流通，以及饲料、肥料、农药等农资产品）的投资案例。从案例数的增长来看，较2010年的47起增长89.4%；从投资金额看，较2010年的8.91亿美元增长11.67%。

3. 现代农业的多功能性

农业的多功能性的说法可追溯到20世纪80年代末和90年代初，当时日本学者提出"稻米文化"的概念，强调日本文化与水稻种植密切相关，水稻种植具有文化等功能。1992年，联合国环境与发展大会通过的《21世纪议程》正式采用农业多功能性提法。1996年，世界粮食首脑会议通过的《罗马宣言和行动计划》中明确提出要考虑农业多功能性特点，促进农业和乡村可持续发展。1999年9月，联合国粮农组织和荷兰政府在马斯特里赫召开了100多个国家参加的国际农业和土地多功能性会议。同年，日本在其颁布的《粮食·农业·农村基本法》中明确提出发挥农业多功能作用的新理念，强调农业除具有经济功能外，同时还具有社会功能、生态功能和政治功能等多种功能。农业多功能的理念已在国际上引起广泛关注，尤其在各国间国际贸易谈判以及欧盟农业共同政策（CAP）制定中〔2〕，越来越多的国家把农业的多功能性作为现代农业发展的政策选项。

---

〔1〕 白田田，刘永好. 农业现代化和规模化转型引发投资热[N]. http://www.stdaily.com/stdaily/content/2012-03/14/content_442257.htm

〔2〕 陈秋珍，John Sumelius. 国内外农业多功能性研究文献综述[J]. 中国农村观察，2007，3：71

随着传统农业向现代农业的转变，农业功能不断拓展，农业生产将从单纯注重经济目标向“生产、生态、生活”协调发展的多元化目标转变。现代农业在提供食用、可口、营养和食品安全功能，保障农产有效供给，生产天然纤维，保证加工原产料供应，生产生物质能等的同时，在保护生态环境、提高生产者收入和生活质量方面发挥越来越重要的作用。总之，农业除具有生产食物和植物纤维等农产品这一主要传统的经济功能外，同时还具有其他经济、政治、社会和环境方面的非商品生产功能，主要包括食物保障、生态保护、能源替代、就业和社会保障、观光宜居、文化传承以及动物福利等非商品产出相关的功能[1]。其中农业的生态涵养和服务功能不仅仅表现在产前、产中、产后的各种功能上，还将注重生物能源的合理开发和利用，治理和改善生态环境，发挥屏障功能。现代农业正在向观赏、休闲、美化等方向扩延，都市农业、休闲农业、观光农业、旅游农业等新型农业形态也迅速发展成为与产品生产农业并驾齐驱的重要产业，已不仅是提供食物和纤维等重要产品的产业部门，而且还具有生态、生活、就业、文化教育、稳定社会运行等多种功能。现代农业虽然在GDP中的份额会越来越小，但在国计民生中的功能和作用却越来越大。如果仅把农业理解为一个产业部门，会不可避免地忽视农业的丰富内涵，在农业和农村发展战略和政策设计方面出现短视和盲点。

化肥到底给中国带来什么[2]

按照农作物播种面积计算，2009年我国每公顷化肥用量为341千克，以用量最大的氮肥与其他国家比较，我国水稻氮肥投入量是231千克/公顷，日本和韩国分别为78千克/公顷和110千克/公顷；我国玉米氮肥投入量237千克/公顷，美国不到150千克/公顷。

“化肥用量偏高是不争的事实，但这与我国国情是分不开的。”张福锁说。首先，我国人均1亩4分地都不到，在分散经营的生产方式下，一家一户要在这样小的面积上确定用几斤几两氮肥是一件很难操作的事情。其次，中低产田占全国耕地将近70%，为了提高产量，不得不多用化肥。而这种地在发达国家多以休闲和生态功能利用为主，并不用于生产粮食。再次，我国施肥机械化程度低，化肥施用至今仍以人工为主，难以做到深施和精量施用。

中国农业大学的田间试验结果表明，可以把小麦、玉米氮肥用量控制到150～

[1] 陶陶，罗其友．农业的多功能性与农业功能分区[J].中国农业资源与区划，2004

[2] 江娜.专访张福锁：化肥到底给中国带来什么[N].农民日报，2011-06-03. http://news.cau.edu.cn/discussion/show.php? id=2985

180 千克/公顷，比农民施肥量降低 30% 以上，产量不但不减，还可以增长 5%～10%。但要真正在千家万户、千差万别的地块上实现科学施肥是个系统工程，必须将技术、政策和农民行动结合起来。过量施肥问题，不仅仅是技术问题、经济问题，还是社会问题、民生问题，解决过量施肥问题，必须始终坚持“施增产肥、施经济肥、施环保肥”。目前，国家已经采取措施，推进科学施肥技术的推广普及。2005 年，农业部在全国推行测土配方施肥，目前项目已覆盖了所有农业县市。从 2009 年农业部提供的 3 000 多个田间试验结果看，小麦、玉米和水稻等粮食作物测土配方施肥比农民常规施肥亩增产量 30 千克以上，比常规施肥亩均施氮量减少 1～2 千克。除此之外，目前正在组织开展的秸秆还田、绿肥种植、增施有机肥等土壤有机质提升补贴项目，都已取得了很好的效果。

要彻底解决化肥施用过量问题还需多管齐下：第一，要进一步加强测土配方施肥技术集成和示范推广工作，采取整村、整乡、整建制方式全面推进测土配方施肥。第二，促进肥料产业升级，实现从确保数量到提高质量，从只管生产肥料到按需供肥、为农服务的转变。第三，国家应加快出台肥料相关法律法规，为科学合理使用肥料提供制度保障。

二、关于农业现代化的几种理论

发展现代农业，在本质上就是用现代生产要素改造传统农业，促使传统农业的现代化。这里我们主要从以科学技术促进现代农业发展的视角对有关农业现代化的理论做些综述和概括。

1. 舒尔茨关于改造传统农业的理论

美国芝加哥大学经济学家西奥多·W·舒尔茨(Theodore·W·Schultz)在其 1964 年出版的《改造传统农业》的著作中指出，传统农业“完全以农民世代相传的各种生产要素为基础”，其本质上是一种生产方式长期没有发生变动和基本维持简单再生产的长期停滞的小农经济。要提高农业生产率，使农业成为经济增长的源泉，就必须重视现代农业的投资和对传统农业的改造。他分析说，引进新生产要素目的在于推进农业技术进步。改造传统农业、发展现代农业的关键是要引进新的现代农业生产要素，实现农业技术进步。其具体实现路径如下。

1)建立促使传统农业变革的农业经济制度。其一是建立以经济刺激而不是国家计划为基础的市场方式，通过农产品和生产要素的价格变动来刺激农民；其二是建立所有权与经营权合一的、能适应市场变化的家庭农场而不是大规模的农场；其三是改变低效率的不在所有制形式(即由不在农场居住的所有者控制或占有农业生产要素的所有制形式)，以使农业生产经营者能因地制宜、按照当地的资源禀赋做出合适的农业决策[1]。

2)从供、求两方面为引进现代生产要素创造条件。首先,现代生产要素的供给者是发现、发展和生产新要素,并使农民能够得到并使用这些要素的那些人和机构,包括政府部门、专业合作组织和技术协会等非营利机构和农商企业等,他们要在改造传统农业中发挥重要作用,就必须投资、研究与开发适合当地条件的新生产要素,通过各种推广渠道为传统农民供给新生产要素,并说服传统农民接受并使用这些要素。其次,现代生产要素需求者——农民乐意接受新生产要素的条件是其是否具有有利性,即农民在其农业生产经营实践中使用新生产要素后是否可增产增收,这既取决于新生产要素的"价格和质量",也取决于"地主和农民之间如何分摊成本和收益的租佃制度"[2]。

3)对农民进行人力资本投资。新生产要素进入农业的主观条件是农民能够有效地使用这些要素。舒尔茨分析说,"在解释农业生产的增长量和增长率的差别时,土地的差别是最不重要的,物质资本的差别是相当重要的,而农民能力的差别是最重要的"[3]。引进新生产要素,改造传统农业,不仅要引进优良品种、高效肥料和农业机械这些物的要素,还要培养掌握能应用这些新生产要素的农民,把人力资本作为农业经济增长的主要源泉。政府必须加强对传统农民的教育、培训和健康投资。

拉尼斯分析说,"农业部门的现代化依赖于两类诱因:现代要素投入和激励性工业消费品。农业中的技术革新程度取决于现代投入的数量。农民放弃自给自足转向购买工业消费品,就可能市场导向,农村可能城市化。"由农业生产周期长和季节性要求高的特征所决定,农业中的新技术的采用是有风险的。小本经营的农民受到高度的不确定性和相当多的限制条件的约束。"在这样充满风险和不确定的环境中,农民被认为是不情愿承担风险的。"[4]因此,新技术被引入农业不只需要足够的对农业科技研究、推广的投资,还需要解决好两个问题:一是就农民的购买力而言,获得这些科技要素必须是低价格的;二是农业中采用新技术新品种需要先进行推广和示范并被农民接受。这就需要政府明确农业研究与开发的公益性,加强对公立农业研究机构的投入、完善农业科技推广体系和增加对农民的教育和培训工作。

---

[1] 西奥多·W·舒尔茨.改造传统农业[M].北京:商务印书馆,1999:84-98

[2] 蒋和平,辛岭.建设中国现代农业的思路与实践[M].北京:中国农业出版社,2009:4

[3] 西奥多·W·舒尔茨.改造传统农业[M].北京:商务印书馆,1999:13

[4] 欧曼,等.战后发展理论[M].北京:中国发展出版社,2000:41

2. 约翰·梅尔有关农业发展的理论

20世纪60年代，农业经济学家如莫里斯·帕金斯和劳伦斯·威特、布鲁斯·约翰斯顿和约翰·梅尔、福雷斯特·希尔和阿瑟·莫舍等提出农业发展三阶段论。美国康奈尔大学农业经济系教授约翰·梅尔按照农业技术的性质，把传统农业向现代农业的转变过程划分为传统农业、低资本技术农业和高资本技术农业三个阶段。

1)传统农业阶段。其主要特征是农业技术基本停滞，农业生产的增长取决于传统要素供给的增加。某些动态技术和体制变化偶尔被孤立地引入传统农业体系中，如使用化肥而没有采用改良的高产品种，它们对生产率的影响通常比较微小，对生产率的持续变化影响非常有限。

2)低资本技术农业发展阶段。主要特征是农业在整个经济中占很大比例；由于人口效应和收入效应两方面的作用，农产品的需求急剧地上升；工业发展资本稀缺，投资报酬率随之提高；经济转型速度的限制和人口增长的压力阻碍了农场规模的扩大；劳动力和土地的比例关系很高，限制了劳动节约型农业机械的普遍使用。总之，农业对经济的全面发展开始发挥关键作用，但农业发展主要依赖劳动密集型或资本节约型的技术创新和使用，重点是提高土地生产率。

3)高资本技术农业发展阶段。主要特征是农业部门的相对重要性大大下降，资本积累已经足以支持非农产业部门的迅速发展；资本变得越来越充裕，资本在农业部门的运用也日益集约化；作为非农业部门扩张的结果，人地比例逐渐下降，农场平均规模扩大；劳动成本变得越来越高昂，用机械代替劳动可以节约农业生产成本。因此，劳动力节约型的大型机械和其他资本密集型技术不断创造和发明出来，且被运用到农业生产中，劳动生产率持续增长，资本以大型机械的形式替代劳动力成为农业最基本的特征。同时，生物科学技术研究也促进单位土地面积和单位牲畜产量的提高，农业劳动生产率显著提高。这一阶段，农业对资本需求很大，农民或农业生产经营者需要资本购买土地以扩大农场规模，筹措资金购买农业生产所需的机械、化肥、农药等农业生产资料，从而促进了工业的发展[1]。

梅尔指出，上述各阶段的顺序是按照特征而不是按照历史确定的，这个顺序对于大多数发展中国家而言比较合理。一些发达国家，如美国并没有遵循这个顺序，而是直接从第一阶段进入第三阶段。美国由于其独特的自然资源优势，农业现代化首先选择的是替代劳动的机械技术创新，并在19世纪育种技术和肥料、杀虫剂

[1] 蒋和平，辛岭.建设中国现代农业的思路与实践[M].北京：中国农业出版社，2009:4-6

等技术出现后迅速采用提高土地生产率的各类生物和化学农业技术。美国农业发展的商业导向也有利于吸引外来资本、整合各类新生产要素,实现传统农业的现代化。对于多数发展中国家而言,由于普遍存在的问题是劳动力充裕、资本稀缺,农业发展应该尽量避免使用与工业发展相竞争的、具有替代劳动性质的资本投入,而应多使用与劳动力相互补充的投入。

3. 约翰斯顿关于农业发展战略的理论

美国经济学家约翰斯顿长期在世界银行、粮农组织等世界性组织担任顾问,其在 1972 年发表"农业战略的准则"的文章,对人口密集、资金和技术短缺的发展中国家应当实行的农业发展战略进行了讨论。1975 年,他与基尔比合作出版了《农业与结构转变》。约翰斯顿指出,发展中国家在由传统农业向现代农业的转型过程中,战略选择至关重要。具体的选项包括"单峰性"和"双峰性"两种发展战略,其中前者指实施可在广大小农户中逐渐推广适度的技术创新,如推广优良品种、先进耕作技术等来提高每个农户的生产率;后者指举办集约化的现代大农场,推广使用资金密集型的现代大型农业机具和生产技术。他认为,多数发展中国家应该选择"单峰性"战略,其理由主要如下。

1)推广的适用技术易于为农户接受。大多数发展中国家人多地少,农业生产规模小,劳动力多,即使由政府出资兴办若干集约化的现代大农场,由于所采用的资本密集型的技术创新不适宜广大农户,难以推广扩散。而"单峰性"战略所指向的适用技术则容易为农户接受并能得到广泛推广。

2)推介的技术创新可在广大农村地区均衡发展。发展中国家外汇和资金短缺,本国工业生产能力有限,采用"双峰性"战略大多需要依靠进口获取必要的技术和生产投入品,从而影响广大农户采用新技术等新生产要素的能力。而"单峰性"战略中推介的技术创新比较容易适合发展中国家的资金、外行和工业生产能力,可以在广大农村地区均衡发展。

3)有益于小农户增产、节支和增收。实行"双峰性"战略,现代化大农场可能引起规模效应而增产增收,小农户则可能因为过度投资而经营失败。实行"单峰性"战略不仅生产经营成本低,而且有益于小农户选择多种策略,包括在非农行业务工等来平衡家庭的经营收入。

4)吸收和利用更多的劳动力,促进整个社会经济的协调发展。"双峰性"战略总体上是一种资本密集型技术替代劳动密集型技术的战略,其直接影响是造成大量的农村劳动力的失业,而"单峰性"战略采用的技术则是尽可能多地吸收农业劳动力[1]。更重要的是，这一战略实施所需要的大量工业品投入都可由本国工业界提供，进而对整个国家的农业和社会经济发展产生积极的关联和拉动效应。

4. 范沼二郎的农业现代化理论

日本京都大学农业经济学教授范沼二郎认为，各国实行农业现代化必须尊重本国的农业传统，否定自身传统的农业现代化将导致农业的衰退。他指出，由于水土有别，各个国家有各自的农业传统，如西班牙有西班牙式的农业，伊朗有伊朗式的农业。水土对农业影响最大的是干地和湿地。雨水对农业的影响最重要的不是年降雨量，而是年降雨量在一年之内的分布情况，尤其是雨季的降雨量。他依据年降雨量和降雨季节将世界农业划分为四类地区：干燥、冬雨区；潮湿冬雨区；干燥夏雨区；潮湿地区。由于前三类地区和第四类地区的一小部分大多是干燥缺雨，适宜发展保水农业和休闲农业，需要在降雨后防止水分蒸发或因缺水不能整年耕种需要间歇；第四类地区大部分不缺水，容易杂草丛生，适宜发展除草农业和中耕农业，这里的中耕除中耕除草和田间管理外更多是指连作、复种。

范沼二郎教授分析说，休闲农业和中耕农业是两种不同类型的农业。首先在地力恢复和保持方面，前者主要靠在休闲，即使在休闲期间投入大量劳力，土地生产力也不会有多大改变；后者则不然，休耕范围会使地力恶化，因此需要靠投入很多的劳动，通过精耕细作、增施肥料来恢复地力，提高耕地生产能力。其次在经营方式、增产途径等方面，前者如欧洲和北美，其基本传统是单一种植、劳动粗放，增产主要靠扩大耕地面积，适合于大面积粗放耕作，采用农业机械化；后者如中国、日本等东南亚国家的农业传统是强调精耕细作的集约经营方式，通过增加劳动投入、精心耕作和复种来提高产量。

基于以上观点，他批评日本的农业现代化说："日本领导者经常以先进国家的优秀文化来指导日本人民的。……第二次世界大战后更是以美国为模式，亦步亦趋。在有些人看来，农业只有实现美国化才是现代化。""日本完全走向错误的方向，只有衰退一途。这是因为否定了日本农业的传统而进行农业现代化。""否定传统农业的现代化，将会导致农业的衰退；只有尊重农业传统搞现代化，才会使农业迅速发展"[2]。他指出，日本农业的传统是以劳动集约为方向，以家庭为主体开展多种经营的农业生产体系，如果农业的现代化能以此为基础，合理利用劳力和机器

[1] 刘运梓. 比较农业经济概论——中外农业经济理论与政策的比较研究[M]. 北京：中国农业出版社，2006：178-180

[2] 刘运梓. 比较农业经济概论——中外农业经济理论与政策的比较研究[M]. 北京：中国农业出版社，2006：176-178

等先进生产要素，发展复合耕作的经营方式，拓展生态农业，日本农业才会有广阔前景。

5. 马克思主义经典作家关于农业发展的观点

马克思指出，“经济的再生产过程，不管它的特殊的社会性质如何，在这个部门(农业)内，总是同一个自然的再生产过程交织在一起[1]”，“农业劳动的生产率是和自然条件联系在一起的，并且由于自然条件的再生产率不同，同量劳动会体现较多或较少的产品或使用价值[2]。”他分析说，土地是农业的劳动资料，但是它在农业上要起劳动资料的作用，还要以一系列其他的劳动资料和劳动力的较高的发展为前提；肥力虽然是土地的客观属性，但从经济学方面说，总是同农业化学和农业机械的现有发展水平有关系，因而也随着这种发展水平的变化而变化；气候和土地条件，特别是从撒哈拉经过阿拉伯、波斯、印度和鞑靼区直至最高的亚洲高原的一片广大的沙漠地带，使利用渠道和水利工程的人工灌溉设施成了东方农业的基础；“一切现代方法，如灌溉、排水、蒸汽犁、化学产品等，都应当广泛地应用于农业[3]”。总之，马克思非常重视技术等新生产要素在农业中的应用，并将其看作是农业生产率提升的重要基础。恩格斯也曾总结说，人类所支配的生产力是无穷无尽的。应用资本、劳动和科学就可以使土地的收获量无限地提高。

马克思还讨论了科学技术应用于农业的社会条件，他说：资本主义生产方式的重要结果之一是，它一方面使农业由社会最不发达部分的单纯经验的和机械地沿袭下来的经营方法，在私有制条件下一般能够做到的范围内，转化为农艺学的自觉的科学的应用……；英国在土地这种农业劳动工具积聚的时候，也有农业分工，并且还使用机器耕地，而在法国，农业劳动工具很分散，又存在小块土地制度，一般说来，这里既没有农业分工，也没有机器在农业上的应用。

特别值得注意的是，马克思和恩格斯还总结分析了农业资源过度开发可能带来的严重后果和不可持续性。马克思说，“耕作如果自发地进行，而不是有意识地加以控制……，接踵而来的就是土地荒芜。像波斯、美索不达米亚等地以及希腊那样”。恩格斯指出，“我们不要过分陶醉于我们对自然界的胜利。对于每一次这样的胜利，自然界都报复了我们。每一次胜利，在第一步都确实取得了我们预期的结果，但是在第二步和第三步却有了完全不同的、出乎预料的影响，常常把第一个结果又取消了。美索不达米亚、希腊、小亚细亚以及其他各地的居民，为了想得到耕

---

[1] 马克思. 资本论[M]. 北京：人民出版社，1975(2)：398-399

[2] 马克思. 资本论[M]. 北京：人民出版社，1975(3)：922

[3] 马克思，恩格斯. 马克思恩格斯选集[C]. 北京：人民出版社，1972(2)：452

地，把森林都砍光了，但是他们梦想不到，这些地方今天竟因此成为不毛之地，因为他们使这些地方失去了森林，也失去了积聚和储存水分的中心。[1]”马克思还深刻地指出，“资本主义农业的任何进步，都不仅是掠夺劳动者的技巧的进步，而且是掠夺土地的技巧的进步，在一定时期内提高土地肥力的任何进步，同时也是破坏土壤肥力持久源泉的进步。一个国家，如北美合众国，越是以大工业作为自己发展的起点，这个破坏过程就越迅速”；“它一方面聚集着社会的历史动力，另一方面又破坏着人和土地之间的物质交换，也就是使人以衣食形式消费掉的土地的组成部分不能回到土地，从而破坏土地持久肥力的永恒的自然条件”[2]。，

三、现代农业的主要类型

现代农业呈现出多种形态，如持续农业、设施农业、精准农业等。这里主要对高技术含量的新型农业形态出现的背景和特点等做些概要介绍。

1. 分子农业

“分子农业”指利用动植物分子遗传学和转基因等现代生物技术，实现商业上大规模生产蛋白质、药物、疫苗和酶等物质，用于预防和治疗人和动物的疾病。具体而言，在农业的植物生产中，可给作物注入某些新的特性，显著提高作物耐旱、耐涝、耐盐碱、耐瘠薄、耐储运和抗虫、抗病、抗除草剂等抗逆的性能。在农业的动物生产中，可成功实施动物的体外受精、胚胎分割、性别控制、核移植等新技术，胚胎工程技术和克隆技术日趋成熟并逐步实现商品化。在农业的微生物生产中，微生物基因重组技术，掀起了有机生物制剂产业的革命，新一代生物农药、动物疫苗、生物肥料、生长调节剂纷纷问世。另外，生物反应器技术可以通过动植物生产昂贵的蛋白质药物、新能源和新材料。动植物将成为现代生物技术的重要载体和窗口。

2. 设施农业

传统农业生产是以“土”、“水”为基础的，由于受地域气候和作物生长季节的限制等，农业产量和生产效率难以满足人类生活的需要。设施农业旨在利用人工建造的设施，精准调节光、热、水、气、矿物营养等生命要素，为作物种植及其产品的贮藏保鲜等提供良好的环境条件，以最大程度地转化农业生物的遗传潜力，获得速生、高产、优质、高效的农产品。

设施农业在我国有比较悠久的历史传统。为解决环境低温和作物喜暖的矛盾，民间曾广泛应用有机废弃物等酿热材料，在冬春季生产蒜黄、韭黄及时鲜蔬菜；

---

〔1〕 马克思，恩格斯．马克思恩格斯选集[C].北京：人民出版社，1972(3)：517-518

〔2〕 马克思.资本论[M].北京：人民出版社，1975 (1)：551-553

利用风障、阳畦、酿热温床，提前培育瓜菜苗，以便蔬菜尽早定植大田生产，提前上市。这些都可以看作是在特定技术条件下的“简易设施农业。”

现代设施农业按照农业的区域分工的要求，运用先进农业生产技术和装备，特别是温室建筑材料，重点发展以塑料大棚、玻璃温室为主体，有土和无土栽培相结合，一年四季能生产和供应优质、新鲜、时令的蔬菜、瓜果、花卉、盆景和观赏鱼种、宠物等高效益的农副产品。工厂化农业是设施农业的主要形式之一。所谓工厂化农业，是指在“农业生产车间”，即塑料薄膜大棚、玻璃温室等内，借用阳光或人工灯光进行不间断的农业生产。

设施农业的基本特征是高投入、高产出、规模化、工厂化。一些人认为，设施农业是根本改变传统农业的重要方向。借助于现代科学和技术装备的工厂化农业，可实现作物播种、生长、施肥、灌溉、环控等全过程的自动化和精准化，从根本上改变靠天吃饭的传统农业经营模式。

3. 可持续农业

传统农业为追求粮食产量，不惜自然资源和农用化学品的过度消耗，结果造成农业自然资源的巨大浪费和生态环境的污染和破坏。可持续农业，就是一种既能生产出足够的食物和纤维，以满足当代人的需要，又不破坏甚至能够保护自然资源和改善生态环境，从而保持农业的长久永续发展，保证满足今后世世代代人需要的农业系统。其基本内容包括强调作物轮作制，以减少杂草和病虫害，提高土壤成分的替代来源，减少由农业化学品使用而引起的水土资源污染的危险性；推广对自然体系、生产者和消费者均无害的病虫害的控制战略和方法，其中包括病虫害综合管理技术，即采用诸如抗性栽培品种、栽培时间的调整、病虫害的生物控制等方法减少对杀虫剂的需求；增加机械和生物的杂草控制及水土保持措施，增加动物粪便和绿肥的施用，以增加土壤的营养物质和有机质；选用对人类、牲畜和环境无危害的高效、低毒和低残留的农药等。

20 世纪 80 年代中期，美国首先提出可持续发展农业。可持续农业的特点是环境不退化，资源永续利用，技术上适当，经济上可行，不仅满足当代人们的生活需要，而且可以保证世世代代人们生存与发展的需求。它强调生产与环境并重，当前与长远并重，采用适当的经济技术生产体系，不进行掠夺式经营。可持续发展的核心是发展，前提是发展与人口、资源、环境的协调，两者相辅相成。

当前发达国家有关可持续农业实践的基本论点主要有：一是长远、协调发展的论点，主张将环境、资源、技术、经济、社会等诸多因素结合起来，考虑农业和农村的协调持续发展问题，满足世世代代的需要；二是一体化、综合的论点，主要是以西欧正在试验的综合农业为代表，主张一种在经济上、生态上都能持续的农业，既保护农民收入，又保护环境；三是可持续发展的论点，主张农业可持续性不仅涉及物质生产领域，而且还包括精神生活，特别是人们的生活方式、道德观念、文化教育对持续发展具有重要作用[1]。可持续农业旨在最大限度地保护自然资源和维持生态平衡，追求以最小的资源耗费获得高效、优质的农业产出。生态农业、有机农业等都是可持续农业的主要表现形式。

生态农业(ecological agriculture)是运用生态学原理和系统科学方法，把现代科学成果与传统农业技术的精华相结合而建立起来的具有生态合理性、功能良性循环的一种农业体系。生态农业最初由美国土壤学家 W. Albrche 提出。1982年，英国农学家 M. Worthington 将生态农业界定为“生态上能自我维持、低输入、经济上有生命力，在环境、伦理和审美方面可接受的小型农业”，其生产过程的运行机制主要靠农业生态系统内部的生物之间，以及生物与环境之间的低速且近乎封闭式的物质循环和能力转化来维持，不用或基本不同人工合成的化肥、农药、植物生长调节剂，且尽可能减少对农机的依赖。生态农业强调采用作物轮耕混种、使用固氮植物、施用腐殖质肥料、将作物秸秆、畜牧粪便和有机废物还田、生物防治等技术措施来保持土壤肥力、供应作物养分和防治病虫害，主张一切副产物都要通过再循环，以保持农业生态系统的稳定性，实现农业产出的多样化和经济、生态与社会效益的最大化。生态农业具有生产率高、稳定持续、综合性、有机性和效益型特点。我国已开发的生态农业领域的实用技术有沼气利用技术、太阳能技术、细绿萍养殖及综合利用技术、稻田养蟹技术、食用菌栽培技术、病虫害的生物防治技术等。发展生态农业，尽可能保证农村的各种景观并生产出需要的产品，不仅可使农业生态体系具有可持续性，并且能使乡村特有的美丽景观给人以愉快之感。

有机农业(organic agricuture)的理论是由美国学者罗德尔首先提出的。1945年，他在出版的《堆肥农业与园艺》中从土壤生物学的肥力概念出发，论证了大量使用化肥和农药的害处和有机肥在培养地力上的优越性。有机农业高度关注土壤与人类健康上，认为食物的营养价值取决于土壤及其运动、食物贮存与制备等，没有肥沃的土壤，就没有营养丰富的农产品，改善食物的营养与人类身体健康，其根本在于维护土壤健康，改善土壤肥力。1980年，美国农业部一个调查小组将有机农业定义为“完全不用人工合成的化学肥料、农药、生长调节剂和饲料添加剂的生产制度。它在可能的范围内，尽量依靠轮作、作物秸秆、家畜粪尿、绿肥、外来的有机废弃物、机械中耕、含有无机养分的矿石及生物防治等方法，保持土壤的肥力和易

[1] 蒋和平，辛岭．建设中国现代农业的思路与实践[M]. 北京：中国农业出版社，2009:31

耕性,供给作物养分,防治病虫杂草危害。”有机农业是集成整合科学技术和传统知识与经验而建立起来的一种旨在保持生态与经济稳定、持续增长和农产品品质的农业生产体系和模式,主要由英国、瑞典等国倡导,现已成为发展迅猛的国际农业潮流,有机农产品的生产已经成为各国出口创汇、增加农民收入的重要来源。通过有机农业生产体系生产出来的农产品及其加工食品一般称为有机农产品或有机食品。

4. 观光休闲农业

随着社会经济的快速发展,人们的生活质量日益提高,城市居民或基于对田园自然景观的渴望,或基于对自然生命过程的体验,多数将那些具有特色的农业地带作为旅游、休闲和观光的优先项。观光休闲农业作为现代农业的一种新型业态开始呈现。美国的农场主充分利用其历史上形成的作物种植业带,如苹果种植带、葡萄带等在媒体上刊载广告,招揽游客到种植带去采摘水果度假;新加坡针对人多地少的现实国情,对有限的土地资源进行综合开发,将高科技引入农业并与旅游业相整合,发展形成独具特色的观光休闲农业。

休闲农业旨在开发利用农村的田园景观、独特的农业生产经营活动和农村自然资源环境,以及丰富多彩的乡村民俗文化等吸引城市居民前去观赏、品尝、休闲、体验、参与、科考、度假等,主要通过向城市居民提供采摘、耕种、养殖、垂钓和烹饪等农业参与性体验活动,以及观赏、游乐、参观等活动,以充分发挥农业与农村休闲旅游功能的一种新型农业经营形态。观光休闲农业有多种形式,主要包括观光农园、市民菜园、休闲农场、科普园、民俗旅游等。休闲观光农业融农业与旅游、生产与消费为一体,其主要特点是寓农业生产于观光休闲、农事体验和田园风光欣赏之中。这种农业形态所产生的收入或与农地有关、或与某些农产品的种养和加工有关、或与某种独特的民俗文化有关,但其收入来源主要不是靠出售产品,而是靠与农地、农业生产经营活动有关的农业之外的其他活动获得的关联性收入。观光休闲农业正逐步向集观光、娱乐、休闲、体验、科普等一体化的复合型农业方向发展。

5. 精准农业

精准(precision agriculture)又称数字农业或信息农业。1997 年,美国科学院、工程院正式提出数字农业的概念,指称在地学空间和信息技术支撑下的集约化和信息化的农业技术。1998 年,时任美国副总统的阿尔·戈尔将数字农业定义为数字地球与智能农机技术相结合产生的农业生产和管理技术。具体来说,精准农业技术系统是以大田耕作为基础,准确定位到每一寸土地,从耕作、播种、灌溉、施肥、中耕、田间管理、植物保护、产量预测到收获、保存、管理的全过程实现数字化、网络化和智能化,全部应用遥感、遥测、遥控、计算机等先进技术,以实现农业生产的信息驱动、科学经营、知识管理、合理作业，形成一个包括对农作物、水和土壤多层面检测，对农作物生产发育状况和环境要素进行动态分析，以及耕作措施和管理方案等决策系统在内的农业信息技术系统，其目的在于提高农业产量和节约农业资源，使每一寸土地上的生物资源都得到优化使用。

精准农业是在现代信息技术、生物技术、工程技术等一系列高新技术最新成就的基础上发展起来的一种重要的现代农业生产形式，其核心技术是地理信息系统(GIS)、全球定位系统(GPS)、遥感技术(RS)和计算机自动控制技术。精准农业的特征是:生产手段精良，管理过程精细，技术运用精准，资源投入节省，运作尺度精确，收获优质高产。精确农业作为一种新型农业模式已在很多国家兴起，它有助于充分利用重要的农业作物参数和知识，在适当尺度上优化生产系统管理，并根据特定地块的作物潜在生产能力控制不同的投入水平(如肥料、杀虫剂、除草剂等)。精准农业正在有效地改善农业这一古老产业的分散性、区域性、时空多变性、经验性及难控制性等行业弱势，并将使农业生产经营活动趋于标准化、精致化、高效化、工厂化和可控化。

精准农业案例

为了进一步帮助农民们掌握施肥浇水的精确时机，艾奥瓦州大学农业和生物系统副教授斯图亚特·比勒尔与电子和计算机工程教授拉特纳什·库马尔合作，设计了一套可以长期安装在地下的土壤感应系统。这些感应器像 iPod 般大小，装在地下一英尺处，彼此相距 80～160 英尺。不断收集土壤的湿度、温度、营养数据，并通过低频无线电信号将信息传输到控制中心，帮助农民“对症下药”，避免盲目追肥。据估算，每英亩土地里安装 4～6 个感应器，成本为 20～30 美元，但可以节省资源成本 150 美元。

6. 都市农业

20 世纪 60 年代末，伴随着日本经济的起飞和城市化的迅速推进，农用土地锐减、农业兼业化严重。为遏制农业滑坡，在都市圈保住基础性的农业产业，日本京都等城市提出建设多功能都市农业的设想，并通过立法保障等手段在都市圈内建设其各种镶嵌式“绿岛农业”，不仅保障了城市的食品需求，而且美化了城市环境。在发达国家，城市居民对都市农业发展的积极性最初是为了应对经济危机时期的食品安全而进行的家庭和社区园艺活动，但今天的欧洲城市，如阿姆斯特丹、伦敦、柏林等都已将都市农业与资源再循环与保护、疗养和休闲、教育和安全食品供给，以及社区发展、绿色建筑和公共空间管理联系在一起。北京市已明确提出发展都市农业的战略目标，强调要以现代农业作为“都市经济”发展的新增长点，强化其食品供应、生态屏障、休闲观光和科技示范功能。

就普遍意义而言，都市农业可以描述为在城市及其周边地区所从事的直接服务于城市市场的种植、加工和来自于植物或木本农作物的食品或非食品销售，以及饲养家畜的一切活动。都市农业的实现通常是利用在城市地区寻获的资源（不用的或未充分利用的空间、有机废物）、服务（技术延伸、融资、交通）和产品（农用化学品、工具、交通运输设备）；都市农业可为这一地区生产资源，像绿色空间、混合肥料等，以及提供花卉、食用家畜、奶制品等产品和饮食、休闲和疗养等服务[1]。都市农业在空间上与城市生态和城市经济紧密相关，并与乡村农业相互补充。概括起来讲，都市农业是依托都市、服务都市、为都市提供优质农副产品和优美生态环境为主要目的的区域性农业。它是城乡一体化过程中形成的现代农业的代表性形态，是现代都市建设的重要内容，具体包括在市区保留和建设一定的绿地，在城郊建设“绿色生态保护圈”，引导社区和居民利用阳台、空地种植花草、果树、蔬菜等农业活动。都市农业表现形态有农业高新科技园（农业高新技术开发区）、工厂化农业（设施农业、精细农业）、庄园农业（都市农庄）、观光农业（休闲农业、旅游农业），等。都市农业主要有经济功能、社会功能、生态功能、示范带动功能四大功能。

其他还有所谓的立体高效农业、创汇农业、高技术农业、循环农业等说法。其中立体高效型农业是指利用时间差、空间差立体种养，组成“高效复合生态系统”。由于它是两种以上的生物构成的多层次种群结构，可充分发挥物种间的互补与契合效应，显著提高农业资源的利用率和质能转化率，如稻—萍—鱼共生，稻—菇—鱼立体种养，玉米（甘蔗）—食用菌栽培，藻类（海带）—扇贝（海参）共养，葡萄—高秆作物—中药材立体种植，多种作物间混套作等形式，可一地多收，具有高产出、低投入、低耗能、高效益等特点，主要生产模式有立体种植、立体养殖和立体种养三大类型。

四、国外以科学技术促进现代农业发展的经验

以科学技术促进现代农业发展是所有国家确保粮食安全、食品安全和农业可持续发展的重要战略选项，观察主要农业发达国家的现代农业发展的状态，总结其政策措施、发展经验和教训，可为我国现代农业发展道路的战略选择提供决策参考和经验支持。本节主要对美国、以色列和荷兰等国家以科学技术促进现代农业发展的经验和政策进行总结和概述。

---

〔1〕 卢克·穆杰特.养育更好的城市——都市农业推进可持续发展[R].北京：商务印书馆，2008：4-5

1. 美国以科学技术推进现代农业发展的经验

美国是世界上最大的农产品生产国，也是最大的农产品出口国，其现代农业产业效率高，仅用占全国人口2%的农业劳动者就生产了供全国消费的丰富农产品，出口了占全国总出口收入近20%的农产品。美国现代农业的发展除了其得天独厚的农业发展的自然条件，如全国大部分地区雨量充沛且分布均匀、土地和淡水资源等拥有量丰富、土质肥沃等，科学技术在农业中的广泛应用是最重要的原因。刘志杨研究员总结说，美国农业之所以高度发达，从根本上说，是它们把更新的科学技术与本国的自然资源密切地结合起来，创造出了更高水平的商品农业经济。建立协调高效的农业科技教育、研究和推广体制，大规模而又广泛地推广应用现代农业高新科学技术[1]，是美国现代农业发展的基本方针和重要经验所在。

美国农业的基本特点是地多人少、劳动力稀缺，这就促使美国现代农业从一开始就很注意利用农业机械来开展大规模的农业作业。美国是全世界农业机械化创新最多的国家，也是机械化程度最高的国家。联合收割机和以石油为动力的拖拉机分别于1880年和1889年先后在美国问世，并在加州等地率先推广使用；第一台挤奶机、第一台玉米采摘机和第一台棉花收割机也首先在美国获得专利。机械化是美国现代农业的主要特征。美国农业100年来经历了以机械力和电力代替人力和畜力的过程，在1940年就已基本实现农业机械化，役畜动力占农田总动力的比重由20世纪初的75.5%下降到6.96%。自20世纪50年代中期起，美国大田作业中的播种、收获、灌溉以及苹果的采摘、筛选、包装、运输等均已全面实现了机械化。据统计，1999年，美国平均每个农场耕种的面积近4 000英亩，拥有拖拉机2.6台、卡车2.1辆、谷物收割机0.4台、玉米脱粒机0.5台、大田牧草收割机0.3台和干草拾捡压捆机0.6台。20世纪70年代，随着烟草采摘机的发明和创新推广，烟草相关的生产经营活动如耕种、施肥、采集、烘烤等也都采用机械化。机械化革命推动美国农业经营迅速走向专业化和市场化。

农业电气化也是美国农业的重要特征之一。在美国种植业农场中，电力主要用于土壤改良、农机修理、排灌和农产品初加工、运输等。而在养殖业农场中，饲料的加工、装卸、运输以及饲养过程中的供料、给水、挤奶、调温、通风、清洁等也都采用了电气化，各类奶牛场、肉牛场、蛋鸡场等因此实现了工厂化，并借助于现代电子技术进行自动化生产。

美国也是农作物育种和农业生物技术创新的领导者。美国在20世纪30年代就培育出双杂交玉米良种，之后又逐渐培育出杂交高粱、杂交小麦、杂交棉花等良

[1] 刘志杨.美国农业新经济[M].青岛：青岛出版社，2003：128

种，这些良种的推广应用，对美国农业生产力的提高产生了显著影响，其中生长期短的杂交玉米良种使玉米种植区域向北推移500英里，冬小麦良种使小麦种植区域向北扩展200英里，杂交高粱和杂交谷子使一直被认为不宜种植谷物的许多干旱地区成为良田。水果、蔬菜方面的农业研究培育出各种高产、优质、抗病力强的新品种，畜牧业领域也有人工授精培育的优质奶牛等优良品种、刺激畜禽快速发育生长的激素等生物技术的推广应用，所有这一切，都大大提升了美国经济作物的市场竞争力，提高美国农业的经济效益。现如今，美国正在利用其主导的转基因技术大规模地改良农业动植物品种，调动其全部力量进行转基因技术开发并促其商品化，以保持其在国家农业市场中的强势地位。

美国在农业信息的开发利用等方面早于其他发达国家，现代信息技术也已成为美国农业生产者的基本工具。20世纪80年代以来，美国信息技术的兴起，使农业信息服务发展为一种新的农业产业。美国在肯塔基建立的全美第一个农用视频电报系统，用户通过个人计算机键盘的识别号，就可存取该系统大型数据库里的实时市场价格、天气、新闻和其他农业信息。现如今，农场主在种植作物时，可借助在拖拉机里安装的地理信息系统和遥感测控系统，随时根据土质情况和作物生长情况自动确定配肥，判断浇水、施肥的合适时间。1985年，美国已有8%的农场主使用计算机处理农场事务。计算机已广泛应用于大豆病害诊断、预测玉米螟危害、苹果虫害与果园管理、农业技术资源保护等领域，并使美国的农场管理、科研和生产达到了高质量、高效率和高效益。

概括起来讲，美国以科学技术促进现代农业发展的主要经验如下。

1)农业法律法规体系完备。美国农业法律法规体系建设除包括农产品价格支持、生产控制、农业信贷、土地保护、剩余农产品处理、出口贸易等一揽子内容的法律外，还有专门的农业研究、农业教育和推广方面的立法。美国的公共农业推广体系就是依据三个具有里程碑意义的法律文件——《莫里尔法》、《哈奇法案》和《史密斯·利弗法》而建立的。美国农业法律体系不仅促成了农业研究机构和农业大学的建立，确保了农业研究和开发、农业教育和推广费用的公共投入，而且为农民或农场主采用先进农业科学技术提供必要的社会服务、市场激励和政府支持。

2)农业科技推广和服务体系发达。美国以科研、教育为后盾的农业科技推广体系为农业高新技术的应用提供了可靠保证。20世纪初，鉴于农业科研与应用脱节的情况十分严重，美国国会于1914年制定了史密斯—雷佛法案，由联邦农业部和各州的大学合作，在全国每一个县建立农业推广办公室，其任务是向农民提供各种培训，将农业科研成果和新技术迅速推广应用到农业生产领域。据美国农业部2005年统计，美国农技推广机构有3 300个，农技推广员1.7万人。美国借助各州的科研、推广体系和联邦农业部直属的农业科技研究中心以及一些私人农业科研机构，从20世纪80年代开始，把高新技术在农业上的应用作为发展优质、高效农业的重点来抓，并在遗传工程、生物技术、计算机技术、遥感、遥测研究和自动化技术领域取得重大突破，并尽快把这些高新技术应用于农业生产，为美国农民带来巨大的经济效益。此外，美国农业部通过合同关系与各州的农业部门合作，向各州提供有关畜牧、肉类、谷物、蔬菜、水果、棉花、家禽、奶、蛋、烟草和羊毛等各种农产品贸易方面的信息，包括供应、需求、价格和市场变化趋势等。农业部和有关州设立了100多个信息收集办事处，共有270名市场报告员负责搜集、审核和发布全国农产品在直销、拍卖、合同、期货、集散、加工、批发等市场环节的信息，并要求所提供的市场报告具有中立性、即时性和可靠性。

3)支持农村专业合作组织发挥作用。美国农产品协会在农业生产中的地位举足轻重，是介于政府和企业之间的一种行业组织。如蔬菜水果协会，蔬菜水果生产者、加工商、批发商、零售商、进出口商都是协会的会员，有关流通方面的政策和建议都由协会与政府沟通。协会组织建立批发市场，定期举办交易会、展示会，增进会员间的信息交流和供需衔接；开展国家交流与合作，促进进出口贸易；举办专题培训，向会员介绍最新流通政策与法规，与政府及国会保持经常性的联系。美国农产品协会目前已经发展到了高级阶段，将“农、工、商、产、学、研”有机地结合起来，同时也将农产品的加工、销售和出口有机结合起来，通过签订合同，使农业合作社成为契约化经营的主体。如美国新奇士橙协会会员几乎占了美国加利福尼亚和亚利桑那两州农户的60%～70%，协会对每周果树的成熟情况都有电脑统计，确保产量均匀分布在各个时期，而且协会的全球代表每天都将传单传到总部，总部再分发到60多家包装厂，由包装厂将订单按周向果农收购，从总部分订单到集装货柜仅需3天。2005年底，美国已有4 000多个农业合作社，全国80%以上的农民是农业合作社的社员。美国农业合作社的主要功能是为农民提供产、供、销环节的服务。首先，合作社为农民提供农业生产资料供应。据统计，农民通过合作社购买化肥占45%，汽油占43%，农用化学品占28%，饲料占20%，种子占14%。其次，合作社为农民提供农产品的销售服务。农民通过合作社出售的牛奶占81%，棉花及种子占36%，谷物和油料作物占38%，水果和蔬菜占18%，牲畜占8%。第三，合作社还在产、供、销过程中向农民提供其他各种服务，如提供贷款发展水电、灌溉、电话通信，出租大型农用机械，提供市场信息和技术咨询等。

4)重视农业企业家人才培养。美国各州都开办了农业领导人才培训班，有计划地培养了一大批高素质的农业企业家，对美国建立发达农业并向现代农业跨越过程中发挥了积极的作用。农业领导人才培训项目的对象是25～40岁各农业领域的骨干。除此之外，美国十分重视对青年农民的培养。从 1928 年起就开始在农村中学成立“未来农民协会”，普遍开设农业技术培训课程，鼓励学生从事各种农业实践活动，提高劳动力技能、管理和领导能力。

5)通过农业补贴和信贷支持等鼓励农场主使用先进农业技术。美国农业补贴和农业信贷举世闻名，固然有政治拉选票的因素，但这些措施却有力地促进了农业发展。美国约有 51％的农场主通过信贷支持购置地产、从事农业生产。农民借款有许多来源，如商业银行，主要用于生产和购置不动产，也通常用来购买化肥、围栏、农用设备等；保险公司，主要向不动产投资；农业信用系统，主要向农业生产领域提供资金。这些贷款利率低，能帮助农民尽快进入农业领域。从 20 世纪 80 年代起，政府借款成为农民最直接的贷款，贷款的目的是鼓励农民从可持续发展农业的角度去进行农业生产，使农民改变传统的生产方式。每个农民最多可贷 1.5 万美元，贷款年利率仅为 6％。主要有农村房屋服务、农村公共设施服务、农村经济和合作发展服务等项目。政府建立了可持续发展农业赠款项目，在 20 世纪 90 年代，有 175 项赠款已批准应用，最大的有 2.5 万美元。这些措施，有力地促进了农业的可持续发展，保持美国农产品在国际市场的强势的竞争力。美国为通过各种途径保护本国的农产品，还建立了极其严格的食品安全准入制度。除了肉类、家禽外，所有进口的食品均需接受食品药品管理局的严格检验，这些检验机构有大批高度专业化的专家，负责制定农产品准入标准。闻名的“五程序”包括：验货通知、扣留通知、自动扣留系统、商品召回及没收、拒绝进入市场的通知，让国外尤其发展中国家的农产品进口受到重重阻力。

2. 以色列以科学技术促进现代农业发展的经验

以色列位于地中海东岸，地形狭长，气候干旱，水资源短缺，沙漠广布，土壤贫瘠面积为 2.1 万平方千米，可耕地面积只有4 100平方千米，大约为国土总面积的 20％。1948 年新中国成立之初，以色列政府就十分重视农业的发展，致力于开垦荒地和扩大耕地面积，以实现粮食自给的战略目标。以色列政府很快就意识到在干旱条件下发展灌溉农业，种植粮食作物并不符合商品经济的规律，农业发展战略开始转向通过进口低价值的粮食及饲料发展创汇农业。20 世纪 70 年代以后，以色列科技人员引导农业生产经营者根据国内水土资源缺乏而光热资源充足的特点，充分利用地域上靠近欧洲的优势，逐步调整农业结构，积极发展对土地资源要求低但技术密集和产值高的蔬菜、水果和花卉等特色产业，走创汇农业之路。在整个以色列农业现代转型的过程中，先进的灌溉技术、农业机械化技术和生物工程技术等发挥了重要的作用。

首先，以色列先进的灌溉技术改变了农村和城市的面貌，创造了沙漠农业奇迹。以色列有“地中海的厨房”之称，目前是世界最大的柑橘、柚子和火鸡生产国之一，主要出口农产品是水果和蔬菜，其种植的早熟蔬菜供应欧洲市场。2004 年，农业出口额达到 15.06 亿美元，占以色列出口总额的 6.3%；新鲜农产品主要出口欧盟国家，出口额达 9.09 亿美元；加工农产品出口额 5.97 亿美元；农资出口额为 14 亿美元。以色列以国际市场为依托，实现了农产品的二次乃至多次增值，每年从包括农产品、技术、设备在内的面向国家市场的生物工程技术和独有技术开发中创汇 90 亿美元。

以色列农业灌溉技术经历了大水漫灌、沟灌、喷灌和滴灌的几次革命，每次革命都是农业节水技术的一次大飞跃。滴灌技术的发明和创新推广，是近几十年以来以色列技术创新发展史上的一个里程碑。目前，以色列全国灌溉土地全部使用压力灌溉技术和方法，使单位面积土地的耗水量下降了 50%～70%。以色列的节水灌溉系统均采用电脑控制，并配有传感器，可测定灌溉间隔时间，提供土壤湿度的信息。以色列生产经营者十分注重节水灌溉技术与高效农业相结合。以色列 80%的灌溉土地都在滴灌时使用水肥灌溉法，即“肥料灌溉”，有的还加上农药，将灌溉、施肥、施药同时进行，一次完成。

由于水源极度缺乏，以色列水产养殖广泛利用海水和咸水，设计封闭水域系统进行精细养殖，水不间断地从水库流入密闭的养鱼塘，然后流回水库。在这套系统中，水库充当生物过滤器，减少水中氮的聚集，使海藻可以直接吸收并使之生物分解。水产养殖者向种鱼塘中注入氮气，并饲喂富含高蛋白的饲料，使鱼的产量增加 40 倍，露天鱼塘产量从 0.5 千克/米^3 增加到了 20 千克/米^3，封闭鱼塘的产量增加更多，同时水的需求量在减少。由于在沙漠中可以找到含水层及地下水源，以色列还使用充气塑料泡沫覆盖鱼塘，使鱼塘具有温室般的环境。这种塑料材料吸收阳光中的热量，并把这种热传入水中。夏季以通风机或风扇作为空气流通装置，在封闭的系统中，水通过生物过滤器循环流回鱼塘，成功实现了恶劣环境下的水产业发展。

其次，以色列农业机械化创新成果较多且推广应用面广。以色列柑橘出口需求量很大，为帮助农业生产者更快、更有效地喷洒整个果树，且更经济地使用农药，科研人员开发了用于柑橘种植的气动喷洒器，以及安置在葡萄柚树丛的专用喷洒器，其喷洒的药物量大限度地覆盖树叶和果实，喷洒臂还可透过树叶，由里向外喷药。科研人员还为葡萄园专门设计了特制喷洒器，它由两个喷洒臂组成，可以同时向两行葡萄架喷药，这种喷洒器也可有效用于种植棚架西红柿。为在果园和温室中喷药，研究者开发了气压直筒式喷洒器，其最大的优点是操作安全，且能用最少量的化学品有效地喷洒树丛，每公顷只需要使用 200～400 公升喷洒剂，比以往节约 30%。为了收集地面上有限的雨水,研究者还开发了一种新型工具,可以在地上开出小凹洞,雨水就会注入这些小洞,而不至于在地表流失。使用这种方法,可使每公顷的小麦产量提高 500 千克。此外,研究者开发生产了能同时收获两垄马铃薯的收割机;为满足"塑料农业"的需要,开发了一系列机械设备,用于伸展、覆盖和收集塑料膜,其中大多数能使用多用途运载器运输,可在卡车上安装或拆卸。当然,以色列人也十分重视压力灌溉设备和滴灌设备系统产品的研究与生产。耐特费姆基布兹是一家生产灌溉系统产品的专业公司,该公司 1965 年开始生产滴灌设备,迄今已推出 4 代产品。其产品和技术销往 70 多个国家,生产滴头达 200 亿支以上。这些自主创新的先进机器设备,大部分已出口到世界上许多国家。总之,由于有发达的农业科技和农业机械化的强有力的支撑,以色列农业的劳动生产率和土地生产率及家畜生产率均名列世界前茅。以色列农业劳动力在全国就业人口中的比重,迅速从 1970 年的 8.8%降至 2000 年的 2.5%。

再者,以色列农业生物技术在最近十年有了突飞猛进的发展,其重点研究领域包括微生物农业生物技术,如植物虫害控制、生物土壤改良及促进植物根部生长;禽畜生物技术,如繁殖及遗传控制(促进禽畜生长,提高产奶量及产蛋量),DNA 辅助标记选择等。这些技术研究与开发的目标是应对以色列农业所面临的诸多挑战,在兼顾劳动力及能源消耗成本的同时,提高每个单位的用水和用地所产出的植物和动物产品的质量。为进行虫害集中控制,保证化学品不对环境产生危害,有效地使用生物农药及生物化肥。

以色列十分注重开发研制作物新品种,大批优秀的遗传学家、工程学家聚集在国家农业科研院所、私人种子试验室、各大专院校的农业系等部门,利用生物遗传基因和其他手段不断培育出品质优良,抗病抗虫、适宜当地自然条件的种子和种苗,并以先进的栽培技术指导农民种植。以色列每年向世界市场出口种子达3 000万美元。以色列很多作物品种具有独特品质,很受客户青睐,如其培育的无籽西瓜新品种可以根据客户对体积和色泽的要求进行栽培;辣椒体形大而美观、颜色丰富,还可当水果吃;大棚南瓜不会被风沙及虫害损坏,高产优质。这些新品种不仅满足本国消费者的需要,还大批出口欧洲、北美乃至远东市场。由于有雄厚的育种技术作支撑,以色列大田作物几乎都是优质高产。如棉花,每亩可产优质皮棉 0.37 吨,可制成 0.12 吨纤维,每个劳动力每年可生产价值 10 万美元的棉花;再如柑橘,近 5 年内挂果园产量可从每亩 1.3 吨增长到 3.3 吨,最高产量每亩产 4～5.3 吨。

此外,以色列设施农业也十分发达。温室农业从 20 世纪 80 年代的 1.35 万亩已发展到现在的 4.5 万多亩,更新了 3 代。其温室结构非常坚固,能够抵御强风的袭击，利用电脑自动控制水、肥和气候，自动调温、调湿、调气、调光，包括窗帘和天窗，以及对阳光的自动反射系统。新一代温室结构更趋先进，高度达 5 米，更适宜果树和爬篱的农作物。由于温室的投入较大，农民们一般用于种植高产值作物上。近几年，这种温室大棚也开始用于鸡、鱼等家禽和水产的饲养。塑料薄膜是温室的主要覆盖物，以色列十分重视薄膜的开发利用，现代塑料薄膜更加经久耐用，而且可以抗除虫剂中硫化物的腐蚀，还能挡住阳光中对植物有害的部分光谱，像过滤器一样，让需要的紫外线进来，将最有效的光线，最大限度地分配给植物。最新的以色列技术使温室更趋先进，可实现白天降温，晚上自动升温，能量消耗却非常少。以色列农民在 1 亩温室中，一季可收获 20 万枝玫瑰、20 吨番茄，大田番茄产量只有它的 1/4。以色列的温室技术已出口到世界各地。

以色列不仅改变了粮食、蔬菜、水果长期依靠进口的状况，而且还能大量出口农产品，甚至还有大量水产品出口。有专家说，若按以色列的土地生产率，地球可以多养活 100 亿人。以色列以科学技术促进现代农业发展的经验主要如下。

1)重视农业基础研究和技术创新。以色列拥有世界先进的农业机械化技术、灌溉技术和生物工程技术，政府每年投入的农业科研经费达 8 000 万美元，占以色列农业总产值的 2.5%以上。据统计，20 世纪 80 年代末以色列在农业方面的科技进步贡献率高达 96%。以色列不仅注重商业化、实用化技术的研究，还成立了专门从事基础性研究的机构，以加强贮备技术和理论技术。如培育转基因动植物品种，以提高品种的抗虫性、抗病性、耐瘠性、抗旱性及品质等。作为该国主要的农业科研机构的农研组织，几十年来研究开发出数以千计的科技成果，如节水灌溉系统、先进的农用塑料、适合于半干旱地区的大棚可控温室、农产品加工与储存技术、家禽和奶牛的饲养与管理、水产养殖与微咸水灌溉技术以及新品种的甜瓜、葡萄、洋葱、甜椒、番茄等；仅番茄就已培育出 40 多个新品种。

2)通过立法建立水资源利用管理制度，刺激先进高效的农业水利灌溉技术创新。以色列议会于 1955 年制定并通过了《水法》，旨在对全国有限的水资源进行合理的开发和有效管理，为经济发展提供保障。其具体措施是国家兴办输水系统，由农业部下属的供水公司统一管理和调度，定额分配，超量用水增收 2～3 倍水费；加大使用循环用水的力度，把工业与城市生活产生的污水，集中进行净化后二次用于生产灌溉。以色列每年要把 2.3 亿米^3 的净化水用于农业生产，占农业用水总量 12 亿米^3 的 19%。2010 年，1/3 农业生产用水使用污水净化水。这不仅节约了水资源，也在很大程度上避免了各种废水大量排入有限的土地资源而造成的环境污染；不断增建集水设施，最大限度地收集和贮存雨季天然降水资源，在农耕时用于生产种植；推广普及使用压力灌溉技术和方法。

3)重视农民培训与教育体系建设。以色列建国后，一直将人才教育与知识创新视为民族生存和国家发展的重要基础。到 20 世纪 80 年代末，以色列已建立了高度发达的全民教育体系。面对知识经济浪潮的兴起，以色列全面推行科技素质与创新能力教育，加大对理工类、特别是信息等新科技专业的投入，强调产、学、研一体化，促进科研成果转化。为提高农民的科技素质，以色列成立了专门的农业教育培训机构，主要机构有耶路撒冷希伯来大学的农学院和以色列重要教育兼科研工作机构——以色列技术学院，以色列国际农业培训中心也负有盛名，每年都免费举行多期农业培训教育，由专家讲课，授课内容包含水利、农业气象、农产品储藏加工等方面的知识，对农业人才的知识更新起到了重要作用。同时，不同生态区域的农业技术推广中心也相应成立了专门店农业技术推广培训机构，作为推广中心的一个重要职责。随着现代通信与信息技术的不断发展，以色列还建立了较为完善的、专业性较强的农业技术远程培训网络。以色列在建国初期，受教育水平最高的不是其他职业的人，而是农民，他们大多受到高中以上、甚至专科或大学的教育，特别是从国外移民归来的农艺师、工程师等，大多进入了农业部门。

4)通过多种政策激励技术创新和农业开发。政府通过多种政策机制为农业高科技发展创造条件，给投资者和创业家制定多种优惠政策，包括优厚的投资津贴、政府贷款保证、免除税额和高风险企业创业基金等各项优惠政策，如 1984 年以色列就通过了一项“鼓励投资法案”，设立农业开发风险基金，主要是为开发“高附加值的产品”提供便利。以色列还专门制定了《鼓励研究与开发法律》等法规，促进农业科技的创新。在农业高新技术的研发方面，以色列实行了对重点技术重点扶持的政策。首先，他们加大了对农业生物技术的投资。农业部、农业研究机构和农业研究开发基金会以及科技部、教育部等均设立生物技术研究基金。同时，以色列政府还采取一些措施设立和吸引风险投资基金，将其中很大一块投向生物技术。其次，以色列也十分注重农业信息技术的利用。在农业灌溉以及设施农业中温室的供水、施肥和气温调控，农产品加工质量控制等均采用计算机自动化控制，为此开发了一系列计算机硬件和软件。另外，农业生产部门还非常重视农业信息的收集、传播与反馈，通过互联网及建立的农业远程技术服务网能及时了解国内外相关信息，为农业科研提供详实的基础资料，为管理部门决策提供依据。目前以色列农业现代化水平在世界上是最高的，许多农业生产过程实现了全自动化程序管理，农业高新技术的应用普及率处于世界领先地位。

5)建立高效运行的农业科技推广体系。从 1949 年开始，以色列国家农业部就成立了农业技术推广服务局，属国家级农业技术推广中心，根据农业生产需要设有牛、羊、禽、蜂、大田作物、蔬菜、花卉、水果、柑橘、灌溉与土壤、农业经济、农业机械、培训和传播以及行政管理14个专门委员会，承担着政府农业技术推广的职能。为了便于将成熟的科研成果快速地传输给农民，根据本国不同农业生态区域条件成立了9个区域性推广服务中心，负责本区域的技术推广工作和农业科研的相互衔接，在行政上和业务上接受国家农业技术推广中心的领导和指导。每个区域中心有10～30名专业推广人员，并根据区域农业技术推广特点建立了一些专门委员会。以色列的农业技术推广是一项公益性服务，所需经费大部分由政府财政拨款，有10%左右来自农业生产者的资助。可以看出，以色列的推广体系由国家农业技术推广中心和区域推广服务中心2个层次组成，二者的关系是：国家推广中心负责收集、核查和分析各种来源的农业研究试验成果，并把这些成果传递到各区域推广中心，同时管理和监督区域推广中心；区域推广中心主要负责将总部确定的试验成果传递给农民，并及时向总部反馈推广效果和需要解决的问题。以色列技术推广服务人员工作主要场所是在农场、田间、果园，而不是在办公室或培训中心。由于农业机械化、规模化程度很高，因此专业技术推广服务人员一般不是面对单个农民，而是集中推广就可以了。如果有特殊问题，专业推广服务人员则利用全国农业技术推广网络系统回答或现场解决问题。技术推广服务人员和专业技术人员联系十分紧密，传授给农民的一般都是最新的技术。技术推广服务中心经常出版一些技术服务于农民的小册子、录像带、光盘等，还经常举办各类技术培训班，从而使农民能较快地掌握农业新技术。他们不以营利为目的，运转费用由政府资助，但以色列全程跟踪式的专业推广服务不是免费的，农民需要付钱。

印度动物饲养业扫描[1]

印度人口为中国的80.7%，人均粮食产量为中国的3/4，但印度通过充分利用秸秆资源，发展草食家畜，特别是养牛业满足了该国的“大粮食”需求。印度是全球牛存栏量第一的国度。印度教徒认为，牛既是繁殖后代的象征，又是维持人类生存的基本动物。印度养牛多为了提供牛奶、黄油及牛粪燃料，水牛奶为印度人所钟爱。这里的牛很幸福，它们也有一个“家庭”。每户农民养1头雄性，3头或4头雌性牛，自然繁衍大多能“颐养天年”，倒地死亡后才卖出供屠宰。相比之下，我国饲养动物则十分可怜，不但没有了动物的基本权利，而且鲜有动物能够活到自然年限的；动物“速成班”现象十分普遍，由此引发了各类食品安全问题。在印度，除了秸秆用作饲料外，一些树木的枝条和叶子也作为饲料，尤其那些常绿树木，更是反刍

---

〔1〕 蒋高明．印度人的生态空间与精神家园[N]．新京报，2008-12-13．http：//hi.baidu.com/lemount/blog/item/a5e8380a7cb5c41894ca6b84.html

动物越冬的理想饲料。当然那些树木是作为“饲料树”专门栽培的。

3. 荷兰以科学技术促进现代农业发展的经验

荷兰人多地狭，人口密度高达每平方千米 435 人，堪称世界之最。由于土地十分珍贵，荷兰人追求精耕细作，着力发展高附加值的温室作物和园艺作物，这个 60 年前还为温饱问题发愁的小国，目前是全球第三大农产品出口国，蔬菜、花卉的出口雄居世界第一。

第二次世界大战后，荷兰农业政策主要以恢复和增加食物生产、实现自给为目标。通过支持地区性工业化，为从农业转移出来的劳动力创造了非农的就业机会。20 世纪后半期，荷兰现代农业才真正起飞。自 1989 年以来，荷兰农产品出口稳占世界第二位，仅次于美国，每年农业净出口值保持在 130 多亿美元水平，占世界贸易的 7.5%～10%，其中畜牧业占 55.1%，园艺占 34.7%，农田作物占 10.2%。截至 2005 年 12 月份，荷兰每个农业人口平均年产值为 17 745 美元。荷兰出口的农产品主要有花卉、乳蛋制品、肉制品、烟叶、饲料、蔬菜、水果等，年创汇 300 多亿美元，是中国的 4 倍多。小麦每公顷单产 7 600 千克、每头奶牛年均产奶 6 000 千克、每只蛋鸡年均产蛋 20 千克，分别是中国的 1.5 倍、2.5 倍和 1.8 倍左右。荷兰的耕地 52%种植牧草，7%为温室园艺，40%为露地作物（谷物、花卉等）。园艺产业在荷兰占相当比例，主要包括蔬菜、水果、花卉、鳞茎和苗木，蔬菜出口居世界第一，被称欧洲“菜园子”；鲜花出口占全球市场的 60%，大部分蔬菜、鲜花在温室内生产。荷兰乳品和肉类生产占农业总产值的 6%，是世界上最大的乳品、猪肉出口国[1]。

荷兰农业的高效益主要得益于科学技术在农业中的广泛应用。荷兰农业生产虽以家庭私有农场生产为主，但普遍采用高新技术和现代化管理，经营集约化程度高。荷兰的蔬菜或花卉，一般都采用温室农业模式，采用专业化生产，多品种经营。如维斯特兰德朗市的番茄种植公司专业生产番茄，与其他 5 家专营企业垄断了荷兰 90%的番茄市场；位于布莱斯维克市的红掌公司专门研究和种植红掌花卉，其经营领域涉及从育种研究、种苗生产到种苗出售等多个环节，研制并经营的红掌花卉达 40 多个品种。

设施农业是荷兰最具特色的农业，居世界领先地位。在荷兰农村，到处都能见到成片的牧场和大型的连栋玻璃温室。在这些现代化的温室内，农业生产方式实

[1] 蒋和平，辛岭．建设中国现代农业的思路与实践[M]．北京：中国农业出版社，2009：50-52

现了高度的程序化、标准化和自动化，农作物从种到收形成一条生产流水线，一栋温室就是一座农产品工厂。荷兰花卉生产主要集中在西部地区，用于花卉生产的总面积约为8 000公顷，其中70%为玻璃温室。在总的花卉生产中，近3/4面积种植鲜切花卉(尤其是玫瑰和菊花)，另1/4面积栽培观赏植物。荷兰有约11 000家花卉生产企业，其中多数是农民家庭企业。位于荷兰德尔夫高(Delfgauw)的兰斯贝根(Lansbergen)非洲菊种植园，就是一家典型的家庭企业，主要由农民经营，全部采用自控移动培养床种植菊花，工人根本不需进入种植区就可完成全部作业，这大幅度地提高了劳动生产率和单位面积产出率。

荷兰用于蔬菜生产的玻璃温室约4 700公顷，以种植番茄、甜椒、黄瓜为主，实行高度的专业化生产，通常每一农户只种植一种蔬菜。这种专业化的生产方式不仅有利于种植者积累经验、提高技能，而且有利于稳定和提高产量和品质，促进专业设施设备的开发利用，实施温室的机械化、自动化控制，提高劳动生产效率和降低生产成本。为了保证产品质量，蔬菜从种到收的全过程均实行无害化管理。

荷兰的畜牧业生产也主要是农户个体经营，规模不大，但其生产的自动化程度和标准化水平处于世界领先地位。如鹿特丹南部的Twee Hoeven牧场，是一家具有370年历史的专业养殖户，现有土地63公顷，主要种牧草，其中有9公顷种玉米，用作青贮饲料；常年养殖规模为奶牛100头，猪225头，另有羊10余只。奶牛的饲养方式是半年放牧，半年圈养，而挤奶、牛奶的罐装、冷藏及圈养时的喂料、喂水、清圈等过程则全部是自动控制的，牧场的管理、牧草收割打捆以及玉米的种植、收割、粉碎、青贮等完全是机械操作。

荷兰拥有国际上享有盛名的花卉拍卖市场，其具体的运作程序是农户将所生产的产品按照质量标准规定进行分类、分级和包装并经检验合格后，送入拍卖大厅，购买者(一般是大批发商)按照规则进行竞价，出价高者获得产品。成交后，市场内部系统自动结算货款和配发产品。拍卖市场的最大优点就是交易效率很高，一般在几个小时之内就可完成全部的交易，提高了农产品的质量和农业的标准化水平。拍卖过程公开、公平，充分自由竞争，可以形成合理的价格，有助于保护农民的利益，合理真实的价格信号还有助于调节市场供求，实现资源的优化配置等。阿斯米尔花卉拍卖行和绿叶(greenery)蔬菜拍卖中心在荷兰最具代表性。

荷兰的农产品加工业也处于世界领先地位，食品和饮料加工业的营业额约占荷兰工业总额的30%。荷兰的马铃薯加工业之所以领先于世界，其优良的种薯外观形状和块茎营养指标是重要的物质基础。在荷兰，从马铃薯育种目标的开始确定就有严格而周密的设计方案，出口种薯的选育目标是依靠世界不同生态自然区域而确定，中、早、晚不同熟性选育相互配套，种薯外观符合各国生产和市场所需。

严格的育种质量配有先进的病毒检测手段，是荷兰种薯出口长期占领世界各国市场的可靠而有利的保证。

荷兰也是先进的家禽屠宰和加工机械设备的供应国，荷兰设备制造公司几乎为世界上每一个国家的家禽加工业提供服务。肉仔鸡越来越多地用更容易清扫、节省劳力和提高效率的集装箱进行递送。鸡蛋分级和包装机械制造公司不断开发加工能力越来越大的机器设备，它们不仅能对鸡蛋进行个别处理，而且能在分级时避免鸡蛋相互碰撞而造成损失。

概括起来讲，促进现代农业发展的主要经验如下。

1)通过结构调整发挥农业比较优势。荷兰尽管有得天独厚的地理优势、气候条件和悠久的农业传统，有雄厚的工业基础和发达的市场经济体系作支撑，但其现代农业做大做强的主要原因却在于国家适时采用了符合本国国情的农业发展战略，避开了需要大量光照和生产销售价位低的禾谷类作物生产，充分利用地势平坦、牧草资源丰富的优势大力发展畜牧业、奶业和附加值高的园艺作物，使有限的土地得到了高效利用。20 世纪 60 年代，荷兰政府以节约土地，提高土地劳动生产率为目的调整农业结构和生产布局，使农业生产向产业化、集约化和机械化发展。20 世纪 70 年代，鼓励各类经济主体投资设施农业，结果使园艺作物基本上摆脱自然气候的影响，极大地提高了农业经济效益。

2)以农产品贸易市场的建设和拓展驱动现代农业发展。荷兰农产品的销售是一个完整的体系，集贸市场在这个体系中扮演了提供商品生产信息及产品质量标准，调节市场供需，控制市场进程的重要角色。规范化的市场体系为荷兰农产品快速进入消费领域提供了优质的服务和保障。荷兰的农产品均标有生产厂家、注册商标和产品品牌，消费者通过产品品牌从市场上购买自己满意的园艺商品。荷兰农业经济具有强烈的国际导向。1992 年以后，欧洲内部壁垒消除，因统一市场的影响，西欧市场潜力扩大并对成员国提供一定程度的保护，使欧洲成员国内部各种经济活动更加活跃，也给荷兰在欧洲市场上创造了更多的机会。荷兰农业企业纷纷看准欧洲和国际市场，充分发挥优越的地理位置，利用阿姆斯特丹、鹿特丹港的海运优势，阿姆斯特丹附近的斯基辅机场优势及发达的道路系统和公共运输网络，促使其产品大进大出，使荷兰成为欧洲大陆农产品分销中心。便捷的航运使荷兰生产的鲜切花和蔬菜在两天之内运到欧洲、亚洲及北美等国家和城市。

3)通过网络化的农业科研、教育和推广体系建设为现代农业发展提供有力支撑。荷兰的农业知识体系(科研、教育和推广)为农业发展提供了巨大的支撑。荷兰政府主管农业的行政管理机构“农业、自然资源管理和渔业部(简称农渔部)”具体农业政策和相关领域科研工作。荷兰的农业研究包括基础研究、战略研究、应用研究和适用性研究，这些研究与开发工作主要由农业科学研究院、研究站和地区研究中心、瓦赫宁根农业大学承担。荷兰用于农业科技推广经费的支持为其农业科研经费的3倍，且设有相应的法律予以保障，其农业立法还规定各省要提供与联邦赠款数额相当的资金用于农业科技推广。荷兰农业科技推广工作组织结构分明。其中面向农民和种植者的直接管理与咨询服务工作包括社会公益性推广和农业技术推广，这些工作由农渔部提供资助。农渔部通过示范项目加速知识和创新成果的应用，农民和种植者直接获利的推广工作则由农业企业自身投入。通过政府的推广部门和民间的各种技术咨询服务组织，把新技术推广到各个农户、科研、试验站，推广部门三者有利结合形成高效"农业知识网络"。通过这个网络，农业科研的最新知识和技术成果可迅速传播到每个农户，并很快在全国推广普及。

荷兰从事农业科研和教育工作的人员5 000多人，形成了一个布局比较合理，专业设置齐全的全国农业科学研究网络。荷兰农业科研与教育经费60%以上来源于政府的投资，其余部分由欧盟委员会、私营机构（包括委托合同）提供，还有一些是专利、技术使用权、产品销售、咨询服务等方面的收入。由于政府的大力支持和稳定的经费投入，极大地促进了荷兰农业科技的发展进步和推广应用。在农业科技推广方面，荷兰采用政府与地方或农民合办（或协作）的方式，即由国家推广系统、农协组织（社会经济推广系统）及商贸系统的私有咨询系统组成，其中农渔部负责农业的教育、科研、推广的宏观调控，重点是农业信息的发送与传递。私人推广机构主要是一些专业化的咨询公司或生产资料公司的技术服务部门。农民通过直接和间接的付费方式获得所需的服务或专业技术指导。另外，荷兰农渔部所属的9个试验站和34个地方农业研究中心也承担了大量推广工作。

4）充分发挥农业合作组织在现代农业服务体系建设方面的重要作用。荷兰的农业以家庭式农场经营为主，很多农场从祖辈开始就从事作物种植。由于小单元的生产结构，个体农民的市场力量较弱，缺乏竞争能力。各农户彼此之间视为具有共同利益的集体，而不是竞争对手，在市场面前农民们具有近乎相同的产品、相同的利益，也具有相同的市场地位，自发地组织起一种适合市场功能的最经济的农业合作社。这种合作组织保存了其他一切农民习惯的独立经营功能，它提供产前、产中、产后全程服务，其中包括采购生产资料、出售产品、加工和筹备资金等。荷兰的农业合作社不仅存在于农业生产领域，而且在农产品加工、销售、贸易和农业信贷、农业生产资料供应等领域也发挥着重要作用。全部农业合作社都被组织于"全国农业合作局"(NCR)，其职责主要是代表合作社的利益，协调合作社之间的关系，协调合作社与其他经济组织之间的关系，推动合作社事业的发展。在荷兰农民收入中，至少60%是通过合作社取得的。合作社与非合作社企业的市场占有比例在不同的行业有所不同。在供应行业中，合作社在化肥和精饲料市场的占有比例为52%。在销售和加工行业中，农业合作社占有相当大的市场比例，如：牛奶占82%，蔬菜占 70%，花卉占 95%，甜菜占 63%，马铃薯达到 100%。农业所需的大约 90%银行信贷来自于信贷合作社。荷兰农业合作社还提供了大约 8.5 万个就业机会。

5)强调农业人力资源的培育和开发。农业人力资源开发与农民的职业培训是荷兰国家科技和职业教育体系的重要组成部分，由农渔部与科教部共同负责。基于农业经济对人才的需求，荷兰农业人才资源开发基本分为预备农业职业技术教育、中等农业教育、高等农业教育、农业成人教育等几类。荷兰农民多数具有大学本科以上学历，有的还是双学位或硕士、博士，不仅熟悉和掌握现代种养殖技术及农畜产品加工技术，而且会使用甚至会修理各种农机农具和自控设备，及时收集和了解有关的农业信息。高素质农民，发达的市场机制，适度的经营规模和灵活的生产方式，可谓是荷兰农业成功的法宝。

中国利用转基因技术研制成功“人乳化”牛奶[1]

中国农业大学农业生物技术国家重点实验室利用转基因技术成功研制“人乳化”牛奶，乳清蛋白、乳铁蛋白、溶菌酶等在转基因牛奶中的表达量均为国际最高水平，其安全性已通过中国疾病预防控制中心等权威机构确认，有望在两年内实现“人乳化”牛奶等产品上市销售。作为母乳中重要的功能成分，人乳铁蛋白及其蛋白降解产物乳铁蛋白肽具有广泛的生物学活性，包括广谱抗菌作用、消炎、抑制肿瘤细胞生长及调节机体免疫反应等，被认为是一种新型抗菌、抗癌药物和极具开发潜力的食品、化妆品添加剂。

“如果在食品中添加乳铁蛋白就能够起到补铁的作用，很多实验还表明乳铁蛋白能被婴儿以完整分子形式吸收，从而促进婴儿的铁吸收，这也正是母乳喂养优于牛奶喂养的重要原因之一。此外，人乳铁蛋白能提高铁的生物药效率，以维持机体铁代谢，因而能用于预防和治疗缺铁所导致的贫血性疾病。”中国农业大学农业生物技术国家重点实验室主任、中国工程院院士李宁说，由于人乳铁蛋白比牛乳铁蛋白具有更高的生物学价值，其市场价值远高于牛乳铁蛋白。

据介绍，自 1997 年英国通过克隆技术获得体细胞克隆羊后，体细胞核移植技术被广泛应用于转基因牛的生产中，并获得了大量具有奶品质显著改善或强力抗

---

〔1〕 中国利用转基因技术研制成功 “人乳化”牛奶[N]. http://www.stdaily.com/kjrb/content/2011-09/07/content_345359.htm

病性等特性的转基因克隆牛。利用转基因技术培育新品种既可以加快家畜品种的改良速度，提高肉、奶、蛋的产量和品质，又可以生产高附加值的药用蛋白。转基因动物研究已有20多年的历史，其生物安全性问题引起全球广泛关注。2004年美国率先批准了观赏用的转基因鲑鱼商业化生产，2006年和2009年，来源于转基因山羊的重组蛋白药物相继在欧洲和美国获准上市，2010年10月利用转基因兔生产的另一种重组蛋白药物也被欧盟药监局批准，转基因技术已经成为培育动物新品种和蛋白药物生产的主要手段之一。

李宁院士所领导的实验室已相继建立了转人乳铁蛋白基因、人溶菌酶基因、人岩藻糖基因等在内的转基因奶牛新品种基础群30多头，重组人乳蛋白在转基因牛乳腺中获得高效表达，平均表达量达每升1克以上；通过人工授精等扩繁技术，获得二代和三代转基因奶牛共300多头。经中国疾病预防控制中心食品研究所等权威机构的安全性检测表明，"人乳化"牛奶与其他牛奶没有差别，不存在任何安全性的问题；且功能试验表明，"人乳化"牛奶具有促进铁和钙吸收、改善胃肠道功能、促进机体生长发育、增强免疫力等重要功能。目前这些"人乳化"转基因奶牛已通过中国农业部转基因生物安全评价的环境释放试验，并率先获准进入生产性试验，有望在两年内获得农业部颁发的安全证书并实现产品上市销售。

五、中国以科学技术促进现代农业发展的政策

按照在工业化、城镇化和农业现代化的要求，坚持走中国特色农业现代化道路，以转变农业发展方式为主线，以保障主要农产品有效供给和促进农民持续较快增收为主要目标，以提高农业综合生产能力、抗风险能力和市场竞争能力为主攻方向，着力促进农业生产经营专业化、标准化、规模化、集约化，强化政策、科技、设施装备、人才和体制支撑，完善现代农业产业体系，提高农业现代化水平、农民生活水平和新农村建设水平，为全面建设小康社会和国家现代化建设提供具有决定性意义的基础支撑。

1. 以科学技术促进现代农业发展的主要成就

新中国成立之初，为了迅速摆脱经济社会落后的局面，我国采取了农业支持工业的发展战略，迅速建立起比较完整的工业和整个国民经济体系，提高了我国的综合国力和国际地位。1953年，中共中央在《关于党在过渡时期总路线的学习和宣传提纲》中提出建立现代化农业的目标是"集体化加机械化"。之后，根据中央领导有关"水利是农业的命脉"、"逐步增加化学肥料"等指示精神，逐步提出农业机械化、化肥化、水利化、电气化的"四化"目标，其主要的推进措施包括选育和推广良种，兴办农业科教事业和号召各地向劳模学习农业生产经验和技术，以及加快农业

物质装备的技术改造，加强农田水利基本建设等，侧重从农业技术和生产条件变革的层面来推进农业现代化。

实行家庭联产承包责任制后，农业经营的目标逐渐从“粮袋子”、“菜篮子”转向“钱夹子”，现代农业发展进入优化农业结构，通过引入科学技术等现代生产要素提高农业生产经济效益的新时期。20世纪80年代中期，为了缓解较大范围出现的农产品卖难问题，农业和农村经济结构开始了第一次调整。这个时期乡镇企业异军突起，不仅带动了农业和农村二、三产业的加快发展，而且促进了农民收入的大幅增长，使现代生产要素引入的力度加大，具体表现在化肥施用量激增，农业机械化程度增强。

20世纪90年代，根据邓小平同志有关“农业现代化不单单是机械化，还包括应用和发展科学技术”，“农业问题的出路，最重要由生物工程来解决，要靠尖端技术”，“农业最终要靠科学解决问题”等重要指示，中央出台多个文件，着力实施科教兴农战略，探索农工商一体化、农业专业化和产业化等多种农业生产经营方式，大量的现代农业示范区和农业科技园应运而生，快速发展。由于科技对农业增长的贡献率大幅提高，我国主要农产品在这一时期也实现了由长期短缺转变为供需总量大体平衡、丰年有余。

自2002年以来，中央依据我国总体上已到了以工促农、以城带乡发展阶段的基本判断，制定了工业反哺农业、城市支持农村和多予少取放活的基本方针，明确提出“统筹城乡经济社会发展，建设现代农业，发展农村经济，增加农民收入，是全面建设小康社会的重大任务。”

现代农业发展的总体目标是显著提升我国农业科技、装备水平和综合生产能力，实现农业产业化、农田标准化、操作机械化、经营规范化、服务社会化、管理科学化、生态良性化，运用高新技术改造传统农业，把农业建成具有显著经济效益、社会效益和生态效益的可持续发展农业。近年来，由于各级政府努力和基层创新精神的推动，中国不同地区出现了如下多种现代农业发展的模式和样板。

1)通过土地流转实现农业集约化经营。即在土地家庭承包经营制度的基础上，尝试通过转包、承租、入股等多种形式的土地使用权流转，推进土地适度规模经营和集约化经营。这种模式主要出现在东南沿海等经济发达的区域。具体案例如浙江省龙游县的傅献军，2007年在其承包的677.5亩耕地中，实行水稻“双机双抛千斤”栽培模式，耕、收、病虫害防治基本实现全程机械化，早晚稻两季采用塑盘育秧抛栽，亩产均达到500千克以上，全年粮食总产量453.9吨，总产值81.8万元，全年种粮纯收益达17.9万元。

2)通过农业跨区作业服务实现生产机械化。20世纪80年代中期，北方地区一些农民利用不同地区小麦成熟期的时间差，创造了小麦机收跨区作业方式，90年代扩大到全国大部分小麦产区，参加跨区作业的联合收割机逐年增加。2007年，参加跨区作业的联合收割机达到41.8万台，完成机械化收割3.5亿亩，小麦综合机械化水平超过81%。联合收割机跨县、跨省转场数百上千千米，平均单台淡季作业面积从在本地作业的400～500亩增加到1 000～1 500亩，作业时间由5～7天增加到30～40天，有效作业时间200小时左右，高性能联合收割机的作业时间甚至长达50天以上，作业面积达4 000亩以上。跨区作业使我国户均耕地仅7.3亩的小规模农业实现了小麦收获的机械化。

3)通过多种方式发展规模养殖。通过探索大户养猪、举办养殖小区(由农户分别饲养，但集中到统一规划的小区饲养)、兴建大型养殖场畜禽，依据公司或合作+农户(龙头企业或合作社统一供种、供饲料、防疫、技术指导等，统一收购产品)等模式，我国畜禽饲养业由小农户散养逐步向现代化、集约化养殖转变，畜禽规模化饲养程度逐步提高。2006年，全国年出栏50头以上的生猪规模养殖比例为43%，年出栏1 000只以上的肉鸡规模养殖比例为46.6%，年存栏2 000只以上蛋鸡规模养殖比例为40.5%，年存栏20头以上奶牛规模养殖的比例为33%。典型案例如浙江平湖市新棣镇，采用“公司+基地+农户”模式，使全镇饲养50头以上生猪的农户有80户，100头以上有40户，千头以上的有22户，逐步建成规划存栏母猪1 000头、年出栏生猪10 000头、配套设施齐全的明大牧业生态养殖示范园，初步形成专业养殖、集中管理的集约化、产业化格局。

4)通过高新科技的研发和推广应用实现农业的高端化。许多地区在国家有关部委的支持下创建多种形式的农业技术示范区和农业科技园区，通过先进农业技术的示范推广，或通过提供相应的技术和信息服务引导农户发展高附加值的农业生产经营活动，积极探索应用信息技术和生物技术改造农业，发展温室农业、特色农业、创意农业等高科技含量的现代农业的新机制，逐步提高了我国农业科技创新能力和市场竞争力。其典型案例如杨凌农业国家高新技术示范区、上海诸多现代生态农业园、山东寿光的蔬菜生产基地等。

企业与地方共建现代生态循环农业科技示范区[1]

北京首都农业集团有限公司与河北省定州市人民政府在北京签署协议，合作建设现代循环农业科技示范园区。项目建成后，将年创造产值8亿元；带动周边农

---

〔1〕 宁启文.共建现代生态循环农业科技示范区[N]. http://farmer.com.cn/agri/xhjj/dt/201101/t20110118_608741.htm

户种植青饲 10 万亩，年创造产值 8 000 万元；年产优质原料奶 15 万吨；年培训奶农及职业技术人员 2 000 余人。据了解，该园区项目总占地 2.5 万亩，总投资 15 亿元，重点建设 3 个示范区和 1 个职业技术学院：即 2 万亩优质苜蓿、粮食作物和 5 000 亩马铃薯种植示范区、3 万头高产奶牛养殖示范区、休闲观光农业示范区和奶农职业技术培训学院。该项目将在利用定州当地资源、环境优势的基础上，充分发挥首农集团的资金、技术、人才和市场优势，共同打造一个集"农作物种植、奶牛养殖、饲料加工、休闲观光、培训示范"等为一体的资源节约型、环境友好型和生态循环型的现代生态循环农业园区，进行现代循环农业生产模式的示范推广。

项目具体由首农集团旗下三元种业科技股份有限公司、四方祥隆畜牧科技股份有限公司与定州市人民政府三方共同合作。首农集团拥有 60 年大农业的经营实力与经验，在畜禽良种繁育、养殖、食品加工、生物制药、物产物流等方面具有行业明显优势，已经形成了从田间到餐桌的完整产业链条，在国内同行业中具有较强的市场竞争力和影响力。

国家现代农业示范区基本实现农业现代化的关键措施〔1〕

国家现代农业示范区建设要紧紧抓住五个关键点实现重点突破，一是提高现代农业设施装备水平。重点推进旱涝保收高标准农田建设，加快推进农业机械化，提高农业信息化服务水平。二是加快构建现代农业产业体系。大力推进优质粮食产业、设施农业、生态循环农业建设，加快发展农产品加工营销业和现代流通业。三是加快推进农业科技推广应用。加强与农业科研院校开展合作共建，强化基层农技推广等服务机构建设，探索创新科技成果进村入户的有效办法。四是加快推进农业经营体制机制创新。加快培养新型农民和种养大户、农民专业合作社等新型经营主体，在创新农业生产组织形式、完善基础设施建后管护等方面有所突破。五是加快推进农产品质量安全及市场体系建设。大力发展无公害、绿色、有机食品，发展"精品农业"和"高端农业"，推进标准化生产、品牌化运作，确保农产品质量安全。

跨国种业公司的中国谋略〔2〕

跨国种业公司最早以蔬菜和花卉种子为突破口进入中国。由于政策、法律的

〔1〕 农业部新闻办公室. 国家现代农业示范区力争"十二五"基本实现农业现代化[N]. http://agri.gov.cn/V20/ZX/nyyw/201111/t20111116_2410459.htm

〔2〕 赵刚，林源园. 我国种子产业发展遭遇严重挑战[J]. 创新科技，2009(6)：14-16

限制和对中国市场的不熟悉，一些国外公司最先采用合资的方式进入中国，如泰国正大集团与中国种子集团公司合资成立东方正大种子有限公司、荷兰纽内姆种子公司与中国种子集团公司合资成立纽内姆(北京)种子有限公司、美国好乐种子公司与新疆西域种业股份有限公司合资成立新疆西艺好乐种子有限公司等；另一些则采取建立办事处或实验站的方式研究中国种子市场，如1998年以色列海泽拉种子公司、瑞士先正达种子公司在山东寿光建立实验站，实验、展示蔬菜新品种；美国先锋公司作为世界最大的种业公司之一，投入巨资进行新品种研发，在世界各国高技术本土化、人才本土化。先锋公司在辽宁铁岭成立研究中心，并在东北三省建有其春玉米实验基地，在山东、河北、河南等地设立其夏玉米实验基地，已经有10个品种参加实验，竞争优势明显。美国圣尼斯种子公司在20世纪90年代初在上海设立办事处，研究中国的种子市场。2000年中国颁布《种子法》之后，国内种子市场，特别是蔬菜、花卉市场对外资全面开放，蓄势已久的美国圣尼斯、瑞士先正达、泰国正大、荷兰比久、荷兰瑞克斯旺、荷兰安莎等迅速在中国注册公司，成立研发中心，建设示范基地。目前，在中国注册的外资(含合资)种子企业已超过70多家，主要从事蔬菜和花卉业务。

美国孟山都公司已在中国进行大规模种子研发布局。有统计数据显示，目前美国大约80%的大豆田里种的是转基因大豆，30%玉米地里种的是转基因玉米，全世界超过90%的转基因种子(包括粮食作物、蔬菜等转基因种子)或者是由孟山都公司销售的、或者是基于孟山都公司的专利基因来研发种子的竞争公司。孟山都公司的许多产品在美国及世界市场上占据主导地位。1996年11月，孟山都公司于中国河北省农业厅下属的河北省种子站以及岱字棉公司合作成立第一个生物技术合作企业——冀岱棉种技术有限公司，这个由中方管理的合资企业第一次将保铃棉棉种带入中国市场。1998年7月，孟山都公司宣布两项合作协议，其一是在安徽省成立第二家生物技术合资公司，其二是与农业部、国际矿业公司(IMC国际公司)和加拿大国际发展机构共同在河北省成立可持续发展示范村。

国外公司凭借其先进的技术、雄厚的资金、丰富的国际市场运作经验大举进军中国种子市场，在短短十多年时间已控制中国蔬菜种子近50%以上的市场份额，几乎涉及所有的蔬菜作物。国内主要规模化的蔬菜生产基地，特别是出口型蔬菜生产基地，国内品种面临全线失守、全军覆没的困境。国外公司在基本控制和稳定中国蔬菜和花卉市场之后，又开始整合进军中国的大田作物市场。

2. 以科学技术促进现代农业发展面临的主要挑战

随着中国社会经济快速持续的发展、建立创新型国家战略目标的提出、社会主义新农村建设重大战略任务的部署，国家整体进入工业反哺农业、以工促农、以城带乡的发展的新阶段。我国的人均 GDP 已超过 1 000 美元；农业 GDP 在全部 GDP 中的比重已从 1990 年的 27.05%下降到 2004 年的 15.2%，从事农业的劳动力比重从 1990 年的 60%下降到 2004 年的 49%；城市化水平从 1990 年的 26.4%提高到 2004 年的 41.8%；农产品供求关系由长期的短缺变为总量基本平衡，丰年有余；农业生产矛盾的主要方面已经从保障供给逐步转向适应需求，农副产品的商品率近年已达 70%以上；农业已从传统的保障粮食安全进入到确保食品安全的阶段。总体而言，中国已进入传统农业向现代农业转变的战略机遇期，我国只有加快推进农业现代化进程，才能有效地解决我国人口多、农业资源少、农产品供需缺口不断加大的矛盾，才能满足人民生活水平日益提高的需要，才能进一步巩固农业基础地位，增强农业抵御风险的能力，为加快推进工业化、城市化进程奠定更加坚实的基础。然而，中国促进现代农业发展依然面临如下诸多的挑战。

1)发达国家跨国农商企业的挤压。20 世纪 90 年代以来，经济全球化快速发展，发达国家农业领域的少数大型农商企业在其国内通过纵向一体化和横向一体化取得国内市场的垄断地位后，凭借其雄厚实力开始全球扩张，在全球范围进行投资，构筑生产和销售网络，实行全球一体化经营。由于中国农业对外技术依存度依然很高，中国现代农业的发展目前正遭受这些跨国农商公司的技术围剿、资本挤压和市场竞争。

2)农业基础设施薄弱，农业科技贡献率低。由于投入不足，我国农田水利等基础设施建设历史欠账较多。据统计，全国主灌区骨干建筑物的完好率不足 40%，配套率不足 70%；低中等产田的比例占全国耕地面积的 2/3。同样也是因为投入不足，我国农业技术推广和服务体系不能充分发挥作用，农业科技对生产的贡献率仅仅在 45%左右，科技成果的转化率仅在 30%左右，直接服务农村发展的科技人员数量极少。我国农村每 1 万名人口中只有农业科技人员 15 人，而日本有 100 人，荷兰有 200 人。这一切，都使现代农业生物技术以及高附加值的农业生产技术不能与农业生产要素充分结合，致使农业综合生产能力和农业产业竞争力大大弱化，农业科技研发的效率不高。农村社会经济可持续发展要求农业科技优先发展，农业科技投入和科技体制改革必须从根本得到解决。个别经济发达地区却由于相关的质量检测和安全服务体系不健全，农产品出口严重受阻。

3)农业科技供给战略与现代农业发展存在差距。新中国成立 50 多年来，我国农业科技战略的重点是“以提高农作物单产为主要目标”、“增加主要农牧产品供给量”等，相应的农业科技创新重点既包括 20 世纪 50～70 年代的水稻、小麦、玉米等主要作物品种的作物遗传育种技术、土壤肥料与施肥技术、中低产田综合治理技术、作物栽培技术、动物疫病诊断与防治技术、作物病虫草害防治技术、农业机械化等单项技术开发，也包括20世纪80年代以来的高新农业技术以及传统农业技术与生态农业技术和现代生物技术等高新技术的集成创新和引进、消化、吸收和再创新。这些科技战略和技术重点的实施为保障我国粮食与食物安全、协调资源利用与保护之间的关系，促进我国由传统农业向现代农业的转变作出了重要贡献。但由于历史和体制的原因，我国现有的农业科技创新体系还很难为农户的农业生产提供切实有效的技术支持。现代农业发展所需要的关键技术如精准农业技术、农产品加工与物流培训技术等供应明显不足。迫于国内外农产品市场的食品安全标准和资源环境压力，从粗放农业向生态化农业的转型的挑战。

4)农业生产经营主体能力不足。国内农业以家庭小农户为主体，高度分散且技术相对落后，加上农业科研、教育与推广的机制不健全，大量农村青壮年劳动力大量外移，农业生产力总体水平低、生产经营方式粗放；农业产业链短，加工流通收益不能回馈到农业，致使农业科技含量低、经济效益差、结构不合理、竞争力不强。目前有2.5亿左右的农户，户均土地经营规模不到0.5公顷；由于中国农业资源短缺，农户经营规模偏小，大宗农产品生产经营成本高，中国的粮食、油料、棉花等农产品已不具备参与国际商业竞争的优势。农业国际化不仅对中国农产品以及农业收入、价格、就业产生深刻影响，而且对中国的农业经济体制和政策提出严峻挑战。中国农业生产的突出问题是人多地少，劳动生产率低，产业化水平低，还未从根本上摆脱靠天吃饭和自给自足的传统农业发展模式。农民对环境控制能力低、抵御自然灾害和抗风险能力弱。

5)农业自然资源日益短缺。我国人口众多，是一个农业资源十分有限的国家，资源短缺，特别是水资源短缺问题已成为农业发展的主要限制因素。近年来随着市场化、工业化和城镇化进程的加快，人口数量的增加以及生产建设规模的扩大，黄河断流、淮河污染、耕地减少、草场退化、森林资源过度开采、林草覆盖率低、生态植被大量破坏，以及农药和杀虫剂的大量不规范使用，致使水土流失和土地荒漠化加剧，人畜饮用水严重污染，农村生产环境和人居环境的恶化，各种流行性和传染性疾病肆虐，农村地区社会经济的可持续发展受到严重影响。目前全国水土流失面积已达367万平方千米，年沙化面积扩大达2 460平方千米，全国有82%的江河、湖泊和1亿亩农田受到不同程度的污染。尤其是西部地区，水土流失面积已达280多万平方千米，占全国水土流失面积的77%。内蒙古、甘肃、西藏、新疆、青海等省区拥有全国80%以上的天然牧场，但青海严重退化草原面积已达440万公顷，内蒙古草原受到严重破坏的达973万公顷。由于生态植被的人为破坏，西部地区1 000多万人口吃水长期困难[1]。人均耕地、人均水资源分别为世界平均水平的1/3和1/4；到2030年人口达到16亿，人均耕地将降至0.8亩，人均水资源将下降25％～30％，供需矛盾将更加突出，化肥、农药的有效利用低，残留污染十分严重。农村社会经济发展迫切需要各类资源节约型和环境友好型的技术投入。

6)农业结构调整面临巨大压力。近十多年来，高品质、高附加值和高收入的农畜产品在农业总体中所占比重不断增加。动物性食品、水果、花卉等由于具有较高的需求收入弹性得到较快发展；动物性食品的发展带动畜牧业及其关联产业——饲料产业的快速发展。食物消费结构的转向：谷物类产品主导→动物性产品主导→生活质量类产品主导，是收入水平提高后城乡居民食物消费结构发生重大转化的结果，这对农业产业结构升级提出全新的要求和挑战。发达国家受产业结构调整的内在需求驱动，不断增加动物性食品及其关联产业的发展，不断增加生活质量类产业的拓展，使农业产业不断走向高级化。此外，农产品加工业成为农业产业升级的主导因素或引擎。发达国家的农产品不再以原始产品(初级农产品)的形式进入流通和消费领域，而是经过加工和精深加工；全球食品加工呈现出方便化、工程化、功能化和专用化的趋势，方便食品、保健食品、各种功能性食品等不断增加，农产品加工业将成为农业产业升级的主导。发达国家农产品加工工业产值大大超过农业，其平均比例为3∶1，从事农产品加工业的劳动力也远远超过农业生产劳动力，农产品加工率超过90％，加工食品占食物消费总量的80％。根据恩格尔法则，随着收入水平的提高，整个消费支出中食品支出所占的比率会逐渐减少，且在食品消费支出额中最终支付给初级产品生产者农民的比率越来越小，而支付给加工(如方便食品的流行)、流通(如冷藏运输的发达)、饮食服务部门的比重越来越大。

总体而言，随着我国社会经济的发展，农业的核心问题开始发生转变。在20世纪，我国农业主要解决由“弱”到“足”、由“少”到“多”、由“农”补“工”的问题。这些问题解决后，农业的外围环境也随之发生了重大的战略性转变。农业的核心问题已经演变成为如何由“大”到“强”、由“多”到“精”、由“工”哺“农”的问题。应对挑战的关键是通过制度创新和技术创新的引擎作用实现从“资源依存型”农业向“科技增值型”农业转变，将大量分散的、无组织的小农户农业组织成适合现代农业技术规范和标准、具有规模效应的农业生产体系，使我国从一个农业大国变成一个农业强国。

[1] 陈至立.加强自主创新，促进可持续发展[J].中国软科学，2005(9):1-6

“养猪王国”与“养猪大国”[1]

丹麦是世界上养猪技术最先进的国家，被誉为“养猪王国”。其生猪生产以专业化、机械化、规模化和高效率著称。在丹麦，饲养1万头猪平均仅需3个劳动力；平均每头母猪每年可提供生产肥猪数26头到33头，饲料转化率(2.4～2.8)∶1，出栏率168%。2009年，丹麦猪肉产量约160万吨，其中90%出口欧盟和日本、美国、中国等，是全世界最大的猪肉出口国。丹麦养猪业是世界公认的“高科技产业”，基因生物技术、电脑自动控制系统等均在生猪产业中得到广泛应用，其猪群疾病控制、饲养管理、遗传育种等养殖管理技术世界领先。丹麦是全世界禁止动物使用抗生素饲料添加剂做得最好的国家。

中国是世界上养猪规模最大的国家，生猪存栏数、出栏数和猪肉产量接近世界的一半。有数据显示，2010年中国肉类产量7 925.8万吨，其中猪肉产量5 071.2万吨。中国2010年出栏肉猪66 686.4万头。无论是存栏量还是出栏量，中国均居世界首位。猪肉产量也是如此，居世界首位。中国的猪肉消费大国地位同样无可匹敌。但是中国猪肉出口量少，生产效率低，平均每头母猪每年可提供生产肥猪数16头到17头；饲料转化率(3.6～3.8)∶1，出栏率142%。这些指标偏低，已经成为中国养猪业的软肋。中国只能被称作“养猪大国”。

中国首次成为全球进口美国农产品最多的国家[2]

根据美国农业部2011年2月11日公布的数据，2010年中国首次成为全球进口美国农产品最多的国家。这意味着中国对国际粮食市场的依存度增大，但也有助于中国主动利用国际市场来保障自身粮食安全。美国农业部数据显示，中国去年共进口175亿美元美国农产品，占美国农产品出口总额的15.1%，其中主要是大豆。而位居第二的加拿大，去年共进口169亿美元美国农产品。

中国社会科学院农村发展研究所研究员李国祥分析说，中国作为世界上人口最多的国家，水资源与耕地资源十分有限。有限的资源首先要保证水稻、小麦、玉米等主要农产品的种植，解决中国人的吃饭问题。通过国际市场解决大豆等经济作物的供给，扩大粮食进口有助于缓解中国主要农产品与耕地的矛盾，降低中国粮

[1] 周雪松.“养猪大国”为何不敌“养猪王国”[N].中国畜牧兽医报，2012-01-17http://farmer.com.cn/agri/xmsy/xmdt/201201/t20120117_692730.htm

[2] 查文晔，焦国栋，林艳兴.中国成为美农产品最大进口国　粮食安全观发生深刻变化[N].http://www.moa.gov.cn/fwllm/jjps/201102/t20110214_1818599.htm

食安全面临的风险，总体上对中国利大于弊。他指出，中国的粮食安全观正在发生深刻的变化：由侧重国内粮食供需平衡转变到统筹国内国外两个市场和两种资源；由“调解余缺”为目的的被动粮食进口转变到以“结构平衡”为目的的对市场紧缺品种主动进口。

2008年发布的《国家粮食安全中长期规划(2008—2020)》要求，到2020年，全国耕地保有量不低于18亿亩，其中谷物播种面积稳定在12.6亿亩以上。稻谷、小麦保持自给，玉米保持基本自给；畜禽产品、水产品等重要品种基本自给。据统计，中国的主要粮食品种，包括大米、小麦和玉米等品种对国际市场的依赖程度相对较低。如果不将大豆包括在粮食之内，粮食进口量占生产量的百分比长期以来一直未超过5%。中国农业部发布的数据显示，中国的水稻、小麦、玉米三大粮食品种自给率保持在100%，但粳稻供求形势偏紧，大豆的供应缺口较大，玉米预料也将不再供过于求。“中国对国际粮食市场的依赖是适度的。通过进口解决了大豆、棉花等作物的供给，这样用来种植水稻、小麦等主要农作物的耕地就能得到更充分的保证。”值得注意的是，如果将经济作物纳入统计范畴，中国近10年来的农产品进口正加速增长。以大豆为例，1983年到1995年间，中国年进口大豆数量不超过30万吨。而2009年，中国进口大豆已达4 200万吨。2010年这一数字预计超过5 000万吨，进口大豆占中国大豆新增供应量的78%。2000年至2006年期间，中国农产品进口额年均增长18%，在世界前15个农产品进口大国中增速最快。这一势头目前仍在发展深化。

确保中国粮食安全，5年增加800亿斤粮[1]

“十二五”时期，我国粮食综合生产能力规划要达到5.4亿吨以上。与“十一五”规划提出的1万亿斤目标相比，增加了800亿斤粮食。国务院政策研究中心主任陈锡文解释说，中国人口多、食品消费量大，恩格尔系数较高，农产品供给状况和价格对于物价的影响很大。确保农产品的稳定供给，保持市场价格的基本稳定，是经济稳定发展的基础。他指出，中国实现粮食稳定增产的主要措施包括：加强以农田水利为主的基础设施建设；加快农业科技进步，提高粮食综合生产能力；调动农民种粮积极性；在流通、储备、价格监管等方面采取综合措施。

3. 中国特色的现代农业发展道路

2007年中央“一号文件”《中共中央国务院关于积极发展现代农业扎实推进社

---

〔1〕 张凤云. 陈锡文解读“十二五”农业农村发展蓝图[N]. http://farmer.com.cn/news/jjsn/201103/t20110325_621490.htm

会主义新农村建设的若干意见》明确提出，发展现代农业是社会主义新农村建设的首要任务，强调“用现代物质条件装备农业，用现代科学技术改造农业，用现代产业体系提升农业，用现代经营形式推进农业，用现代发展理念引领农业，用培养新型农民发展农业。”其目的在于提高农业水利化、机械化和信息化水平，提高土地产出率、资源利用率和农业劳动生产率，提高农业素质、效益和竞争力，探索中国特色的现代农业发展道路。

近年来农业科技领域的探索，为走以科学技术促进农业现代化之路创造了新经验和新模式，如国家实施的现代农业产业技术体系建设，目前已启动小麦、水稻等50个农产品的产业技术体系建设，在有效引导和支持农业科技创新要素向重点农产品集中，推动产学研协作、农科教紧密结合等方面已初现成效。2010年8月，农业部在全国首批认定52个国家现代农业示范区。国家现代农业示范区建设已在主导产品生产能力、基础设施保障水平、农业生产经营水平、农业科技支撑能力、农民收入水平等方面取得明显成效，成为我国现代农业发展的第一梯队。农业部总经济师杨绍品强调，国家现代农业示范区建设要把加快实现农业现代化作为建设目标，把发展粮食等主要农产品生产和促进农民持续增收作为中心任务，把科技和体制机制创新作为发展动力，把提高现代农业设施装备水平作为重要标志，把示范带动区域现代农业发展作为应尽责任，加大建设力度、探索发展道路，力争大部分示范区在“十二五”期间基本实现农业现代化[1]

2011年1月29日发布的中央“一号文件”《中共中央、国务院关于加快水利改革发展的决定》，指出，水利是现代农业建设不可或缺的首要条件，是经济社会发展不可替代的基础支撑，是生态环境改善不可分割的保障系统，具有很强的公益性、基础性、战略性。加快水利改革发展，不仅关系到防洪安全、供水安全、粮食安全，而且关系到经济安全、生态安全、国家安全。明确把水利作为国家基础设施建设的优先领域，把农田水利作为农村基础设施建设的重点任务。要大兴农田水利建设，力争通过5～10年的努力，从根本上扭转水利建设明显滞后的局面，基本完成大型灌区、重点中型灌区续建配套和节水改造任务。中央农村工作领导小组副组长、办公室主任陈锡文对该文件解读说，大兴农田水利建设，有利于增加灌溉面积，增加播种面积，提高粮食产量。特别是从20世纪90年代开始，我国粮食产区中心分布就已经从南方转移到了北方，但新兴粮食主产区的农田水利又没有及时跟上，加强这些地方的农田水利建设，将为我国粮食安全提供更加可靠的保障。在我国三大

---

[1] 农业部新闻办公室.国家现代农业示范区力争“十二五”基本实现农业现代化[N]. http://agri.gov.cn/V20/ZX/nyyw/201111/t20111116_2410459.htm

作物中，即使是小麦这样耗水最少的品种，至少要灌水4次，每次每亩约需水100米^3，而其平均亩产只有400千克。要确保粮食安全，加强农田水利建设，为农业生产提供足够的水源至关重要[1]。

2012年，中央"一号文件"《关于加快推进农业科技创新持续增强农产品供给保障能力的若干意见》指出，实现农业持续稳定发展、长期确保农产品有效供给，根本出路在于科学技术。农业科学技术是确保国家粮食安全的基础支撑，是突破资源环境约束的必然选择，是加快现代农业建设的决定力量，具有显著的公共性、基础性和社会性。中央决定紧紧抓住世界科技革命方兴未艾的历史机遇，坚持科教兴农的战略，突破体制机制障碍，大幅度增加农业科技投入，推动农业科技跨越发展，为农业增产、农民增收、农村繁荣注入强劲动力。从近年来出台的一系列中央"一号文件"精神看，有中国特色的现代农业发展的政策思路主要如下。

1)加大对"三农"的投入力度，建立促进现代农业建设的投入保障机制。加大国家科技计划向农业领域倾斜的力度，提高公益性科研机构运行经费的保障水平，优化农业科技投入结构；支持发展农业科技创新基金，积极引导和鼓励金融信贷、风险投资等社会资本参与农业科技创新创业；改善农业科研条件，建立"内生性"农业科技创新体系；通过各种手段推进农业应用技术的"贫民化"。在科技计划和政策设计中加强水产品、水果、蔬菜、某些畜产品以及其他劳动密集型增值产品的生产技术研发，加强对农业龙头企业、物流企业、农民专业合作社和行业协会的技术研发支持。加大公共财政对农业科技创新工作的投入力度，建立以政府为主体的、多种社会资源参与的农业科技创新投资机制。通过政策激励推动各类农业实用技术的扩散和再创新；加强农业国内支持，调整农业补贴方向和支持结构，由现在补贴流通环节，转向补贴农产品生产者和农业研发，把农业国内支持的重点转到提高农业竞争力上。

2)完善国家农业创新体系。以持续增加农产品供给能力、快速提高农业经济效益为目标，全面调整农业科技发展战略。通过制度创新建立农业、工业、商业、科研机构和小农户之间的"联动"机制，形成农业、制造业、服务业和高新技术产业之间的互动链接，形成人力资本和科技要素向农业领域的正向流动和循环，通过市场驱动、科技引领和工业支撑建立起农业产业化的良性循环机制，解决好确保国家粮食安全、提升综合生产能力、提高农业经济效益、保障农业生态安全和促进农村发展的重大战略问题。从根本上应对挑战，解决农村可持续发展问题，我们就必须重

---

[1] 姚润丰，林艳兴.为了我们的生命之源、生产之要、生态之基——权威解读中央一号文件[N]. http://www.moa.gov.cn/fwllm/jjps/201102/t20110201_1815717.htm

视发挥科学技术的支撑作用，走持续高效和资源节约的发展道路，保护并改善生态环境。这就要求我们与时俱进，积极地进行相关的科技战略调整与政策创新，以激励更多的科技资源和人力资本流向农村可持续发展领域。以全面提高国家农业科技创新能力、促进农民增收为方向，完善国家农业科技创新体系建设，建立大学、科研院所、涉农企业、农民协会、小农户生产者与政府机构之间的"联动"机制；整合资源，优化配置，稳定支持农作物改良中心、区域技术创新中心建设，建立健全全国或区域性育种协作网。完善农业推广体系的机构设置，建立合理的经费收支制度，切实解决好农业技术推广经费不足的问题；推进农业技术推广的组织创新，形成社会力量广泛参与的农业技术社会化服务机制。加强国际合作，积极引进各种有利于农民增收的科技创新成果，通过政策激励推动各类农业实用技术的扩散和再创新。

3)推进现代农业产业技术体系建设。完善以产业需求为导向、以农产品为单元、以产业链为主线、以综合试验站为基点的新型农业科技资源整合模式，引导农业生产经营者开发农业多种功能，健全发展现代农业的产业体系；围绕优势农产品的生产、加工和流通进行技术集成创新和农业生产标准体系研究，发展适应现代农业要求的物流产业，充分利用国内国际两个市场；深化农产品流通体制改革，尽快形成开放、统一、竞争、有序的农产品市场体系；建立农业安全保障体系，采取措施减少市场开放带来的冲击；完善农产品出口促进政策，积极开拓国际市场，扩大农产品出口。大力发展农产品精深加工，拓展产业链，提升农业产业体系整体的质量和效益；实施标准化生产，提高农产品质量安全水平；引进新品种、新技术、新装备，提升农业的装备水平和科技含量。

4)强化基层农业技术推广服务。充分发挥各级农技推广机构的作用，着力增强基层农技推广服务能力，健全乡镇或区域性农业技术推广、动植物疫病防控、农产品质量监管、农业标准化等公共服务机构，改进基层农技推广服务手段，充分利用广播电视、报刊、互联网、手机等媒体和现代信息技术，推动家庭经营向采用先进科技和生产手段的方向转变；引导高等学校、科研院所建设农业试验示范基地、专家大院等，开展多层面农技推广服务；通过政府采购、定向委托、招投标等方式扶持农民专业合作组织、涉农企业等社会力量广泛参与农业产前、产中、产后服务；大力实施科技特派员农村科技创业行动，鼓励其创办领办科技型企业和农村专业合作组织。

5)培养新型农民和农业创新主体。以提高科技素质、职业技能和经营能力为核心，大规模开展农村实用人才培训。充分发挥各部门各行业的作用，加大各类农村人才培养计划实施力度，扩大培训规模，提高补助标准；加快培养村干部、农民专业合作组织负责人、到村任职大学生等农村发展带头人，农民植保员、防疫员、水利员、信息员、沼气工等农村技能服务性人才，以及种养大户、农机大户、经纪人等农村经营型人才；培育壮大龙头企业，推进农业产业化示范区建设，加快构建现代农业产业体系，完善龙头企业与农户利益联结机制，引导龙头企业和农村专业合作组织根据市场需求进行产品加工，按照加工要求建设标准化、优质化、规模化基地，以推动农业结构调整和优势产业集聚，形成一大批各具特色的龙头企业集群和优势产业带，实现产加销、贸工农的有机结合，提高农民的组织化程度和农业与食品产业的国际竞争力。

任继周院士："耕地农业该改变了"[1]

中国现代草原科学的奠基人之一、中国工程院院士任继周说，自从秦代商鞅变法提倡"垦草"，汉代"辟土殖谷曰农"，将农业定位于谷物生产以来，农业就被牢牢定位于开垦土地、种植谷物。"这使得农业生产的其他部门，尤其是动物性生产被忽视，农业生态系统被严重阉割"，致使"以粮为纲"在过去的几十年中成为国策，农业系统不得不走上一条以土、水、肥和动力等资源高投入的发展道路。这种偏颇的农业系统，人为割裂了生态系统内部的食物链，对生物资源、土地、水、能源等资源造成严重浪费，引发了国家在食物安全战略方面存在一些系统性问题。

他主张中国发展"草地农业"，其理由之一是三鹿奶粉事件和最近蒙牛质量问题等奶制品安全事件，无不与饲料问题紧密相关。蛋白质、脂肪不够，就要人为添加，甚至添加各种千奇百怪的东西。肉类也面临同样问题。他指出，随着城市不断发展，越来越多的乡村人口进城，他们的饮食结构也会发生变化，即需要更多的肉、奶。据统计，我国人口一年所需的口粮约为2亿吨，但饲料却需要5亿吨。危机还在于，过去人们用玉米养猪，在玉米价格上升之后，一些地方开始用小麦搭配做饲料。小麦做饲料的口子一旦敞开，我们的粮食消耗就打开了无底洞。美国西部干旱地区水资源不足，对于小麦采取能打多少就收多少的态度，其水资源主要被用于浇灌饲料用草地。因为植物变成籽粒——粮食，再拿粮食喂牲畜并不经济，反而是草的营养更全面，同样的水可以换3～5倍的营养物质。

他强调说"不能只是一味强调18亿亩红线"，粮食在高产之后再高产就很难了。何况系统不对，现在生产出的东西并不是我们真正最需要的。许多人未认识到"以粮为纲"是一条"瘸腿"的农业系统。动物性生产与植物性生产平起平坐且略具优势的局面远未形成，而这是我国农业现代化所必不可少的。他指出，解决之道

[1] 王卉.任继周院士："耕地农业该改变了"[N]. http://www.cas.cn/xw/zjsd/201202/t20120220_3442225.shtml

在于将草地(广义的饲用作物田)引入农田,引入牧区,将畜牧业纳入农业主流,把动物性食物纳入粮食安全体系之中。否则,关系我国农业存亡大计的土、水资源短缺,终将成为我国农业发展难以逾越的障碍,"三农"问题也将难以彻底解决。发展草地农业是保障中国粮食安全的一个独辟蹊径的有效模式。"草地农业把草地作为介质,可以实现粮草结合、林草结合、果草结合等多种农业系统耦合,是可以实现高额产出、得到高额收益的大农业。"用草地农业取代耕地农业,可充分利用国土资源,使4倍于耕地的其他土地发挥作用,使中国紧缺的水资源得到节约;还将减少水土流失,减少化肥农药使用,使资源投入大为节约,农业综合生产能力得到显著提高,同时还将促进农民增收。"草地农业系统是一个能满足现代人的食物结构,并能兼顾生态和生产、实现可持续发展的现代农业系统。"

实施粉粮工程,探寻保障我国粮食安全的新途径[1]

中国农业大学民盟盟员、生物学院陈智忠教授在提交的"实施粉粮工程,探寻保障我国粮食安全的新途径"(民盟北京市委信息2010—L0327)政策建议中指出:2050年,我国人口在16亿左右,这样数量的人口对粮食的需求量将翻一番,但届时可耕地面积却将减少1/5,仅仅依靠提高单产是难以完全解决好我国粮食安全问题。为此,通过集成和创新非耕地(林地、沼泽湿地和水域等)淀粉类粮食资源植物的生产栽培、品种培育和制粉加工等技术,开发生产以小麦、玉米、薯类、豆类、杂粮等耕地农作物和以上非耕地淀粉类粮食资源植物为原料的营养成分全面、搭配合理的食用"调和粉"类系列产品,引导广大消费者选择营养经济的粮食食品新品种,以充分发挥我国粮食品种多样化优势,在现有耕地基础上,向山上和水下要粮,形成生物多样化立体粮食生产体系,实现粮食生产单产、面积两手抓,更好地解决粮食安全问题。这是一项利国利民、低碳环保的粮食生产工程,也是一条具有中国特色的粮食生产的可持续发展道路。

本 章 要 点

1. 现代农业技术驱动型的、产业链不断延伸的、资源高效利用的农业,是以生物为中心的、资源节约型的农业,同时也是以合作制为基础的高度组织化的农业。

2. 发展现代农业,在本质上就是用现代生产要素改造传统农业,促使传统农

[1] http://news.cau.edu.cn/show.php? id=0000041763

业的现代化。各类农业现代化的理论都强调科学技术要素进入农业生产经营过程的重要性，都主张对农业生产经营主体农民教育和培训的重要性。

3. 现代农业呈现出多种形态，如持续农业、设施农业、精准农业等。美国、以色列和荷兰等非常重视以科学技术推进现代农业发展，打造其农业国际竞争力。

4. 现代农业发展的根本动力是科学、技术和农业生产组织创新。中国现代农业的发展要坚持科技兴农战略，增加农业科技投入和推广体系建设，注重培育和扶持农民组织、行业协会、龙头企业，使其成为发展农业的主力军。

第 6 章

以科学技术促进农民增产增收的经验和政策

农民增产增收的问题一直是研究者和决策者高度关注的话题，但国内对这一问题的探讨主要集中在对农民增收状况的描述、城乡二元结构、农民素质等制约农民增产增收的因素分析和改善农民增产增收状态对策研究等方面，本章将在对有关农民增产增收的理论进行综述基础上，重点讨论以科学技术促进农民增产增收的国际经验和当前中国发展的政策选项。

一、农民增产增收的相关的理论

梳理散见于各类文献的诸多观点，可以大致找到改善农民增产增收的政策选项和可行路径。本节首先概括有关农民社会分化和增产增收的理论和政策观点。

1. 农民(peasant)的社会分化

农业经济学家弗兰克·艾利思曾将农民的特征概括为“主要从农业中获得生活资料，在农业生产中主要利用家庭劳动的农户。农民部分地参与常常是不完全或不全面的投入和产出市场”[1]。按照这种对农民的社会身份的定义，我们可以对中国农民的基本状态提出如下判断。

1)农民依然占中国人口的大多数。2010 年全国人口第六次普查表明，目前农村人口为 6.741 5 亿人，占全国总人口的 50.32%，比 2000 年城镇化率上升 13.46 个百分点。城镇化水平已大大提高，但仍有大量的农民由于素质不高，缺乏就业技能，难以向非农产业和城镇转移，也难以在城镇稳定就业。农民增收困难。

2)农民是社会化大市场的边缘人。农民一方面与社会化大市场相关联，必须从农资市场购买所必需的种子、化肥、农药或疫苗等生产资料和一些生活必需品，还必须通过出售自己生产的初级农产品来获得微薄的生产经营收益。然而，由于与农业相关的各类市场结构存在单边垄断特征，数量众多但规模较小的农民始终

---

[1] 弗兰克·艾利思.农民经济学——农民家庭农业和农业发展[N].胡景北译.上海：上海人民出版社，2006:14

处在市场交易和谈判的弱势地位，是社会化大市场的边缘人。他们既没有完全融入市场，也没有完全摆脱市场的控制和影响，仅仅只是部分地融入不完善的市场。这种不利的市场地位决定多数农民难以通过自身的力量实现增产增收。

3)农民的生活保证高度依赖土地承包经营权。土地承包经营权是农民维持基本生计、抵御生活风险的基础保障，也是农户在村庄和乡村社区内社会地位的一种标识。和其他从事农业生产经营活动的主体如农商企业相区别，农民用自己的承包地种植农作物或养殖牲畜，并从中获得大部分生活资料；农民生产的一部分农产品直接用于自己消费，而不是拿到市场上去销售。土地承包经营权是农民维持生计的“命根子”，也是农村社会稳定的重要机制和基础。借助于土地承包经营权，农民成为自主的市场主体，既可以通过在承包地里的种植、养殖活动获得基本的生活保障，也可以利用闲暇和富余时间去城里打工谋生，增加家庭收入。一旦出现像美国次贷危机引发的全球金融和经济危机导致城市工业不振、大量裁员时，农民也能通过回乡经营自己的承包地来应对不确定性和艰难岁月的“避风港”。这种机制的最大缺陷是不利于土地承包经营权的流转和农民参与农业产业化、集约化经营，从而使农民的生产经营活动长期滞留在维持基本生计的初级状态，难以实现增收致富。

4)农民生产的决定性经济特征是家庭劳动。尽管一些农户在农忙季节会短期雇佣一些非家庭成员，或一些农民在农闲时节到非农行业就业。这样的经济特征显然不利于农民生产经营活动与社会化大市场对接。随着大量的中青年农民进城务工和大规模农商企业崛起，传统农业经营制度走向解体并不是危言耸听。

今天，在多数的印象中，农民是一群面朝黄土背朝天、思想观念保守、忍辱负重、不思进取的“种田人”或是一群大规模游动在城乡之间、在城市建筑等艰苦和高危行业中兼业讨生活的“农民工”。他们多数没有接受良好的教育，生活在饥寒交迫之中，往来于公共财政的阳光普照不到的边缘地带。然而，随着中国社会经济的快速发展和农村社会经济环境的急剧变化，农民的社会形象也在发生变化。20世纪80年代，农村联产承包责任的推进让东南沿海一些农民开始摆脱体制的约束迅速成长为叱咤风云的乡镇企业家。20世纪90年代，随着社会主义市场经济体制的建立和完善，大批农民开始走出乡村，成为现代工业和城市发展不可或缺的建设者和创新者。2000年以来，随着政府各种惠农措施的出台，部分农民开始成为高度专业化农产品的生产经营者，如蔬菜、棉花、苹果等种植专业户，成为各种手工艺品的设计者、各种观光农业和创意农业的探索者。

值得关注的是，随着我国经济的快速发展，农村劳动力向非农产业和城镇，特别是那些受过高等教育、有较强技能的人都流向城市，留在农村的以老、弱、病、妇居多。根据全国第二次农业普查数据显示，全国农业从业人员34 874万人，文盲占9.5%，小学文化程度占41.1%，初中占45.1%，高中占4.1%，大专及以上仅占0.2%。一些研究者或决策者因此担心，留在农村的农民越来越少，劳动技能越来越低，农民素质的下降将严重制约我国农业现代化的进程。

2. 农民增产增收的理性选择是组建专业合作组织

斯科特等社会学家指出，由于传统农村社区是一个具有高度认同感的内聚型的共同体，“集体意识”或“集体良心”会内在地要求每个农民将社区整体的利益置于优先地位；尽管在社区内每个农民有其生存空间和私己利益，但在危机出现时，每个农民都有义务为其他成员提供互惠和庇护等非正式的社会保障。经济学家弗兰克·艾利思也分析说，农村社区在不同程度上都存在农民之间的非市场的或者互惠的交换关系，其交换对象不限于物品和劳务，如你帮助我造房子，我和我的亲戚帮助你收割，他为你的家庭组织一次宴会等，每一次这样的交换都有经济内容，需要消耗一定的物品或劳务，但这些交换通常不用价格来定值。这种互惠带有共享和再分配等社会内涵，有益于社区内成员的相互信任、友情的加深，当然也有助于社区成员们相互扶持共度某些无法预期的艰难岁月。基于这些认识，一些社会学家将农民群体界定“道义小农”，以再现农民心灵深处的淳朴的互助友爱情怀和道义精神。

经济学家舒尔茨等通过对农民的农业生产经营活动分析后指出，市场经济的大潮已经让每个农民都成为“理性小农”，他们并非在意集体的规范与利益，而是更关注自己的个人利益，同资本主义的“企业家”一样精于计算。自20世纪80年代实行家庭联产承包责任制以来，随着市场化、工业化和城市化进程的加快，中国绝大多数农村社区农民的“集体意识”、“集体道义”面临挑战。虽然从经营规模来看，农民仍然是以小规模的家庭为单位进行生产经营活动，本质上仍然属于小农，但与传统的自然经济状态下的小农不同，绝大多数农民已被卷入高度开放的市场体系之中，成为市场经济体系中的“理性小农”。对于这些“理性小农”而言，只有当离散的个体面临着无法克服的生产经营风险时，精于计算的他们才会考虑结成利益群体或合作组织，通过集体行动策略来应对各种生产经营风险。农民的行动逻辑与其可能面对的生产经营风险直接关联。

概括起来讲，农民可能面对的生产经营主要风险如下。

1)自然灾害风险。农业生产经营活动高度依赖各种自然资源和条件，旱、涝、冰雹、持续高温、地震以及作物的病虫害等各类自然灾害都可能给农业生产经营者带来难以预料的风险，造成农业减产、农产品交易市场的不稳定等。由于现行农村公共物品供给缺乏，分散经营的个体农户很难在产前、产中、产后得到应对各种自然风险的有针对性的技术指导和救助服务，结果是大大小小的自然灾害都会给农户带来不少的生产经营损失。

2)市场风险。农业生产周期长，生产投资的专用性强，而农产品价格波动频繁，这就使单个家庭农户很难形成规避市场风险的必要资源和能力。由于经营规模较小，无法及时获得充分的市场信息，许多家庭农户只能根据上一周期农产品的价格决定生产什么，结果往往出现"卖难"或者是赔本销售，农民增产不增收。即使是在某一时段农产品价格上涨，分散的小农户也很少能从中获得直接的收益。2007 年猪肉价格的大幅上涨，一些养殖大户或集约化农场从中获益不少，但大多数小农户并未获得多少直接的收益。从表面上看，引起此次猪肉价格上涨的原因是猪肉供不应求拉动价格上涨，但其深层原因则是以小户分散饲养为主体的生产经营模式造成的信息传导不畅，导致生猪交易市场交替出现"供不应求"和"供大于求"的周期性波动。当然，部分生猪主产区发生猪蓝耳病等疫情和国内外饲料价格持续上涨也是原因之一。但所有问题的根本还在于小农户的生产经营模式无法与大市场的快速变化相对接。

3)技术风险。市场经济体系中的农民迫于市场竞争的需要，不得不在农业生产经营过程使用优良品种、先进的生产资料和各种新的技术规程。特别地，当一些农户开始大规模种植单一蔬菜、花卉或参与畜禽养殖时，采用新技术的压力就更大。这就可能产生生产经营过程中的技术风险，如由于缺乏对技术选择和相应的预警评估能力和技术配套服务，致使小农户采用农业新技术获得的实际收益与预期收益差距较大，不得不蒙受经济损失。这一方面可能由于技术应用的复杂性和外部环境的不确定性导致农户不恰当使用新技术，如过量使用化肥等；另一方面则与小农户事先评估风险、降低风险的资源和能力不足有关。此外，假冒伪劣的农资产品和种子等也可能会给小农户的生产经营带来技术风险。

4)经营风险。在小农户日益倚靠大规模种植水果、蔬菜、花卉等经济作物的情况下，其所有的生产经营决策都必须面向市场，稍有不慎就可能招致严重的经营风险，蒙受巨大的经济损失。

面对这些生产经营风险，"理性小农"一般会采取"事前"策略和"事后"策略。"事前"策略是在风险损失发生以前，通过采取空间分散种植、作物种植模式的多样化和品种的多样化、收入来源的多样化等策略以防范风险，保障收入的稳定；"事后"策略则是当风险发生以后，农户会采取家庭储蓄、减少家庭支出和社区风险共担策略等方式使家庭度过困难期。但这些策略往往治标不治本，不能帮助农户从根本上找到消解或减缓风险的有效办法。国内外正、反两方面的事实表明，家庭农户应对各种生产经营风险的根本途径就在于通过某种制度安排解决好乡村公共产品和服务的供给短缺问题，如增加抵御自然灾害的农业基础设施建设、强化内生性的农业研发和技术推广能力等。而有效解决这些问题的理性选择是家庭农户自愿组建各种互助性的农村专业合作组织，以众多农户的联合行动提高抵御各种生产风险的能力。

20世纪90年代初，正在各种生产经营风险和外在市场利润吸引的双重作用下，中国农村的部分农户在率先担当“市场中间人”，以个体的形式从事蔬菜、水果等农产品营销的同时，开始自发组织小农户成立了形式多样的产销协会、专业技术协会、农民合作社等农村专业合作组织[1]

3. 现实路径是提高农村劳动力的相对稀缺性

北京大学中国经济研究中心主任林毅夫分析说，农民贫困的主要原因如下。

1)农民拥有的最为重要的资产是他们自己的劳动力，除此之外，他们几乎没有其他可以用来创造收入的资产。因此，除非使劳动力在农村变得相对稀缺从而具有相对高的价值，否则就不可能提高农民的收入和地位。

2)农民的生计随时可能受到自然灾害、疾病、产品价格大幅波动等的突发冲击，他们关心的是一日三餐如何为继，对政治问题通常很冷漠，且缺乏影响力。各国政府的政策常会漠视他们，具有很强的城市偏向。

3)农产品的收入弹性和价格弹性都很低，整个国民经济的增长对增加农产品的需求的刺激作用不大，个别农户的增产固然可以增加该农户的收入，但多数农户的同时增产，常造成“谷贱伤农”的情形。

基于这些原因，他评价说，过去世界银行和其他国际组织提供给发展中国家的发展建议把重点放在增加农业的生产能力上面，强调通过贷款和援助等手段鼓励各国政府加大对农村水利、交通基础设施、教育的投入，设立国际农业科研机构等，但在城市偏向的影响下，这些建议并未落到实处。即使有所落实，也确实提高了农业生产力水平，增加了农产品的供给，农民增产不增收等贫困问题会依然存在。因此，他建议各发展中国家把重点放在减少农村劳动力和发展劳动密集型企业上，以使留在农村务农的劳动力能获得更多的土地和资源，流动出来的劳动力在城市非农业产业部门有工作保障。因为只要农村劳动力的相对稀缺性和相对价值增加，农民收入才会提高[2]。

---

[1] 李建军，刘平．农村专业合作组织发展[C]．北京：中国农业大学出版社，2010:40-42

[2] 林毅夫．解决农村贫困新战略[N]．http://www.china.com.cn/chinese/OP-c/210743.htm

新华时评:"农民工"称谓终结的标志意义[1]

2011 年 2 月 14 日电　春节刚过,成都市就宣布建立城乡统一的就业失业登记管理服务和相应的就业配套制度体系。这意味着今后在成都市行政范围内,农村居民将和城镇居民一样享受政府提供的就业服务。虽然这只是统筹城乡发展的一小步,但其标志性意义不容小觑。统一城乡就业失业登记管理服务,意味着"农民"不再是出生地决定的身份象征,而只是一种职业称谓,流行多年的"农民工"概念有望成为历史。按照成都市推动城乡统一户籍实现居民自由迁徙的政策设计,总有一天,无论是居住在农村还是城镇,居民都可以自由地选择职业,农村居民可以进城镇企业当职工,城镇居民也可以到乡下务农。这是统筹城乡发展的必然结果,也是实现全面建设小康社会宏伟目标的应有之义。

长期以来,"贡献在城市、保障靠农村;年轻在城市、养老回农村"是广大进城农民无法回避的尴尬,根本原因在于农民与城镇居民的二元身份差别,而决定这种差别的主要因素是人的出生地。这就造成了机会的不平等,有悖于人们普遍追求的公平正义原则。就业是民生之本。成都市此次规定,对在农村没有土地承包经营和林地使用权、处于无业状态的居民,统一纳入全市失业登记和管理服务范围,并按规定享受与城市居民失业人员相同的待遇。这无疑是在去年 11 月该市提出彻底破除城乡居民身份差异的基础上迈出的实质性一步。但应当清醒地看到,要真正实现城乡居民自由迁徙,还有很长的路要走,尤其是养老、医疗等社会保障问题需要解决。长期的城乡发展差距,造成了农村居民与城镇居民在文化水平、生活习惯等方面存在明显差异,而这些差异不是一个统一就业失业登记管理服务的制度变化能够消除的,需要一个相当长的过程。在这个过程中,不但需要政府提供多方面服务,而且需要城镇居民给予农村居民更多的理解与包容。只有相关各方共同努力,才能尽快消除城乡差距、促进和谐发展。

4. 农民增收的根本出路是农业现代化

近年来,农民平均收入明显提高,且其收入增长速度已超过城市居民。今后如何保持目前收入增长的势头,存在多个可能的政策选项。袁隆平先生等建议提高粮食收购价格以保证农民增产增收。中国社会科学院的党国英研究员认为这种意见值得商榷。他说,农产品价格当然对农民收入有影响,但农民收入增长需要在价

[1] 陈健.新华时评:"农民工"称谓终结的标志意义[N]. http://www.moa.gov.cn/fwllm/jjps/201102/t20110216_1820273.htm

格相对稳定(大体和通货膨胀率接近的价格增长率)的条件下主要依靠劳动生产率提高来实现,而农业劳动生产率提高要靠农业现代化。现在统计农民收入主要考虑其家庭经营收入、工资性收入、财产性收入和转移性收入。其中后两项收入几乎不会成为大部分农民的主要收入,工资性收入目前占农民收入的比重在一半左右,这与我国经济结构有关,也与统计方法的某种不足有关。如果一户农村人家的主要劳动力用大部分时间从事非农产业,只用零星时间种几亩粮食,他们还能算农民吗?从专业化发展趋势看,农民收入将只计算以农业为主业的真正农户的收入,脱离农业的劳动者所得到的收入将不会再算成农民收入。因此,考虑农民收入增长这样一个长期问题,应主要分析农户的家庭经营收入,而且是与农业有关的家庭经营收入。

党先生分析说,农民的单个工作日报酬其实并不低,但因为大部分农户每年的实际工作日很少,他们每年的总收入也就很少。在我国粮食主产区,如果一户农民种 8 亩大田作物,实际工作日大约是 60 个,按这几年的各种条件,大约会得到纯收入 6 000 元,折算成日工资是 100 元。如果家里有 4 口人,每年人均收入1 500元,自然是很穷的。与之相比较,如果两个劳动力在城里总共工作 700 个标准工作日(考虑加班等因素),每个工作日 80 元,总收入就可观了。但如果每个农户不是种 8 亩大田,而是 100 亩(现有技术条件下毫无问题),那情况就完全不同。通过大量农村劳动力转移到城市和非农产业就业,实现农村土地流转由专业农民通过现代化手段集中经营[1],农民增产增收的长效机制就可能建立。

厉以宁:提高农民收入的新路子[2]

如何缩小城乡收入差距,农民收入进一步提高?北京大学光华管理学院名誉院长厉以宁最近提出一些新思路:第一,必须给农民以产权,农民没有产权,是没有道理的。我们在农村调查发现,农民盖的房子不能抵押,不能转让,连出租都困难,我们就问:出租为什么难?答曰:没产权。外出打工,宁可一把锁锁上。第二,教育资源配置一定要均衡。城乡学校差别这么大,农民受不到好的教育,学校差,教育资源分配不公平。教育资源分配不公平,引起就业的不公平;就业的不公平带来了收入的不公平;收入不公平影响生活的不公平,又导致下一代不公平。所以,教育

---

〔1〕 党国英.农民增收的根本出路是农业现代化[N].2012-3-12http://rdi.cass.cn/show_News.asp?id=32796

〔2〕 厉以宁.提高农民增收的新路子[N].http://agri.gov.cn/V20/SC/jjps/201202/t20120201_2473136.htm

资源要尽可能走向公平。第三,关于二次分配,一定要加快城乡社会保障的一体化。城乡保障不一体化,就会造成二次分配弥补不了一次分配的缺陷,反而扩大了城乡收入差距。第四,让经营农业的能赚钱。农民进城,农业谁来搞?应该把土地转让给别人来搞。将来经营农业的人一是种植能手。我在湖北孝感地区发现,农民进城打工,土地转包给种植能手。种田能手承包200亩地,一亩地种两季,年产稻谷40万斤,可卖40多万块钱,除生产资料开支,再雇两个工人还有钱赚。二是农业专业合作社。在重庆调查发现,梁平县产西瓜,就办西瓜合作社;产茶叶的就办茶叶合作社。三是农业企业,用高科技种田。鄂尔多斯就有农业企业投资改造沙漠种庄稼,苏北沿海滩涂也有企业改良盐碱地来种水稻。农业企业有资本投入,也有高技术。这样,城乡收入差别可以缩小,农业也能增产。

5. 对农民进行人力资本投资[1]

美国芝加哥大学经济学家西奥多·W·舒尔茨指出,发展中国家的经济成长有赖于农业的迅速稳定增长,而传统农业本质上是一种生产方式长期没有发生变动和基本维持简单再生产的长期停滞的小农经济,不具备迅速稳定增长的能力。确保农民增产增收的根本出路在于把传统农业改造为现代农业,即实现农业现代化,为此需要对传统农业进行以下几个方面的改进。

1)建立适合现代农业的制度和技术体系。发展现代农业的关键在于技术进步。“一种技术总是体现在某些特定的生产要素之中,因此,为了引进一种新技术,就必须采用一套与过去使用的生产要素所不同的生产要素”,“技术变化,这一概念实质上至少是一种生产要素增加、减少或改变的结果。”[2]现代农业需要动态的技术支撑体系,以便迅速地将新技术成果如良种、化肥、农药、农业机械和先进的栽培技术或饲养技术等引入农业生产经营过程。拉尼斯所分析说,农业部门的现代化依赖于两类诱因:现代要素投入和激励性工业消费品。农业中的技术革新程度取决于现代投入的数量。农民放弃自给自足转向购买工业消费品,就可能市场导向,农村可能城市化。新技术被引入农业不只是需要足够的对农业科技研究、推广的投资,还需要解决好两个问题:一是就农民的购买力而言,获得这些科技要素必须是低价格的;二是农业中采用新技术新品种需要先进行推广和示范并被农民接受。由农业生产周期长和季节性要求高的特征所决定,农业中的新技术的采用是有风险的。小本经营的农民受到高度的不确定性和相当多的限制条件的约束。“在这

[1] 蒋和平,辛岭.建设中国现代农业的思路与实践[M].北京:中国农业出版社,2009:1-8

[2] 舒尔茨.改造传统农业.北京:商务印书馆,1999:101

样充满风险和不确定的环境中，农民被认为是不情愿承担风险的。”[1]因此，新技术等新的生产要素在农业中应用不仅要有推广和示范的过程，而且需要一系列的制度安排来激励农业科技人员深入农村示范推广新技术、新品种，帮助农民解决技术难题。

2)从供、需两方面探求现代农业生产要素整合的条件。一方面，舒尔茨对新生产要素供给者的作用和行为作了分析：供给者是发现、发展和生产新要素，并使农民得到并使用这些要素的人和营利与非营利机构。供给者不仅需要提供新的生产要素，还要让农民接受并使用这些要素。不同类型的机构互相补充，例如政府作为非营利结构，发展公益性的农技推广组织，通过农业推广站有效地推广和分配新要素。另一方面，舒尔茨对新生产要素需求者的作用和行为进行分析：在供给者提供新的生产要素后，农民接受的条件是看其是否对自身有利以及获利的大小，“农民接受一种新生产要素的速度取决于适当扣除了风险和不确定性之后的利润。”如果某种维持生活的农作物使用新要素后产量增加，投入成本小于产出效益，这种新技术就是有利的。新要素是否有利，既取决于“价格和产量”，同时还取决于“地主和农民之间如何分摊成本与收益的租佃制度”。

3)对农民进行人力资本投资。人力资本是农业经济增长的主要源泉。舒尔茨认为，引进新的生产要素，不仅要引进杂交种子、现代机械等这些物的要素，还要引进掌握现代科学知识、能运用生产要素的人。现代科技要素进入农业生产过程的主观条件是农民具备有效地使用这些要素的能力。对农民而言，“迅速增长的经济基础不在于提倡勤劳和节俭，而在于获得并有效地使用现代生产要素”。农民的技能和知识水平与其耕作的生产率之间存在很强的正相关关系，对农民的人力资本投资非常重要。人力资本投资的形式很多，如教育、在职培训以及提高健康水平等。其中，教育是长期有效的形式，也是更加重要的形式。

培养新型农民[2]

全国人大常委会委员、民族委员会主任委员马启智代表建议，让务农成为光荣职业。他说，农村要想留住人才，就应该让农民成为人人认可的光荣职业。在过去很长一段时间内，“农民”成了贫穷落后的代名词，至今也没有多少年轻人想去当农民。现代农业更需要有知识、有文化、懂市场的复合型农民。国家必须要像培养其

[1] 欧曼，等. 战后发展理论[M]. 北京：中国发展出版社，2000：41

[2] 赵洁，高文，等. 新型农民是未来种田主体，如何培育新型农民[N]. http://www.stdaily.com/stdaily/content/2012-03/07/content_438879.htm

他各类专业人才一样,加大力度培养适应农业发展的新一代农民。民盟中央常委赵振铣委员建议把新型农业从业者队伍建设与教育改革结合,引导大中专毕业生改变就业观念,从政策上支持大中专毕业生从事现代农业,改善农业劳动力队伍的文化结构,积极推动大中专毕业生到农村就业创业。

甘肃农业大学教授尚勋武委员分析说,农业必然会走向适度的规模经营,农民也会逐步走向专业化,农业院校、职业院校培养的人才将会成为新型的职业农民或经纪人。大学生或新知阶层回乡种田或将成为趋势。现在没人种地不是因为农业本身不挣钱,而是农民占有生产资料少、就业不充分,土地集中后,农民实现充分就业,获得的回报就丰厚了。未来种地农民应该是经过中等职业教育和专业培训后,有知识、爱农业的职业农民,他们将逐步替代老一辈没有文化的农民。国家对农业中等职业院校实行免学费的政策是非常正确的,这是在培养下一代农民。北京市农村工作委员会副主任李成贵建议加大对骨干农民的培训,加大对农村实用人才的培训力度,鼓励和支持进城务工农民返乡当职业农民。近年来,北京市在1 039个村每村聘任1名全科农技员,进行设施农业骨干农民培训,开展"科技套餐"配送服务等,对培育北京都市型现代农业发展主体起到了很好的作用。

安徽农业大学张自立教授说,目前我国从事农业生产的主体呈现多样化:从事农业生产经营的主体已不仅仅只是传统意义上的"农民",还有越来越多的"非农民",例如投资农业的城市居民、取得城市户籍的返乡农民工、回乡大中专毕业生也在从事农业生产。农业生产者如何适应传统农业向现代农业的转变?这就要求农业生产者成为掌握农业技术、具有专业化素质、懂经营和管理的现代农业从业者。现代农业从业者的培训内容上应突出专业性,对从事不同经营内容的从业者,例如种植大户、养殖大户、农产品加工户等,应根据其专业需求进行有针对性的培训,提高其生产经营能力。河南农业大学副校长张全国指出,农业属于弱势产业,如果没有完善的农民教育培训系统,农村人才就会不断被"非农化",农业将面临专业人才枯竭的严峻形势,到那时才真的没有人种地了。大力发展农民教育培训事业,提高农民综合素质,对于加快现代农业发展和社会主义新农村建设具有十分重要的意义。农民教育培训的目的在于提高农民的生产技能、综合素质,即实现"农民的现代化"。

中国咖啡最大产区与雀巢合作助推咖农增收[1]

11月21日,中国咖啡最大产区云南省普洱市政府与雀巢公司签署合作备忘

〔1〕 冯克.中国咖啡最大产区与雀巢合作助推咖农增收[N]. http://farmer.com.cn/news/nyxw/201111/t20111123_681922.htm

录，双方将在咖啡人才培养、技术援助、品牌打造和文化发展等多方面进一步深入合作，加快当地咖啡产业发展，助推咖农增收致富。

雀巢大中华区总裁狄可为表示："云南咖啡项目是雀巢'创造共享价值'业务模式的一个成功典范，雀巢将深化与政府的合作，为普洱咖啡产业的发展提供支持。"据了解，1988 年雀巢率先在云南推广种植咖啡，建立种植示范农场和农艺协助中心，帮助当地农民种植小粒种咖啡。22 年间，雀巢共投资5 000多万元在云南发展咖啡种植业，免费培训5 100多名咖农。

普洱市副市长杨卫东说，从 20 世纪 90 年代初开始，普洱市始终把发展咖啡作为调整产业结构、农民增收致富的优势骨干产业来培植。截至今年 10 月，普洱市小粒咖啡种植总面积 42.5 万亩，占全国 64.8 万亩的 65.6%，咖啡预计产量可达全国总产量的 57.5%。"十二五"期间，普洱将不断扩大咖啡种植面积，提高咖啡产量，加大普洱咖啡文化和咖啡旅游品牌打造。在签约仪式上，雀巢还向当地咖农赠送了《咖啡种植手册》。该手册由长期扎根普洱的雀巢农艺部专家撰写，结合云南普洱当地土壤、气候、环境等特性，在选地、开垦、育苗、施肥、虫病防治、加工等体系建设环节予以指导。

二、以科学技术推动农民增产增收的国际经验

世界各国在其农业现代化的转型过程中都面临过农民增产增收的难题，除采用政府对农户的直接补贴等提高农民增产增收的办法外，美国、日本还十分重视通过对农业基础设施的投资、农村专业合作组织的扶持和对农民的教育投资、技术培训和推广服务等来帮助农民增产增收。

1. 日本以科学技术推动农民增产增收的经验

战后日本农业的土地生产率和劳动生产率持续上升，农业生产力的飞速发展，这既是日本在高度经济增长期迅速开发和推广高产改良品种、农药、化肥和农业机械等带来的结果，也与农地改革增加了耕作农民的生产积极性有关。但由于农用机械、农药等生产资料的高价格、国外农产品进口的增加和国内的农产品需求增长有限，农户增产不增收的问题也日渐突出。为解决农产品过剩或农民增产增收的问题，日本政府主要进行如下多层面的改革和探索。

1)通过《农业基本法》的颁布来引导农民增产增收。日本在经济转型过程中由于农业与非农业收入差距的扩大，大量农业劳动力转移到非农产业，加之农产品需求量的扩大和需求结构的变化等，致使农业经营条件和外部环境发生巨大变化。特别在日本自 1961 年包括对主要粮食作物大豆在内的 100 多种农产品实现进口自由化政策之后，日本农业开始进入通过提高农业劳动生产率，实现农业和其他产

业均衡发展的政策。当年出台的《日本农业基本法》提出要通过科学技术提高农业土地生产率和劳动生产率,鼓励农户扩大农业经营规模、实现农业经营的现代化、支持农业合作经营组织发展等。在《农业基本法》和相关政策措施的引导下,畜产业、园艺业得到空前发展,尽管农业劳动力在减少,但其劳动生产率却在大幅度提高,农民增产增收效果显著。而小麦、大豆等重要粮食作物却由于进口量激增,国内种植开始大幅度减少。

2)因势利导,鼓励农民发展大型设施型农业和高附加值农业。由于人多地少,日本十分重视集约化生产和机械化耕作,积极开展品种引进和改良,大力发展堆肥和高效农药,科学防治病虫害,目前有90%以上农业作业实现了机械化。同时,根据各地气候特点和地势,推行区域化生产。战后日本农业发展随着社会经济变化开始悄然转型,具体表现在大型设施型农业,如畜牧业和花卉产业快速增长,而土地利用型作物,如水稻和蔬菜种植则基本保持不变,甚至在逐渐减少。这种变化的外部原因是国外农产品的大量进口,内部原因是由于土地聚焦的困难导致农业经营规模扩大受阻。大型设施型农业主要的经营主体是专门从事农业的极少数大规模农户,他们的崛起带动日本农业不断走向规模化、集约化和专业化。2000年,日本已有14.8万农户经营的农产品销售额超过1 000万日元。这些农户对外部劳动力的使用仅限于补充性的临时雇用,其经营主力依然是家庭劳动力,但其明显已经具备商业化竞争的能力和社会资本。与之相应,土地利用型作物的生产多由亦工亦农的"兼业"农户承担。由于这些农户从事农业生产的大部分人都是辅助性农业劳动力,主要是妇女和老人,因此其无论在土地生产率还是在劳动生产率都比专业农户低约50%以下。这些家庭生计主要依靠非农产业中的兼业收入。日本政府引导农民逐渐发展集约化的"设施型"农业和"资本集约型"的农业,并基于食品安全等诸多因素的考虑鼓励农民发展各类"无公害农产品"、"有机农产品"等。这些农业生产方式的变化表明农业生产正在逐步走向高度化、安全化和集约化[1]。

3)活用"绿箱政策",通过科学技术提高农产品的综合竞争力。日本农业是以水稻为基础的、水稻耕作利用的给水、排水的基本设施是从灌溉农业开始以来兴建、维护和管理的。为了实现农民增产增收的目的,日本政府非常重视农地和水资源管理。1950年之前,日本主要采取围海造地、农地开发等措施来推进农业发展,其目的在于增加粮食产品,确保粮食安全。随着灌溉和排水设施的改善,日本政府开始关注农业劳动生产率的问题。20世纪60年代,拖拉机、插秧机、收割机等中型农业机械的使用,以及随后出现的大型拖拉机、高速插秧机和多用途联合收割

〔1〕 岡部守,章政,等.日本农业概论[C].北京:中国农业出版社,2004:82-91

机、大规模火力干燥储藏设备等大型农业机械技术，有力地推动了农业的集约化经验和大量兼业农户的出现。20世纪90年代以来，大量的高精技术开始用于农业集约化经营，如使用激光机械控制系统的推土机来进行农地的平整和地下灌溉、采用无线电遥控直升机来播种、喷洒农药等作业。这些高精技术的应用不仅减少了农业生产对劳动力的需求，而且降低了农业生产资料的投入，显著地提高了农业土地生产率和劳动生产率，为专业农户增产增收提供重要的技术支撑。日本政府在遵守WTO规则的基础上，非常重视"绿箱政策"的活用，即重视加强农业基础设施建设，强化农业科研投入，通过增加农产品的科技含量塑造具有日本特色的农产品，从而造成日本农产品与进口农产品的品质差异，一方面满足国内消费者对个性化产品的消费需求，提高消费者对本地农产品的信任感；另一面通过技术支撑不断拓展日本高端农产品的国际市场。日本政府不仅直接投资兴建大型农业水利建设工程，还对农民投资兴建的小型水利提供高达80％～90％的补贴费用；对农民联合建设的农业基础设施提供40％左右的政府补贴；除了官办的农业技术普及改良中心外，全国农协系统中各级农协都配备各种专业技术人才，农户只要加入农协，就可以得到免费的技术指导[1]。此外，日本政府为保护农民领域，对农产品流通一直采取各种可能的干预措施，如对市场开放较晚的几种农产品的国内流通至今仍由国家部分掌控，在农产品市场开放后不断提高农产品进口的技术标准等策略。日本的《食品卫生法》、《植物防疫法》、《家畜传染病预防法》等对来自境外农产品、畜产品及食品等实施严格的检疫、防疫制度，从而有效地将国外农产品阻挡于国门之外。

4)重视发挥农业协同组合在农民增产增收中的作用发挥。日本政府十分重视改善和强化农协作物发货团体的作用，以此作为提供农产品附加值、确保农民增产增收的重要工具。日本农业产业化是在20世纪70年代前后实现的。在这一产业化过程中，日本农业协同等合作组织在组织农业生产资料的供应和农产品的收购、加工、贮运、销售等发挥了重要作用，大大提高了农民进入市场的组织程度，减少了由于市场波动所带来的风险和成本，增加了农民收入。不仅如此，联结分散农户的日本农业协同组合作为产地阶段的流通经济主体，承担着重要的物流功能，其具体包括农产品的收购、挑选（等级规格）、品牌设定（纸箱板标识、部分水果采用记号）、包装、储藏、运输等，以及流通信息的收集和分析、市场选择、价格谈判、广告、货款结算、发货指导等。1998年，农协系统的蔬菜发货量占总量的59.8％，水果发货量占总量的61.6％。此外，为了确保农民增产增收，日本政府还通过信息技术和物

[1] 范三国，梁磊．国外的农业．北京：中国社会出版社，2006.9：18

流技术的推广服务来鼓励各类农产品的市场外流通，实现多种农产品的“产地直结”交易，以减少中间流通环节，增加农民收入和提高消费者的福利。2000年，日本国内蔬菜总需求为1 679万吨，其中批发市场交易量占70%左右，市场外交易量占到30%左右。

5)开展“一村一品”运动，整体提升农民增产增收的能力。所谓“一村一品”，是尊重地区农民的首创精神，鼓励乡村农民在充分挖掘和利用本地资源优势，因地制宜，努力开发具有当地生产优势的、品牌化的特色农产品或农业开发项目，并以此为基础打造相应的农业生产技术体系。政府主要是通过宣传鼓动的方式，激发各町、村及农民发展家乡特色产品、特色产业的积极性和创造性，帮助他们解决一些基础设施、技术研发等方面的实际问题。“一村一品”运动始于1979年的日本大分县。20多年来，大分县开展“一村一品”运动获得了巨大的成功。在过去的20多年里，县内各地共培育出有特色的产品336种，年销售额达94亿元人民币。其中产值达到100万美元以上的有126项，产值达1 000万美元以上的有15项。人均收入在1994年就达到了27 000美元。此外，一直种植传统蔬菜的日本京都郊区的农民，在“一村一品”运动的引导下重点选择30多个品种，创出了京都蔬菜这一品牌，并将其推向全国市场，售价比其他地方生产的同类产品高出一倍以上，且在市场上还供不应求。

2. 美国以科学技术促进农民增产增收的经验

美国在1776年建国之初，全国的经济生活以农业为主，农村人口占全国总人口的90%以上。1865年，美国工业发达的北方在内战中战胜了长期受奴隶制束缚的南方地区，社会经济迅速发展。19世纪末，美国在全国范围完成了工业革命。工业经济的空前繁荣，一方面为广大农村劳动力转移提供了足够的就业机会，另一方面又为农业生产率的增长提供了农业机械化、化学化和自动化等强有力的技术支撑。二者相互联动，促使美国农业的劳动力结构和产业结构出现革命性变革。1890年至第一次世界大战期间，美国出现了南部黑人农民转移的高潮，史称“黑人向北方的大进军”。南方农民的涌入，使北部和中西部大城市的人口猛增。1910年，美国城市总人口4 190万人中有近20%来自农村。

19世纪初，美国的交通条件得到迅速改善，为诸多偏僻山村的农民参与西部大开发创造了有利条件。多数农民参与西进运动主要目的是获得可耕种的土地，因为政府为鼓励西部开发，多次修改出售国有土地的办法，缩小一次性出售土地的面积并降低单位面积的地价。据统计，在1820年之后的40年间，政府出售的土地共计达800万英亩。政府的优惠政策让很多东部移民获得土地成为自耕农或小农场主，土壤肥沃、气候宜人的大平原地区和密西西比河流逐渐发展成为美国的重要谷物产区。

从美国南北战争结束到第一次世界大战期间，是美国农业经济及其政策调整的重要时期，美国农业在这一时期基本完成了农业半机械化并开始走向农业机械化。在此之前，美国基本上是靠掠夺式开发农业资源来发展农业。农业劳动力成本的上升和粗放经营引发的各种问题让美国政府认识到必须依靠科学技术来推动农业的持续发展。为此，在联邦政府和州政府拨给教育用地等政策措施的基础上，各级政府继续推动农村和农业教育发展，以提高农民的科学文化素质，提高农民广泛接受和应用先进农业技术的能力；设立农业研究机构，或在高等院校，特别是农业高等院校或综合大学的农业科系设立农业研究机构，同时鼓励民间科研活动，立法保护相关的技术发展和知识产权，结果促进了农机、良种、施肥等农业技术创新。政府还适应农业生产力发展的要求逐渐建立起农业教育、培训、研究和推广相互联结互动的农业创新体系。在政府的组织和调控下，美国农业科学技术取得重大进展，农业机械工程技术、良种技术、病虫害防治技术、饲料、肥料和各种栽培和饲养技术都程度不同地应用于农民的生产实践之中，显著地提高了农业劳动生产率和土地生产率。与之同时，政府还通过发展交通运输业和农产品加工业、建设农产品贮存设施、制定农产品质量标准等措施拓展农产品营销市场，所有这些举措都有效地推动了农民增产增收目标的实现。

20世纪初，随着农村人口的大量西移和持续的开发努力，以及美国政府在基础研究和尖端技术领域中大规模投入，美国西部迅速成为新的“阳光带”，大量的新兴产业，如微电子产业、航空产业和信息技术产业等蓬勃兴起，成为美国新经济茁壮成长的重要基础。

20世纪50年代以来，美国农业开始转向集约经营的现代农业，农民数量大幅度减少。到1970年，美国农业人口仅占全国人口的4.8%，但其生产的农产品不仅满足国内需求，还大量出口海外。美国现代农业的高效率发展确立了农民增产增收长效机制。概括起来讲，美国政府在促进农民增产增收方面的经验和举措如下。

1)制定以科学技术促进农业发展的法律体系。为了促进科学技术在农业生产中的广泛应用，美国政府依法发起组织了一个完善的农业教学、科研和推广体系，把教学、科研和推广三者融为一体。一方面，政府每年以巨额开支支持农学院和农业试验站，保证美国农业生产技术在世界上处于领先地位；另一方面，美国政府特别重视加强对农业生产者的教育和培训。美国的农民不仅可以随时从推广站和农学院取得各种咨询服务，还可以在附近的社区学院听课，补充更新自己的知识。还有，教学和科研人员从事技术推广和生产实践的过程中，把生产中存在的问题带回来作为新的研究课题，从而保证科学研究与生产实践的紧密结合。美国政府还在水土资源利用和农业开发的相关法律中强制要求科研机构探索和试验行之有效的水土保持措施和各种提高农业生产力的新技术。

2)通过投入农业研究与开发促进农业生产率的提高。随着农业现代化的发展，农业生产逐步由劳动密集型向资本密集型转变，因此农民需要越来越多的资金来购买诸如机器设备、种子、肥料、农药等投入品；同时在现代农业生产条件下，农业生产不稳定、收入偏低，农民往往由于资金不足而影响农业生产的正常进行。政府出台农业投入方面的法律，通过财政和税收方面的政策措施以激励政府、农民专业合作社和私人的信贷资本及时为农民提供各种生产用资本，帮助农民增产增收。2002 年美国农业新法中有关研究与教育的事项包括推广和相关法案的修改、某些活动和机构的废除、新机构设立等。新法案计划开支 13 亿美元用于提高重新授权建立新的农业推广和研究计划，以打造未来的农业和食品生产体系。由于美国政府非常重视农业研究和新技术在农业中的应用，美国农民的生产经营活动呈现出高效率，农民的增产增收能力居世界前列。比如，美国农民现在通过地理信息系统将土质资料输入计算机中确定土壤肥力，根据土质情况确定配肥，并通过遥感测控技术，对地力和作物生长情况自动判断浇水、施肥的合适时间，因此可有效节省农业成本。

3)通过各类营养计划和对外援助计划等来化解农产品剩余问题。2002 年美国农业新法中提到的营养计划具体包括大宗食品计划、商品分配、儿童营养及相关计划、杂项等了条目，相应的计划支出为 64 亿美元，主要通过给予各州的灵活性、消除不必要的参与障碍等手段简化大宗食品计划，改革和简化大宗食品质量控制体系。同时政府将紧急食品援助计划资金增加到每年 1.4 亿美元，包括为学生免费提供午餐计划和为学校提供新鲜水果和蔬菜的试验项目等。此外，还通过技术壁垒、农场主合作社和支持生物质能开发等保护农场主利益。在保护本国农产品方面，主要措施是灌水和进口配额，其次是非关税措施。为避免高关税的摩擦，目前更多地运用卫生检疫、技术标准、商品包装和标签等措施限制进口。

4)重视农业信息社会服务体系的建设。美国农业总体上以市场为导向，政府没有统一的种植计划和收购计划，农民根据市场信息进行农业生产经营决策。由于商品化率高、出口比重大，因此，准确、及时和权威的信息发布就对农民增产增收的意义重大。早在 19 世纪后期，美国政府就高度重视农产品生产与市场信息的收集、发布工作。1915 年 3 月，美国联邦政府市场办公室印发了第一份市场报告，发给部分农场，1917 年末，政府通过租借线路的方式将 12 个市场信息办公室联结起来，形成最初的信息发布和社会服务体系。20 世纪 50 年代之后，借助于信息技术和网络技术系统，美国政府建立起一套相对完整的农产品市场信息收集、发布体系，包括牲畜、种子、蔬菜、水果、棉花、奶类、家禽、烟草8个项目，涉及的信息几乎覆盖农产品生产、需求、运输等各个环节，具体包括农产品价格、农业支出、农业劳动力及其收入状况，农业生产效率、农业收入和农产品流通中的成本、市场信息、国际农业动态等信息内容。美国农业信息收集发布机构主要有农业部所属的国家农业统计局、经济研究局、海外农业局、世界农业展望委员会等，其中农业统计局的任务是提供及时、准确和有效的统计服务，它的雇员每年都要进行几百个调查并提出美国农业方方面面的情况报告，如农产品生产、食物和纤维的供给、农民的收支情况、蘑菇和鲜花的生产与市场等，国家农业统计局各州办公室也为当地农户发布同样主题的状况报告，这些丰富的信息产品供给使这些雇员成为名副其实的"美国农业事实的发现者"；经济研究局的任务是发布与农业、食物、自然资源、农村发展、国际贸易有关的经济和政策信息，为政府和农户决策提供农业市场的短期和长期的评估预测等；海外农业局主要代表美国农业部门在海外的利益，通过不断扩大海外市场来服务于农民的增产增收；世界农业展望委员会由来自海外农业局和农业市场服务局与其他部门的专家组成，其任务是对大量农业信息进行整合并对农场主、农业企业等发布主要农产品的全球供求预测信息。除此之外，美国政府还通过立法和政策激励建立起高度完善的、面向农场主生产经营服务的农业生产服务体系，具体包括大田农机具供应服务，化肥、农药、饲料、良种等产前农业生产资料服务，耕种、施肥、病虫害防治和收割等产中社会化服务以及农产品加工、贮存、运输、销售服务等，其各类服务主体既包括农场主自愿结合创建的农业合作社，也包括各类为农民增产增收提供专业服务的农工商企业和各类技术服务公司。总之，完备及时、准确的信息服务体系和各种社会化的服务体系是美国农业高效发展、农民增产增收的重要杠杆[1]

"萝卜大王"带领村民增产致富[2]

"原来我家的2亩地自己种蔬菜每年最多也就5 000元收入，现在把地承包给基地种植，我每年能拿到7 500元的分红，自己在基地上班每月还有2 500元的工资，收入比之前翻倍呢。"在广东省汕头市海门镇湖边村，村民林汉文笑呵呵地对记者说道。"不仅如此，在农忙的时候让家里人来基地帮忙，每人每天还能拿到100～150元工资呢。"这一切都归功于汕头海门集泰无公害蔬菜种养基地的负责

[1] 刘志扬.美国农业新经济[M].青岛：青岛出版社，2003:279-293

[2] 马健，郑可欢."萝卜大王"的为民经[N]. http://www.stdaily.com/stdaily/content/2012-04/05/content_452072.htm

人刘细奴，他是海门镇远近闻名的“萝卜大王”。从 2008 年开始，原来做水产生意的刘细奴和海门镇当地政府合作，开垦了海门镇近万亩的沙丘地，建立起无公害蔬菜种植基地，主要种植白萝卜和胡萝卜。短短三年间，海门镇近万亩沙丘地被平整改良，安装上了高压线路、水泵、地下电缆、输水管道等基础设施，连片的白萝卜、胡萝卜田地成为海门镇一道独特的风景。现在刘细奴的萝卜基地年产量达 6 万吨，年产值达3 000多万元。由于种植萝卜的回报期短，刘细奴的种植基地很快吸引带动了周边 150 户农户进行萝卜种植，由基地统一收购并且和市场对接。基地特聘的农技专家还经常为附近农户提供萝卜种植良种良法。两年多来，海门镇萝卜种植户的年收入成倍增长。

三、中国以科学技术促进农民增产增收的政策

在保持农产品价格合理水平的基础上，以科学技术为支撑大幅度增加国家对农村基础设施建设的投入和农业补贴，增强农村金融服务能力，支持优势产区集中发展油料等经济作物和畜牧水产规模化、标准化健康养殖，帮助农民开辟更多的增产增收渠道，以保证国家粮食安全和主要农产品有效供给和农民收入的持续增长，实现农村社会经济的持续繁荣和包容性发展。

1. 以科学技术促进农民增产增收的政策经验

改革开放以来，我国逐步实行了家庭承包经营为基础、统分结合的双层经营机制，保证广大农民的土地使用权，激发了农民的生产自主性，使中国的农业生产和农民生产水平有了很大提高，农户收入也有了显著的增长。随着改革开放和联产承包经验责任制的落实，农民增产增收态势明显。1978 年中国人均农民年收入 341 元，2010 年是 5 919 元。“十一五”期间是我国农村居民收入增长最快的时期，农村居民人均纯收入由 2005 年的 3 255 元提高到 2010 年的 5 919 元，增加 2 664 元，年均实际增长 8.9%，比“十五”期间的增速高 3.6 个百分点，实现了持续较快增长目标。农民收入保持较快增长势头的根本原因是农民收入结构不断优化，收入来源日趋多元化，家庭经营性收入、工资性收入、转移性收入和财产性收入均同向增长。2010 年农民收入实际增长 10.9%，增幅比城镇居民高 3.1 个百分点，城乡居民收入之比有所缩小，表明国家促进农民增收、调整国民收入分配格局政策措施的效应开始显现。

概括起来讲，我国促进农民增产增收的经验如下。

1)加大政府对农业的补贴和政策倾斜。从 2004 年起，中央连续发了 9 个有关“三农”的“一号文件”，分别以促进农民增收、提高农业综合生产能力、推进社会主义新农村建设、积极发展现代农业、切实加强农业基础建设、进一步促进农业发展农民

增收、促进农业稳定发展农民持续增收、加大统筹城乡发展进一步夯实农业农村发展基础等为主题，这些文件精神的落实，为农民增产增收提供了有力的政策支持，尤其是政府提出的有关支农政策和补贴，如取消农业税、对种粮农民直接补贴等收入补贴、农机具购置补贴等生产性专项补贴等，直接影响了农民增产增收的积极性。

2）支持农村专业合作组织发展。农村专业合作组织通过组织农民开展生产合作、提供农业生产经营和技术服务，引导农户对接社会大市场，有效地降低了农业生产经营成本，提高了农民增产增收的能力。

浙江温岭西瓜合作社

2001 年 7 月，经浙江省温岭市农业林业局批准，箬横镇长山村成立了以种植大户彭友达为首的浙江省温岭市箬横西瓜合作社。合作社由 29 户农民共同入股成立，社员都是种植西瓜面积 10 亩以上、种植时间 3 年以上、基本掌握西瓜生产技术操作规程的农民。2003 年，合作社股金总额达 1 200 万元，股份总数 20 000 股，股份最多的社员持股 1 500 股，最少也持有 100 股。2005 年 12 月，按照《浙江省农民专业合作社条例》的规定进行了重新登记注册，注册资金 50 万元。

合作社对“玉麟”西瓜制定统一的地方技术质量标准，按照该标准严格进行生产、初加工和包装，并不断积聚资源改进生产技术，集中打造“玉麟”西瓜品牌形象。根据西瓜生产季节性强、不能连作、销售半径不大等特点，在稳定当地发展的基础上实施“走出去”战略，在省外建立西瓜生产基地，进行异地开发和错位发展，努力拓展发展空间、开发行业技术价值和市场，大大减少了经营费用，增加了规模经济效益。为了提高产品质量，合作社以生产基地为单位，按照西瓜生产技术操作规程推行标准化生产，实现统一培育种苗、统一生产技术、统一质量管理、统一农资供应。在市场营销上，合作社统一品质标准、统一分级包装、统一商标品牌、统一市场区域和定价、统一营销各生产基地的西瓜及相关产品，并按照质量标准收购、代销非社员农户的农产品。

2005 年，该合作社拥有正式社员 152 个，准社员 130 多人，固定资产 296 万元，西瓜生产基地 14 个，其中温岭市 1 个、海牛 2 个、广东 3 个、广西 3 个、江西 3 个、安徽 1 个、云南 1 个，面积 1.3 万多亩，联结农户 9 200 户，在国内 20 个省市 50 多个水果批发市场建立销售网点，在大中城市设立 150 多个专卖店，为“玉麟”西瓜流通建成了一条高速通道。2005 年，合作社销售“玉麟”西瓜 2.6 万吨，销售额7 820 万元，返还社员盈余 1 050 万元[1]。

---

[1] 李建军，刘平. 农村专业合作组织发展[C]. 北京：中国农业大学出版社，2010：96-98

3)通过完善法律法规保障农民收入的增加。为保持农业稳定发展,农民收入稳步增加,我国先后制定了《中华人民共和国农业法》、《农业机械化促进法》、《中华人民共和国农民专业合作社法》、《农业技术推广法》等法律法规,这为农民以科学技术增产增收提供有力的制度保障。

4)依靠科技创新促进农民增产增收。1949 年,中国粮食播种面积为 16.5 亿亩,2008 年是 16.1 亿亩,而粮食产量大幅度增加,连上几个台阶,科技创新起了很大的作用。粮食增产早期主要依靠矮秆作物,中期主要依靠杂交水稻,后期主要依靠综合技术。粮食单产从 1949 年的 68.6 千克,增加到 2008 年 330 千克,平均每年增长 4.4 千克。尽管单产增加有其他物质投入、经济运行、农民积极性多方面的原因,但是科技创新是不可忽视的。抗虫棉的推广累计使农民增收 760 亿元,因为抗虫棉一般比非抗虫棉增产 10%～15%,而且还节约人工和农药的成本,大概累计节约 1 亿千克的农药。这不仅有效地降低了成本,还减少了环境污染。科技创新不仅支撑中国粮食安全,同时通过科技创新可以有效地促进农民增收,有可能在今后一个时期成为农民创收的主要源泉之一,当然好的政策和市场环境才能更好发挥科技创新及其产业化的作用。

农民合作组织助力增产增收[1]

长期奔走在田间地头的安徽省滁州市天长市张铺镇平安社区的农技站站长闵学仁认为,制约中国农业增产和农民增收的难题有三:一是农民因信息不灵、技术不高、投入不足,增收艰难;二是粮食生产企业因农民乱引乱种,没有优质稳定的原料,想创名牌同样艰难;三是面对点多面广、意见难以统一的千家万户,农技站推广新技术困难大、效果差。如果这三方通过协商约定,各自发挥长处,“三个难题”就会变成三个优势:农民增收、企业增效、农技站增添活力。

基于这些认识,平安社区农技站携同天长市康盈米业有限公司和周边村民,在“自愿、平等、互利”的基础上,于 2001 年 1 月组建了“天长市稻业经济合作社”。多年来,合作社坚持以市场为导向发展订单种植、以农业科技为支撑服务种植,集体采购良种、化肥、农药,农技人员统一指导和服务病虫害防治,形成了上连龙头加工企业、下连广大农民,利益共享、风险共担的合作共同体。稻业经济合作社快速发展壮大,其股金已由建社时的 20 万元扩增至 160 万元,年分红利 15 万元以上,社员由刚成立时的 218 户发展到现在的 6 000 余户,生产基地由 1 万亩扩大到 6 万多

---

[1] 中国大力推进农民合作组织发展防谷贵伤农[N]. http://www.stdaily.com/stdaily/content/2012-01/13/content_414567.htm

亩，农户累计增收 4 000 多万元。

农业部农民田间学校创新试点启动[1]

大力推广农民田间学校模式，创建基层农技推广在村一级的新平台，是农技推广服务模式的创新，是加速农业技术推广、培养职业农民的重要举措，对发展现代农业具有重要意义。为科学、全面、系统总结现有“农民田间学校”模式的成功经验，评估农民田间学校的成效，农业部科教司会同中科院农业政策研究中心、中国农业大学等单位联合设计并实施了“农民田间学校”创新试点项目，旨在探索通过“农民田间学校”模式，加速农业技术推广，稳定并继续提高粮食生产水平，提高农业生产效率，改善由于农业生产过程中化肥和农药的过量使用而带来的对土壤、大气和水体的环境压力，推动我国农业实现高产、高效、环保的可持续发展。

近年来，农业部大力探索与推广农民田间学校模式。从 2009 年开始共举办 8 期农民田间学校师资培训班，为各地累计培养了 430 余名辅导员。同时，与中化化肥有限公司合作，在全国共建一批农民田间学校示范校。据统计，各地共开办农民田间学校 2 万多所，领域涉及粮食、蔬菜水果、生猪、家禽等多个行业。各地的实践证明，农民田间学校这种参与式、互动式、启发式的农技推广新模式，在调动农民主体参与农技推广，引导科技要素向农村聚集，全面提升农民综合素质，加快培养有文化、懂技术、会经营的新型农民等方面展现出越来越明显的优势。

2. 影响农民以科学技术增产增收的主要原因

尽管农民增产增收取得了一定的成绩，但保持其持续增产增收的基础仍然比较脆弱，促进农民持续增收的长效机制尚未完全建立，其主要表现在以下几个方面。

1)农业生产经营规模小、吸纳新技术进行增产增收的动力弱。我国农业生产是以家庭为基本单位的小农户经营为主，农户每户平均仅 0.41 公顷耕地，而且地块分散，这种小农户家庭经营体质不仅粮食商品率低和土地产出率低，而且对市场需求的应变能力弱、吸纳现代农业科技的内在动力不足，致使我国农业劳动生产率不到第二产业的 1/6、约为第三产业的 1/5，农业效益总体不高。一些专家指出，这种小农户的生产经营方式必然会影响农户的技术采用效果，其原因在于农户难以按经济合理性原则采用新技术，即使勉强采用，也因达不到“规模起始点”而收效甚

---

[1] 刘远. 农业部农民田间学校创新试点启动[N]. http://farmer.com.cn/kjpd/jypx/201204/t20120413_711211.htm

微。其次，小规模经营导致农户技术选择行为的短期化，而且在利益比较低的条件下，农户兼业化现象比较普遍，导致农业地位副业化，这在一定程度也限制了农户采用新技术的能动性。

2)农村基础设施建设滞后，公共服务不足。农村公共品供给体制不合理，农村基础设施投资欠账多，政府对农业基础设施的投资比例仅占财政总支出的很少一部分，与广大农民的人口规模极不相称，农民自身的经济状况根本无力对农田水利设施、乡村道路、乡村卫生事业进行投资建设，结果造成农村公共品供给严重不足，不仅农村青年接受教育的水平和质量落后于城市地区，在劳动力市场处于劣势，而且农民为确保国家粮食安全而进行的农业生产活动也缺乏必要的技术支持、信息和推广服务，从而影响农民收入的增长后劲，让许多农村社区深陷“贫困陷阱”难以自强。由于农业生产本身存在着自然风险和市场风险的双重不稳定因素，加上小农户生产规模与社会大市场之间的对接机制缺乏，社会化服务体系不完善，处于市场边缘的农民难以通过自身力量实现增产增收。一些专家分析说，即使一些新技术的增产增收潜力很大，生产风险较小，但其对农业生产条件即配套性基础设施要求很高，农民既缺乏利益驱动力，更缺乏投资能力。由于农业生产的配套性设施建设滞后，使部分新技术缺乏推广环境，也使许多新技术的实际使用效果受到极大的影响，最终影响农民的收入。

3)农业生产技术服务体系不完善。我国农产品供给主要是以初级形态出现在市场，加工增值的比例很小，没有形成“从田间到餐桌”完整的产业链条，与世界先进国家相比差距较大。发达国家农产品加工产值与农业产值之比大多在(2～3.7)∶1以上，我国只有 0.43∶1，随着人民生活水平的提高，膳食结构的改善，对农产品质量的要求越来越高，这就要求农产品加工业的迅速发展。另外，我国农产品加工工艺、技术水平较低，农产品增值额低，价值 1 元的农产品经过加工处理后，在美国可增值 3.72 元，我国仅为 0.38 元，因而在国际市场上我国农产品缺乏竞争力[1]。一方面，我国农村劳动力大量闲置，初级农产品出售使农民增产不增收；另一方面，市场对优质、安全、方便的绿色产品需求量增加，因而农业向深加工方向发展的空间还非常巨大。有专家分析说，在气候变化、耕地锐减、资源压力剧增的情况下，我国粮食总量增加、包括其他农产品保障在很大程度上将越来越依赖科技进步。尽管当前农业科技贡献率达到 51%，但是与农户增产增收的需求相比，农业科技仍然需要更多的突破。同时，怎样让科技顺畅到达农民手里，也是一个巨大的

〔1〕 翁伯琦.影响农民增收的主要因素分析与科技兴农对策思考.福建论坛(经济社会版),2003(2):37

挑战。

4)农业创新主体农民的创新精神有待激活。农业经济学家速水佑次郎和拉坦分析说,“以有知识、有创新精神的农民,称职的科学家和技术人员,有远见的公共行政管理人员和企业家形式表现出来的人力资本的改善,是农业生产率能否持续增长的关键[1]”。尽管中国农业和农村经济结构的战略性调整、农业产业链的延伸和非农产业机会的增加,为农民增产增收提供了前所未有的机会。然而,由于农民群体创新精神缺乏、接受的教育培训不足,中国农业生产多数依然处在以自给自足的家庭经营为基础的小农经济阶段。在家庭承包责任制确立之后,虽然有部分农民开始勇敢地选择互助合作的形式进行特色农业经营活动或走出乡镇在非农行业寻找新的增收和发展空间,但长期沿袭的文化传统使许多农民依然满足于根据多少代传承的耕作经验种好“自家的一亩三分地”,缺乏增产增收所必需的创新意识。一些农民看到临近的村民因为种植果树、蔬菜或养鸡、养牛致富,在不了解市场供需规律和相关的重要技术的情况下匆忙“赶大流”,结果由于病虫害防治或畜禽疫病等技术原因或市场出现恶性竞争导致经营失败。还有,个别农民求富心切,只看到眼前的利益,在其种养殖过程尽可能多地使用见效快化肥、农药或抗生素等来获得高产,结果造成严重的环境污染或农药、兽药残留事件,引发食品安全事件和市场波动,为增产增收增添更多的不确定性。

5)农民教育和培训体系期待完善。现代农业的发展,尤其是高增值农业的发展亟需要科学技术创新,但农民以及由农民自愿组成的互助合作的农村专业合作组织等是农业科学技术成果有效转化的主体,再好的农业科学技术,也只有通过农民用于生产经营过程才能转化为现实生产力,变成增产增收的实际效果。自2004年开始,国家开始实施农民科技培训工程,之后农业部也搞了“阳光工程”培训,提高了对农民教育和培训的补贴,然而,总体而言,我们目前的农民教育大多关注农民工培训,而农村一线上进行农业生产的农民关注不足,现有的农民教育和培训体系还不足以为现代农业的发展、新农村的建设和农民的增产增收提供足够的支持。为此,政府要完善农民教育和培训体系,结合农村地方产业发展需要,重视对留守农民从事农业生产的技能培训,如育种、栽培、植保、病虫害防治、加工保鲜、经营、机械化等整个产业链环节上对农民培训,以培养一批适应农业产业化和规模化发展的现代农业工人,打造一批“有文化、懂技术、会管理”的新型青年农民。

[1] 速水佑次郎,拉坦.农业发展的国际分析[M].北京:中国社会科学出版社,2000:165

农业部调研组:增产增收面临的主要问题[1]

一是农村生产关系不适应生产力发展。近年来,黑龙江省的双城农业综合机械化程度已达 90%,全省为 87.7%。但其生产方式仍是以一家一户小规模分散经营为主体,即使在双城、五常这样农村人均耕地 5～6 亩的地方,户均耕地也不过 20 多亩。现行土地经营制度严重制约土地流转和规模经营发展。调查组访问的农机合作社、农民专业合作社和种粮大户,反映最多的就是土地集中连片难的问题。不少基层干部认识到,一家一户小规模生产方式已经不适应农村生产力发展需要,不改变这种生产关系,粮食稳定增产和农民持续增收也将缺乏后续保障。

二是重大增产技术实施缺乏资金支持。双城、五常不少基层干部和农技人员反映,现在重大增产技术并不是没有,深松整地、地膜覆盖、生物防治等技术增产效果都非常明显,但由于缺乏足够的资金支持,难以全面推开。以深松整地为例,技术并不复杂,每亩增产 100～150 斤很容易。可深松整地需要大马力机械和较多燃油投入。一些农户反映,用大型农机深松整地起垄每亩成本 70～80 元,比不深松多 30 元左右。尽管增产效果明显,多数农户不愿意出这个钱。为推行这项技术,省市财政共补贴 5 元/亩,由于标准偏低,农户积极性不高。玉米大垄地膜覆盖通透栽培技术也一样。据测算,这项技术可增产 300～400 斤/亩,但成本增加较多,没有政府的支持很难普遍推广。

三是基层农技推广服务体系有待完善。从总体上看,五常市农技推广机构比较健全,但乡镇一级推广机构人员、经费、条件都存在较大问题,主要表现为体制不顺、队伍不稳,经费短缺、条件简陋,人员老化、后继乏人等。对乡镇推广机构,县里管事不管人,乡镇管人不管事,农技推广成了副业,136 个乡镇农技推广人员编制,仅有 40 人在岗。县、乡两级推广机构基本没有工作经费,乡镇机构多数仅有一间(有的合用一间)办公室,没有其他办公设施。下乡服务的通讯、交通等费用,农技人员要自己掏腰包。市农技推广中心有 52 名农技人员,没有小于 40 岁的,已连续 14 年没进新人,乡镇农技人员非农专业接近一半,人员老化、专业结构不适应,直接影响农技服务质量和水平。

四是生产要素价格持续上涨影响农民种粮积极性。受煤炭、石油和天然气等原材料涨价影响,化肥、农药、柴油等农资价格不断提高。据五常农业部门 2 月上旬监测,水稻种子价格同比上涨 2.5%,玉米涨 10%,尿素涨 7.6%,复合肥涨

[1] 彭剑良,王春海,等. 促进增产增收的几点建议[N]. http://paper.ce.cn/jjrb/html/2012-04/19/content_203732.htm

6.2%，钾肥涨3.3%，除草剂涨4.3%，柴油涨11.8%，农膜涨7.2%。同时，耕地流转价格和劳动力价格明显提高。农资、土地、劳动力等要素价格上涨增加种粮成本，也在一定程度上影响粮农收入和种粮积极性。

两会观察：农村空心化埋粮食安全隐忧[1]

全国人大代表、全国人大农业和农村委员会委员任正隆在“两会”期间说，“中国持续了2000年的一家一户的小农经济已经全面崩溃”，小农经济崩溃的原因是农村“空心化”，其结果是给国家粮食安全埋下隐忧。他在四川、甘肃、江浙一带调研发现，因为种田收益不如打工，农村留不住年轻人，种田的都是六七十岁的老人。他认为，小农经济崩溃正好为现代农业发展提供了历史机遇。成都等地在搞城乡一体化，要用现代农业代替小农经济。相对于小农经济，这种以企业或者种田大户为基本单位的规模化、机械化农业生产需要更多成本，如土地租金、劳动力、管理、运输成本等。但现在的粮食价格较低，规模化作业难以盈利。一些农业企业、家庭更愿意种水果、花卉等经济作物。他向全国人大提交建议，希望中央制定价格政策，提高粮食价格；发展农业科技，进一步提高亩产量。全国人大代表、宜宾学院发酵资源与应用四川省高校重点实验室主任魏琴建议适当提高种粮补贴标准，以保证农民种植粮食带来的经济效益接近或处于种其他经济作物带来的经济效益的平均水平上，或者综合因素使在家种粮食跟外出打工的经济、社会效益持平，从而通过种粮补贴吸引农民回乡种地。

全国人大代表、四川广安伟业绿色园艺有限公司董事长唐燕子说，由于工业化、城市化的发展，农村中有知识、有头脑、有体力的青壮年大量外出，人口大规模向城市迁移，造成农村人口“空心化”。全国人大代表、四川省资阳市雁江区迎接镇分水村党支部书记杨翠芳表示，现在农村中，不管是不是剩余劳动力都出去打工。她所在的分水村，10多户到50多户的生产队，全家外出打工的少则几户、多则十几户。

3. 中国以科学技术促进农民增产增收的政策选项

2011年农民增收实现“八连快”，增速连续两年赶超城镇居民。要保持农民持续增产增收，一个重要途径就是转变农业的发展方式，建设现代农业，通过农业科技创新提高土地产出率、资源利用率和劳动生产率。具体说来，中国可通过如下政

---

[1] 刘贤. 两会观察：农村空心化埋粮食安全隐患[N]. http://www.stdaily.com/stdaily/content/2012-03/09/content_439890.htm

策创新实现以科学技术促进农民增产增收的战略目标。

1)对农民进行人力资本投资。发展现代农业,建立农民增产增收的长效机制,迫切需要造就规模宏大的新型农民队伍,将大批农村人口转化为现代农业发展的人力资本。为此,政府应以提高农民的科学素质、职业技能、经营能力为核心,大规模开展农村实用人才培训;充分发挥各部门各行业作用,加大各类农村人才培养计划实施力度,扩大培训规模,提高补助标准;加快培养村干部、农民专业合作组织负责人、到村任职大学生等农村发展带头人,农民植保员、防疫员、水利员、信息员、沼气工等农村技能服务型人才,以及种养大户、农机专业户、经纪人等农村生产经营人才;大力培育新型职业农民,对农村青年免费提供农业技能培训,对符合条件的农村青年务农创业或青年农民工返乡创业给予补助和贷款支持。

2)发展特色农业和新兴产业,促进农民增收致富。农业是农林牧副渔业、微生物和菌业等组成的庞大产业群。随着农业现代化的推进,许多新的产业部门、新的农业服务部门和新的农业产业形态[1]将会应运而生。如大都市郊区产生的都市型农业,就是一种新型园艺化、设施化农业,它主要生产外地不可取代、不耐运输,不宜贮藏的名特优、高科技、高附加值的产品以及种子农业、花卉农业、宾馆蔬菜农业等。所有这些,都将为农民提供许多新的就业岗位和增产增收的空间。特色农业如“花语玫瑰”、“成串西红柿”、“多色玉米”、“多彩(或微型)蔬菜”、“智能温室”、“观光农业”、“手工编织”等,是高附加值的农业产业形态,其通过知识、技术和文化创意的导入而实现初级农产品的价值增值,是推进农民增产增收的重要杠杆。各地政府应该充分发掘当地的地理资源优势和优秀的文化遗产,通过与科研机构、农商企业和农村专业合作组织协作的形式指导农民因地制宜地发展各种特色农业,建设区域特色产品生产基地。发展乡村新兴产业,加速农村剩余劳动力转移是促进农民持续增收致富的重要途径。如通过发展饲料、食品加工业,兴办养殖园区,把农村剩余劳动力就地转移到养殖、加工、经销、技术服务以及管理等相关产业,或引导农民发展食用菌、蔬菜、水果等市场前景好、产值高的劳动密集型产业,或鼓励农民整合农业和文化旅游资源发展乡村旅游产业,从而拓宽农民增收渠道,促进农村剩余劳动力就地转移,建立农民增产增收的创新机制。

3)以技术创新和推广体系建设为支撑,构建现代农业的生产体系。坚持自主创新、重点跨越、支撑发展、引领未来的指导方针,加快建设国家农业科技创新基地

---

[1] 王克忠.农业和农村也是就业增长点[N]. http://www.farmer.com.cn/gd/zjdp/200906/t20090610_455627.htm

和区域性农业科研中心，形成政府主导、社会力量广泛参与的多元化农业科研创新体系，大力发展高产、优质、高效、生态、安全农业，促进农业生产经营专业化、标准化、规模化、集约化[1]。重视实用技术的推广应用，加强和完善农业技术推广体系，增强推广设施和能力建设，以实施主体培训为手段，提高农业科技成果转化率和农民对科技的吸纳能力，促进农业知识、技术、信息、服务进村入户；积极引导根据各地自然和市场条件，大力发展经济作物和园艺产业，发展大宗作物农产品加工业；引导各地农户大力进行产业结构调整，结合当地的资源、技术、市场等优势，大力发展优势产业，培育特色品牌，形成规模优势，提高农业经济效益。

4)以提高农业生产的组织化程度为着力点，全面推进农业产业化。尊重农民的自主创新，鼓励发展多样化的农民专业合作经济组织，重点支持其开展素质培训、技术指导、信息咨询、组织营销等服务活动，不断增强农业生产经营的组织化程度，解决小农户和大市场的矛盾。加大对龙头企业技术改造、基地建设、新产品开发等方面的支持，做大做强一批龙头企业。鼓励龙头企业发展农产品精深加工业，不断完善"公司＋基地＋农户"、"公司＋合作组织＋农户"、"订单农业"和品牌农业等模式，强化企业与农户的利益共享与风险共担机制，连接农业产前、产中、产后各环节，延长产业链，形成农村一、二、三产业协调联动的产业体系，加速"龙型经济"发展，加快农业产业化经营进程，大幅度提高农业综合效益。发展农户小规模、集成大群体式的专业化、区域化农业生产基地，并在农产品生产基地附近，培育一个或几个具有较强经济实力和带动能力的龙头企业，使之成为联结基地农户和市场之间的桥梁和纽带，从而形成"公司＋农户"或"公司＋基地＋农户"的模式。龙头企业和基地农户之间建立起稳定的利益联结机制，形成利益共享、风险共担的利益共同体，构建农工商或农商型产业链，这样大幅度地降低了生产经营风险，稳定和提高了农民的收入水平。

5)以完善农业市场、信息体系为切入点，稳步推进农业服务社会化。加快农业服务业的发展，大力发展良种服务、农资连锁经营、农产品现代流通、新型农技服务、农机跨区作业、农村劳动力转移培训和中介服务、现代农业信息等农业服务业，为农业各产业提供优质完善的产前、产中、产后服务，更多地吸纳农业劳动力就业，从而增加了农民的收入。健全农产品市场体系，推动农产品批发市场基础设施升级和业务功能拓展，发展农产品现代流通方式。建设农产品储藏保鲜设施，发展农产品冷链运输，完善和落实农产品运输"绿色通道"政策，整顿和规范市场秩序，实

---

[1] 张红宇."十二五"规划解读:努力构建农民增收长效机制[N]. http://www.f5.agri.gov.cn/fwllm/jjps/201104/t20110407_1964167.htm

现省际互通,形成布局合理、辐射力强的全国农产品流通网络。加快推进“金农工程”和“三电合一”工程,自动实施“信息化村示范工程”。继续执行农产品市场监测预警系统定期信息发布制度,加强农村经济信息应用系统建设,不断提高农业信息服务经济运行的质量与水平。

创意农业成农民增收“法宝”[1]

北京大兴西瓜已形成一个远近闻名的品牌。普通的西瓜被“镶嵌”在晶莹剔透的玻璃球中,摇身一变为“水晶西瓜”,身价从几元翻涨到几百元。

在贵州省贵阳市乌当区阿栗村旧寨组里有一棵果树,树上结了 12 种不同的水果,桃子、李子、杏子……它的主人李仁贵介绍,该树使用了人工嫁接技术,每年都能结出不同的水果,果树成为吸引游客的“法宝”,他所经营的农家乐生意非常红火。

海南现代农业展示示范园通过农业和旅游业的结合,走出了一条可持续发展的路子。示范园观光长廊里,金灿灿的大南瓜、碧绿修长的黄瓜,让人们既能感受到浓浓的农家生活气息,又能欣赏到“瓜果满天”的景点奇观。

在创意农业发展过程中,开发者逐渐开始了融传统文化于农业之中的尝试。中国剪纸这门古老的民间艺术就被运用到苹果生产上,生产者们生产出带有“福”、“寿”等吉祥字样图形的艺术苹果;北京市门头沟的农民们利用农村自然资源麦秆,借鉴国画、贴画等多种中国传统绘画方法,辅之以熏、蒸、烫、漂等传统工艺,加工制作而成一幅幅精美的麦秸画,远销 10 多个国家。

创意农业诞生于 20 世纪 90 年代后期,是整合农村生产、生活、生态资源,运用创意产业的思维方式,开发出的供城市市场消费的产业,主要包括农业科技园区、农业旅游示范园区、创意农业产品与活动。

本 章 要 点

1. 农民增产增收的根本路径是依靠科学技术发展现代农业。

[1] 严冰,陈雯婷. 中国创意农业风生水起　成农民增收“法宝”[N]. http://www.moa.gov.cn/fwllm/jjps/201101/t20110127_1813873.htm

2. 美国、日本和欧洲各国还十分重视通过对农业基础设施的投资、农村专业合作组织的扶持和对农民的教育投资、技术培训和推广服务等来帮助农民增产增收。

3. 以科学技术促进农业增产增收，重点是完善农业产业服务体系、培育农村人力资本，引导农民发展农村专业合作组织，探索新型农业形态。

第7章 以科学技术促进农村发展的经验和政策

农村发展总体上指用于改善乡村生活水平的经济发展和社会建设等，其中经济发展包括初级农产品生产和食品与原材料的加工等，社会建设包括乡村居民生活基础设施、人居条件改善、教育培训等公共物品和服务的供给等。随着我国社会经济快速持续的发展、城镇化进程的加快以及工业化的不断推进，人口数量的增加以及生产建设规模的扩大，水资源短缺、耕地减少、环境污染严重以及农村社区的边缘化等使新农村建设面临严峻的压力和巨大挑战，迫切需要借助大量的科技创新来突破瓶颈约束、化解各种危机和风险，实行农村和农业的可持续的跨越式发展。

一、农村和农村发展的相关理论

农村不仅仅是初级农产品的生产基地，还是潜在的现代工业能源和原材料的供应基地，也是解决生态危机和环境问题、恢复自然循环的重要屏障；农村也不仅仅是农民聚集的村落，还可能是各种可再生能源技术创新的试验场，让人亲近自然、恢复人性和健康的栖息地。农村发展一直是国际社会普遍关注的重要的理论和实践问题。

1. 社会主义新农村建设的基本要求

《中共中央关于制定国民经济和社会发展第十一个五年规划的建议》提出建设社会主义新农村的重大历史任务，并将其作为当前解决"三农"问题、促进农村和农业发展的总抓手，这不仅将对我国农村社会经济发展产生积极的影响，而且将为我国实现创新型国家目标提供足够的助推力和新视野。《中共中央、国务院关于推进社会主义新农村建设的若干意见》提出社会主义新农村建设的总体要求是："生产发展、生活宽裕、乡风文明、村容整洁、管理民主"，其具体含义如下。

1）生产发展，就是按照市场需求，科学配置生产要素；依靠科技进步，转变增长方式；遵循产业发展规律，建设现代农业，使农业综合生产能力不断提升，农村第二、第三产业协调发展，农村经济持续繁荣。

2）生活宽裕，就是要逐步建立农民增收的长效机制，千方百计增加农民收入，切实提高农民生活质量，不断缩小城乡居民收入差距。

3)乡风文明，就是要在农村形成文明健康的精神风貌，创造安定有序的发展环境，培养较高素质的新型农民，不断提高农民群众的思想、文化、道德水平，丰富农村文化生活，形成崇尚文明、崇尚科学、健康向上的社会风气。

4)村容整洁，就是村庄布局合理，自然生态良好、生产生活设施完善、农民住房美观实用，人居环境干净清洁等，即要做到“布局优化、村庄绿化、河道净化、道路硬化、卫生洁化”，让农民在良好的生产、生活环境里过上安居乐业的生活。

5)管理民主，就是要加强和完善农村民主法制建设，不断增强农村基层组织的凝聚力、战斗力和创造力，改善乡村治理结构，让广大农民以主人翁地位参与农村经济、政治、文化、社会建设，享受更多的民主权利。

这五项建设新农村的总体要求是一个相互促进、紧密联系的有机整体，其中生产发展是建设的物质基础，生活宽裕是建设的根本目标，乡风文明是建设的重要内容，村容整洁是建设的关键环节，管理民主是建设的组织保障。

2. 参与式发展与包容性发展

在有关农村发展和新农村建设的讨论中，参与式发展(participatory development)和包容性发展(inclusive development)常常作为重要的实现形式和发展模式被广泛讨论。这里我们对这两种发展主张做些简要评述。

“参与式发展”作为一种以强调“参与”和“赋权”为核心的发展模式，是随着第二次世界大战后在全球范围内大规模开展的国际发展援助而兴起的一种发展模式。和传统的过分强调通过外来力量的有计划的强制干预、以经济增长促进乡村发展的思路不同，参与式发展模式更强调发展干预的目标群体，如农民在乡村发展过程中的平等参与和话语权[1]。概括起来讲，参与式发展的基本内涵如下。

1)发展干预必须因地制宜。发展干预过程中必须认真考虑各个社会独特的历史、文化、政治、经济等背景因素，采取符合当地实际的干预模式，而不是脱离复杂的现实环境而简单地复制或移植某一种成功经验。

2)强调发展干预中的赋权。参与式发展根本目标是改善目标群体农民生产、生活的水平，实现目标群体农民的利益，推动乡村发展要打破干预者主导发展的传统模式的局限，重视发展干预的赋权和目标群体农民的利益诉求，解决好“为了谁”发展的问题。他要求发展干预过程中各利益相关者，尤其是干预目标农民能够充分地参与到发展干预的全过程中，而不是成为被动的被干预对象。

---

〔1〕 毛绵逵，李小云，齐顾波. 参与式发展：科学还是神话[J]. 南京工业大学学报(社会科学版)，2010(2)：68-70

3)尊重农民的创新精神。参与式发展不仅仅需要目标群体农民“参与”发展干预的全过程被邀请在制定或选择他们要参与的计划中并发挥作用,还需要其积极主动地贡献其创新精神和本土知识和经验,以实现外来技术等发展要素与本土知识和经验的集成整合,促进发展干预的针对性、有效性和可持续性。

4)重视农民的能力建设。有效的农村发展计划的重点在于提高农户通过自身努力改善其经济地位的能力。参与式发展强调目标群体农民在参与过程中的能力提升,意在通过发展干预培育其乡村自身内在的发展能力,帮助农民更好地利用和控制各种资源来实现发展目标。

5)关注参与的公平性。缺乏目标群体农民的参与是许多农村发展计划不成功的主要原因。参与式发展强调发展过程中的公平性,意在保护弱势群体的利益,建立其能确保发展过程中各利益主体,尤其是穷人和妇女公平参与的机制。参与式发展不仅要促进乡村发展,而且要促成发展成果在目标群体农民中间公平分享。

包容性发展也是基于对以往的诸多扶贫干预计划实施效果评估而逐渐形成的一种发展理念。包容性增长或包容性发展的概念首先出现在亚洲开发银行和世界银行的文件中。2004 年,亚洲开发银行在其促进贫困减少的战略报告中,曾提出“包容性社会发展”的主张。2005 年,亚行支持了题为“以共享式增长促进社会和谐”的研究项目。2006 年,亚行为研究亚洲未来经济发展趋势和亚行在其中的作用,曾设立专题小组,由中、美、印三国的经济学家、企业高管组成。该小组 2007 年 3 月向亚行提交的报告展望了 2020 年亚洲的变化和亚洲在全球经济中的地位,提出亚行需要从应对严重的贫困挑战转变成支持更高和更为包容性的增长。

同年,世界银行发布的《公平与发展》报告就系统地阐述了公平与发展的关系问题,其中提出:“所谓公平就是指在追求自己选择的生活方面,每个人应享有均等的机会,而且最终不应以出现极端贫困为目标,公平竞争的制度和政策有利于促进可持续增长和发展”;“机会不平等是对人类天赋的一种浪费,是有害的。它会加剧经济效率的低下,也会导致政治冲突,而且使一个社会制度显现出很大的脆弱性”;最好的减少贫困的政策,应该涉及对主导群体的影响力、特权和补贴进行再分配,即对主导社会的群体对政府决策的影响力、特权等进行限制。

2007 年,亚行组织“新亚太地区的包容性增长与减少贫困”的国际研讨会,强调增长必须具备包容性、可持续性,且必须为更多的民众所认同,提醒各国注意经济快速发展中可能出现的各种经济失衡问题,主张将经济增长建立在更自由、开放和公平的基础之上。

2008 年,世界银行增长与发展委员会在其发表的《持续增长与包容性发展战略》报告中提出要建立包容性原则,确保增长利益为大众所共享。

2010年9月16日，胡锦涛同志在第5届亚太经济合作组织人力资源开发部长级会议开幕式上发表《深化交流合作，实现包容性增长》的致辞。10月15～18日，胡锦涛主席在十七届五中全会上特别提出提倡和推动包容性增长的问题。

概括起来讲，包容性增长或包容性发展的基本内涵是：让更多的人享受经济增长的成果，让弱势群众得到保护；增长必须具有包容性、可持续性和为民众所认同；注意经济快速发展中经济与社会发展失衡的问题；经济增长必须建立在每个人的自由、开放、公平的基础；培育公民参与增长的能力和意识。

亚行报告：贫困社区欢迎参与式发展[1]

当今世界贫富差距日益加大，各国政府正逐渐意识到在发展举措方面赋予贫困社区更大的发言权是促进社会公平的一种有效方式，这一点在《从基层做起——社区赋权案例研究》所列的项目中得到了证明。2008年7月24日，在北京和马尼拉发布的这本书收集了中国、印度、马来西亚、蒙古、巴布亚新几内亚、斯里兰卡、塔吉克斯坦和越南的参与式发展项目。

中国开展了一项大胆尝试，以促进社会公平，即在江西省开展了当地政府机构与非政府组织合作赋权特困偏远社区，帮助贫困人口制定并实施村级扶贫改善项目。由于特困人口通常缺乏改善自己生活的技能、信心或资本，中国首次在江西省通过竞争性招标方式选聘了非政府组织，帮助村民制定自己的规划和实施村级扶贫改善项目。在开展亚行资助的非政府组织和政府合作村级扶贫项目中，中国将非政府组织列为发展社区赋权的合作伙伴，体现了政府部门更加重视项目的实效。

3. 农村整体发展的模式

艾伯特·沃特斯顿通过总结中国、坦桑尼亚、以色列等国家发展农业生产中的经验教训，提出“农村整体发展”的模式。他认为，农村整体发展是综合性的，农村发展的首要目标是丰富农村居民（包括贫苦的农场经营者、无地的农业工人和农村无地的其他人）的物质和社会福利。农村发展与农业发展的概念是不同的，农业发展的首要目标是增加农业产量，但农业发展是农村整体发展的主要部分和前提。一个国家的政府固然可以向农村中的贫民提供社会基础设施，却很难使这些设施和服务能自给自立，因为这对它们经济发展的作用微乎其微。农村整体发展的关键是建立一种能自给自足的农业，这种农业能够成为建设社会基础设施和服务并

---

[1] 亚行报告：贫困社区欢迎参与式发展[R]. 中国发展观察，2008(8)：33

提高全体农村居民经济和社会福利的基础。

沃特斯顿认为,这种自给自足的农业实现的基本路径是:第一,在农业中尽可能地使用低成本的劳动密集型技术而不是资本密集型技术;第二,农村地区应该建立只需要少量资本的、使用较多劳动力的小规模轻工业,以补充农业劳动力就业机会;第三,必须以自力更生或自助为基础,即从农村发展中获益的人们必须承担责任来筹集农村发展的部分资金;第四,合理地使用劳动力等。

4. 有关村庄城镇化的争论

美国肯恩大学(Kean University)终身教授、博士张元林教授在《让村庄成为历史——中国城镇化之路的最佳选择》[1]一文将"三农问题"与"城市问题"联立求解,提出了未来 50 年中国新农村建设的顶层设计和宏图远景。他分析说,改革开放以来,中国的城镇化水平进展迅猛。短短二十多年的时间,中国人口的城市化率由改革开放初期的 18%增加到现在的 43%左右。这一城乡人口结构的变化,为中国的经济、政治、文化和社会的各个领域带来了深刻的变化。随着经济快速走向现代化,至 21 世纪中叶,当中国人均 GDP 达到或超过中等发达国家水平时,人口的城市化程度将逐步进入城市化后期,估计将达到 80%左右。这意味着在未来的半个世纪内,目前生活在中国农村的 8 亿多农村居民中,将有 6 亿左右的人口陆续离开他们世代繁衍生息的土地,走向城镇生活。这一壮举将成为中国历史上最为伟大的社会变革。但如何顺利地完成这一社会变革,无疑将是中国人必须面对的世纪挑战。中国不同于西方国家,其城镇化将在几十年内完成。中国必须探索一条适合中国国情的、以消除城乡差别为目标的有效和可行的城镇化之路。

应对即将出现的快速城市化,中国存在着多种可供选择的途径,其一是任由市场机制自由调节。随着城镇经济的发展,城镇工业对劳动力的需求增加,加上农业生产率的提高而带来的对农村劳动力需求的减少,必将促使农村劳动力自然流向城镇。其二是由政府投入大量资金,协助农村发展非农产业经济,推进村庄城镇化。其三是因势利导,把城镇化过程设计成真正同时解决农村问题和城市化问题的伟大工程,在中国的土地上一劳永逸地消除城乡差别,化解"三农"问题。前两种方式最终都可能使中国走向城镇化,但其社会成本和经济成本将会很高。从社会效益、经济成本、资源利用等综合因素考量,以及考虑到中国人多地少这一国情现实,更好的中国城镇化之路是让村庄成为历史。

实现乡村城市化的总体战略设想是:在不影响现有大中城市对农村劳动力的

---

[1] 张元林. 让村庄成为历史——中国城镇化之路的最佳选择[J]. 中国发展观察,2007(5):17-21

需求所带动的城市化的前提下，由政府主导，在全国范围内重新规划和重点发展小城镇，在自愿、互惠的前提下，用大约 50 年时间，让大多数现有农村人口逐步迁入小城镇；与此同时，通过对农民原有宅基地实行经济补偿等适当的激励机制，将现有农村的居住用地逐步转变为耕地，使目前遍布全国的百万村庄逐步走入历史。

张教授分析说，中国是一个农业大国，目前尚有 8 亿多人口分布在全国大约 300 万个大大小小的自然村(约 70 万个行政村)。加上众多在城里打工的民工，以及充分考虑到中国人口规模尚处于增长期这一事实，以农村作为永久居所的人口可能远远超过 8 亿。若以 8 亿人口推算，目前我国自然村的平均规模在 270 人左右(行政村的平均规模在 1 000 多人)。这一村庄人口规模，对于一个农业社会来说无疑是适宜的。但如果让现有农村人口留驻农村，就地发展其他产业，则由于现有村庄人口规模太小，过于分散，很难培育出产业配套的现代经济体系，更难形成供需两旺的消费市场。如果过多的农业人口涌向大城市，就会大大增加大城市的物流量、交通流量，加剧大城市的生态环境和治安环境的恶化。且大城市能为新增人口提供的就业机会总是有限的。因此，通过适当的激励机制，使这 8 亿农村人口中的大多数有序地迁入就近的小城镇，以小城镇为基础，培育和发展城镇经济，是中国城市化道路切实可行的途径。

他建议说，为了使工、商、学、行政管理和税收等合理配套，经济结构自成体系，人口聚居需设计在 3 万人规模以上。因为人口规模过小时，由于购买力、需求量等限制很难形成有效的市场，且地方政府很难在基础设施、教育等公共物品方面进行有效地投资。为此，国家可在现有小城镇(特别是建制镇)分布的基础上，根据人口密度、交通状况、产业结构、经济发达程度等实际情况，尽快在全国范围内规划出人口规模在 3 万～5 万的小城镇约 2 万个，持续用 50 年的时间，在自愿、优惠的前提下，实现 6 亿农村人口迁入小城镇计划。同时将现有村庄所占有的居住用地逐步转变为耕地。当这一设想成为现实时，中国人口的地理分布将出现一个前所未有的历史转折：届时全国有 50%～60%的人口居住在经科学规划而合理分布于全国的约 2 万 个小城镇；约有 30%的人口居住在其他大中小城市；只有大约 15%的人口居住在农村。而这生活在农村的人口已不再是原来意义上的农民：他们是由自己选择居住在农村的，与城市居民毫无等级差别的真正意义上的中华人民共和国公民。

二、主要国家和地区以科学技术促进农村发展的经验

随着城市化、工业化和现代化的加速推进，几乎所有国家都面临着农村地区生产发展、农民生活改善和乡村环境保护的现实问题。总结主要国家和地区以科学技术促进农村社会经济发展的经验和政策，特别是韩国的“新村运动”、英国的“田

园城市”、中国台湾地区的“富丽农村”建设经验和德国的“城乡等值化”战略以及欧盟的农业和农村政策的创新思路，对于我们正在推进的新农村建设具有重要的参照价值。

1. 韩国“新村运动”

直到 20 世纪 60 年代，韩国经济依然处于贫困和未发展状态。农民收入低，生计困难，居住简陋。当时全国 250 万农户中大约 80%住的是茅草屋，点的是煤油灯，多数乡村之间没有便捷的道路连接，5 万个自然村中只有 60%能通汽车。在韩国农村实现现代化之前，村庄一级的基础设施建设成为制约提高农业生产经营效率和改善农村居民生活的主要因素。

20 世纪 70 年代初，韩国政府首次把农村开发列为国家发展战略，开始谋划推进“新村运动”，其目的在于引导农民参与乡村基础设施建设，逐步实现传统乡村的现代化。当时的决策者意识到，要推进“新村运动”，必须改变村民自身的精神状态和生活态度。于是，勤劳、自立、合作精神就成为新村运动的口号。

新村运动实施的综合工程几乎涉及农村现代化发展的方方面面，具体包括村庄道路改善、农民住房翻新、自来水和电气化、改良新品种的引入、农村家庭节俭运动、村庄会堂建设、农村妇女参与村庄事务、培训村庄领导人。尽管最初政府财政用于村庄基础设施建设大部分是以为村庄项目提供水泥、钢筋的形式出现，没有一分财政资金用于所需的土地和劳动力，但由于农民积极参与，自愿将村庄道路两边的部分土地捐献给村庄，并贡献建设所需的大部分劳动，韩国乡村的生活和生产条件迅速改善，一种苦于贫困状态的农民开始对未来发展充满信心。农民参与新村运动的高涨热情感染了城市居民和产业工人，他们也积极参与到各种“自助”运动之中。时任朴正熙总统特别助理的朴振焕后来总结说，“新村运动的勤劳、自立、合作精神被农民所接受并成为良好的生活伦理”[1]，成为韩国经济持续发展和农民创造美好生活的精神动力。到 1993 年韩国农村居民的收入已达到城市居民的 95.5%，基本实现了农业现代化。

韩国新村运动的大致经历了基础建设、扩散推广、充实提高、国民自发推进和自我发展 5 个阶段[2]。

1)基础建设阶段(1970—1973 年)。主要改善农村公共设施和农民的居住环

---

〔1〕 朴振焕. 韩国新村运动——20 世纪 70 年代韩国农村现代化之路[M]. 潘伟光，郑靖吉，等译. 北京：中国农业出版社，2005：3

〔2〕 张彦丽，王峰. 韩国“新村运动”及其对我国新农村建设的启示. 安徽农业科学[J]，2007(35)：12051-12053

境。政府无偿提供水泥、钢筋等物资，激发农民自主建设新农村的积极性和创造性，并建立起新村建设协会、新村运动中央协议会等全国性组织和新村运动中央研修院，派新村指导员协调领导新村建设工作。1970 年，政府免费发给全国33 267个村庄每村 335 袋水泥，平均每户 4 袋，用于进行村庄建设。农村居民的生活条件初步得到改善，广大农民的积极性和创造性被激发出来。

2)扩散推广阶段(1974—1976 年)。主要将新村运动扩散推广、形成一种全社会的建设活动，以促进农民增产增收和全国各行业的现代化。政府帮助农民发展多种经营，推出增加农渔民收入计划，支持农村调整农业结构，推广良种和先进技术，为农村提供贷款等优惠政策，对社会各界负责人分批进行新村教育，同时动员大学和科研院所到农村推广先进技术和文化，帮助农民增收。受政策支持，农民生产连年丰收，收入普遍大幅度提高。1974 年，韩国实现了大米自给。畜牧业、渔业、林业都有较快发展。

3)充实和提高阶段(1977—1979 年)。重点是加强区域合作、密切城乡工农关系、鼓励农民发展畜牧业、农产品加工业和特色农业以及推动农村金融业的发展。由于新村建设推进注重活动内涵和社会实效，城乡差距明显缩减，农业生产呈现规模化；地区经济的综合开发日益高涨，兴建了农业和制造业相结合的工业园区，塑造了许多特色产业，同时推动了农村文化的建设和发展。

4)国民自发运动阶段(1980—1989 年)。政府大幅调整了有关新村运动的政策和措施，建立和完善了全国性新村运动的民间组织，将信息、培训和宣传等工作移交给民间组织承担，政府只通过制定规划、协调、服务和提供一些财政、物质和技术等支持来调整产业结构，引导农民发展多种经营以及农村金融业、流通业，改善农村生活环境和文化环境。农民的生活水平开始普遍接近城市居民生活水平。

5)自我发展阶段(1990 年—)。主要是自主化与开放化结合，政府的作用弱化，民间机构作用强化。随着韩国经济的快速发展，繁荣景象从城市开始逐步向四周农村地区扩散，新村运动带有鲜明的社区文明建设与经济开发的特征。政府的任务主要是进行公民道德教育，提升农民的共同体意识，强化农村民主与法制，以精神文明建设促进农村物质文明建设，使新村运动转变为国民自发良性发展阶段。

需要指出的是，韩国政府在推动“新村运动”时非常注重调动基层农民的积极性，并针对不同乡村的情况采取分类推进的策略。自 1973 年开始，韩国政府在基础村推动新村运动的内容主要是继续改善生活环境，培育自助精神；在自助村推进新村运动的内容是改良土壤，疏通河道，改善村镇结构，发展多种经营，扩大农业收入；而在自立村，推进新村运动的内容则是发展乡村工业、畜牧业和农副业，鼓励和指导农民采用机械化、电气化、良种化等先进技术,指定生产标准,组织集体耕作,建立标准住宅,修建简易供水、通信和沼气等生活福利设施。

经过20多年的努力,韩国"新村运动"已经取得了令人瞩目的成果,并成为其经济起飞的重要推动力。2004年,韩国的人均GDP达到了14 000美元,城乡居民收入比率是1∶0.94。

2. 英国的田园城市构想和农村发展战略

1898年,英国社会活动家埃比尼泽·霍华德爵士针对英国社会城市化、工业化对农村社区生活造成的严重冲击,提出建设一种兼具城市和乡村优点的乡村规划理论,即著名的田园城市(garden city)构想。第二次世界大战前,英国社会各界达成城乡规划的共识,陆续出台《住宅、城镇规划条例》、《1947年英国城镇与乡村规划法案》和《城乡规划法》等一系列法律法规,将政府指导性地区规划上升为立法规划。

战后,英国农业朝着生产过程机械化、生产技术科学化、增长方式集约化方向推进。2000年11月,正值英国农村地区社会生活方式急剧变化之际,英国政府发布旨在建立可持续发展的新农村的农业白皮书,统筹考虑经济、社会和环境因素,着手打造宜居的、环境和社区受到保护的且充满活力的新农村社会。

2004年,英国环境、食品与农村事务部出台《英国农村发展战略》(rural strategy 2004),其战略重点如下。

1)振兴乡村经济与社会事业,保证各级经济政策发展适合农村具体情况,促进位于农村地区的各类企业能够同等发展。在部分存在结构性经济缺陷且社会状况较差的地区,合同地方政府采取有效措施来采取吸引和发展商业、增加当地居民技能、构建公共机构和社区能力等。

2)确保所有人的社会公正,即使所有人都能公平地享受公共服务,不让任何人的利益因为居住在农村地区而受到伤害。具体政策包括国家承诺支持各类志愿公益活动,与社会和地方政府一起建设交通、卫生、通信等公用基础设施。

3)提升农村价值。农村地区除生产和提供粮食外还有其他价值,如野生动物、自然风光、文化遗产和宁静环境,以及洁净水、空气等资源。政府将注重小城镇文化特色的保护,加强对各种自然遗产的保护,包括农田、河流、山地、国家公园、湿地、草场和海岸线等;重视历史文化保护和特色乡镇打造,以保护自然、文化遗产和生物多样性。

3. 中国台湾地区建设"富丽农村"的经验和政策

20世纪70年代,中国台湾地区多数农村社区存在的交通不便、公共设施不足、居住环境脏乱、农民收入较低等问题,引发了农村人口大量外流、农业劳动力老化、农业资源闲置等后果[1]。20世纪80年代初，台湾地区颁布"提高农民所得加强农村建设方案"，具体内容包括增加农村公共投资，加强农村福利设施建设，充实医疗设备和医务人员，尤其是改善偏远地区的医疗服务；建设乡村道路、电话设备、加油站、自来水和下水道系统；改进农宅，加强农村福利与社会教育；设立小型农村工业区，安定农村人口，增加农民兼业收入等。1986年，台湾地区结合农业发展和农民生活改善的新需要，颁布"现阶段加强农村建设政策纲要"，提出维护农业环境，防治农业污染；加强社区建设，改善农村公共设施；强化农民心理建设，发展农村优良传统；扩大农宅长期低息贷款，协助农民修建或新建住宅，改善居住条件等4项促进农村发展的新措施。

20世纪90年代以来，随着经济发展转型，台湾地区强调国民经济的"均衡发展"，大力发展"生产、生活、生态"的"三生"农业。1991年公布的"农业综合调整方案"明确提出台湾农业发展的基本目标是"发展农业生产，建设富丽农村，增进农民福利，缩小城乡差别"。其主要的政策内容如下。

1)加快农村社区更新和新城镇建设。发展农村公共设施、交通系统、商业文化中心以及休闲观光事业，改变农村面貌。

2)建设示范农村。集中各方人力财力，在各县市选定26个农村，从地方产业特性出发，兼顾生产、生活和生态之需要进行整体规划，建设示范农村。

3)安定农民生活。宽筹经费，落实安定农民生活的各项措施，诸如发放老年农民年金、提高渔民海难救助与改进农业保险。

4)增加农业灾害救助等[2]。台湾富丽农村政策制定与实施对台湾农村发展、农民生活改善起到重要推动作用，并在协调城乡统筹发展方面取得明显成效。从已完成的农村综合发展规划地区情况来看，经过富丽农村政策的引领与实施，农村自然生态及景观得到维护，农业多功能性得以体现，而且通过投入公共建设资金，增加现代化的卫生、医疗保健、邮电、供水、活动中心、休闲游憩等设施[3]，并将农宅等纳入整体建设中，农民的居住环境得以极大改善。其次，自动化设施的应用以及组织与营销效率的提升，也有效地改善了农业生产环境及农业经营形态。还有，对农产品生产与出口救助、现行农地政策等落实增加了农民收入，较为有效地保障了农民生活。总体而言，富丽农村政策的实施，促进了当地农村经济的较快发展，劳动力就业机会的明显增多和农民生活品质的明显提升。概括起来讲，台湾"富丽

[1] 颜秀峰.建设农村新风貌[J].农政与农情，2002(121):30-34

[2] 史美兰.农业现代化:发展的国际比较[M].北京:民族出版社，2006:213-219

[3] 廖安定.台湾农地改革政策的回顾与展望[J].农政与农情，2001(103):50-60

农村”政策的成功推进应归功于以下原因。

1)重视以科学技术推进现代产业竞争力的提升。为了提高农民福祉,台湾地区以谋求农民经济效益最大化作为其富丽农村建设的目标之一,并从生产、销售、管理、检验等多方面予以政策保证。在生产方面,推动“水旱田利用调整计划”,实施“提升农业产业竞争力计划”,为农民及农业企业提供贷款,鼓励采用先进的生产技术,以发展具有高度竞争力的农渔产品,扶持具有比较利益的重点农作产业发展,加速农业自动化应用;在运销方面,利用资讯科技建立起高效率的服务农户的运销体系,如批发市场电脑拍卖制度、整合农会区域直销网络,并针对重要农产品或价格弹性较大的产品优先建立产销预警制度等;在农产品安全检验方面,建立起农产品卫生安全检验制度,以加强农药管理与检测,强化畜产品卫生检验体系,推动养殖水产品品质卫生监视检验体系,确保产品品质卫生。此外,该计划还强调农业科技研发必须兼顾市场需求与生态保护,加强生物技术研究,加速农业自动化与资讯科技应用,强化农业科技研究集群功能。

2)重视乡村人类资本的开发。“富丽农村”注重人力资本的培育、人力潜能的激发以及人对发展意愿的激励[1],不仅制订了培育专业化、现代化的农民人才及后继辅导计划,而且在富丽农村建设中充分尊重当地居民的想法,将农村文化及居民活动的生活习性纳入其中[2],让乡村农民主动参与“社区发展事务”,由村民自己规划社区建设和产业发展,以净化美化农村、弘扬传统文化、建立公民社会等。为有效推动富丽农村政策有效落实,台湾地区充分利用“自上而下”和“自下而上”两种机制优势,特地在农村建立专门的“咨询辅导机制”[3],以有效地辅导农民参与农村社区自主发展,实现相关专家学者下乡与农村居民互动,共同推动生产、生活方式的改变。

3)注重农业生态功能和文化价值的开发。“富丽农村”注重包括社区更新、环境质量改善等在内的多方位规划与整治,如通过农村社区整体规划,支助农宅整建、改建、环境绿化美化;推广和谐永续农业经营,推全民造林、多目标森林生态经营,加强野生动植物保护及自然景观维护;提高畜牧场污染防治设施率,辅导养殖业合理使用水土资源;将自然生态工法(兼顾人类与自然和谐的工程措施)融入乡村建设,倡导农村生物多样性的永续发展;将产业特性与休闲农业区结合,并在注重维护农业多功能性前提下将农村文化及居民活动的生活习性纳入政策制定中,

〔1〕 李朝贤.因应知识经济需求建立永续发展之农村[J].农政与农情,2002(115):62-66

〔2〕 黄彻源.建设富丽渔村之策略与成果[J].农政与农情, 2003(135) : 21-29

〔3〕 倪葆真.整合乡村社区组织计划[J].农政与农情,2006(174):55-58

塑造地方产业文化特色。

4)注重农民福利的改善。增加农民生活环境及农村公共设施建设的投入,加强办理农业天然灾害救助及农产品进口损害救助;协助农民灾后重建及努力改善农民家庭生活;支持农宅整建、改建、环境绿化美化;推动“小地主大佃农”计划,扶植大佃农,实施集团化的经营,对承租农民予以补偿并建立老农退休机制。

5)重视基层和非政府组织的作用发挥。台湾地区意识到农村社区发展、政策落实需要有强而有力的地方基层组织来贯彻执行,通过制定“整合乡村社区组织计划”,通过整合农会、产销班、家政班、四健会及其他乡村社区发展协会等组织来加强社区资源的规划与配置[1],建立“乡村社区营造专业辅导团队”。此外,基层组织聘请专家学者分区深入社区,开展咨询辅导,培训社区推广和专业人才,举办讲座、成果展及研讨会等,引导和推动社区居民更好地参与到生产、运销等环节。地方基层组织成为农民所需与当局所供的互动平台,使政策能在实施过程中得以完善与落实,有助于农村建设中出现的问题得到及时有效解决,更好地推动农村在生活、产业、生态、文化层面的全面发展。总之,台湾地区基层组织的建立促进了地方资源的整合,体现了当地农村居民的利益,得到当地居民的拥护。

4. 德国“城乡等值化”战略

德国是强调整体均衡、协调发展的国家,无论是百万人口的大城市还是几千人口的小城镇或是城区边缘的村庄,都拥有优美的环境、便捷的交通、完善的基础设施,城乡几无差别。清新的空气、优美的景观、接近自然的生活品质使村庄拥有现代城市无法比拟的独特魅力。德国农村生活的舒适,与德国特有的“城乡等值化”发展模式密不可分。

20世纪50年代,“城乡等值化”建设首先从德国巴伐利亚州开始,包括片区规划、土地整合、机械化耕作、开发农产品项目、农村基础设施建设、修路、发展教育等内容,其目的在于改善村庄生产、生活条件,发展生态农业,保持传统文明使农民与农村共同发展。“城乡等值化”的主要思路如下。

1)制定“村镇整体发展规划”,调整地块的分布,改善农田基础水利设施等。

2)调整农村的产业结构,积极推广农村机械化作业,组建合作社,发展生态农业。

3)保护传统文明,如整修传统民居、建立博物馆等。

4)加强教育培训,推行“双元制”教学,让孩子从小既学文化课,也学适用技术。同时,村庄里各种娱乐设施齐全。

---

[1] 倪葆真. 整合乡村社区组织计划[J]. 农政与农情, 2006(174):55-58

5)用科学理念引导村庄发展,逐步全面改变农村面貌,用土地管理带动环境保护。农村地区的生态价值、文化价值、旅游价值和休闲价值都被提到与经济价值同等重要的高度。

6)用法律手段保障村庄更新。1954 年颁布的《联邦土地整理法》是德国村庄更新最重要的法律依据,巴伐利亚州土地整理法规、巴伐利亚州村庄更新条例,也对村庄发展规划和村庄更新起到了控制作用。

5. 欧盟新农村建设的政策创新思路

第二次世界大战之后,为了应对来自美国、加拿大等国进口农产品的市场竞争,法国、荷兰、意大利在 1962 年推动新欧洲经济共同体制定了欧洲共同的农业政策,旨在进行农业结构调整,促进农村经济和社会全面发展,其具体发展措施主要包括实施落后地区发展补贴,利用农业指导保证基金等为农村地区采用新技术、改进农业产业结构和发展非农产业提供资金支持。20 世纪 70～80 年代,共同农业政策在促进农产品翻番提高的同时带来严重的农业生产过剩,致使预算负担难以承受,加上环境保护、食品安全压力高增等诸多因素,欧盟在 1992 年首次比较全面地改革其共同农业政策,将过去以价格支持为基础的机制过渡到以价格和直接补贴为主的机制,以控制农产品生产和财政预算开支的过度增长,进行国土整治和保护环境,促进农村发展,其主要举措是完善农业结构调整政策,建立农业结构调整基金以支持环境保护,扶持山区和条件差的地区发展农业等。

1999 年,为了应对来自国际的有关农产品贸易谈判的压力,减轻居民对口蹄疫、疯牛病等食品安全的担心,改变农村发展缓慢的现实,欧盟委员会通过了《欧盟 2000 年议程》,对共同农业政策进行更彻底的改革。欧盟提出建立欧盟农业模式,将共同农业政策转变为“共同农业和农村发展政策”;强调农业在农村发展的多功能作用,使农业、农村发展与环境保护相协调。其提出的发展措施主要是通过补贴鼓励农民生产高质量的、能够更好地满足消费者需求的产品,支持农民按照欧盟有关环境、公共健康、动植物健康、动物福利和职业安全等方面标准进行农业生产;对采用高标准饲养动物的农民给予补贴;增加对年轻农民从事农业生产经营活动的补贴。

2004 年 10 月,欧盟通过其“2007—2013 年农村发展政策”,其目标是支持农村地区的经济增长,创造更多的农村地区就业机会,满足消费者对食品质量和安全的要求,进一步加强农村地区的环境保护,推进农村经济的多样化,改善农村地区的生活条件,让农民富裕起来。共同政策的核心是分配欧盟农村发展公共资金,引导全国、地方和私人在农村地区的投资,其主导性的原则是以“领导+”方式自下而上地由地方社会团体联合机构主持制定社区发展规划,并由这些机构按照规划提出并管理农村发展项目和来自欧盟的基金。欧盟7年内计划投入960亿欧元作为农业农村发展资金，其中26.6亿欧元作为"领导＋"规划专项基金。考虑到欧盟25个成员国投入的配套资金，预计在7年的发展计划中将投入资金高达2 000亿欧元。

概括起来讲，欧盟新农村建设的主要经验如下。

1)保持乡村"原汁原味"。欧盟各国很少有开发性的大规模建设项目，多是在原有建设的基础进行合适的再开发，或顺其自然地搞农村居住区建设，以维持自然生态过程的完整性和持续性，实现农村社区的空间布局与自然环境的协调共融。这样的规划设计理念不仅可以节约大规模开发的成本，而且也有防治山体滑坡、水土流失和维持植被等优点。还有，欧盟的新农村建设坚持对传统的历史和文化进行保护，注重在许多农村地区对自然和文化资源的利用作为农村发展的基础，以最大限度地实现经济发展和环境保护、文化传承的整体协调。欧盟乡村建设不是简单地去旧换新，而是着力将乡村打造成一个自然的、独特的历史文化场所。

2)完善基础设施建设。欧盟各国农村虽然没有高档的房屋建筑，但却拥有相当完善的社区性基础设施。其基础设施建设的技术标准多数作为地方规划建设的法规予以保证。如果地方政府不能为农村社区居民提供垃圾收集或不按分区管理新住宅的开发，将会受到农村社区居民的投诉。

3)设置专门基金协调农村建设。欧盟"2007—2013年农村发展政策"把目前对农村地区投资合并到"欧洲农业农村基金"，由该基金对欧盟农村发展资金的投入、管理和审计实施统一管理。该基金规定，一个地区在申请成功的项目中使用农村发展资金必须兼顾四个原则，即保证不少于15%的资金用在"提高农业竞争性"和"推进农村经济的多样性和改善农村地区的生活条件"方面；25%的资金使用在"管理土地和保护环境"方面；7%的资金用在"自下而上地制定地方发展规划"，目的在于推动农村社会经济和自然生态的协调发展。

4)坚持农村发展，规划先行。欧盟坚持农村发展规划先行，采用由地方社区驱动和地方社区各社会部门合作的自下而上的规划方式，即"领导＋"方式，意在"把农村发展的愿望与农村经济发展的各项活动联系起来"，强调由地方社会团体联合会主持制定其所在地区的农村发展总体规划和按欧盟政策导向设计农村发展项目，负责农村社会的发展规划和管理项目的实施[1]。

---

[1] 王伟中.从战略到行动：欧盟可持续发展研究[S].北京：社会科学文献出版社，2008：215-216；196-204

三、中国以科学技术促进农村发展的政策举措

我国农村经济社会发展中的最突出的问题是村落分散、人心散漫、产业零散，致使农业基础设施投资严重不足，农村公共事业发展滞后，农业生产效率低下，农民增产增收困难和生活贫穷。针对我国农村“散”和“穷”的问题，中国农村发展的道路选择应该是从“散”到“和”、从“穷”到“富”，走整体调和的路子，建设和谐的新农村。实现从“散”到“和”，可以有多种选项，如发展农村专业合作组织、推动村乡合并走乡村城市化之路，也可以走生态农村之路。

1. 中国建设社会主义新农村的历史经验

20 世纪 70 年代末期，我国经济体制改革率先在农村起步。家庭联产承包责任制激发了亿万农民劳动致富的热情，强有力地推动了农业技术进步，使我国农村生产力发生了重大变革。20 世纪 80 年代后期，我国乡镇工业迅猛发展，农村经济空前活跃。农业生产和农村经济的专业化、商品化使农民越来越认识到科学技术的重要性，广大农村地区普遍产生了对科技的需求和渴望。审时度势，中央政府在 1985 年 3 月明确提出“经济建设必须依靠科学技术，科学技术工作必须面向经济建设”的战略方针，这为广大科研院所和科技工作者面向农村经济主战场、向农村推广科技成果、帮助农村发展经济提供了契机和支持，也为我国促进农村可持续发展的科技政策制定和创新提供了总体方向和基本框架。立足于这一基本框架，我国近 30 年来围绕农村可持续发展的科技政策创新活动主要集中在以下几个方面。

1）实施“星火计划”，推进农村社会经济发展。1985 年 5 月，当时的国家科委向国务院提出“关于抓一批短、平、快科技项目促进地方经济振兴”的请示，期望借助“星火计划”推进中国的农村地区的技术进步。1986 年初，该计划正式批准实施。“星火计划”是我国政府批准实施的第一个依靠科学技术促进农村社会经济发展的科技计划，其宗旨是把先进的适用技术引向农村，引导亿万农民依靠科技发展农村经济，推动乡镇企业的科技进步，促进农村劳动者整体素质的提高，实现农业和农村经济持续、快速、健康发展。30 多年来，随着“星火计划”进一步推进，其政策目标和运行方式也在不断地根据农村社会经济状况的变化而逐渐调整。目前，“星火计划”实施项目已经包括了农业种养加工技术推广、环境治理技术扩散、科技扶贫、农业实用技术培训等多个方面，其运行方式也由初期的国家指导性计划转变为国家主导、市场运作，其计划目标已从初期满足乡村工业发展需要的适用技术推广扩展到为培育农村新的经济增长点、促进农村社会经济整体发展提供多层次的综合技术开发与推广。

2）创建农村可持续发展试验区和科技示范园，全面提升农业综合生产能力。

1997 年，根据联合国《可持续发展报告》和"中国 21 世纪发展议程"所确立的基本理念和精神，科技部联合财政部、农业部、发改委等 20 多个部委，开始在全国范围进行农村可持续发展试验区的试点和推广工作，旨在通过科技引领、体制创新实现农村社会经济的可持续发展。目前已建成国家级实验区 48 个、省级实验区 70 个。同年，为了充分发挥农业高新技术对农业综合生产能力提升的示范和推进作用，科技部联合教育部等有关单位在杨凌等地建立了现代农业科技示范园。事实表明，这些试验区和示范园的建设，不仅为广大农村地区的社会经济发展引入了可持续发展的新理念和新模式，而且开发形成了一系列有助于缓解中国农村资源、环境和人口压力的技术集成创新成果，研究开发并推广了大量的先进适用技术，有效地提升了农业综合生产能力，促进了农民生产和生活条件的改善，推动了农村社会经济的可持续发展。特别地，节水农业技术的推广应用，有效地增加了灌溉面积，节约了水资源，提高了农业产品的数量和质量；集约化养殖技术和现代造林技术，以及全国十大生态环境建设工程大大改善了农业和农村生态环境，有效地推动了中国农村经济的可持续发展。2001 年以来，我国还围绕农村地区可持续发展的需要重点支持了节水灌溉、人畜饮水、乡村道路、农村沼气、农村水电、草场围栏等事关农村可持续发展的"六小工程"建设。

3)进行农业科研和教育体制改革，推动农业科技创新。20 世纪 80 年代中期以来，我国还出台一系列推进农业科研和教育体制改革的新举措，如进行农业科研院所的转制、建立农业科技创新体系、设立农业重大科技专项、鼓励跨机构进行科研合作与人才培养等。随着这些相关科技政策的事实，我国已经基本建成世界上最大的农业科教体系，拥有一支涉及农业产前、产中、产后不同领域，中央、地方不同层次，研究、开发、应用不同环节的较为完整的农业科教体系；我国农业科技的基础研究和高新技术研究发展迅速，部分研究领域达到国际先进水平，农业领域生物技术、高新技术、基础研究方面均取得较大进展，植物细胞和组织培养、花药培养、单倍体育种及其应用研究，以及杂交水稻、杂交油菜、杂交大豆的研究与利用等获得重大突破；我国已与 100 多个国家和地区开展了广泛的农业科技合作与交流，建立了一批研究开发机构和合作研究项目，加强了国际农业科技合作和技术引进。农业科技创新能力的提高，为我国农村可持续发展提供了有利的科学支撑和技术保障。

4)完善农业科技中介服务体系，加强农业技术示范与推广。除了举办农村可持续发展试验区、农业科技示范园等形式外，我们还通过科技下乡、农业科技特派员等多种形式推动农业适用技术和高新技术的研发与推广，出台相关的政策以推进和完善农业科技中介服务体系，积极探索参与式发展等农业技术示范与推广的新模式、新经验,动员和鼓励科研机构、高等学校和社会力量投身于农业技术的推广和示范活动,为农业综合生产能力的提高、农民的脱贫致富和农村可持续发展多作贡献。

毫无疑问,这些科技政策的实施对广大农村地区的社会经济的可持续发展产生了全面的积极的影响,充分显示了科技进步在农村可持续发展中的重要作用。我国农村发展的经验一再表明,及时有效的科技政策是推进农村社会发展、促进农村可持续发展的有力杠杆和重要举措。

2. 中国新农村建设对科学技术的多层面需求[1]

随着我国社会经济快速持续的发展、城镇化进程的加快以及工业化的不断推进,人口数量的增加以及生产建设规模的扩大,水资源短缺、耕地减少、环境污染严重以及农村社区的边缘化等使新农村建设面临严峻的压力和巨大挑战,迫切需要借助大量的科技创新来突破瓶颈约束、化解各种危机和风险,实行农村和农业的可持续的跨越式发展。概括起来讲,我国新农村建设对科技创新的主要需求包括以下几个层面。

1)农业现代化对科技创新的巨大需求。尽管随着工业化进程的加快,农业在国民经济中的比重不断降低,农业劳动力在锐减,但农业依然是国民经济的基础产业,其对经济社会发展全局的影响绝不会因此减弱。农业作为自然再生产和经济再生产的统一,具有多功能性,其不仅具有经济功能,而且具有生态和社会功能。对于我国绝大部分的农村地区,尤其是广大中西部地区来说,农业不仅是农村发展的基础产业,而且还是主导产业,农业的现代化程度直接关系到农村的现代化进程。如果农业生产依然停留在人刨畜拉、靠天吃饭的技术层次上,新农村建设就无从谈起。经济学家西奥多·W·舒尔茨在《改造传统农业》和《报酬递增的源泉》中分析说,传统农业中的农民实际上已经将有利可图的投资用于他们能支配的农业要素的机会发掘殆尽;所有可以产生高回报的农业资源均来自农业外部,如农药、化肥、农业机械、杀虫剂以及转基因动植物品种等物化技术的引入等。虽然各地区由于资源禀赋存在差异,其农业现代化的具体路径可能有所不同,但都离不开科技要素对传统农业的投入和驱动,或者投入旨在提高劳动生产率的农业机械化技术要素,或者投入旨在提高土地生产率的农业生物化技术要素,如动植物新品种的培育和改良等,或者两者技术要素融合投入。

然而,由于我国农业科技战略的重点过去一直集中在提高粮食产量和保障粮食安全方面,而对农业生产发展至关重要的整体技术和基础环境条件创新投资不

---

[1] 李建军.面向新农村建设的农业科技战略调整[J].科学对社会影响,2006(4):31-33

足，致使我国目前农业生产方式总体落后，农田水利等基础设施建设历史欠账较多，大多数农村地区还未从根本上摆脱靠天吃饭和自给自足的传统农业发展模式；农村经济结构不合理，生产成本高、产品质量差的问题十分严重。我国新农村建设的首要任务就在于大力推动相应的科技创新，用现代科学技术改造传统农业，用现代物质技术来装备农业。过去 50 年，我们依靠科技创新实现了以占世界 7%的耕地养活 22%的人口农业奇迹，现在我们也必须依靠科技创新推动农业现代化以打造新农村建设的坚实基础。农业现代化和新农村建设仅仅依靠传统农业要素的投入是没有出路的，我国农村发展亟需要多路径、多层面的农业科技创新，特别是切合我国农业生产实际需要的自主创新、集成创新和引进消化吸收再创新。

2)农民增收对科技创新的巨大需求。当前农民增收面临的最大难题是增产不增收，农产品供过于求。我国农产品品质低、品种单一、加工转化率低、产业链条短，适应市场的能力弱。从一定意义上讲，目前我国农产品供给过剩乃是农产品结构趋同和精深加工不足而引起的结构性过剩，是农产品营养、加工、外观或贮运品质偏低而难以适应市场需求造成的局部性过剩，市场对高质量、高水准的新型农产品仍表现出旺盛的消费需求。一些专家测算，价值 1 元的初级农产品经加工处理后，在美国可增至 3.72 元，日本为 2.20 元，中国只有 0.38 元；发达国家农产品加工产值与农业产值之比为(2.0～3.7)：1，我国在 2002 年该比例才达到 0.60：1。我国农民增产不增收的一个主要原因就在农产品加工业技术落后，产业不发达。因此，在目前粮食丰产有余的总体环境下，要实现农民增收，仅靠粮食增产是不够的，重要的是延长农业生产的价值链，发展农产品精深加工、物流配送体系，拓展以绿色食品为主导的农产品加工业和现代流通业，提高农产品的附加值，并以此为牵引建立起“高产、优质、高效、生态、安全”的现代农业生产体系和食品安全供应体系。从这意义上讲，新农村建设对包括农产品精深加工技术、鲜活农产品储运技术、产后减损和绿色供应链产业化的关键技术，以及农产品加工先进技术装备和相应的安全检测技术等有着巨大需求。我国只有在这些重要的技术领域上取得关键性突破和实现集成创新，广大小农户的农业生产才可能与社会大市场发生实质性联动，封闭的农村社区才可能与繁荣的城市相互贯通，广大农民才能真正感受社会进步的脉搏，并与城市居民共享社会经济发展的收益，新农村建设才可能寻找加速实现的支撑点。

3)人居环境和生产环境治理对科技创新的巨大需求。近年来，农药和杀虫剂的大量不规范使用，致使广大农村地区人畜饮用水严重污染，农村生产环境和人居环境的恶化，各种流行性和传染性疾病肆虐。我国农业生产长期以来高度依赖资源的高强度开发和化肥、农药等生产要素的高强度投入，结果以沉重的资源和环境为代价解决了 10 多亿人的温饱。为了提高农作物产量，大量的化肥、添加剂、塑料薄膜等被投入生产过程，并使秸秆、粪便、残膜等废弃物或副产品得不到有效利用，造成资源浪费和环境污染：过量施肥不仅是造成养分浪费，还会导致面源污染和地力衰竭；农用塑料薄膜大量使用而不回收，造成严重的"白色污染"；猪、牛、鸡三大类畜禽粪便总排放量逐年增大，绝大多数未得到有效处理和利用，在非用肥季节随意露天堆积，臭气四溢，蚊蝇乱飞，导致疾病传播，农民居住环境和生产环境污染加剧。由于农民对化肥使用方式不科学、方法不合理，化肥的广泛应用尽管促进了粮食生产，但却给农业的可持续发展带来了相当大的副作用。据农业科学院的有关专家研究，我们现在的化肥使用量大概只有 1/3 被作物吸收，1/3 释放到大气中，还有 1/3 留在土壤里，造成土壤和大气的污染。农村现代农业的发展迫切需要多种有助于各类农业要素投入的平衡的技术创新和成果扩散，以迅速遏制农业生产环境和人居环境恶化的势头，为新农村建设提供优良的生态环境条件。不仅如此，根据中央对新农村建设的部署，当前更为迫切的任务是在巩固人畜饮水解困成果基础上，加快农村饮水安全工程建设，优先解决高氟、高砷、苦咸、污染水及血吸虫病区的饮水安全问题；在适宜地区积极推广沼气、秸秆汽化、小水电、太阳能、风力发电等清洁能源技术，支持养殖场建设大中型沼气，以沼气池建设带动农村改圈、改厕、改厨。而农村饮水安全工程、新能源开发利用以及人居生活环境和生产环境的改善等都迫切需要大量的、不同层次科技创新，特别是各类资源节约型和环境友好型的技术创新。

根据中央对新农村建设的部署，当前更为迫切的任务是在巩固人畜饮水解困成果基础上，加快农村饮水安全工程建设，优先解决高氟、高砷、苦咸、污染水及血吸虫病区的饮水安全问题，在适宜地区积极推广沼气、秸秆气化、小水电、太阳能、风力发电等清洁能源技术，支持养殖场建设大中型沼气，以沼气池建设带动农村改圈、改厕、改厨。而农村饮水安全工程、新能源开发利用以及人居生活环境和生产环境的改善等都迫切需要大量的、不同层次科技创新，特别是各类资源节约型和环境友好型的技术创新。

4）农村社区管理所提出的科技需求。合理有效的制度安排和社区治理技术也是新农村建设的重要动力之一。就我国新农村建设的现实运行来讲，推进传统农业的现代化，改变传统农村生活方式，使秸秆、粪便、垃圾和污水等生产、生活废弃物得到无害化处理和资源化利用，既是构建农村清洁文明生活方式的需要，也是彻底改变农村村容、村貌的关键所在。然而，要真正做到这一点，仅仅依靠相关的硬技术供给是不够的，还需要我们在农村社区规划、乡村社会治理结构、农业技术推广体系等一系列管理科学技术方面的突破和相应的社区制度安排上的创新，需要人文社会科学的充分发展。推动新农村建设,实现农村社会经济的可持续发展也对社会科学和管理科学理论和技术的创新提出了需求,迫切需要我们在当前农业科技战略调整中予以重视和加强。

总之,我国以科学技术促进农业发展的科技需求已不仅仅是实现粮食增产,还必须充分考虑农业产业链的延伸、农村城镇化建设、农村区域生态保护、农民人居环境改善、食品安全以及农业生产综合能力提高和农民增收长效机制的建立等所提出的重大科技问题。

3. 中国以科学技术促进农村发展的模式选择

20世纪以工业化、城市化为主体的现代化进程,促进了工业的发展和城市的繁荣,但同时导致了农业、农村发展衰落和边缘化。伴随这一进程而出现的环境问题、交通问题、资源和能源供给短缺的问题等也引起人们深思:城市是否是人类最理想的居住场所?现代城市要适合人居是否需要某些农业的空间?昔日被众多国人视为“穷山恶水”的穷乡僻壤可否借助于现代科技创新和公共物品的投入改造成让城里人眼热的理想家园?这种转换不仅能够突破城乡二元结构,为农村社会经济发展引入人力资本、科技资源和商业要素进入的新机制,加速相关科技成果的集成创新和综合开发,极大地改善农民的生产、生活方式和生活观念,让更多的贫苦农民有机会分享现代化文明成果。中国以科学技术推动农村发展的模式有多个可能的设计或选项,这里主要对“一村一品”、生态农村和创新型乡镇的模式做些简要分析和介绍。

1)“一村一品”模式。“一村一品”运动起源于日本大分县,由大分县前知事平松守彦先生1979年倡导发起,旨在扭转日本快速工业化和城市化导致农村人才、资本外流、产业萎缩局面,其传统含义指以村为基础,在一定区域范围内按照国内外市场需求充分挖掘发挥本土资源优势和区位优势,发展高价值、影响力的特色产品,推进规模化、市场化和品牌化建设,使一个村或几个村以及更大的区域范围培植起市场潜力大、区域特色鲜明、附加值高的主导产品或产业,以大幅度提升农村经济整体实力和综合竞争力。由于“一村一品”运动符合日本当时的社会、政治、经济情况和农民的实际需求,一经推出就引起巨大反响,并很快被作为振兴农村经济的成功典范推向世界。如美国洛杉矶市推出“一村一品”节、路易斯安那州开展“一州一品”运动并把其作为降低失业率的重要措施,泰国开展以开发农村的特色农产品、工艺品、手工艺品、食品等为重点的OTOP(one tambon one product)等。

20世纪80年代中期,随着联产承包责任制的全面实施,中国各地涌现出大量种养业和农产品加工专业户、农民专业技术协会,出现了不少专业村和专业乡镇。80年代后期,一些省份学习日本大分县“一村一品”的经验,结合当地条件发展专业生产和庭院经济，一大批专业村、特色镇在中国开始成长起来。20世纪90年代，随着农村经济结构调整和农产品流通体制改革不断深化，农业开始由单纯的种养业生产向加工、营销等领域延伸，东部地区出现许多第二、第三产业和外向型农业的专业村镇，中西部出现一些种养业等专业村镇，且专业化和规模化程度较高，农村专业合作组织因之得到快速发展。2000年之后，各级政府和农业部门紧紧围绕农业增效、农民增收、积极推进优势农产品区域布局，加大优势农产品产业带建设，促使“一村一品”运动从专业化生产逐步延伸到加工、销售、品牌打造和产业链，既拓展了乡村经济空间，开辟了农村专业合作组织发展的新途径，也培育了乡村经济增长点。2007年以来，各地按照中共中央、国务院《关于积极发展现代农业扎实推进社会主义新农村建设的若干意见》中关于支持“一村一品”的发展要求，以建设现代农业为主线，围绕农业增效、农民增收和农产品竞争力增强的目标，积极实施发展现代农业的“十大行动”，各省都明确工作部门，把“一村一品”纳入当地农村经济发展规划，将粮食直补、良种补贴、农资综合补贴、农机具购置补贴、生猪补贴等资金向“一村一品”专业村倾斜，出台指导性文件。部分省还安排专项资金，为示范村产业提升提供专业化服务。尽管多数借助“一村一品”发展的农村乡镇存在如产品加工程度偏低、整体规划不完善、产生结构趋同，从业人员素质低等不足，但这种模式为新科学技术要素融入乡村经济发展提供重要的动力需求和整合机制。随着乡村农业试验站等农业推广服务体系的构建和完善，“一村一品”将为我国现代农业发展、农民增产增收和新农村建设作出重要贡献。

2）建设生态农村。生态农村是运用生态学和生态经济学的基本原理，以生态、经济、社会三大效益的协调统一为目标，运用系统工程方法和现代科学技术建立的具有生态与经济良性循环持续发展的多层次、全功能、结构优的村庄组合和农业生产体系和宜居村镇。它既不是传统农村的简单拼装，也不是现代城市建构的仿造和移植，而是体现生态文明特征的新农村建设模式，其目标在于通过乡村生产、生活和生态的系统集成和优化设计，以实现农业生物与环境的协同进化，动植物互惠共生以及能量的多级利用与物质的循环再生，实现农业和农村的可持续协调发展。生态农村建设的主要构件包括生态住宅、生态村落、生态产业，基本功能体现在生产、生活和生态三个方面。其中生产功能是通过农村经济活动生产出农副产品及工业产品，为人们提供生产和生活所需；生活功能指让农村社区为居民提供良好的人居环境及人文环境，包括舒适的住房条件和村落布局；生态功能是指通过农业生态系统为乡村和城镇居民所提供生态环境服务功能，包括提供生态屏障，保障农业生产环境的可持续性等。

建设生态农村首先需要修建农村生态住宅。农村生态住宅有别于城市生态建筑，是根据当地的自然生态环境，运用生态学、建筑学、传统及现代高新技术，合理地安排和组织建筑与其他领域相关因素之间的关系，与自然环境形成一个有机的整体。既利用天然条件与人工手段制造良好的富有生机的环境，又同时控制和减少人类对于自然资源的掠夺性使用，力求实现向自然索取与回报之间的平衡。寻求人、建筑（环境）、自然之间的和谐统一，顺应人们渴望回归自然和感受自然情趣的心理和需求。结合农村不同的经济条件、生产生活方式，农村生态住宅可以分为两种类型。其一是在城市近郊区，住宅以单一的生活居住功能为主，主要考虑住宅的绿色、健康、舒适，在建筑选材、技术应用上选择高新技术为主，在室内装饰室外景观设计上多采用现代手法，营造亲自然的人居环境；其二是在城市远郊区，住宅不仅是生活居住的场所，而且负载农副业产品生产的功能，要综合考虑生产生活的特点，将人、畜、庭院种植及居民建筑等综合设计，促进生态循环，营造生态经济庭院。

生态村落实生态农村建设的重要基础。生态村落就是在村庄建设上进行景观生态规划设计，在农村社区的层次上为居民提供舒畅的工作环境，融洽的人文环境，优美的生态环境。生态村落体现在两个方面：其一是村落功能布局分区。生态村是一个社会-经济-自然复合生态系统，具有生产、生活、生态等基本功能以及教育、休闲、旅游、体验、示范等扩展功能，是一个多功能的复合系统。其功能区划是根据农村生态环境特点、资源状况及其地域分布规律、社会经济结构和经济发展水平及发展战略等，把某一特定区域的农村环境划分为不同的生态经济功能单元，比如划分为种植区、养殖区、加工区、居住区、隔离区、服务区、旅游区等，合理安排各区布局，使各区既独立又相互联系，加强各区之间的物质循环与能量流动。其二是村落景观的生态设计。在村落功能分区的基础上，按照景观生态学的原理进行景观生态优化，对道路、村落绿化美化、公共服务设施、林带、河流、农田、工厂等进行景观格局与生态过程的优化与控制。

生态产业是生态农村建设的动力和重点。按生态经济原理和知识经济规律组织起来的基于生态系统承载能力、具有高效的经济过程、和谐的生态功能的网络型、进化型产业。它通过两个或两个以上的生产体系或环节之间的系统耦合，使物质、能量能多级利用、高效产出，资源、环境能系统开发、持续利用。生态村的主导产业是生态产业，是对各产业进行生态化改造后的产业形态，具体可包括生态农业、生态工业、生态服务业。我国大部分农村仍是以农业为主导产业的，生态农业是生态村发展生态产业的主要形式。具体到一定的生态村，发展生态农业应该采用哪种模式，应用哪些生态工程技术，生产哪些主导产品，对产品采用什么样的生产标准，应该具体分析该村的自然资源条件、社会经济发展水平、区位条件、交通状况、村民素质等条件。在城市近郊村及具有一定工业基础的农村，产业结构中有一定比例的工业和旅游业，这些区域的生态村发展生态产业就要在传统生态农业基础之上，逐步发展观光生态农业和生态产业园区。

基于生态农村的发展需要，农村科技发展应该着力开发的关键技术是生态住宅关键技术、生态村落关键技术和生态产业关键技术。其中生态住宅关键技术的主要方向包括节能、节水的新建筑材料，生态型农村建筑设计，生态型的农村庭院设计等；生态村落关键技术的主要方向包括适合村庄的污水、垃圾处理设备，适合村庄的能源设备和设施，村落的景观设计和建设技术等；生态产业关键技术的主要方向包括生态农业技术、生态观光园和产业园技术等。

3)创新型乡镇。创新型乡镇是指那些通过知识、技术、人力资本等现代生产要素的引入，整合开发本土的传统知识资源、自然资源和人力资源等，并通过科技资源的引进与转换，探索出乡村经济发展、价值创造和社会治理新机制、新模式的农村乡镇。创新型建设工作是实现以科技促发展战略思想，转变乡镇发展方式，提高经济发展质量，实现乡镇建设的现代化与可持续发展的重要抓手。创新型乡镇是指那些探索出独特乡村经济发展、价值创造和社会治理新思路、新机制、新模式的农村乡镇。其主要特征是农村经济发展、特色产业开发、村民生活质量提高、节能降耗减排、生态环境友好，以及乡村社会治理的模式和机制创新是其最基本的特征。

创新型乡镇建设的基础是知识、技术和人力资本等现代生产要素和乡村知识资源、自然资源等的创造性整合或融合。生态学的知识、文化创新的理念、特色种养殖技术的引入都可能使传统的乡村知识资源、自然资源实现价值增值，从而引导都市农村经济走向生态农业、创意农业和特色农业，迅速改变都市农业经济结构，提高乡村资源利用效率，帮助农民增收致富，实现农村经济的可持续发展，促进农村社区的全面发展。

创新型乡镇建设的关键在于机制创新。建设创新型乡镇最根本性的问题在于解决乡镇创新活动的内在组织性和主动性，更好地实现政府公共服务供给与乡镇自身发展需要的有效对接，从而放大政府公共服务的效能，加速创新型乡镇的建设。创新性乡镇的建设还必须引入参与式项目管理策略的引入，以充分调动乡镇农民的参与热情和积极性，注重农业企业家精神的培育。创新型乡镇实现的主要机制是“一二三四”：一是先进理念、知识、技术、人力资本的导入，这是创新型乡镇建设的“催化剂”；二是农民对乡村规划项目和重大产业创新项目的参与，工业、服务业对农业的渗透和融合，这是创新型乡镇建设的动力源；三是创新乡村资源整合和价值创造的机制，创新乡村农业开发和组织机制，创新农村人力资源培育的机制，这是创新型乡镇建设的制度保证；四是提高乡村资源开发利用效率，提高郊区农业科技和文化含量，提高农业综合生产能力和农产品附加值，提高农民增收致富和组织化能力，这是创新型乡镇建设的目标所在。概括起来讲，创新型乡镇的基本特点主要是："科技引领、创新驱动、经济循环、环境友好、特色鲜明、镇强民富"。

北京创新型乡镇发展的几种类型

文化创意类：典型的有怀柔区九渡河"五色文化"名镇、通州区宋庄镇艺术名镇、大兴区长子营创意农业名镇等。其特点是挖掘各乡镇的人文地理、历史文化资源和风土人情，打造独具特色的旅游和文化创意产业。

生态经济类：典型的有怀柔区琉璃庙镇非煤矿山生态经济产业、昌平南口荒沙滩发展花卉产业等，其中琉璃庙镇的矿区替代产业开发模式，实现了废弃矿区农民就业与生产发展的双赢目的，促进了社会经济与自然资源环境的协调发展。

创意农业类：具体包括建造农业体验观光园、发展冷水鱼观赏园等。其发展路径是利用乡村闲散土地空隙建立具有星罗棋布的五谷作物栽培园，供游客认领、栽培和管理，亲身采摘体验远古时代农家生活和烧黄豆秸角、采摘山野菜等田园生活；或结合当地的气候和水文条件，引进七彩鲑鱼、山女鳟、南方鲆和丁鳜等观赏鱼种以发展冷水鱼等特色养殖。

特色产业类：典型的有大华山镇京郊大桃第一名镇、顺义北务镇农产品加工业、延庆四海百合花卉产业。其主要发展特征是通过"政府引导，合作组织为主，市场化运作"，组建高效农业科技推广和市场服务体系，提高农民科技素质，拓展特色农业产业链。

4. 中国以科学技术促进农村发展的政策创新思路

随着工业化、城镇化和现代化进程加快，工业对农业的反哺能力不断增强，城市对农村的带动能力不断增强。2010 年农村居民人均纯收入5 919元，剔除价格因素，比上年实际增长 10.9%，增幅首次超过城市居民。国家财政收入每四年增加一倍，有条件拿出更多的财力支持农业。国际经验表明，城市人口增长缓慢；城市人口比例为 30%～70%，是城市化进程加快阶段，尤以城市化率在 50%前后发展最快。2010 年，我国城市化率接近 50%，已经进入城市化加速发展时期。与之同时，城乡居民对农产品的品种结构、产品质量和产品形态的需求越来越高，这无疑有利于扩大农产品需求和转化增值空间，推动农业向优质、高效、生态、安全方向发展。"建设社会主义新农村"是我国现代化进程中的重大历史任务，是当前解决"三农"问题、促进农村和农业发展的总抓手，这不仅将对我国农村社会经济发展产生积极的影响，而且将为我国实现创新型国家目标提供足够的助推力和新视野。党的十七大将“社会主义新农村建设取得重大进展”作为实现全面建设小康社会奋斗目标的新要求，并提出要促进农民增收，培育有文化、懂技术、会经营的新型农民，发挥亿万农民建设新农村的主体作用。

按照“生产发展、生活宽裕、乡风文明、村容整洁、管理民主”的新农村建设要求，坚持“多予、少取、放活”和“工业反哺农业、城市支持农村”的方针，针对当前新农村建设对科技进步的多层面需求，我国未来农业科技战略调整和政策创新的总体思路应该是：

1）以新农村建设科技需求为导向，全面调整农业科技战略方向和重点。随着现代化进程的加速、我国社会经济的快速转型，我国社会经济发展开始直面土地和水资源约束、城乡差距加大、食品安全隐患凸现、农业经济效益和产业竞争力低下、农民增收困难和农民生计状况恶化等严峻挑战。应对这些挑战的办法和策略可以有多个选项，但最根本、也最有效的策略是通过科技创新和制度创新来促进农业、农村发展。这就要求我们将农村科技发展战略的基本目标选项从以提高农作物产品为主拓展为包括提高农作物产量、改善农作物品质、保障农产品安全生产、提高农业综合生产力和经济效益、以及增加农民收入和改善农民生产生活环境等多个方面，以充分发挥农业和农村在现代社会发展中的多功能性，为我国探索新型工业化道路、实现自主创新提供更广阔的发展视野、更广大的选项范围。概括起来讲，当前和未来一段时间的国家农业科技战略首先应该从仅仅注重提高农作物产量的农业生产技术的研发转向为同时注重提高农作物产量和质量、提高农产品深加工和鲜活储运等生产和流通技术的研发；从注重资源开发技术为主，转向资源开发技术、市场开拓技术和生态协调技术相结合；从注重在某些技术领域“跟踪”和“赶超”发达国家转向根据我国新农村建设的现实需求出发进行自主创新的战略。为此，我们围绕未来农村社会经济发展的现实需求，集成整合科技资源，组织多行业、跨学科而不仅仅是农业科研机构的科技资源，以大力支持各类有益于新农村建设、现代农业发展的共性技术和关键技术的自主开发和集成创新，按照以高技术为先导、先进适用技术为主体的技术路线加快农村地区的技术进步和农业现代化，提高农业生产效益，推进新农村建设、改善农村人居环境和生态环境，加快开发绿色农业技术，逐步形成与环境建设相协调的生态农业技术体系；以优化农业结构、增加农民收入和促进农业可持续发展为重点，加强农产品深加工以及农产品质量标准、食品安全、节水农业、农业资源高效利用和环境保护技术的研发，着力解决一批制约我国农业发展的重大关键技术问题，如农作物和畜禽良种繁育、动植物疫病防控等；加强人文社会科学和管理科学的研究，探索新农村建设的新理念和新思路，以促进农村社区的制度创新和社会治理模式的变革，改进和优化农业技术推广体系，为新农村建设提供强有力的制度基础和文化氛围。我国只有在这些技术领域上取得关键性突破和实现集成创新，广大小农户的农业生产才可能与社会大市场发生实质性联动，封闭的农村社区才可能与繁荣的城市相互贯通，广大农民才能真正感受社会进步的脉搏，并与城市居民共享社会经济发展的收益，新农村建设才可能寻找加速实现的支撑点。

2)推进参与式管理，建立健全新农村建设的长效机制。农民是新农村建设的主体，也是农业生产的主体，各种外部的技术资源和生产要素只有与农民的内在需要相贴合，才可能真正在新农村建设中发挥重要作用。面对日益加剧的城乡差距和环境压力，我们必须充分考虑我国农村发展和农业生产的现实国情，充分考虑广大草根农民的现实状态和内在需求，尊重他们的发展意愿和传统知识与经验，通过参与式的管理实现本土化的传统技术知识和外在性的先进技术要素有效集成整合，让更多的农业技术成果真正融入农村发展、农业生产和新农村建设的每一个环节之中，为改进农民生计状态、实现农业现代化和建设农村小康社区多做贡献。为此，面向农村发展的国家技术战略需要重新审视那种不加选择地片面强调与国际接轨、片面重视高精尖的技术战略思路，在加强具有战略性意义的农业高技术研究计划的同时重视和支持来自农民现实需要的各类技术创新，改变以往单纯由政府或科研单位单向度地推广农业生产技术的做法[1]，改进科技战略与政策的决策机制，让更多的农民参与到农村技术项目推广、城镇规划、可持续发展试验区建设等新农村建设活动的设计和决策中来，吸收他们的意见和经验，调动他们接受、使用和扩散先进科技成果的积极性，实现政府、科研单位和农民三者之间的互动协作，以建立健全新农村建设的长效机制。

3)为乡村文化留出足够的空间。乡村文化是中华文明的主要内核，保护乡村文化就是保护中华文明。中华文明的主要特质和内核是农业文明，无论是和谐文化、天人合一观，还是舞龙、舞狮等民间文艺，都与先民所处的农村社会环境、所习的农业生产生活方式紧密相关。这些不同形态的中华文明精粹在乡村文化中大量存在和较好贮藏。传承悠久的中华文明、建设中华民族共有的精神家园需要乡村文化。乡村文化为中华文明繁荣发展提供丰富的文化基因。在美国制宪过程中，乡村向美国宪法注入了自由、个人责任、限制权力的精神；20 世纪以来，乡村不断向美国政治注入保守主义的刺激力量；过去一百年美国乡村音乐和“blues”等几乎所有流行音乐样式都来源于乡村。在日本，所谓“日本精神”在大都市已经消失，但

〔1〕 李小云. 论中国农业科技发展的方向与战略(代序)//左停，李小云，齐顾波. 技术发展与农民参与[C]. 北京：中国农业出版社，2003：4-7

保存在偏远农村下层百姓的生活起居之中。许多文化现在看起来无甚价值，但一旦处于特定环境、与其他文化交汇融合碰撞，可能会催生出新的文化果实。近年来原生态歌曲大受追捧，并给许多音乐工作者以创作灵感，就是典型例证。一些专家指出，文化保护的路径包括博物馆式文化保护和文化生态区域性保护，前者包括建立各种各样与文化相关的陈列馆、博物馆、纪念馆，运用录音、拍照、摄像、文献收集整理出版等手段保存文化等，后者的保护对象则涵盖某个特定区域的所有文化空间、物质文化遗产和非物质文化遗产，是在不脱离原住民、不改变当地生产生活环境的保护，文化生态区域性保护具有原真性和完整性，成效更好。此外，还可通过发展文化创意产业保护乡村文化和乡村社会良俗。总之，在新农村建设中，我们必须抛弃农业文明必将为工业文明所取代、乡村文化在城市化进程中必然被淘汰的简单线性思维，在推进社会主义新农村的实践中为乡村文化留出足够的空间。

4)通过制度创新和技术创新推进新农村建设。通过制度创新和技术创新的引擎作用实现我国农业从“资源依存型”向“科技依存型”转变，将大量分散的、无组织的小规模家庭生产组织成适合现代农业生产规范、具有规模效应的农业生产体系，使我国从一个农业大国变成一个农业强国。其中的主要举措就是通过制度创新建立农业、工业、商业、科研机构和小农户之间的“联动”机制，形成农业、制造业、服务业和高新技术产业之间的互动链接，形成人力资本和科技要素对农业产业的正向流动和循环，通过市场驱动、科技引领和工业支撑形成农业产业化的良性循环机制，有效地解决确保国家粮食安全、提升综合生产能力、提高农业经济效益、保障农业生态安全和促进农村发展的重大战略问题。由于我国农业、农村面临的复杂性、多重性，目前我国农业科技战略布局应同时发挥着两种机制的促进作用：其一在相关的科技计划立项和政策设计中既要考虑激励以高新技术为主体的农业科技创新活动，通过示范、引导和建立我国现代农业和现代农村发展的样板和标杆，促进先进农业生产方式和文明农村建设技术的传播和扩散；其二是充分考虑农户的现实农业生产、生活的紧迫需要，让农户参与农业科技项目决策和创新的方式实现外来资源和农村本土知识、经验和资源的集成创新，以探索和促进各种有效的农村实用技术的发展，全面推进农村科技发展。

5)以国际合作为契机，创造新农村建设的新经验和新模式。通过各种形式学习发达国家新农村建设的先进经验和理念，引进国外农业高新技术和适用技术、先进的农业技术推广体系和经验，加强多层次的科技合作与人员交流，努力探索各种互动共赢得合作与交流模式，也是我们推进新农村建设的重要政策选择。新农村建设的问题，不仅是中国现代化的难题，也是世界各国共同面临的难题。为此，我们应该与世界各国的科研机构和科学家携手合作，共同创造农村可持续发展的新经验和新模式，为中国和世界的发展多作贡献。可以预料，面向新农村建设的国家科技战略的部署和实施，不仅可能促成一系列关键技术、产业化技术和集成技术的创新，加速高新技术向农村地区的扩散和传播，而且可能建立起我国农村社会经济快速发展的技术基础和农业综合生产能力持续提高的长效机制，形成农村小康社会和新农村建设的新模式和新经验。

本章要点

1. 社会主义新农村建设的总体要求是："生产发展、生活宽裕、乡风文明、村容整洁、管理民主"，形式和机制是参与式发展，目标是包容性发展。

2. 世界许多国家和地区都有其独特的以科学技术促进农村发展的经验示范，如韩国的"新村运动"、英国的"田园城市"、台湾的"富丽农村"、德国的"城乡等值化"等。

3. 中国乡村发展的焦点问题是由"散"到"和"。解决乡村发展的问题需要科学技术支撑，也需要政策和体制方面的挑战。依靠科学技术建设生态乡镇，是实现城乡整合和谐，建设中国特色的新农村的重要选项。